COMENTÁRIOS AO ESTATUTO E REGULAMENTO DA POLÍCIA CIVIL RJ

Marcus Montez
Rodrigo Barcellos

COMENTÁRIOS AO ESTATUTO E REGULAMENTO DA POLÍCIA CIVIL RJ

Decreto-Lei Estadual 218/75,
Decreto Estadual 3.044/80
e legislação correlata

3ª edição | revista atualizada ampliada

2022

EDITORA JusPODIVM
www.editorajuspodivm.com.br

EDITORA
*Jus*PODIVM
www.editorajuspodivm.com.br

Rua Canuto Saraiva, 131 – Mooca – CEP: 03113-010 – São Paulo – São Paulo
Tel: (11) 3582.5757
• Contato: https://www.editorajuspodivm.com.br/sac

Diagramação: Equipe *Jus*PODIVM

Capa: Ana Caquetti

M772c Montez, Marcus.
Comentários ao estatuto e regulamento da polícia civil do Estado do Rio de Janeiro/ Marcus Montez, Rodrigo Barcellos – 3. ed. rev. atual. e ampl. – São Paulo: Editora Juspodivm, 2022.
432 p.

Bibliografia.
ISBN 978-65-5680-705-8

1. Funcionários Civis. 2. Serviço Policial. 3. Estatuto dos funcionários. 4. Legislação de pessoal. I. Montez, Marcus. II. Barcellos, Rodrigo. III. Título.

CDD 341.332

Aos meus filhos, Pedro, Maria Clara e Maria Eduarda, razão de meu viver.

À minha mãe, Maria das Graças, por toda dedicação incondicional.

À Fernanda, pelo reencontro nesta vida, permitindo-me trilhar novos caminhos!

A meu tio, Jorge, por toda ajuda despendida na minha caminhada.

In memoriam, à minha avó, Zélia, e a meu pai, Carlos.

Marcus Montez

Ao meu pai, Rubens, *in memoriam*, que muito se divertiria.

Rodrigo Barcellos

APRESENTAÇÃO

Muito me honra apresentar a obra do professor e delegado de polícia Marcus Montez, reconhecido pela profundidade teórica com a qual brinda seus alunos em suas aulas e palestras. Não é diferente neste livro, que, em sua nova edição, agora em companhia e com as inestimáveis contribuições do igualmente grande Rodrigo Barcellos, se mantém como o único a abordar com excelência a regulamentação específica eleita como objeto do estudo. Não se trata apenas de colmatar uma lacuna, o que é possível também aos aventureiros inconsequentes das letras jurídicas. O mérito é fazê-lo com característica de obra de referência, qualidade da qual não irá se desapegar mesmo se outros textos sobre o mesmo tema proliferarem.

Cuida-se de um trabalho hercúleo, não há dúvidas. Não apenas pela falta de fontes de consulta, o que determina um raciocínio crítico inovador, mas sobretudo porque vencido o emaranhado de normas que ora se sobrepõem e ora são de duvidosa validade, por contrariarem princípios constitucionais reconhecidos. Com a precarização do ensino jurídico, vandalizado pelos manuais simplificados de baixa qualidade e pelas técnicas de memorização que não estimulam o pensar, creio que podemos abrir uma brecha em meio à louvável ojeriza pelos métodos mnemônicos, aderindo ao livro dos professores Montez e Barcellos o mérito 3C: clareza, coesão e coerência.

Estão, portanto, os agentes públicos da Polícia Civil do Estado do Rio de Janeiro amparados por aquilo que deveria lhes servir como livro de cabeceira, pois agora não mais podem alegar o desconhecimento dos seus parâmetros éticos e de seus limites comportamentais. São estes perfeitamente delineados na obra. De igual modo, não apenas seus deveres, mas doravante os direitos perante a administração restam evidenciados, o que permite a inflexibilidade na exigência de seu implemento.

Apenas o conhecimento conduz corporações seculares a saltos evolutivos. Nessa busca pelo aprimoramento em meio à penumbra do autoritarismo, Marcus Montez e Rodrigo Barcellos aparecem com a lanterna que revela parte do caminho a ser trilhado. Portanto, mais do que um elogio, somos devedores de um agradecimento.

Bruno Gilaberte

Mestre em Direito, Delegado de Polícia, professor universitário em graduação e pós-graduação, autor de livros e artigos jurídicos, presidente da Banca de Direito Penal do concurso público para Delegado de Polícia Civil do Rio de Janeiro.

NOTA DOS AUTORES À 3ª EDIÇÃO

Reescrever o "Estatuto e Regulamento da Polícia Civil do Estado do Rio de Janeiro – Comentários ao Decreto-Lei Estadual 218/75, ao Decreto Estadual 3.044/80 e à legislação correlata" é uma agradável, mas complexa tarefa.

A um, as substanciais alterações da legislação correlata no âmbito do Poder Legislativo Estadual requerem uma análise extremamente minuciosa e cuidadosa. De 2019 para cá, por exemplo, a estrutura organizacional da PCERJ foi drasticamente alterada pelo Decreto 46.885, de 19 de dezembro de 2019, editado pelo então Chefe do Poder Executivo carioca. Outros Diplomas instituíram novidades diversas, como o Decreto nº 46.601, de março de 2019, o Decreto nº 46.544, de janeiro de 2019, o Decreto nº 47.236, de agosto de 2020, o Decreto nº 47.355, de novembro de 2020, dentre outros. Naturalmente, todos foram considerados nesta nova edição.

A dois, o direito administrativo dos tempos atuais não é o mesmo, pelo motivo autoevidente de que o próprio mundo em que vivemos não o é. O curso do ano de 2020, profundamente afetado pela pandemia do Sars-Cov-2, não passou em branco às instituições jurídicas: inúmeras legislações e variados julgados enfrentaram, sob o prisma jurídico, questões trazidas pela peste respiratória. Tudo quanto tenha relação com a temática do livro foi considerado.

Como ocorreu nas primeiras edições da obra, não nos limitamos à mera descrição do Estatuto e da legislação pertinente: tocamos em muitos e muitos temas caros a vários ramos do saber jurídico, como o direito administrativo, o direito penal, o processo penal, o direito civil, dentre muitos outros, de modo que o livro que o leitor agora terá o prazer (assim esperamos) de consultar não é somente um manual da legislação da Polícia Civil do Rio de Janeiro, mas uma obra geral de direito.

Nossos objetivos iniciais, em suma, não se alteraram: queremos atingir, com o livro, uma preparação de altíssima qualidade dos candidatos aos concursos para as carreiras policiais da PCERJ, mas a isso não nos limitamos. Buscamos construir uma obra que auxiliasse também quem intenta outros certames de mesma natureza em outras entidades federativas, bem como esperamos poder contribuir para a formação de um juízo crítico sobre as funções e as atividades policiais e suas intrincadas relações com o direito e com a sociedade.

A obra foi inteiramente revista, ampliada, atualizada e expandida.

Mãos ao trabalho.

Marcus Montez

Rodrigo Barcellos

NOTA DO AUTOR À 2ª EDIÇÃO

No momento em que, tal qual o marinheiro solitário desterrado do mar que estivesse de posse de uma carta náutica marcada a lápis velho que indicasse o tesouro de esmeraldas submerso a muitas milhas do porto mais próximo (para homenagear o escritor Arturo Pérez-Reverte, que com seu O cemitério dos barcos sem nome apresentou-me à primeira literatura que conheci, e a quem, por isto, devo, em parte, alguns avanços seguintes), compreendi as coordenadas pelas quais nos levará a grande rota do intelecto, fiz uma opção. Uma dessas tantas que hão de nos perseguir pelo tempo em que existirmos: escolhi jornadear, "devagar avante e com prumo de mão", em busca do conhecimento. Naveguei – como Herman Melville – oceanos e bibliotecas.

Um dos felizes encontros da jornada – ininterrupta e infinita –, sem dúvida, deu-se com o professor Marcus Montez. Fui, em alguma medida, seu aluno. Quando, por ele, me vi convidado a coescrever esta segunda edição da sua primorosa obra – e o leitor imagine a alacridade da qual é acometido o marinheiro que ascende, ao lado do Capitão e a seu chamamento, ao comando conjunto do passadiço do navio –, que grande responsabilidade.

Com o perdão da licença poética – que é isto, pois, a lei sem a letra? –, o pequeno livro que o leitor tem em mãos é fruto de uma ainda jovem, porém promissora parceria. No que respeita ao trabalho desenvolvido na primeira edição, alguns pequenos apartes criminológicos foram inseridos – como não poderia deixar de ser, já que as próximas páginas tratam, essencialmente, de uma instituição pública no contexto de um sistema de justiça; e onde há, ou se pretenda que haja justiça, deve haver a ciência empírica da questão criminal. Além disso, a obra foi revisada e atualizada (i) dogmaticamente, com modernas orientações da doutrina, e (ii) jurisprudencialmente, com as discussões mais recentes travadas nas Cortes. Por fim, não se descurou nem em breve momento da objetividade, da finalidade e da utilidade com as quais, desde seu lançamento, este livro se compromete.

Velas ao vento e muito estudo!

Rodrigo Barcellos de Oliveira Machado

NOTA DO AUTOR À 2ª EDIÇÃO

No ano de 2014 tive o prazer e a felicidade de ver publicada a 1ª edição desta obra, após meses de pesquisa e reflexão. Na ocasião, busquei a interdisciplinaridade, agregando a análise do Estatuto Funcional da Polícia Civil do Estado do Rio de Janeiro uma leitura constitucional e processual. Meses depois, fui novamente felicitado com a notícia de que o livro havia se esgotado.

Na época, não desejava realizar uma mera reedição. Havia a necessidade de uma nova releitura da matéria, principalmente sob um olhar crítico, e frente às incessantes alterações jurisprudenciais. O tempo, porém, não me permitia tal desiderato na qualidade que eu desejava.

Então, o desejo de atualização permaneceu latente, aguardando novos ares e o momento adequado. A vinda, nessa parceria, do professor Rodrigo Barcellos foi, sem dúvida, muito promissora. O domínio de vários ramos do Direito, a presença de um senso crítico ímpar, e a proximidade de pensamento entre linhas teóricas, me fez realizar o convite para que Rodrigo atualizasse essa obra.

Após ler as alterações, acréscimos e revisões, não tive dúvidas de que minha certeza se confirmara.

O livro segue incompleto, tal qual a primeira edição, pois acredito que o estudo crítico nunca termina. Mas não tenho a pretensão de chegar a algum final. Trilhar a estrada do conhecimento é que me motiva.

Marcus Montez

NOTA DO AUTOR À 1ª EDIÇÃO

Quando me decidi por seguir as ciências sociais, abandonando os estudos que já desenvolvia sobre ciências exatas em um curso técnico e, posteriormente, numa graduação de engenharia não concluída, fiz pelo fascínio produzido ao assistir a uma única aula de Direito Constitucional, em um pequeno curso preparatório. Eu tinha 18 anos. O choque entre as promessas trazidas pela Constituição e a realidade social me fez abandonar o curso de engenharia e enveredar pela tão competida seara jurídica – era o ano de 1999. Seguiu-se uma breve jornada pela Graduação; acompanhada de inúmeras tentativas de aprovação em concursos públicos. Veio a colação de grau, seguida da Especialização e do Mestrado. Paralelamente a tudo, a docência universitária e em cursos preparatórios. Por fim, a aprovação, em 2009, no cargo de Delegado de Polícia Civil do Estado do Rio de Janeiro. Dez anos se passaram e uma lição me marcou: não existem fórmulas mágicas para a aprovação e o sucesso. Há, apenas, o estudo!

Pensando nisso foi que aceitei o convite da Juspodivm para escrever esta obra. A possibilidade de trazer uma análise jurídica, mas antes de tudo crítica, sobre o Estatuto da Polícia Civil e toda legislação correlata, despertou-me o desafio que espero ter vencido.

Busquei, nesta obra, uma leitura inédita do Estatuto, comparando-o exaustivamente com a Constituição da República, com a Constituição do Estado, e toda a legislação correlata, tendo como enfoque a objetividade buscada nos concursos públicos, sem desperdiçar o senso crítico exigido pelos profissionais da área.

Certo de que esta edição do livro é apenas o primeiro encontro entre o autor e o leitor, não tenho a pretensão de completude da obra. Esta obra representa (e sempre representará), apenas, o início de um estudo. Um trabalho sempre inacabado, que reflita uma insatisfação eterna pelo aperfeiçoamento contínuo, do qual o leitor terá papel fundamental com as críticas realizadas.

Marcus Montez

PREFÁCIO À 1ª EDIÇÃO

"O intelecto anula o destino. Quem raciocina é livre."

Ralph Waldo Emerson

Sempre saltou aos olhos a indigência reinante no que tange à produção científica sobre as normas estruturais da Polícia Civil do Rio de Janeiro. O estatuto da instituição, um ilustre desconhecido. Mas essa lacuna acaba de ser colmatada. E com excelência.

O Delegado de Polícia Civil Marcus Montez é um virtuose do direito, assim reconhecido não apenas por seus pares, mas por alunos, que o têm na mais alta conta, professores e juristas em geral. Trata-se de um raro caso de polivalência: seja qual for a seara, ele se pronuncia com precisão incomum.

A obra que nos é ofertada, e que deveria ser considerada uma dádiva, prima pela clareza de ideias e pela abordagem corajosa, ou seja, não há omissões. O enfrentamento de temas espinhosos é uma de suas características mais impressionantes, mesmo que não seja o único elogio a ser feito.

Conclamo, assim, a todos para que se deliciem com o texto e para que apreciem um horizonte ainda pouco explorado. Mais do que isso, para que descubram em Marcus Montez um autor a ser admirado.

Rio de Janeiro, junho de 2014

Bruno Gilaberte

Delegado de Polícia, professor universitário em graduação e pós-graduação, autor de livros e artigos jurídicos, presidente da Banca de Direito Penal do concurso público para Delegado de Polícia Civil do Rio de Janeiro.

SUMÁRIO

1

DISPOSIÇÕES PRELIMINARES

1.1. Polícia Civil(izatória): que é isto – a função policial?

Compreender o complexo arquétipo de funções atribuídas aos órgãos policiais em um Estado Constitucional de Direito não é tarefa fácil, ao menos não caso se queira realizar a tarefa para além da mera burocracia classificatória das categorias jurídicas, que servem, em suma, a esquematizar e compartimentalizar para fins de adestramento, decidibilidade e operacionalização do poder. Também não o será se quisermos transcender o superficial – e muito desgastado – discurso do combate a essa coisa quase que sem forma, sem muito delineamento, que se chama "criminalidade".

Em tempos de expansão do poder punitivo e dos discursos de lei, ordem, combate a este ou aquele sujeito ou a esta ou aquela ideologia, isso sem falar dos discursos legitimadores do poder pelos ideais de segurança no Brasil e na América Latina, tanto o fundamento da existência quanto a finalidade da Polícia, em seu sentido mais amplo, são fenômenos que merecem ressignificação. A adoção do tradicional espectro de *múnus* atribuídos às *agências jurídicas de polícia* brasileiras faz-nos, equivocadamente, concebê-las, em seu *dever-ser,*[1] como instituições a serviço do poder punitivo, e não dele limitadoras. É isto um problema.

O poder não necessita de quaisquer *agências jurídicas* para a sua materialização (a seu serviço, portanto). A razão de existirem legisladores, juízes, policiais, fiscais ou qualquer outra sorte de agentes públicos, bem como a razão de construirmos intrincados e complexos standards jurídico-normativos para regular a vida em sociedade, não é instrumentalizar o poder: é contê-lo, filtrá-lo, embarreirá-lo. A rigor de esquadro técnico, toda *agência*, toda *instituição* (e isso é evidente após a viragem democrática do pós-88) e todo o direito, tudo isso há de funcionar somente para opor-se ao poder punitivo, uma expressão da soberania política do Estado que surge muito antes do ordenamento jurídico, conferindo-lhe condições de existência e validade. O direito (e aqui, em sentido amplo, englobam-se as instituições jurídicas, como a Polícia) e o poder (em sentido amplo aqui também se podem alocar várias outras manifestações de

1 Em seu ser, ou seja, em sua concreção-no-mundo, em sua descrição, infelizmente, é isto o que são, situação esta que, a rigor de esquadro, é o motivo desta breve crítica.

soberania estatal que não o poder punitivo, como o poder político tributário, o poder político de intervir drasticamente na propriedade do indivíduo mediante desapropriação, o poder político de intervir na cidadania mediante a privação de direitos políticos e mediante a inabilitação para o exercício de funções de natureza pública, dentre diversas outras hipóteses) se encontram, dessa forma, em permanente estado de oposição e tensão: o poder quer se exercer, desejando que o direito se enfraqueça e ceda, para que possa fazer valer as suas funções reais de manutenção, fortalecimento e expansão de uma determinada configuração política de sociedade. A seu turno, o direito quer se impor, desejando que o poder se enfraqueça, servindo, portanto, como instrumento de afirmação das condições pessoais do sujeito frente ao Estado e garantindo o fortalecimento das liberdades públicas e dos direitos fundamentais das pessoas.[2]

É esta a razão de ser de um *sistema de justiça* que englobe policiais, magistrados, promotores e carcereiros: reduzir a irracionalidade com que o poder político interfere na vida e na liberdade das pessoas. Percebamos, à guisa de exemplo, que, para que se aplique *pena em sentido forte* àquele que leva a cabo um *injusto penal* não exculpado (e o próprio estabelecimento de um *injusto* como uma das *condições de possibilidade* para que se desenclaustre poder punitivo corrobora o que falamos), o *processo* é necessário.[3] O melhor raciocínio é aquele que, no contexto em que trabalhamos, não idealize o processo como ferramenta – motivo pelos quais reputamos absolutamente corretas as críticas tecidas por grande setor doutrinário à proliferação das teorias instrumentalistas de processo penal –, mas sim como obstáculo, e é isto muito importante: ora, a Carta Política não *permite* que o Estado se valha do processo para liberar poder punitivo, mas, ao contrário, *comanda* que não o faça sem ele. O detalhe, apesar de minucioso, representa uma guinada cognitiva completa e deve ser considerado. Se formos colocar em palavras mais simples, essa consideração nos levar à situação na qual o ordenamento jurídico, em primeiro lugar, diz ao Estado que este não é legitimado a intervir, com a pena, na liberdade alheia. Em segundo lugar, e apenas a título muito extraordinário e excepcional, diz a ele que essa regra só pode ser derrogada se atendidos todos os pressupostos ju-

---

2 Para aprofundar, c.f., v.g., ZAFFARONI, Eugenio Raúl. et al. *Direito penal brasileiro: teoria geral do direito penal.* Vol. 1, 4ª ed. Rio de Janeiro: Revan, 2003; SANTOS, Juarez Cirino dos. *Direito penal:* parte geral. 8ª ed. rev., atual., e ampl. Florianópolis: Tirant lo Blanch, 2018. p. 447 *et. seq.;* FERRAJOLI, Luigi. *Direito e razão*: teoria do garantismo penal. São Paulo: Editora Revista dos Tribunais, 2002. Bem como, especificamente no que toca à dogmática penal, mas com um raciocínio aplicável a todos os ramos dos saberes de direito público, TAVARES, Juarez. *Fundamentos de teoria do delito.* 1ª ed. Florianópolis: Tirant lo Blanch, 2018.

3 É neste sentido que parte da doutrina, com a qual concordamos, há de se referir a um princípio da necessidade, para afirmar que não há um direito-de-punir, tal qual os direitos de gozo privado – v.g., o direito de propriedade –, que exista enquanto entidade, que se materialize de per si antes de um processo que lhe constitua – jamais declare – a existência. Para aprofundar, confira-se TAVARES, Juarez. CASARA, Rubens. *Prova e verdadade.* 1ª ed. São Paulo: Tirant lo Blanch, 2020; DEZEM, Guilherme Madeira. *Curso de Processo Penal.* São Paulo: Revista dos Tribunais, 2019; LOPES JÚNIOR, Aury. *Fundamentos do processo penal*: introdução crítica. 3ª ed. São Paulo: Saraiva, 2017.

rídicos que ele estabelece (como a constitucionalidade, a convencionalidade, a legalidade), bem como os extrajurídicos que decorrem diretamente da vida em sociedade em um grupo social que se pretenda democrático (como a racionalidade, o respeito à ética e à moralidade, a vinculação aos princípios básicos de humanidade e solidariedade, dentre mais).

Tudo isso nos guia a um destino: a função negativa das *agências jurídicas* (na qual evidentemente está inserida a Polícia em sentido amplo).[4] Ou seja, a função de opor-se à habilitação do poder político e de colocar-se, portanto, ao lado do cidadão como um instrumento a favor da proteção de suas liberdades e da efetivação de seus direitos fundamentais. É pelo fortalecimento racional das *instituições* que se há de filtrar o bestial poder punitivo estatal e, dessa forma, que se há de maximizar o espectro de afirmação dos direitos fundamentais das pessoas. Não vislumbramos, nada obstante, atualmente, *agências* mais instrumentais da seletividade penal, da irracionalidade do poder e da legitimação da repressão... do que as policiais. É isto uma subversão de toda a razão do que vimos até agora defendendo. Para os fins desta obra, devemos nos ater à problemática da função policial civil. Quanto à da militar(izada).

As acriticamente retumbadas funçoes *investigativa* e *judiciária* das Polícias Civis, de *per si*, pouco dizem sobre o *dever-ser* dessas agências, mas muito sobre o seu *ser*. Pouco nos mostram o seu potencial redutor da irracionalidade do poder punitivo, ou seja, o seu potencial para servirem ao cidadão e não ao Estado, mas muito nos materializam o Direito enquanto ato político no mundo das violências. É a partir delas, portanto, que se deve primar por uma cognição do que *é* a função policial civil tal como ela se apresenta, para que, sempre de referência, se almeje o que ela *deve ser*.

Quanto à primeira possibilidade – o seu *é* –, a Polícia Civil é a *agência jurídica de polícia pública* que, mediante atos de investigação e de auxílio ao Poder Judiciário, viabiliza a persecução penal de indivíduos rotulados como criminosos (toda criminalização é rotulada; não há mais – e nem nunca ouve -, como queriam os novecentistas e como querem ainda uns e outros, o *crime ontológico*).[5] Trata-se, então, da ferramenta da qual se utiliza o poder punitivo para subsidiar eventual processo-crime com informações relevantes acerca da materialidade e da autoridade do objeto da persecução – do delito – e, eventualmente (função atípica), exercer coerção administrativa direta no curso de uma lesão ou ameaça de lesão a bem jurídico. No seu *é*, a **Polícia Civil é a agência**

4 ZAFFARONI, Eugenio Raúl. et al. Direito penal brasileiro: teoria geral do direito penal. Vol. 1, 4ª ed. Rio de Janeiro: Revan, 2003. p. 97-113.

5 Para aprofundar, c.f. SANTOS, Juarez Cirino dos. *A criminologia da repressão*: crítica à criminologia positivista. 2ª ed. São Paulo: Tirant lo Blanch, 2019. Para um interessante trabalho sobre a recepção do pensamento da criminologia positivista no Brasil, c.f. DIAS, Rebeca Fernandes. *Criminologia no Brasil:* cultura jurídica criminal na Primeira República. 1ª ed. Rio de Janeiro: Lumen Juris, 2017.

encarregada de promover a maior parcela da seleção criminalizante, pinçando os casos que (i) conforme suas possibilidades materiais e (ii) conforme os processos políticos inerentes à sua gestão, se lhe apresentam como potencialmente criminosos.

Sob essa perspectiva, pouco nos interessa, finalisticamente, instituição policial civil: melhor que, se for assim, não haja. Ora, como se disse, o poder punitivo não necessita, tecnicamente, de quaisquer agências instrumentais habilitatórias - salvo em nível de discurso, sede na qual, infelizmente, tudo se pode. Ele se afirma e instrumentaliza por si só, como é típico dos Estados de Polícia arbitrários (pergunta-se ao leitor: não é assim o nosso?). É nesse contexto que mais uma indagação fazemos a quem reflete sobre estas linhas: se, instrumentalmente, não se mostra *necessária* uma instituição com função habilitatória de poder punitivo, ressalvado o nível discursivo, para que a mantemos? Ou negaremos, por exemplo, os sistemas orçamentário e financeiro de alto porte para a manutenção dessas agências? Negaremos ainda a violação endêmica de direitos fundamentais levada a cabo por qualquer instituição que se pretenda *habilitatória* e não *contendedora* de poder punitivo? Pior do que isso, creio, negaremos a falência das funções declaradas da pena (prevenção criminal, retribuição, proteção de bens jurídicos, reintegração social do criminalizado etc.) a que estão, de regra, funcionalizados os proceders da Polícia? No contexto de uma epistemologia crítica da função policial, a outra conclusão não chegaremos: ou se lhe põe fim, ou se lhe transforma. É o que propomos com uma completa guinada cognitiva.

Quanto à segunda possibilidade – o seu *deve-ser* –, a Polícia Civil se analisa como *agência jurídica de polícia pública* que, mediante atos de controle da subsidiariedade e da fragmentariedade do poder punitivo, encarrega-se de evitar que sejam os cidadãos selecionados por ele de modo anticonstitucional, anticonvencional, antilegal ou antirracional. *Deve ser* a sua atribuição nuclear, pois, a primeira contenção da irracionalidade política do Estado, com a consequente proteção das liberdades públicas dos cidadãos. É óbvio que, neste ponto, faz-se necessário dizer que, como decorrência lógica do que vimos debatendo, **o ofício da autoridade policial civil, encarregada que é da direção das Polícias Civis, ao contrário do senso comum, não é prender gente, é evitar que gente seja presa.** E isto pois o ofício de qualquer autoridade incumbida do poder de Estado, sob essa perspectiva, não é servir ao poder, mas servir ao cidadão. Assim, também a função de um magistrado não é condenar, mas evitar que se condene. A de um promotor de justiça, a seu turno, não é acusar, mas evitar que se acuse. E por ai vai, e é isto muito importante.

Uma das inúmeras decorrências que do quanto ora se expôs são extraídas, é a que se segue: **a autoridade policial civil deve conter o poder punitivo e maximizar as liberdades públicas.** Para isso é que se a deve garantir autonomia decisória e técnica, para que, tendo em mente a garantia das liberdades públicas constitucionais do cidadão frente ao Estado, impeça ao máximo a *seleção criminalizante*, somente curvando-se ao poder punitivo que não seja inconstitucional, ilegal ou irracional, habilitando as etapas seguintes da persecução. É nesse contexto, por exemplo, que defendemos a *necessidade* (e nem se diga que trata-se isto de um "poder-dever", eis que de "poder", no sentido de possibilidade, nada possui; é um *comando* imposto pela *função negativa* das Polícias Civis) da autoridade policial tecer juízos fundamentados acerca da tipicidade (analisando o tipo conglobante, a lesividade material etc.), da antinormatividade, da antijuridicidade e da culpabilidade de uma conduta:[6] ausentes quaisquer elementos caracterizadores da unidade de um crime, não se lavra auto de prisão em flagrante, não se instaura inquérito policial e nem se impõe qualquer restrição a direito fundamental, sob pena de incorrer a autoridade policial em ato de abuso de autoridade (o que não exclui, por óbvio, a necessidade de fundamentação e possibilidade de controle externo pelo órgão do Ministério Público). A subsunção correta do fato ao art. 27[7], ao art. 30 ou ao art. 31 da Lei de Abuso de Autoridade (Lei 13.869/2019) dependerá, além da comprovação de que se portava o agente pautado pelos elementos subjetivos referidos no art. 1º, § 1º[8], do Diploma, ou, subsidiariamente, a outros tipos do Código Penal ou da legislação extravagante, de análise pormenorizada do caso concreto.

É também óbvio que o fortalecimento do poder decisório das agências jurídicas é de se lhes ser conferido para que, em sua autonomia, *filtrem* o poder punitivo, e não para que o *habilitem*. Assim, encontra-se afinada com nosso entendimento a possibilidade de análise, pela autoridade policial, da constituição dos elementos do crime, como mencionados, para que chegue, mediante um juízo negativo, à conclusão de que, no caso concreto, nada tem sobre o que incidir a pena; mas lhe é absolutamente vedado, por exemplo, que, sob o pretexto de *autonomia decisória*, *autonomia jurídica* ou *autonomia técnica*, extrapole os limites das cláusulas de reserva de jurisdição para a promoção de atos investigativos, eis que, na hipótese, não estar-se-ia a proteger as liberdades públicas, mas a restringi-las, o que constituir-se-ia no completo desvirtuamento da razão aqui exposta, e também se consubstanciaria em uma desconsideração evidente do fato de que, para interferir nas liberdades, o agente do Estado só pode agir à medida que a legislação em sentido estrito assim o autorize ou determine.

É interessante perceber como a construção do fortalecimento da autonomia decisória das Polícias, diferentemente do que se possa pensar em uma

---

6 Para um dos mais completos trabalhos acerca do dever da autoridade policial se deter sobre os elementos configuradores de uma infração penal, c.f. FERREIRA, Wilson Luiz Palermo. *Percepção dos aspectos analíticos do delito na atuação concreta do Delegado de Polícia*. 2ª ed. Salvador: Editora Juspodivm, 2021.

7 As ADIns 6.234 e 6.240, no Supremo Tribunal Federal, impugnam o dispositivo.

8 Idem nota de rodapé anterior.

leitura açodada, está (e deve necessariamente estar) direta e intrinsecamente atrelada ao fortalecimento dos direitos fundamentais. Ao analisarmos o direito internacional dos direitos humanos, por exemplo, perceberemos que essa lógica está, em maior medida, presente nos fundamentos decisórios da CIDH - Corte Interamericana de Direitos Humanos - em diversos precedentes, como no caso *Nadege Dorzema y outros vs. República Dominicana*, no caso *González y outras vs. México*, no caso *Jesús Vélezes Loor vs. Panamá*, dentre outros.[9]

Tudo isso posto, e sem mais delongas, digamos apenas que faz-se absolutamente necessário o fortalecimento do poder decisório das Polícias Civis enquanto agências jurídicas contendedoras da irracionalidade do poder punitivo, atribuindo-se-lhes, além das tradicionais funções *investigativa* e *judiciária*(sic) – e, evidentemente, das outras de natureza administrativa que desempenha, um terceiro múnus, que ora chamamos *função negativa, um pelo qual* filtre a brutalidade do arbítrio estatal e refreie a soberania do Estado frente ao indivíduo. É pela epistemologia crítica da função policial que se a pode compreender e propor como uma instituição de direito que, como tal, é vocacionada a colocar-se ao lado do cidadão, para protegê-lo do arbítrio, e jamais o contrário.

1.2. A Polícia Civil: sistemática constitucional, natureza e arquitetura

A Polícia Civil, no âmbito administrativo, possui **natureza jurídica** de **órgão público** pertencente à Administração Direta dos Estados, Distrito Federal ou Territórios. Sua **ausência de personalidade jurídica própria** é decorrência lógica da relação administrativa verticalizada que lhe dá origem, oriunda do ente político instituidor - este, sim, dotado de *personalidade jurídica própria, de direito público interno* –, no contexto do fenômeno da *desconcentração administrativa* ou *descentralização hierárquica*.[10] Veja-se, por exemplo, que a relação de subordinação e verticalização é comandada pela própria Constituição Federal:

> **Art. 144, CRFB.** [...]
>
> [...]
>
> **§6º** – As polícias militares e os corpos de bombeiros militares, forças auxiliares e reserva do Exército subordinam-se, juntamente com as polícias civis e as polícias penais estaduais e distrital, aos Governadores dos Estados, do Distrito Federal e dos Territórios.

---

9 C.f. também BARBOSA, Ruchester Marreiros. *Delegado natural é princípio basilar da devida investigação criminal*. CONJUR, 2015. Disponível em: <https://www.conjur.com.br/2015-out-06/academia-policia-delegado-natural-principio-basilar-investigacao-criminal>. Acesso em 16/02/2021.

10 MOREIRA NETO, Diogo de Figueiredo. Curso de Direito Administrativo: parte introdutória, parte geral e parte especial. 16ª ed. rev. e atual. – Rio de Janeiro: Forense, 2014. p. 204-205.

Com previsão constitucional no art. 144 da Constituição da República Federativa do Brasil (CRFB), a Polícia Civil tem a **função** genérica de **preservação da segurança pública e da incolumidade das pessoas e do patrimônio.**

> **Art. 144, CRFB.** A segurança pública, dever do Estado, direito e responsabilidade de todos, é exercida para a **preservação da ordem pública e da incolumidade das pessoas e do patrimônio**, através dos seguintes órgãos:
>
> I – polícia federal;
>
> II – polícia rodoviária federal;
>
> III – polícia ferroviária federal;
>
> IV – **polícias civis**;
>
> V – polícias militares e corpos de bombeiros militares.
>
> VI - polícias penais federal, estaduais e distrital.(Redação dada pela Emenda Constitucional nº 104, de 2019)

A Constituição do Estado do Rio de Janeiro, no art. 183, também reproduz o comando normativo:

> **Art. 183, CERJ**. A segurança pública, que inclui a vigilância intramuros nos estabelecimentos penais, dever do Estado, direito e responsabilidade de todos, é exercida para a preservação da ordem pública e da incolumidade das pessoas e do patrimônio, pelos seguintes órgãos estaduais:
>
> I – **Polícia Civil**;
>
> II – Polícia Penal;
>
> III – Polícia Militar;
>
> IV – Corpo de Bombeiros Militar.
>
> V – Departamento Geral de Ações Socioeducativas

A preservação da segurança e da incolumidade pública é **atribuição concorrente** dos órgãos enumerados no dispositivo constitucional, a saber: Polícia Federal; Polícia Rodoviária Federal; Polícia Ferroviária Federal; Polícias Civis; Polícias Militares; Corpos de Bombeiros Militares e Polícias Penais.[11]

---

11 As Guardas Municipais não são órgãos integrantes da segurança pública, embora em diversas unidades da Federação exerçam materialmente, em claro desvio de função, a atividade de policiamento ostensivo. Esta é outra decorrência da taxatividade do art. 144 da CF. Note-se, porém, que não é de se lhes tolher o poder de polícia administrativa, que não se confunde com o poder de polícia de segurança em sentido estrito, embora possa ser exercido de maneira complementar e auxiliar a este. Em muitas localidades – e a legalidade/constitucionalidade dessa prática é atestada pela jurisprudência majoritária –, as Guardas Municipais exercem a função de polícia de trânsito, à guisa de exemplo, atribuição muito mais ampla do que a função de polícia em sentido estrito, podendo, eis que órgãos públicos integrantes da própria estrutura da Administração Direta, exercer o poder extroverso em todas as fases do seu ciclo (ordem de

Nessa missão, cada órgão exercerá suas funções dentro das esferas de atribuições definidas pela própria Constituição. No que se refere às **Polícias Civis**, como já se disse, tradicionalmente se lhes atribuem as funções *investigativa* (apuração das infrações penais de modo *preparatório* para o início da persecução e também de modo preservador dos direitos fundamentais[12]) e *judiciária* (concreção de atos de apoio às atividades do Poder Judiciário, como o cumprimento de mandados de prisão e de busca e apreensão)[13]. Além disso, como já deixamos entrever, concebemos uma terceira atribuição às Polícias Civis – a rigor de esquadro, concedidas a todas as *agências jurídicas* –, a *função contrasseletiva.* Ficam ressalvadas as competências da União, que nesse caso caberão à Polícia Federal[14], bem como a apuração de infrações penais militares.[15]

> **Art. 144, CRFB.** [...]
>
> [...]
>
> **§4º** – às **polícias civis**, dirigidas por delegados de polícia de carreira, incumbem, ressalvada a competência da União, as **funções de polícia judiciária e a apuração de infrações penais**, exceto as militares.

O §4º do art. 144 da CRFB é produto de grande preocupação da Constituinte de 1988, ao prever expressamente que a **direção das Polícias Civis** será

---

polícia; consentimento de polícia; fiscalização de polícia; sanção de polícia). C.f., v.g., arts. 4º e 5º da Lei 13.022/2014 (Estatuto Geral das Guardas Municipais).

12 A *função preservadora* da investigação preliminar é uma direta decorrência do processo de constitucionalização do inquérito policial e do progressivo (e já tardio, pode-se dizer) abandono dos resquícios inquisitivistas no sistema processual penal brasileiro. Ela está atrelada, sobretudo, à noção segundo a qual o inquérito policial não deve ter como único (nem como principal) destinatário o Ministério Público, e nem deve ter como única (nem como principal) função o fornecimento de informações e elementos de convicção nos quais possa se escorar a persecução penal, mas, em verdade, deve ter como destinatário primordial o próprio imputado da prática do delito (a título de proteção de seus direitos fundamentais) e como fundamental função a evitação de acusações temerárias, infundadas e despreocupadas em desfavor de qualquer cidadão. Sobre constitucionalização do inquérito policial, c.f., *v.g.*, XAVIER, Luiz Marcelo da Fontoura. *Constitucionalização da investigação policial.* 1ª ed. Rio de Janeiro: Editora Freitas Bastos, 2020; MACHADO, Leonardo Marcondes. *Manual de Inquérito Policial.* 01 ed. Belo Horizonte: Editora CEI, 2020; MACHADO, Leonardo Marcondes. *Introdução Crítica à Investigação Preliminar.* 01 ed. Belo Horizonte: Editora D'Plácido, 2018. Sobre o papel do Delegado de Polícia nesse fenômeno, c.f. BRENE, Cleyson. *Ativismo policial:* o papel garantista do delegado de polícia. 1ª ed. Salvador: Editora Juspodivm, 2019.

13 Salientem-se alguns precedentes do Superior Tribunal de Justiça no sentido de não haver ilegalidade em eventual cumprimento de mandado de busca e apreensão pela Polícia Militar. Por todos: RHC n. 66.450/MG, Quinta Turma, Rel. Min. Reynaldo Soares da Fonseca, DJe de 30/9/2016.

14 Alertamos o leitor sobre os perigos dos reducionismos classificatórios. A Polícia Civil enquanto instituição, distingue-se da Polícia Federal: esta é atrelada à União; aquela, aos Estados e DF. Todavia, a natureza do órgão Polícia Federal é de instituição policial civil, concepção obtida por exclusão: não se trata de uma polícia milita(izada). Além disso, à Polícia Federal caberá a realização das funções de polícia judiciária e de polícia investigativa da União Federal.

15 O art. 9º do Dec.-Lei 1.001/69 (Código Penal Militar) prevê as hipóteses de incidência dos crimes militares. O art. 124, caput, da CRFB dispõe que "à Justiça Militar compete processar e julgar os crimes militares definidos em lei".

necessariamente **exercida por Delegados de Polícia de carreira.**[16] Exclui-se, portanto, qualquer hipótese de nomeação *ad hoc* de pessoas não concursadas para o cargo de Delegado de Polícia. Tal fato era um tanto comum antes da reforma constitucional. Militares das Forças Armadas e policiais militares eram indicados por toda sorte forças políticas para ocuparem a chefia das Polícias Civis, o que, atualmente, é vedado.[17]

Atualmente, o art. 2º do Decreto nº 46.601 de 18 de março de 2019 dispõe no seguinte sentido:

> **Art. 2º** - O Secretário de Estado de Polícia Civil, símbolo SE, será escolhido e nomeado pelo Governador do Estado, dentre os Delegados de Polícia Civil da classe mais elevada do seu Quadro Permanente.
>
> **§1º** - O Secretário de Estado de Polícia Civil será substituído, em seus afastamentos e impedimentos eventuais, pelo Subsecretário de Gestão Administrativa da Polícia Civil.
>
> **§2º** - Ao Secretário de Estado de Polícia Civil incumbe exercer a Chefia da Polícia Civil do Estado do Rio de Janeiro.

Embora em 1988 essa garantia tenha sido um avanço, hoje mostra-se um tanto tímida, porque não impede por completo a ingerência política dos Governos numa instituição com funções estritamente técnicas.[18] Espera-se que as próximas reformas estipulem comando normativo no sentido de que a escolha da direção ou chefia das Polícias se faça por eleição a partir de lista tríplice (há propostas no sentido de construção de uma lista sêxtupla, como na PEC 184/07), encaminhada ao Governador dos Estados, tal como ocorre, por exemplo, com a chefia do Ministério Público.

---

16 Alguns Estados, por meio de suas Constituições, estabeleceram que a chefia das Polícias Civis somente poderia ser exercida por Delegados de Carreira integrantes da classe mais elevada. O atual entendimento do STF é no sentido da inconstitucionalidade material de norma que assim disponha, posto que a Constituição Federal não fez nenhuma ressalva do tipo e, veiculando norma de reprodução obrigatória no seu art. 144, §4º, vincula e restringe a autonomia do Poder Constituinte Derivado Decorrente. C.f., v.g., (ADI 3077, Relator(a): Min. CÁRMEN LÚCIA, Tribunal Pleno, julgado em 16/11/2016).

17 Há algumas situações interessantes, já julgadas pelos Tribunais, envolvendo o tema da Chefia das Polícias Civis nos Estados. Sobre a inexistência de foro por prerrogativa de função a Delegados, já decidiu o Supremo Tribunal Federal (STF. Plenário. ADI 2553/MA, Rel. Min. Gilmar Mendes, red. p/ o ac. Min. Alexandre de Moraes, julgado em 15/5/2019), sob o argumento de que as normas que preveem o foro privilegiado, na CRFB/88, são exaustivas, e o ordenamento jurídico brasileiro não comporta que Constituições Estaduais estabeleçam novas hipóteses de foro. Além disso, sobre a necessidade de que o Chefe da Polícia Civil de qualquer Estado seja necessariamente um Delegado de carreira, não se podendo, entretanto, limitar essa vaga àqueles que integram a última classe, também decidiu a Corte Suprema (STF, ADI 3077, Relator(a): Min. CÁRMEN LÚCIA, Tribunal Pleno, julgado em 16/11/2016).

18 No âmbito do Rio de Janeiro, por exemplo, vide o art. 1º da Lei 8.303/19, dispondo expressamente sobre a natureza técnica das atribuições dos membros da Polícia Judiciária, para fins de acumulação de cargos públicos, no contexto do art. 37, XVI, *b*, da CF.

Frise-se, nessa toada de pensamento, que há diversas Propostas de Emenda à Constituição (PEC) em trâmite no Congresso Nacional para conferir autonomia (de diversas naturezas) à Polícia Civil e/ou à Polícia Federal. À guisa de exemplo, cite-se mais uma vez a PEC 184/07, que lhes confere *autonomia funcional.*

> *"O órgão que apura a verdade sobre um fato supostamente ilícito, para permitir a decisão sobre o início ou não do processo, não deve estar subordinado a nenhum Poder, nem mesmo a quem detenha função acusadora, ou aquele cuja função é defensiva, pois se trata de uma tarefa imparcial, que exige efetiva autonomia" [...] Os organismos de polícia judiciária carecem de um arcabouço legal protetor, semelhante àquele que resguarda magistrados e membros do Ministério Público. Os organismos públicos que trabalham na persecução penal formam uma corrente, de tal forma que, um elo enfraquecido, como hoje se demonstra a polícia judiciária, implica na perda da resistência da corrente inteira, o que afeta o próprio exercício da justiça".*[19]

Essa mesma PEC propôs, por exemplo, que o controle externo das Polícias seria exercido por meio de "conselhos", nos moldes do que já acontece com o controle externo administrativo do Poder Judiciário e o Conselho Nacional de Justiça, bem como o que acontece com o Ministério Público e o CNMP.

Outra proposta, a PEC 202/16, pretende conferir autonomia administrativa e financeira às Polícias Civis. A sua autoria é também de Laerte Bessa (PR-DF), sugerindo a organização desses órgãos sob a forma de autarquias, vinculadas ao Chefe do Poder Executivo respectivo, além de conferir mandato fixo de 02 (dois) anos ao Delegado-Geral, permitida uma recondução.

> *"É premente garantir às Polícias Civis a autonomia administrativa e financeira, superando uma cultura de pouca valorização da função investigatória, que em muitos locais alimenta o descrédito da sociedade quanto à função investigatória nos estados. [...] Ademais, é imperioso assegurar que os chefes das Polícias Civis, os delegados-gerais, detenham mandato fixo, evitando que a polícia judiciária sofra ingerências políticas que não coadunam com o exercício da função investigatória, a qual deve se pautar pela isenção."*[20]

A ideia de se conferir mandato fixo a dirigentes de órgãos ou entidades públicas que exerçam funções eminentemente técnicas e que, por sua nature-

19 Justificativa do Deputado Laerte Bessa, autor da Proposta, atualmente arquivada nos termos do art. 105 do Regimento Interno da Câmara dos Deputados. Disponível em: <https://www.camara.leg.br/proposicoesWeb/prop_mostrarintegra;jsessionid=node01h01c48bm19ryrjc9mabdxtqw1388723.node0?codteor=519038&filename=PEC+184/2007>. Acesso em 16/02/2021.

20 Justificativa do Deputado Laerte Bessa, autor da Proposta, atualmente arquivada nos termos do art.105 do Regimento Interno da Câmara dos Deputados. Disponível em: <https://www.camara.leg.br/proposicoesWeb/prop_mostrarintegra?codteor=1446884&filename=PEC+202/2016>. Acesso em: 16/02/2021.

za, devem estar blindadas de ingerências políticas dos titulares do poder, não é uma novidade no arquétipo normativo brasileiro. A título de exemplo, isso já ocorre com as Agências Reguladoras (art. 3º, Lei 13.848/2019; art. 6º, Lei 9.986/2000),[21] sem deixar de mencionar as recentes movimentações do Congresso Nacional para que semelhante situação seja adotada no BACEN – Banco Central do Brasil (à data de 10/02/2021 a Câmara dos Deputados aprovou o PLP 19/19, vindo do Senado Federal nesse sentido).

Voltando ao tópico, no âmbito da Polícia Federal a mais relevante proposta legislativa no sentido de conferir-lhe autonomia funcional, administrativa, financeira e orçamentária, é a PEC 412[22], apresentada pelo deputado Alexandre Silveira (PPS-MG). A proposta divide opiniões no cenário jurídico.[23]

Se pensarmos a questão da vinculação ou desvinculação da Polícia a um Poder em específico sob o prisma da acusatoriedade que deve nortear um sistema de processo penal democrático, somos tentados a, em primeiro momento, estatuir que essa instituição não deve estar atrelada a nenhum outro órgão, como o próprio Ministério Público. Nada obstante, pensamos que as funções investigativas somente não podem ser atribuídas a integrantes do Poder Judiciário (e, por via de consequência, vincular um órgão de Polícia Civil a esse Poder da República possivelmente se consubstanciaria em uma violação ao princípio acusatório), não havendo problemas dessa natureza na vinculação policial com o Ministério Público (frise-se: dessa específica natureza; sem adentrar em outros debates).

1.3. Polícia Civil, Polícia judiciária, Polícia investigativa

Chamamos novamente a atenção do leitor para o cuidado essencial com as distinções no trato da arquitetura das instituições policiais civis. **Polícia Civil** é **órgão** vinculado à Administração Direta dos Estados/Distrito Federal; **polícia judiciária**, como a própria Constituição afirma, é **função** (tal qual a *investigativa* e a *negativa*), exercida privativamente[24] pelas Polícias Civis. A rigor, o

---

21 C.f. OLIVEIRA, Rafael. *Organização administrativa*. 4ª ed. rev. e atual. Rio de Janeiro: Forense; São Paulo: MÉTODO, 2018. p. 116 – 117.

22 Aguardando Parecer do Relator na Comissão de Constituição e Justiça e de Cidadania (CCJC).

23 VASCONCELOS, Carlos Eduardo de Oliveira. *Por que polícia não pode ter autonomia*. Estadão, 2015. Disponível em: <https://opiniao.estadao.com.br/noticias/geral,por-que-policia-nao-pode-ter-autonomia,1737520>. Acesso em 16/02/2021.

24 Frente ao direito vigente, resta claro que as Polícias Civil e Federal não possuem exclusividade na condução das investigações de infrações penais comuns (em contraposição às infrações militares). O Ministério Público, por exemplo, investiga seus próprios membros (art. 41, parágrafo único, da Lei 8.625/93 e art. 65, inciso III, da LC 75/93); o Judiciário, de forma idêntica, também pratica atos de investigação em infrações praticadas por seus membros (art. 33 da LC 35/79). Outra faceta dessa discussão enfrenta a ilegalidade de o próprio Ministério Público realizar investigações indistintamente, frente à adoção no Brasil do sistema acusatório de processo, em que haveria clara divisão de funções (investigar, acusar, defender e julgar). Este trabalho

problema nos remete à distinção *polícia-instituição versus polícia-atividade*; em outras palavras; Polícia Civil é *quem* faz; Polícia Judiciária é *o que* faz.

Mas o que seria a função de "polícia judiciária"?

A função de polícia judiciária é, como já se vem deixando entrever, o *múnus* atribuído às Polícias Civis de promoverem atos de apoio à atividade do Poder Judiciário (despiciendo tornar a alertar o leitor que essas *agências jurídicas* se encontram, no escopo constitucional hodierno, dentro das estruturas do Poder Executivo, e não do Judiciário). A função de polícia investigativa, porém, consubstancia-se no **exercício da investigação preliminar**, anterior e preparatória – na maioria das vezes – ao processo-crime judicial. No direito administrativo, tradicionalmente abordam-se essas atribuições sob a perspectiva de uma *polícia repressiva*, eis que se põem em curso após a prática de um ilícito (seja investigando-o – função de polícia investigativa – ou perseguindo-o no contexto de um processo já em trâmite). Há limites pouco claros, a depender do caso, entre as duas funções, sendo possível perceber, não raras as vezes, hipóteses de interpenetração constante.[25]

Em contraposição à **polícia repressiva**, tradicionalmente atrelada à **polícia de segurança,** temos a **polícia preventiva**, em geral – mas não exclusivamente – no âmbito da **polícia administrativa.** Diferentemente da repressora, que se habilita, de regra, após a prática de um ilícito, a preventiva o faz, como sugere a nomenclatura, **antes** da sua materialização, objetivando evitá-lo. Como se disse, a **polícia administrativa** é aquela que, de regra, concreciona

não tem a pretensão de abordar essa intrincada temática. Por tal razão optamos por utilizar o vocábulo "privativamente", sem excluir a controvérsia citada. Para aprofundamento, c.f., v.g., LOPES JÚNIOR, Aury; JACOBSEN GLOECKNER, Ricardo. Investigação preliminar no processo penal. 6ª Ed. Saraiva: 2014.

25 Percebamos, por exemplo, que o art. 6º da Lei 9.296/96 (Lei das Interceptações Telefônicas) estabelece que a atribuição para promover a medida investigatória é da autoridade policial (em que pese haver precedentes das Cortes Superiores autorizando, excepcionalmente, a condução da medida pela Polícia Militar, sobretudo em casos de suspeita de envolvimento de autoridades da delegacia local no fato criminoso; c.f., v.g., STF, HC 96986/MG, rel. Min. Gilmar Mendes, 15.5.2012). Ora, a interceptação de dados telefônicos e telemáticos é medida investigativa grosseiramente agressiva aos direitos fundamentais do investigado, motivo pelo qual encontra-se sob a égide de uma reserva absoluta de jurisdição. Assim, ao proceder à interceptação, a autoridade policial tanto realiza um ato de apoio à atividade judicante após o comando do magistrado competente, que deve expedir, para isso, mandado (polícia judiciária), quanto materializa ações tendentes a descobrir autoria e materialidade delitivas (polícia investigativa).

as atividades de prevenção de ilícitos, mas também o faz a **polícia de segurança**, sobretudo a militar.

Nesse sentido leciona o professor LOPES JÚNIOR[26]:

> A polícia brasileira desempenha dois papéis (nem sempre) distintos: a polícia judiciária e a polícia preventiva. A polícia judiciaria está encarregada da investigação preliminar, sendo desempenhada nos Estados pela Polícia Civil [...]. Já o policiamento preventivo ou ostensivo é levado a cabo pelas Polícias Militares dos Estados, que não possuem atribuição (como regra) para realizar a investigação preliminar. Em se tratando de inquérito policial, está ele a cargo da polícia judiciária (não cabendo à Polícia Militar realizá-lo, salvo nos crimes militares definidos no Código Penal Militar).

Frise-se que a função de polícia investigativa se pode exercer por meio de diversos procedimentos existentes[27] na legislação em vigor, permitindo, por exemplo, que o titular da ação penal[28] possa iniciar o processo-crime.

26 LOPES JÚNIOR., Aury. *Direito Processual Penal e sua Conformidade Constitucional.* Vol. I. 2° ed. Rio de Janeiro: Lumen Juris, 2008, pg. 241.

27 Vários são os procedimentos utilizados na apuração de infrações penais, podendo a nomenclatura variar de acordo com cada Estado da Federação. No Estado do Rio de Janeiro temos, por exemplo, o Inquérito Policial (IP), utilizado para apurar as infrações penais em geral; o Termo Circunstanciado de Ocorrência (TCO), usado para apurar infrações de pequeno potencial ofensivo, nos termos do art. 61 e ss. da Lei 9.099/95. Saliente-se que, especificamente quanto aos TCOs, havia discussão acirrada sobre a possibilidade de sua lavratura pelas instituições de Polícia Militar dos Estados, havendo decisões administrativas para ambos os lados. Recentemente, o Supremo Tribunal Federal parecia ter pacificado a controvérsia, por meio do julgamento do RE702.617/AM, em favor da posição segundo a qual a competência exclusiva das Polícias Civis para o procedimento se impunha, ante a inelutável natureza investigativa do TCO. O STF acertava, indo, inclusive, ao encontro da melhor doutrina internacional tendente a afastar a Polícia Militar de atos de investigação relativos a crimes contra os direitos humanos, mas, nada obstante, há manifestações mais recentes no sentido de atribuir também à Polícia Militar a prerrogativa de lavrar os Termos Circunstanciados. Por exemplo, por meio do Procedimento de Controle Administrativo nº 0008430-38.2018.2.00.0000, o CNJ – Conselho Nacional de Justiça – se posicionou dessa maneira. No Estado do Mato Grosso (MT), por exemplo,

Reproduzindo, de certa forma, algumas características típicas e atípicas do exercício do Poder de Polícia, o Estatuto da Polícia Civil do Estado do Rio de Janeiro (EPC) e o Regulamento do Estatuto da Polícia Civil do Estado do Rio de Janeiro (REPC), trazem os atributos da função policial: cumprimento da lei; manutenção da ordem pública; proteção de bens e pessoas; prevenção da prática dos ilícitos penais; atribuições de polícia judiciária.

> **Art. 8º, Dec.-Lei 218/75 (EPC).** Caracteriza a função policial o exercício de atividades específicas desempenhadas pela autoridade, seus agentes e auxiliares, para assegurar o **cumprimento da lei**, **manutenção da ordem pública**, a **proteção de bens e pessoas**, a **prevenção da prática dos ilícitos penais** e **atribuições de Polícia Judiciária**.
>
> **Art. 9º, Dec. 3.044/80 (REPC).** Caracteriza a função policial o exercício de atividades específicas desempenhadas pelas autoridades, seus agentes e auxiliares, para assegurar o **cumprimento da lei**, **manutenção da ordem pública**, **proteção de bens e pessoas**, **prevenção da prática dos ilícitos penais** e **atribuições de polícia judiciária.**

Observamos que o EPC e REPC extrapolam as atribuições **típicas** conferidas constitucionalmente às Polícias Civis, que se circunscrevem à apuração de infrações penais e as funções/atribuições de polícia judiciária, como indica, por exemplo, no plano infraconstitucional, o art. 2º da Lei 12.830/13.

> **Art. 144, CRFB.** [...]
>
> [...]
>
> **§4º** – às **polícias civis**, dirigidas por delegados de polícia de carreira, incumbem, ressalvada a competência da União, as **funções de polícia judiciária e a apuração de infrações penais**, exceto as militares.
>
> **Art. 2 º, Lei 12.830/13.** As funções de polícia judiciária e a apuração de infrações penais exercidas pelo delegado de polícia são de natureza jurídica, essenciais e exclusivas de Estado.

O cumprimento da lei, apesar de enumerada como característica da função policial, é dever de todo servidor público, decorrente do princípio da legalidade, previsto no art. 37, *caput*, da CF.

---

o Provimento 31/2020-GAB autoriza Policiais Militares e Bombeiros Militares a lavrar o TCO. Em julgamento no plenário virtual encerrado no dia 27 de junho de 2020, o Supremo Tribunal Federal assentou, por meio da Ação Direta de Inconstitucionalidade 3.807, que TCO não é procedimento investigativo, mas, em verdade, mera peça informativa com descrição detalhada do fato e declarações do condutor do flagrante e do autor do feito, dizendo, portanto, que lavrá-lo não é atribuição privativa de autoridade com competência de Polícia Judiciária.

28 Nos crimes de ação penal pública, caberá ao Ministério Público a propositura (início) da ação penal em Juízo, por meio do oferecimento da peça chamada denúncia. Nos crimes de ação privada, de interesse exclusivo do ofendido/vítima, caberá a este (chamado tecnicamente de querelante) a propositura da ação penal, por meio do oferecimento, em juízo, da queixa-crime.

> **Art. 37, CRFB.** A administração pública direta e indireta de qualquer dos Poderes da União, dos Estados, do Distrito Federal e dos Municípios obedecerá aos **princípios de legalidade**, impessoalidade, moralidade, publicidade e eficiência e, também, ao seguinte:

Por fim, a manutenção da ordem pública e proteção de bens e pessoas tipicamente são atribuições de polícia preventiva ou ostensiva, conferidas pela Constituição da República no art. 144, §5º. Contudo, as Polícias Civis, quando no exercício de sua atividade-fim (investigação da infração penal e atribuições de polícia judiciária), acabam atipicamente exercendo a preservação da ordem pública e proteção de bens e pessoas.

> **Art. 144, CRFB.** A segurança pública, dever do Estado, direito e responsabilidade de todos, é exercida para a **preservação da ordem pública e da incolumidade das pessoas e do patrimônio**, através dos seguintes órgãos:
>
> [...]
>
> **§5º** – às **polícias militares** cabem a **polícia ostensiva** e a **preservação da ordem pública** [...]

Verificamos, portanto, que o art. 8º do EPC e o art. 9º do REPC devem ser interpretados conforme a Constituição da República de 1988, fundamento de validade de todo ordenamento jurídico, no sentido de que o exercício da preservação da ordem pública e proteção de bens e pessoas sejam realizados pela Polícia Civil de forma atípica, sempre incidental e lateralmente ao exercício de sua atividade-fim, sob pena de usurpação da atribuição constitucionalmente conferida às Polícias Militares.

No âmbito da legislação interna da Polícia Civil do Estado do Rio de Janeiro, o art. 1º do Decreto nº 46.601 de 18 de março de 2019 menciona expressamente:

> Art. 1º - A Secretaria de Estado de Polícia Civil tem por finalidade, dentre outras, as funções de **Polícia Judiciária e a apuração das infrações penais, exceto as militares**.

Além disso, prossegue o Diploma Normativo apontando outras funções relevantes estabelecidas à PCERJ:

> **Art. 4º** - À Polícia Civil incumbe, com exclusividade, as funções de polícia judiciária, exceto as relacionadas às infrações penais militares, cabendo-lhe garantir:
>
> a) a proteção à dignidade humana;
>
> b) o respeito e a proteção dos direitos humanos;
>
> c) a promoção dos direitos e garantias fundamentais;
>
> d) a preservação da ordem e segurança públicas, a incolumidade das pessoas e o patrimônio; e
>
> e) o respeito e a obediência ao ordenamento jurídico.

Art. 5º - Compete à Polícia Civil:

I - formalizar, com exclusividade, sob a presidência de Delegado de Polícia Civil, o inquérito policial e os demais procedimentos policiais, com a finalidade de apurar as infrações penais e a sua autoria;

II - planejar, coordenar, dirigir e executar, com exclusividade, as funções de polícia judiciária e a apuração das infrações penais, exceto as militares, com o objetivo de instruir o inquérito policial, o termo circunstanciado ou outros atos formais de investigação;

III - formalizar os procedimentos administrativos disciplinares, visando a apurar desvios de conduta atribuídos a seus servidores, bem como instaurar, quando a conduta atribuída constituir infração penal, o inquérito policial ou o termo circunstanciado;

IV - apurar as infrações penais mediante a utilização de técnicas de investigação, a realização de pesquisas, o acompanhamento das atividades criminosas, a realização de operações policiais e outros meios de obtenção da prova;

V - planejar, organizar e executar ações de inteligência e contra inteligência destinadas à instrumentalização do exercício da atividade de polícia judiciária, e demais atividades de segurança pública, na esfera de sua atribuição constitucional, observados os direitos e garantias fundamentais;

VI - preservar ou requisitar a preservação de locais de infrações penais, apreender instrumentos e produtos do crime, realizar perícias, exames complementares e elaborar laudos;

VII - representar por medidas cautelares, intimar pessoas, promover a oitiva de testemunhas e o interrogatório dos indiciados, adotando providências destinadas a colher, resguardar e interpretar indícios ou provas de infrações penais e sua autoria;

VIII - organizar estatísticas das ocorrências policiais e cadastros de pessoas, bens e cenários de criminalidade e de antecedentes criminais, indispensáveis ao exercício de suas funções;

IX - organizar, manter atualizados, alimentar e gerir, com exclusividade, os bancos de dados desenvolvidos com base na atividade de polícia judiciária, inclusive os decorrentes de interceptações telefônicas, telemáticas e de dados;

X - gerenciar, com exclusividade, os sistemas de interceptação utilizados na atividade de polícia judiciária;

XI - organizar, manter atualizados, alimentar e gerir, os arquivos, dados, registros e serviços de identificação criminal;

XII - manter, nos inquéritos policiais, termos circunstanciados, demais procedimentos policiais e nos bancos de dados e arquivos gerados pela atividade de polícia judiciária, o sigilo necessário à elucidação do fato ou exigido pelo interesse da sociedade, pela segurança das pessoas, pela inviolabilidade da intimidade, da vida privada, da honra e da imagem das pessoas;

XIII - cumprir mandados de prisão, busca domiciliar e outros, expedidos pela autoridade judiciária, no âmbito de sua atribuição constitucional;

XIV - realizar, organizar e estimular pesquisas técnico-científicas relacionadas com as atividades de polícia judiciária e de apuração das infrações penais, no âmbito de sua atribuição constitucional;

XV - registrar, fiscalizar, cobrar taxas e controlar armas, munições, explosivos, fogos de artifício e produtos químicos controlados, em conformidade com a legislação federal;

XVI - cobrar taxas e fiscalizar atividades ligadas a diversões públicas, hotéis e congêneres, na forma da lei;

XVII - realizar, os procedimentos de investigação referentes à descoberta de paradeiro de pessoas desaparecidas;

XVIII - realizar correições e inspeções, em caráter permanente ou extraordinário, em razão do desenvolvimento de suas atividades administrativas ou de polícia judiciária;

XIX - executar atos administrativos de natureza disciplinar;

XX - manter serviço diuturno de atendimento à população;

XXI - zelar pela sua segurança orgânica;

XXII - exercer outras atribuições previstas em lei, desde que compatíveis com missão constitucional da Polícia Civil.

Art. 6º - As funções constitucionais da Polícia Civil são indelegáveis e somente podem ser desempenhadas, para a existência dos atos, por ocupantes de cargo efetivo das carreiras que a integram.

1.4. Estatuto da Polícia Civil e a Constituição da República

A Constituição da República de 1988 adotou, em seu artigo 1º, a forma federativa[29] de Estado, em que há a **divisão do exercício do poder político** entre os entes estatais.

A divisão do exercício do poder político pode ocorrer no **plano territorial / vertical** ou no **plano horizontal / funcional.** Na primeira hipótese, são criados os chamados entes federados (União, Estados, Distrito Federal e Municípios), todos autônomos entre si. Na segunda, ainda, tem-se a criação dos Poderes Constituídos[30] (Executivo, Legislativo e Judiciário).

29 Vale lembrar que as formas de Estado (unitário ou composto) são fórmulas pelas quais o exercício do poder político é dividido entre os entes políticos. Uma das formas de Estado composto é o Estado Federado.

30 Dessa divisão é que surge a típica e conhecida classificação de Montesquieu sobre a separação de Poderes do Estado, baseada na divisão de funções estatais entre os Poderes Executivo, Legislativo e Judiciário. MONTESQUIEU, Charles Louis de. O espírito das Leis. 1ª ed. Rio de Janeiro: Martins Fontes, 2005. Para

Art. 1º, CRFB. A República **Federativa** do Brasil, formada pela união indissolúvel dos Estados e Municípios e do Distrito Federal, constitui-se em Estado Democrático de Direito e tem como fundamentos:

Tais assuntos são estudados em profundidade no Direito Constitucional.[31] Contudo, interessa-nos uma breve abordagem sobre a **divisão do exercício do poder político no plano territorial ou vertical.**

Vimos que uma das principais características da **Federação, forma de Estado** adotada no Brasil, é a **repartição do exercício do poder entre os entes Estatais**, decorrente da autonomia que estes possuem. O Estado (aqui usado como sinônimo de País) é soberano, seus entes federados são autônomos. Como reflexo dessa autonomia, os entes possuem determinadas características/prerrogativas peculiares: **auto-organização**, **autogoverno** e **autoadministração**. Vejamos cada um desses conceitos de forma sucinta.

A **auto-organização** é a prerrogativa dos entes federados de criarem suas próprias Constituições e leis, organizando internamente suas estruturas. Trata-se da manifestação do *Poder Constituinte Derivado Decorrente*, instituído pelo *Poder Constituinte Originário e por ele limitado*, sobretudo no que tange às *normas constitucionais de reprodução obrigatória*. A auto-organização, assim entendida, é basilar de um sistema de repartição de poder político que confira independência aos entes federados.

O **autogoverno** consubstancia a possibilidade de escolha pelos entes de seus próprios agentes políticos, bem como assegura a autonomia de gestão da *coisa pública* dos Estados pelos representantes legitimamente eleitos frente ao ente central.

Por fim, a **autoadministração** é a possibilidade da qual dispõe cada ente federativo para **prestar serviços públicos por órgãos próprios** e promover a atividade administrativa[32].

---

aprofundamento nas diferentes recepções da teoria na França e na Inglaterra, o que produz efeitos diretos e distintos nos modelos de controle de constitucionalidade, c.f., SARLET; Ingo Wolfgang; MARINONI, Luiz Guilherme; MITIDIERO, Daniel. Curso de direito constitucional. 6ª ed. rev. e atual. São Paulo: Saraiva, 2017.

31 Para aprofundar o tema sugerimos a leitura de Peña de Moraes, Guilherme. Curso de Direito Constitucional. 4ª ed. Rio de Janeiro: Atlas, 2012.

32 Lembramos ao leitor que, desde o abandono da Escola do Serviço Público (ou Escola de Bordeaux, base teórica do Direito Administrativo francês) pela literatura brasileira, nem toda atividade do Estado se caracteriza como um serviço público, mas somente – resguardadas eventuais divergências doutrinárias – aquelas, voltadas ao cidadão, de caráter prestacional, de titularidade exclusiva ou não do Estado (vide, v.g., a questão dos Serviços Sociais Autônomos – SSA), criadas por lei – por uma exigência de publicização justificada que restringe o direito fundamental à livre iniciativa privada – independentemente da forma de remuneração (OLIVEIRA, Rafael Carvalho Rezende. Curso de direito administrativo. 6ª ed. rev., atual. e ampl. Rio de Janeiro: Forense; São Paulo: MÉTODO, 2018. p. 287-290).

Em resumo: como reflexo dessa autonomia conferida pela Constituição da República aos entes federativos, estes podem criar suas próprias Constituições Estaduais[33] (auto-organização), o que gerará autonomia de gestão política frente ao ente central (autogoverno) e, consequentemente, desaguará na possibilidade de prestarem, eles mesmos, serviços públicos com servidores próprios, imprimindo-lhes a dinamização e arquitetura que, dentro dos limites legais e constitucionais, entenderem (i) pertinentes e (ii) mais aptas a atingir os vários interesses públicos - princípio da finalidade - aos quais se destina o Estado (autoadministração), editando, cada qual, seus regramentos jurídicos.

Logo, do Poder de auto-organização e autoadministração nasce a possibilidade de os Estados-membros legislarem sobre seus **Estatutos Funcionais**, também chamados de **Regimes Jurídicos Funcionais,**[34] prevendo normas sobre seus servidores, seus órgãos e, lógico, sobre a relação jurídica travada entre uns e outros, bem como entre estes e o próprio ente político.

Em decorrência dessa autonomia dos entes federados, teremos, portanto, vários Estatutos Funcionais na federação. A União, os Estados, o Distrito Federal e, por fim, os Municípios terão, cada qual, seu Estatuto Jurídico próprio, disciplinando as relações jurídicas entre seus servidores e o ente federativo ao qual pertencem, dando azo ao fenômeno da **pluralidade normativa.**[35]

33 Fica a ressalva aos Municípios e ao Distrito Federal, que se auto organizam por meios de suas Leis Orgânicas. Para as linhas gerais sobre o debate se as LOs são ou não expressão de Poder Constituinte Derivado Decorrente, c.f. SOUZA, Cristiane Vitório de; SANTOS, Ana Luzia. Poder constituinte derivado decorrente dos municípios? *In: Interfaces Científicas – Direito – Aracaju.* Vol. 01, n. 01. out/2012. p. 71 – 80.

34 Podemos conceituar Regime Jurídico como o conjunto de regras que regulam as relações jurídicas funcionais entre os servidores públicos e o Estado.

35 Discorrendo sobre o tema, José dos Santos Carvalho Filho acrescenta que uma das características do regime jurídico estatutário é a pluralidade normativa. Cada pessoa da federação precisar ter a sua lei estatutária para que possa disciplinar a relação jurídica funcional entre seus servidores e o ente federado. Haverá, portanto, estatutos funcionais federal, estaduais, distrital e municipais, cada um deles autônomo em relação aos demais, porquanto a autonomia dessas pessoas federativas implica, necessariamente, o poder de organização de seus serviços e seus servidores. (in: Manual de Direito Administrativo. 27ª ed. São Paulo: Atlas, 2014, pg. 603/604). Tal característica, porém, só possui mesmo aplicação no âmbito dos regimes estatuários, fruto das teorias unitárias da função pública, que concebem a relação jurídica entre o agente e o Estado referenciada à lei, e não ao contrato: falamos, pois, nos servidores públicos, titulares de cargos públicos. No que toca aos empregados públicos, o trato é distinto, e isso porque a sua justificação vem das teorias bilaterais da função pública, que concebem a relação travada com natureza contratual – embora derrogada parcialmente por normas de Direito Público – vide, apesar do regime celetista que a rege, por exemplo, a exigência de concurso público para o ingresso nos quadros de pessoal das entidades da administração pública indireta de direito privado (empresas públicas e sociedades de economia mista). Nesses casos, a característica dominante será a unicidade normativa, já que não há autonomia dos Estados da Federação para legislares sobre direito do trabalho, mas, em verdade, cuida-se de competência privativa da União (art. 22, I, CF), que editará as normas regentes de toda relação de emprego público na Administração, ressalvadas eventuais particularidades que, na arquitetura de competências constitucionais delimitadas, não agrida a norma citada.

Como exemplo, temos, no âmbito da União, a Lei nº 8.112, de 11 de dezembro de 1990, que dispõe sobre o Regime Jurídico dos servidores públicos da União, autarquias e fundações federais. No Estado do Rio de Janeiro, o Decreto-Lei nº 220, de 18 de julho de 1975, trata sobre o Estatuto dos Funcionários Públicos Civis do Poder Executivo[36] e, no âmbito do Município do Rio de Janeiro, temos a Lei 94/79, que dispõe sobre o regime jurídico dos Funcionários Públicos Civis do Poder Executivo do Município do Rio de Janeiro.

Saliente-se que, apesar da exigência de edição, pelos entes federativos, de um regime jurídico único que abranja os agentes públicos das administrações direta e indireta de direito público (tendo em vista que essas são criadas por lei específica para desempenharem atividades típicas de Estado, tais como as autarquias), que se extrai da redação atual do art. 39 da CF, não se é de excluir a possibilidade de, no âmbito de um mesmo ente federado, conviverem, validamente, regimes jurídicos especiais para determinadas carreiras. Percebamos, à guisa de exemplo, que os juízes federais (art. 92, III, CF) são, a rigor, *agentes públicos*[37] *da União*, mas seu regime estatutário não é o da Lei 8.112/90, mas o da LCP 35/79 (LOMAN - Lei Orgânica da Magistratura Nacional). O mesmo ocorre no âmbito da LCP 75/93 (Estatuto do Ministério Público da União).[38]

---

36 Embora, formalmente, o Estatuto dos Funcionários Públicos Civis do Poder Executivo seja um Decreto-Lei, oriundo do Chefe do Poder Executivo, este foi recepcionado pela Constituição da República de 1988 com status material de Lei Ordinária.

37 Não concebemos natureza de agente político a magistrados e membros do Ministério Público. Concordamos com a doutrina majoritária (c.f., v.g., OLIVEIRA, Rafael Carvalho Rezende. Op. Cit. p. 732-733) que reserva esta classificação para aqueles que, além de manifestarem a vontade do poder constituinte mediante atos políticos –, são detentores de cargos públicos transitórios que, por sua natureza, são diretamente relacionados à gestão política do Governo, sobretudo através de decisões de formulação de políticas públicas e alocação de recursos do erário. Sobre as tênues fronteiras entre atos políticos e atos administrativos, limitamo-nos, pela abrangência desta obra, a concordar com a doutrina que enxerga, em muitos casos, dificuldades – em alguma medida benéficas – em identificá-las claramente (in: MEDAUAR, Odete. Direito Administrativo Moderno. 21. ed. Belo Horizonte: Fórum, 2018. p. 41).

38 Ainda quanto ao tema, é perfeitamente possível, embora em circunstância excepcional, que convivam, dentro da Administração Direta e da Indireta de direito público, regimes estatutários e celetistas. Lembre-se que a redação originária do art. 39 da CF foi alterada pela EC 18/98, que excluiu a exigência do RJU – embora, à época, jurisprudência e doutrina já caminhassem no sentido de que, mesmo não havendo o comando normativo para a instituição de um regime jurídico uno estatutário, dever-se-ia adotar, para aqueles que exercessem as potestades públicas (poder de império) decorrentes da atividade-fim do Estado (vide, v.g., a aplicação de sanções do Poder de Polícia Administrativa, cuja função é, a rigor, limitar direitos fundamentais para fins de coexistência), podendo-se conferir liberdade às Administrações para decidir quanto ao regime aplicável àqueles que exercessem meras atividades-meio (vide, v.g., as atividades meramente instrumentais ao Poder de Polícia Administrativa, como a exteriorização do consentimento vinculado de polícia por meio da expedição de licenças). No lapso entre a vigência da redação do art. 39 dada pela EC 18/98 e o provimento cautelar em controle concentrado de constitucionalidade, pelo Supremo Tribunal Federal, que repristinou a redação originário do dispositivo, reavivando a exigência de instituição do RJU (ADI 2135/DF), os ingressos de pessoal na Administração a título de relação jurídica contratual (regime celetista) permanecem hígidos, bem como, por lógico, os contratos subsequentes e as suas naturezas, tendo em vista o parâmetro de

Contudo, no que se refere à temática "**Polícia Civil**", a Constituição da República de 1988 estipulou **regramento específico**, não conferindo liberdade plena e irrestrita aos Estados-membros e ao Distrito Federal para legislar sobre o assunto.

A **Constituição da República, no art. 24, inciso XVI**, prevê a **competência legislativa concorrente** da União, Estados e Distrito Federal para **legislarem sobre organização, garantias, direitos e deveres das Polícias Civis**. O limite que cada ente possuirá para legislar será determinado pelo **princípio da preponderância dos interesses**. Nessa linha, à União caberá a edição de normas gerais; aos Estados e Distrito Federal cabem estabelecer normas específicas sobre a matéria (o que é denominado pela doutrina de **competência legislativa suplementar**).

Característica peculiar da competência legislativa concorrente é a possibilidade de os Estados/Distrito Federal, **eventualmente**, exercerem sua plenitude normativa, na ausência de normas gerais editadas pela União. Portanto, negligente a União na edição de lei geral sobre o tema, os Estados e Distrito Federal passam a exercer a competência plena, conforme art. 24, inciso XVI, da CRFB, que é reproduzido no art. 74, inciso XVI, da CERJ.

> **Art. 24, CRFB.** Compete à União, aos Estados e ao Distrito Federal legislar concorrentemente sobre:
>
> [...]
>
> **XVI** – organização, garantias, direitos e deveres das **polícias civis**.
>
> §1º – No âmbito da legislação concorrente, **a competência da União limitar-se-á a estabelecer normas gerais**.
>
> §2º – A competência da União para legislar sobre normas gerais não exclui a **competência suplementar dos Estados**.
>
> §3º – **Inexistindo lei federal sobre normas gerais, os Estados exercerão a competência legislativa plena, para atender a suas peculiaridades**.
>
> §4º – **A superveniência de lei federal sobre normas gerais suspende a eficácia da lei estadual, no que lhe for contrário**.
>
> **Art. 74, CERJ.** Compete ao Estado, concorrentemente com a União, legislar sobre:
>
> [...]
>
> **XVI** – organização, garantias, direitos e deveres das polícias civil e penal.

---

validade de sua existência ser o vigente à época da formalização, ou seja, o adequado ao art. 39 da CF com a redação da EC 18/98.

>§1º – O Estado, no exercício de sua competência suplementar, observará as normas gerais estabelecidas pela União.
>
>§2º – Inexistindo lei federal sobre normas gerais, o Estado exercerá a competência legislativa plena, para atender às suas peculiaridades.
>
>§3º – A superveniência de lei federal sobre normas gerais suspende a eficácia da lei estadual, no que lhe for contrário.

Outro aspecto que não podemos deixar de considerar repousa no fato de que a **iniciativa de leis que disponham sobre Regime Jurídico dos servidores será de competência do Chefe do Executivo.** Não raro as Assembleias Legislativas usurpam essa competência, legislando sem a devida iniciativa do Chefe do Executivo, seja por meio de Leis Ordinárias ou mesmo de Emendas às Constituições Estaduais.

>**Art. 61, CRFB.** A **iniciativa das leis** complementares e **ordinárias** cabe a qualquer membro ou Comissão da Câmara dos Deputados, do Senado Federal ou do Congresso Nacional, ao Presidente da República, ao Supremo Tribunal Federal, aos Tribunais Superiores, ao Procurador-Geral da República e aos cidadãos, na forma e nos casos previstos nesta Constituição.
>
>**§ 1º** – São de **iniciativa privativa do Presidente da República** as leis que:
>
>[...]
>
>**II** – disponham sobre:
>
>[...]
>
>**c)** servidores públicos da União e Territórios, seu **regime jurídico, provimento de cargos, estabilidade e aposentadoria**;
>
>**Art. 112, CERJ.** A iniciativa das leis complementares e ordinárias cabe a qualquer membro ou Comissão da Assembleia Legislativa, ao Governador do Estado, ao Tribunal de Justiça, ao Ministério Público, a Defensoria Pública e aos cidadãos, na forma e nos casos previstos nesta Constituição.
>
>**§1º** – São de **iniciativa privativa do Governador do Estado** as leis que:
>
>[...]
>
>**II** – disponham sobre:
>
>**a)** criação de cargos, funções ou empregos públicos na administração direta e autárquica do Poder Executivo ou aumento de sua remuneração;
>
>**b) servidores públicos do Estado, seu regime jurídico, provimento de cargos, estabilidade e aposentadoria de civis**, reforma e transferência de militares para a inatividade.

Portanto, qualquer Projeto de Lei que vise instituir ou alterar normas sobre Regime Jurídico de Servidores (inclusive da Polícia Civil), formas de provimento de cargo, estabilidade ou aposentadoria deve iniciar sua tramitação por proposição do Chefe do Poder Executivo, sob pena de clara **inconstitucionalidade formal, por vício de iniciativa**. Nesse sentido é pacífica a jurisprudência do STF.[39]

A União ainda não editou a chamada **Lei Geral da Polícia Civil**, prevendo normas gerais e garantias para o livre exercício da investigação preliminar. Assim, os Estados possuem competência plena para legislarem sobre o tema, até que efetivamente a União venha a suprir sua omissão, ocasião em que as disposições contrárias ficarão com eficácia suspensa.[40]

No âmbito estadual, a CERJ prevê a possibilidade de edição da chamada Lei Orgânica da Polícia Civil.

> **Art. 118, CERJ.** As **leis complementares** serão aprovadas por maioria absoluta e receberão numeração distinta das leis ordinárias.
>
> **Parágrafo único.** Considerar-se-ão leis complementares, entre outras previstas nesta Constituição:
>
> [...]
>
> **X – Lei Orgânica da Polícia Civil.**

No Estado do Rio de Janeiro, temos vigente o Decreto-Lei nº 218, de 18 de julho de 1975,[41] editado em pleno regime militar, sob a égide da Constituição Federal de 1967, posteriormente alterada, quase que integralmente, pela EC 01/69, imposta pelo mesmo governo.

---

39 ADIn 700/RJ, Rel. Min. Maurício Correa, 24.08.2001. Frise-se, ainda, que nem mesmo Emenda à Constituição Estadual de iniciativa parlamentar poderá dispor sobre o tema, sob pena de incorrer no mesmo vício de inconstitucionalidade por defeito de iniciativa, constituindo-se em verdadeira burla procedimental ao sistema de competências estabelecido constitucionalmente, no que se refere à sua razão substancial. Além de sugerirmos ao leitor o estudo e aprofundamento do tema "Reserva de Administração" (in: OLIVEIRA, Rafael Carvalho Rezende. Op. Cit. p. 317), c.f., v.g.,na jurisprudência do Supremo Tribunal Federal, as Ações Diretas de Inconstitucionalidade nº 2966 e 3848.

40 Vale a ressalva de que a Lei Estadual não será revogada pela Lei Federal. Uma lei somente pode ser revogada por outra lei produto do mesmo Poder Constituído. Considerando que uma norma possui três planos – vigência, validade e eficácia –, a Lei Federal atingirá o plano da eficácia da Lei Estadual. A Constituição de 1998, nesse ponto, foi técnica no assunto, ao dispor sobre a suspensão da eficácia da lei estadual.

41 Os servidores estatutários costumam ser classificados como de regime geral ou de regime especial. São servidores regidos pelo regime geral aqueles submetidos ao regime jurídico previsto no estatuto funcional básico do ente federativo. No Estado do Rio de Janeiro temos o Decreto-Lei 220, de 18 de julho de 1975, prevendo o Estatuto dos Funcionários Públicos Civis do Poder Executivo do Rio de Janeiro. Já os servidores de regime especial são aqueles em que o estatuto funcional se encontra em lei específica. Como exemplo, em alguns Estados os professores e fiscais possuem estatutos próprios. Os policiais civis, por força da própria Constituição (art. 24, inciso XVI, da CRFB), são regidos por Estatuto Funcional específico. No Estado do Rio de Janeiro tal regime jurídico está previsto no Decreto-Lei 218, de 18 de julho de 1975.

Devemos, portanto, realizar o devido filtro de interpretação constitucional, verificando quais dispositivos do Decreto-Lei 218/75 (Estatuto da Polícia Civil do Estado do Rio de Janeiro - EPC) e do Decreto 3.044/80 (Regulamento do Estatuto da Polícia Civil do Estado do Rio de Janeiro - REPC) não teriam sido recepcionados pela Constituição da República de 1988, na medida em que o Decreto-Lei 218/75 fora criado tendo como parâmetro de validade a Constituição de 1967 (cuja democraticidade, inclusive, é evidentemente questionável).

Há que se considerar, ainda, que o Decreto-Lei 218/75 foi sistematicamente alterado, expressa ou tacitamente, por Leis Ordinárias estaduais. A mais importante delas, a Lei Estadual 3.586, de 21 de junho de 2001, reestruturou o quadro funcional da Polícia Civil, e, portanto, deve ser estudada em conjunto com o Decreto-Lei 218/75.

Vale a ressalva de que o Decreto-Lei 220, de 18 de julho de 1975, Estatuto dos Funcionários Públicos Civis do Poder Executivo do Estado do Rio de Janeiro - EFPC, será aplicado subsidiariamente ao EPC e REPC, tendo em vista determinação expressa contida no art. 43 do EPC. Ainda que silente fosse o Diploma, todavia, nos parece mandatória a aplicação da norma geral na lacuna da norma específica - o que decorre da teoria geral de aplicabilidade dos preceitos jurídicos -, a demonstrar o fenômeno da eloquência legislativa desnecessária, muito visto em terras brasileiras.

> **Art. 43, Dec.-Lei 218/75 (EPC).** Aplicam-se aos servidores policiais as disposições do Estatuto dos Funcionários Públicos Civis e demais normas de pessoal, naquilo que não colidir com este Decreto-Lei.

Neste ponto, buscamos trilhar um caminho inovador na abordagem do Estatuto Funcional da Polícia Civil do Rio de Janeiro. Toda a legislação será analisada criticamente, tendo como parâmetro de validade a Constituição da República Federativa do Brasil de 1988. Iniciemos o trabalho.

Precisamos frisar, nesse ponto, uma das mais relevantes alterações normativas no âmbito da Polícia Civil do Estado do Rio de Janeiro nos últimos tempos, o que se levou a cabo mediante o Decreto 46.544 de 01 de janeiro de 2019, editado pelo então Governador Wilson José Witzel: a PCERJ, nessa oportunidade, foi transformada em Secretaria de Estado (Secretaria de Estado de Polícia Civil). O mesmo aconteceu também com a Polícia Militar do Estado do Rio de Janeiro e resultou da extinção da antiga Secretaria de Estado de Segurança Pública, que conglobava a PCERJ e a PMERJ.

> DECRETO Nº 46.544 DE 01 DE JANEIRO DE 2019.
>
> O GOVERNADOR DO ESTADO DO RIO DE JANEIRO, no uso das atribuições que lhe confere o artigo 145, incisos IV e VI, alínea "a", da Constituição do Estado do Rio de Janeiro,

DECRETA

Art. 1º - A Administração Direta do Poder Executivo, assim como os órgãos de deliberação coletiva, os fundos e a vinculação e/ou supervisão dos entes da Administração Indireta e Fundacional, passam a ser estruturados da seguinte forma:

1. GOVERNADORIA DO ESTADO

Conselho de Segurança Pública do Estado do Rio de Janeiro - CONSPERJ

Consultivo das Corregedorias Gerais da Polícia Civil e da Polícia Militar

[...]

8. SECRETARIA DE ESTADO DE POLÍCIA MILITAR - SEPM

Fundo Especial da Polícia Militar - FUNESPOM Conselho de Administração dos Fundos (Decreto nº 46.559, de 14 de janeiro de 2019)

Fundo Especial da Secretaria de Segurança Pública - FUNESSP

9. SECRETARIA DE ESTADO DE POLICIA CIVIL - SEPOL

Fundo Especial da ACADEPOL

Fundo Especial da Polícia Civil – FUNESPO

[...]

Art. 4º - Fica extinta a Secretaria de Estado de Segurança Pública, que será sucedida para todos os fins de direito pela Secretaria Executiva do Conselho de Segurança Pública, responsável pela transição gradual das funções da secretaria extinta para a Secretaria de Estado da Polícia Civil e para a Secretaria Estado da Polícia Militar.

Com a transformação acima mencionada, devemos consultar o Decreto nº 46.885 de 19 de dezembro de 2019, para nos depararmos com a atual estrutura orgânica da Secretaria de Estado de Polícia Civil:

DECRETO Nº 46.885 DE 19 DE DEZEMBRO DE 2019

O GOVERNADOR DO ESTADO DO RIO DE JANEIRO, no uso de suas atribuições constitucionais e legais, tendo em vista o que consta do Processo nº E-36/053/2/2019,

CONSIDERANDO:

- a necessidade de observar os princípios que orientam a Administração Pública esculpidos no artigo 37, da Constituição Federal;

- a necessidade de se observar o artigo 6º do Decreto nº 46.544/2019[42] e o art. 1º do Decreto nº 46.564/2019;[43]

42 Art. 6º, Decreto nº 46.544/2019: No prazo máximo de 30 (trinta) serão publicados os decretos com as competências e estruturas de cargos de cada ente da Administração Estadual.

43 Art. 1º, Decreto nº 46.564/2019: Fica prorrogado, por 30 (trinta) dias, o prazo estabelecido no art. 6º, do Decreto nº 46.544, de 01.01.2019, para a publicação dos Decretos com as competências e estruturas de cargos de cada ente da Administração Estadual.

- a necessidade de complementar o Decreto nº 46.601/2019;[44]

[...]

DECRETA

Art. 1º - A estrutura organizacional básica da Secretaria de Estado de Polícia Civil fica consolidada na forma do Anexo I.

[...]

ANEXO 1

ESTRUTURA ORGANIZACIONAL BÁSICA DA SECRETARIA DE ESTADO DE POLÍCIA CIVIL

1 - ESTRUTURA ORGANIZACIONAL BÁSICA

A Secretaria de Estado de Polícia Civil tem a seguinte estrutura organizacional básica:

1.1 Gabinete da Secretaria de Polícia Civil

1.1.1 Conselho Superior de Polícia

1.1.2 Chefia de Gabinete do Secretário de Polícia Civil

1.1.2.1 Assessoria Técnico-Especial

1.1.2.2 Núcleo de Segurança Institucional

1.1.3 Assessoria Técnico-Administrativa

1.1.3.1 Assistência Técnico-Administrativa

1.1.3.2 Núcleo de Protocolo Geral

1.1.4 Assessoria Especial

1.1.4.1 Assistência Parlamentar e Relações Institucionais

1.1.5 Assessoria Jurídica

1.1.5.1 Assistência Técnica-Jurídica

1.1.5.2 Serviço de Suporte Administrativo

1.1.5.3 Serviço de Pesquisa de Procedimentos Judiciais

1.1.5.4 Serviço de Pesquisa de Legislação

1.1.6 Assessoria de Planejamento e Gestão

1.1.6.1 Assistência de Planejamento e Gestão

1.1.6.2 Serviço de Planejamento

1.1.6.3 Serviço de Gestão

44 Decreto que, em 21/03/2019, consolidou a estrutura básica da Secretaria de Estado de Polícia Civil.

1.1.6.4 Escritório de Projetos

1.1.7 Assessoria de Comunicação

1.1.7.1 Assistência de Comunicação

1.1.8 Corregedoria Geral de Polícia Civil

1.1.8.1 Subcorregedoria Geral de Polícia Civil

1.1.8.2 Assistência da Corregedoria Geral

1.1.8.3 Serviço de Suporte Administrativo

1.1.8.4 Departamento Geral de Inspeção e Correição

1.1.8.4.1 Serviço de Suporte Administrativo

1.1.8.4.2 Serviço de Controle de Arrecadação

1.1.8.4.3 Serviço de Controle Processual

1.1.8.4.4 Serviço de Análise de Rotinas Policiais

1.1.8.5 Departamento Geral de Assuntos Internos

1.1.8.5.1 Serviço Cartorário

1.1.8.5.2 Serviço de Apuração Preliminar

1.1.8.5.3 Serviço de Investigação

1.1.8.5.4 Serviço de Análise da Informação

1.1.8.5.5 Serviço de Plantão Policial

1.1.8.5.6 Serviço de Investigação Complexa

1.1.8.6 Departamento Geral das Comissões Permanentes de Inquéritos Administrativos

1.1.8.6.1 Serviço de Suporte Administrativo

1.1.8.6.2 1ª Comissão Permanente Inquérito Administrativo;

1.1.8.6.3 2ª Comissão Permanente Inquérito Administrativo;

1.1.8.6.4 3ª Comissão Permanente Inquérito Administrativo;

1.1.8.7 Corregedorias Regionais de Polícia

1.1.8.7.1 1ª Corregedoria Regional de Polícia - Grande Niterói;

1.1.8.7.2 2ª Corregedoria Regional de Polícia - Região Serrana;

1.1.8.7.3 3ª Corregedoria Regional de Polícia - Região dos Lagos;

1.1.8.7.4 4ª Corregedoria Regional de Polícia - Macaé;

1.1.8.7.5 5ª Corregedoria Regional de Polícia - Santo Antônio de Pádua;

1.1.8.7.6 6ª Corregedoria Regional de Polícia - Sul Fluminense e Costa Verde.

1.1.9 Controladoria Geral de Polícia Civil

1.1.9.1 Assistência da Controladoria Geral de Polícia Civil

1.1.9.2 Serviço de Suporte Administrativo

1.1.9.3 Auditoria Geral de Polícia

1.1.9.3.1 Diretoria de Controle Interno

1.1.9.3.1.1 Divisão de Controle Financeiro, Orçamentário, Contábil e Patrimonial

1.1.9.3.1.1.1 Serviço de Monitoramento e Orientação Institucional dos Controles Financeiro, Orçamentário, Contábil e Patrimonial

1.1.9.3.1.1.2 Serviço de Concepção de Protocolos de Controles Financeiro, Orçamentário, Contábil e Patrimonial

1.1.9.3.1.2 Divisão de Controle Operacional

1.1.9.3.1.2.1 Serviço de Monitoramento e Orientação Institucional deControle Operacional

1.1.9.3.1.2.2 Serviço de Concepção de Protocolos de Controle Operacional

1.1.9.3.1.3 Divisão de Sindicância Patrimonial

1.1.9.3.1.3.1 Serviço Apuração e Formalização

1.1.9.3.2 Diretoria de Auditoria Interna

1.1.9.3.2.1 Divisão de Auditoria Financeira, Orçamentária, Contábil e Patrimonial

1.1.9.3.2.1.1 Serviço de Auditoria de Planejamento e Execução Orçamentária, Contábil e Patrimonial

1.1.9.3.2.2 Divisão de Auditoria Operacional

1.1.9.3.2.2.1 Serviço de Auditoria de Planejamento e Execução Operacional

1.1.9.3.2.2.2 Serviço de Monitoramento Operacional

1.1.9.3.2.3 Divisão de Auditoria nas Prestações e Tomadas de Contas

1.1.9.3.2.3.1 Serviço de Análise das Prestações e Tomadas de Contas

1.1.9.4 Ouvidoria Geral de Polícia

1.1.9.4.1 Serviço de Suporte Administrativo

1.1.9.4.2 Divisão de Atendimento ao Cidadão

1.1.9.4.2.1 Serviço de Processamento de Demandas

1.9.4.4.3 Divisão de Transparência

1.9.4.4.3.1 Serviço de Processamento de Requerimentos

1.1.10 Subsecretaria de Gestão Administrativa

1.1.10.1 Assessoria Técnico-Especial

1.1.10.2 Departamento-Geral de Administração e Finanças

1.1.10.2.1 Assistência Especial

1.1.10.2.2 Serviço de Suporte Administrativo

1.1.10.2.3 Museu da Polícia Civil

1.1.10.2.4 Assistência de Contabilidade

1.1.10.2.5 Diretoria de Administração

1.1.10.2.5.1 Divisão de Logística

1.1.10.2.5.1.1 Serviço de Transporte

1.1.10.2.5.1.2 Serviço de Engenharia

1.1.10.2.5.1.3 Serviço de Material e Patrimônio

1.1.10.2.5.2 Divisão de Orçamento e Execução Financeira

1.1.10.2.5.2.1 Serviço de Planejamento Orçamentário

1.1.10.2.5.2.2 Serviço de Execução Financeira

1.1.10.2.5.2.3 Serviço de Registro e Comando de Pagamento

1.1.10.2.5.3 Divisão de Arquivo Geral

1.1.10.2.5.3.1 Serviço de Microfilmagem

1.1.10.2.5.3.2 Serviço de Evidências Criminais

1.1.10.2.5.3.3 Serviço de Documentos

1.1.10.2.5.4 Divisão de Convênios

1.1.10.2.5.4.1 Serviço de Convênios

1.1.10.3 Órgãos Colegiados

1.1.10.3.1 Comissão Permanente de Licitação

1.1.10.3.1.1 Serviço de Suporte Administrativo

1.1.10.3.1.2 Comissão de Pregão Presencial

1.1.10.3.1.3 Comissão de Pregão Eletrônico

1.1.10.3.2 Comissão de Gestão de Contratos e Convênios

1.1.10.3.2.1 Serviço de Suporte Administrativo

1.1.10.4 Departamento-Geral de Gestão de Pessoas

1.1.10.4.1 Assistência Especial

1.1.10.4.2 Serviço de Promoções

1.1.10.4.3 Serviço de Avaliação de Desempenho e Estágio Probatório e Supervisionado

1.1.10.4.4 Divisão de Administração de Pessoal

1.1.10.4.4.1 Serviço de Registros Funcionais

1.1.10.4.4.2 Serviço de Direitos e Vantagens

1.1.10.4.4.3 Serviço de Assistência ao Servidor

1.1.10.4.4.4 Serviço de Inativos e Pensionistas

1.1.10.4.4.5 Serviço de Controle e Análise de Cargos Efetivos e em Comissão

1.1.10.4.4.6 Serviço de Núcleo de Pessoal

1.1.10.4.5 Divisão de Valorização Profissional e Qualidade de Vida

1.1.10.4.5.1 Serviço de Esporte

1.1.10.4.5.2 Serviço de Cultura

1.1.10.4.5.3 Serviço de Qualidade de Vida

1.1.10.4.6 Policlínica da Polícia Civil José da Costa Moreira

1.1.10.4.6.1 Vice Diretoria

1.1.10.4.6.2 Serviço de Suporte Administrativo

1.1.10.4.6.3 Serviço de Prevenção e Atenção à Saúde do Policial

1.1.10.4.6.4 Núcleo de Saúde Mental do Policial

1.1.10.4.6.5 Serviço de Clínica Médica, Cirurgia e Exames de Imagens

1.1.10.4.6.6 Serviço de Laboratório de Análises Clínicas

1.1.10.4.6.7 Serviço Especializado em Medicina e Segurança do Trabalho

1.1.10.5 Academia Estadual de Polícia Sylvio Terra

1.1.10.5.1 Vice Diretoria

1.1.10.5.2 Centro Geral de Estudos e Projetos Estratégicos

1.1.10.5.3 Divisão de Recrutamento e Seleção

1.1.10.5.3.1 Serviço de Investigação Social

1.1.10.5.3.2 Serviço de Planejamento e Execução de Concursos

1.1.10.5.4 Divisão de Ensino Policial

1.1.10.5.4.1 Serviço de Coordenação e Registro Escolar

1.1.10.5.4.2 Serviço Pedagógico

1.1.10.5.4.3 Serviço de Treinamento Operacional

1.1.10.5.5 Divisão de Administração

1.1.10.5.5.1 Serviço de Suporte Administrativo

1.1.10.5.5.2 Serviço de Segurança e Transporte

1.1.10.5.5.3 Serviço de Patrimônio e Pessoal

1.1.10.6 Departamento-Geral de Tecnologia da Informação e Telecomunicações

1.1.10.6.1 Assistência Especial

1.1.10.6.2 Serviço de Inovação, Pesquisa e Desenvolvimento

1.1.10.6.3 Diretoria de Tecnologia da Informação

1.1.10.6.3.1 Serviço de Desenvolvimento de Sistema

1.1.10.6.3.2 Serviço de Suporte de Rede

1.1.10.6.3.3 Serviço de Banco de Dados

1.1.10.6.3.4 Serviço de Segurança da Informação

1.1.10.6.3.5 Serviço de Gestão de Qualidade

1.1.10.6.3.6 Serviço de Contrato de Tecnologia

1.1.10.6.4 Diretoria de Telecomunicações

1.1.10.6.4.1 Serviço de Telefonia

1.1.10.6.4.2 Serviço de Infraestrutura e Patrimônio

1.1.10.7 Departamento-Geral de Polícia Técnico-Científica

1.1.10.7.1 Assistência Especial

1.1.10.7.2 Centro de Estudos e Pesquisas Forenses

1.1.10.7.3 Instituto de Criminalística Carlos Éboli - ICCE

1.1.10.7.3.1 Vice Diretoria

1.1.10.7.3.2 Serviço de Suporte Administrativo

1.1.10.7.3.3 Serviço de Logística, Patrimônio e Fiscalização

1.1.10.7.3.4 Serviço de Controle de Qualidade

1.1.10.7.3.5 Laboratório Geral de Perícias Químicas

1.1.10.7.3.5.1 Laboratório de Perícias de Entorpecentes e Psicotrópicos

1.1.10.7.3.5.2 Laboratório de Perícias de Alimentos e Medicamentos

1.1.10.7.3.5.3 Laboratório de Perícias Bioquímicas

1.1.10.7.3.5.4 Laboratório de Perícias de Análise Instrumental

1.1.10.7.3.6 Divisão de Perícias

1.1.10.7.3.6.1 Serviço de Perícias - SEDE

1.1.10.7.3.6.2 Serviço de Perícias - BARRA

1.1.10.7.3.6.3 Serviço de Perícias - PENHA

1.1.10.7.3.6.4 Serviço de Perícias - CIDPOL

1.1.10.7.3.7 Divisão de Perícias Especializadas

1.1.10.7.3.7.1 Serviço de Perícias de Armas de Fogo

1.1.10.7.3.7.2 Serviço de Perícias de Engenharia

1.1.10.7.3.7.3 Serviço de Perícias de Áudio, Imagem e Informática

1.1.10.7.3.7.4 Serviço de Perícias de Merceologia e Jogos

1.1.10.7.3.7.5 Serviço de Perícias de Documentos

1.1.10.7.3.7.6 Serviço de Perícias de Contabilidade

1.1.10.7.3.7.7 Serviço de Perícias de Veículos

1.1.10.7.4 Instituto Médico Legal Afrânio Peixoto - IMLAP

1.1.10.7.4.1 Vice Diretoria

1.1.10.7.4.2 Serviço de Suporte Administrativo

1.1.10.7.4.3 Serviço de Logística, Patrimônio e Fiscalização de Contrato

1.1.10.7.4.4 Divisão de Clínica Médica e Necropsia

1.1.10.7.4.4.1 Serviço de Clínica Médica

1.1.10.7.4.4.2 Serviço de Necropsia

1.1.10.7.4.4.3 Serviço de Antropologia Forense

1.1.10.7.4.4.4 Serviço de Odontologia Forense

1.1.10.7.4.4.5 Serviço de Controle de Cadáveres

1.1.10.7.4.5 Laboratório Geral de Análises Forenses

1.1.10.7.4.5.1 Laboratório de Toxicologia Forense

1.1.10.7.4.5.2 Laboratório de Anatomopatologia

1.1.10.7.4.5.3 Laboratório de Hematologia Forense

1.1.10.7.4.5.4 Laboratório de Entomologia Forense

1.1.10.7.5 Instituto de Identificação Felix Pacheco - IIFP

1.1.10.7.5.1 Vice Diretoria

1.1.10.7.5.2 Serviço de Apoio Administrativo

1.1.10.7.5.3 Serviço de Assentamentos Criminais

1.1.10.7.5.4 Serviço de Identificação e Perícia Necropapiloscópica

1.1.10.7.5.5 Serviço de Perícia Papiloscópica em Local de Crime

1.1.10.7.5.6 Serviço de Perícia Papiloscópica em Vivos

1.1.10.7.5.7 Serviço de Representação Facial Humana

1.1.10.7.6 Instituto de Pesquisa e Perícia em Genética Forense

1.1.10.7.6.1 Vice Diretoria

1.1.10.7.6.2 Serviço de Gestão de Qualidade

1.1.10.7.6.3 Serviço de Suporte Administrativo

1.1.10.7.6.4 Laboratório Geral de DNA

1.1.10.7.6.4.1 Serviço de Banco de Perfis Genéticos

1.1.10.7.6.4.2 Serviço de Perícias

1.1.10.7.7 Coordenadorias Regionais de Polícia Técnico-Científica

1.1.10.7.7.1 CRPTC Baixada Fluminense

1.1.10.7.7.1.1 Posto Regional de Polícia Técnico-Científica de Duque de Caxias

1.1.10.7.7.1.2 Posto Regional de Polícia Técnico-Científica de Nova Iguaçu

1.1.10.7.7.1.3 Posto Regional de Polícia Técnico-Científica de Campo Grande

1.1.10.7.7.2 CRPTC Sul Fluminense

1.1.10.7.7.2.1 Posto Regional de Polícia Técnico-Científica de Angra dos Reis

1.1.10.7.7.2.2 Posto Regional de Polícia Técnico-Científica de Resende

1.1.10.7.7.2.3 Posto Regional de Polícia Técnico-Científica de Volta Redonda

1.1.10.7.7.2.4 Posto Regional de Polícia Técnico-Científica de Barra do Piraí

1.1.10.7.7.3 CRPTC Serrana

1.1.10.7.7.3.1 Posto Regional de Polícia Técnico-Científica de Teresópolis

1.1.10.7.7.3.2 Posto Regional de Polícia Técnico-Científica de Petrópolis

1.1.10.7.7.3.3 Posto Regional de Polícia Técnico-Científica de Três Rios

1.1.10.7.7.3.4 Posto Regional de Polícia Técnico-Científica de Nova Friburgo

1.1.10.7.7.4 CRPTC Norte Fluminense

1.1.10.7.7.4.1 Posto Regional de Polícia Técnico-Científica de Campos dos Goytacazes

1.1.10.7.7.4.2 Posto Regional de Polícia Técnico-Científica de Macaé

1.1.10.7.7.4.3 Posto Regional de Polícia Técnico-Científica de Santo Antônio de Pádua

1.1.10.7.7.4.4 Posto Regional de Polícia Técnico-Científica de Itaperuna

1.1.10.7.7.5 CRPTC Leste Fluminense

1.1.10.7.7.5.1 Posto Regional de Polícia Técnico-Científica de Niterói

1.1.10.7.7.5.2 Posto Regional de Polícia Técnico-Científica de São Gonçalo

1.1.10.7.7.5.3 Posto Regional de Polícia Técnico-Científica de Araruama

1.1.10.7.7.5.4 Posto Regional de Polícia Técnico-Científica de Cabo Frio

1.1.11 Subsecretaria de Planejamento e Integração Operacional

1.1.11.1 Assessoria Técnico-Especial

1.1.11.2 Delegacia de Repressão às Organizações Criminosas

1.1.11.3 Coordenadoria de Fiscalização de Armas e Explosivos

1.1.11.3. 1 Divisão de Atividades Especiais

1.1.11.4 Coordenadoria de Recursos Especiais

1.1.11.4.1 Serviço de Recursos Especiais

1.1.11.4.2 Serviço de Planejamento Administrativo

1.1.11.4.3 Serviço de Logística

1.1.11.4.4 Serviço Aeropolicial

1.1.11.4.5 Serviço de Inteligência Policial

1.1.11.5 Coordenadoria de Comunicações e Operações Policiais

1.1.11.5.1 Serviço de Suporte Administrativo

1.1.11.5.2 Serviço de Manutenção e Suprimento

1.1.11.5.3 Serviço de Operação e Telecomunicações

1.1.11.5.4 Serviço de Apoio ao Centro Integrado de Comando e Controle

1.1.11.6 Coordenadoria de Investigações de Agentes com Foro

1.1.11.7 Departamento-Geral de Polícia da Capital

1.1.11.7.1 1º Departamento de Polícia de Área

1.1.11.7.2 2º Departamento de Polícia de Área

1.1.11.7.3 Delegacias Distritais da Capital

1.1.11.8 Departamento-Geral de Polícia da Baixada

1.1.11.8.1 3º Departamento de Polícia de Área

1.1.11.8.2 Delegacias Distritais da Baixada

1.1.11.9 Departamento-Geral de Polícia do Interior

1.1.11.9.1 4º Departamento de Polícia de Área

1.1.11.9.2 5º Departamento de Polícia de Área

1.1.11.9.3 6º Departamento de Polícia de Área

1.1.11.9.4 7º Departamento de Polícia de Área

1.1.11.9.5 Delegacias Distritais do Interior

1.1.11.10 Departamento-Geral de Polícia Especializada

1.1.11.10.1 Divisões Especializadas

1.1.11.10.1 1 Divisão de Capturas e Polícia Interestadual

1.1.11.10.1.2 Divisão de Roubos e Furtos de Automóveis

1.1.11.10.2 Delegacias Especializadas

1.1.11. 11 Departamento-Geral de Homicídios e Proteção à Pessoa

1.1.11.11.1 Delegacias de Homicídios

1.1.11.11.2 Delegacias de Descoberta de Paradeiros

1.1.11.12 Departamento-Geral de Combate à Corrupção, ao Crime Organizado e à Lavagem de Dinheiro

1.1.11.12.1 Delegacia de Combate às Organizações Criminosas e à Lavagem de Dinheiro

1.1.11.12.2 Delegacia de Combate à Corrupção e à Lavagem de Dinheiro

1.1.11.12.3 Laboratório de Tecnologia contra Lavagem de Dinheiro

1.1.11.12.4 Gabinete de Recuperaçao de Ativos

1.1.11.13 Departamento-Geral de Polícia de Atendimento à Mulher

1.1.11.13.1 Delegacias Especializadas de Atendimento à Mulher

1.1.11.14 Departamento-Geral de Polícia das Delegacias de Acervo Cartorário

1.1.11.14.1 Delegacias de Acervo Cartorário

1.1.12 Subsecretaria de Inteligência

1.1.12.1 Assessoria Técnico-Especial

1.1.12.2 Escola de Inteligência em Segurança Pública do Estado do Rio de Janeiro

1.1.12.3 Departamento-Geral de Inteligência

1.1.12.4 Departamento-Geral de Contrainteligência

1.1.12.5 Departamento-Geral de Integração Operacional em Ações de Inteligência

1.1.12.6 Departamento-Geral de Busca Eletrônica

1.1.12.7 Departamento-Geral de Operações de Segurança Pública

Com a reestruturação integral da PCERJ, o Diploma Normativo nos permite a seguinte sistematização das atribuições de cada órgão da Secretaria (o texto normativo, no item 02, se refere à expressão "competência dos órgãos", embora o termo mais próprio seja mesmo "atribuições", já que "competência" é, tradicionalmente, reservada a órgãos jurisdicionais e não administrativos). Vejamos os pontos mais importantes:

CONSELHO SUPERIOR DE POLÍCIA	**COMPETÊNCIA:** Zelar pela observância dos princípios institucionais da Polícia Civil e opinar nas matérias que lhe forem submetidas.
CHEFIA DE GABINETE DO SECRETÁRIO DE ESTADO DE POLÍCIA CIVIL	**DIREÇÃO:** Um Chefe de Gabinete, símbolo SS, ocupante de cargo efetivo de Delegado de Polícia do Estado do Rio de Janeiro, da classe mais elevada de seu Quadro Permanente. **COMPETÊNCIA:** - Assistir o Secretário de Estado de Polícia Civil nas suas representações política e social; - Incumbir-se das atividades de agenda do Secretário, despacho de seus expedientes e processos endereçados ao Gabinete, examinando, emitindo pronunciamentos e encaminhando-os à decisão superior, quando for o caso; - Despachar e decidir sobre atos, documentos e atendimento às consultas e requerimentos rotineiros, bem como coordenar e supervisionar as atividades dos órgãos que o integram e de outros, quando determinado.
ASSESSORIA TÉCNICO--ADMINISTRATIVA	**DIREÇÃO:** Um Assessor-Chefe, símbolo DG, ocupante de cargo efetivo de Delegado de Polícia do Estado do Rio de Janeiro, da classe mais elevada de seu Quadro Permanente. **COMPETÊNCIA:** - Assessorar o Secretário de Estado de Polícia Civil; coordenando a tramitação dos expedientes externos, físicos ou eletrônicos, endereçados à Secretaria de Estado de Polícia Civil e ao Gabinete, examinando e encaminhando-os aos órgãos pertinentes ou à decisão superior, quando for o caso; - Despachar requerimentos e processos rotineiros, bem como coordenar e supervisionar as atividades do Núcleo de Protocolo Geral, e de outros órgãos, quando determinado.
ASSESSORIA ESPECIAL	**DIREÇÃO:** Um Assessor-Chefe, símbolo DG, ocupante de cargo efetivo de Delegado de Polícia do Estado do Rio de Janeiro, da classe mais elevada de seu Quadro Permanente. **COMPETÊNCIA:** - Assessorar o Secretário de Estado de Polícia Civil nos assuntos de natureza especial e estratégica, que demandem a participação e coordenação direta por parte do Titular da Pasta; - Acompanhar a tramitação dos Projetos Legislativos de interesse da Instituição, bem como atuar em outras atribuições e atividades em que, face as peculiaridades da demanda ou relevância institucional, seja necessária sua atuação, por designação do Secretário.

ASSESSORIA JURÍDICA	**DIREÇÃO:** Um Assessor Jurídico-Chefe, símbolo DG. **COMPETÊNCIA:** - Emitir pareceres, manifestações e despachos em assuntos que envolvam matéria jurídica, cujo exame lhe seja solicitado pelo Secretário de Estado da Polícia Civil, pelo Corregedor Geral da Polícia Civil, pelo Controlador da Polícia Civil, pelos Subsecretários de Gestão Administrativa, de Planejamento e Integração Operacional e de Inteligência, pelo Chefe de Gabinete do Secretário da Polícia Civil, pela Assessoria Técnico-Administrativa ou solicitado, no âmbito das suas atribuições, pelo Diretor Geral de Pessoal, pelo Diretor-Geral de Administração e Finanças ou pelo Presidente da Comissão Permanente de Licitações; - Elaborar, substituir ou modificar minutas de atos normativos em geral relativos à Secretaria da Polícia Civil, podendo solicitar, quando necessária, a manifestação prévia e conclusiva dos órgãos integrantes da estrutura, instruída com o pronunciamento de mérito do titular do órgão respectivo; - Produzir resposta e prestar informações a órgãos, tais como Ministério Público, Tribunal de Contas, Procuradoria Geral do Estado, em que haja interesse direta ou indiretamente da SEPOL.
ASSESSORIA DE PLANEJAMENTO E GESTÃO	**DIREÇÃO:** Um Assessor-Chefe, símbolo DG, ocupante de cargo efetivo de Delegado de Polícia do Estado do Rio de Janeiro, da classe mais elevada de seu Quadro Permanente. **COMPETÊNCIA:** - Normatizar, coordenar, supervisionar e orientar, mediante coleta, processamento e a análise de informações e dados estatísticos administrativos e criminais; - Desempenhar as atividades de planejamento, programação, organização e modernização administrativa, bem como elaborar, revisar e compatibilizar programas e projetos.
ASSESSORIA DE COMUNICAÇÃO	**DIREÇÃO:** Um Assessor-Chefe, símbolo DG. **COMPETÊNCIA:** Desempenho das atividades de relações públicas e divulgação da atuação da Secretaria de Estado de Polícia Civil.
CORREGEDORIA GERAL DA POLÍCIA CIVIL	**DIREÇÃO:** Um Corregedor Geral, símbolo SA, ocupante de cargo efetivo de Delegado de Polícia do Estado do Rio de Janeiro, da classe mais elevada de seu Quadro Permanente; **COMPETÊNCIA:** Como integrante do sistema estadual de fiscalização e correição, - Promover o controle processual e arrecadação de tributos recolhidos a favor do Fundo Especial da Polícia Civil – FUNESPOL; - Proceder a inspeções administrativas nos órgãos da Polícia Civil, correições nos procedimentos de polícia judiciária, bem como a apuração das transgressões disciplinares e infrações penais atribuídas aos policiais civis.

CORREGEDORIAS REGIONAIS DE POLÍCIA	**DIREÇÃO:** Corregedores Regionais, símbolo DAS-8, ocupantes de cargo efetivo de Delegado de Polícia do Estado do Rio de Janeiro, da classe mais elevada. **COMPETÊNCIA:** concorrentemente, proceder a inspeções administrativas nos órgãos da Polícia Civil, correições nos procedimentos de polícia judiciária, bem como a apuração das transgressões disciplinares e infrações penais atribuídas aos policiais civis, na sua circunscrição.
CONTROLADORIA GERAL DE POLÍCIA CIVIL	**DIREÇÃO:** Um Controlador, símbolo SA, ocupante de cargo efetivo de Delegado de Polícia do Estado do Rio de Janeiro, da classe mais elevada de seu Quadro Permanente. **COMPETÊNCIA:** - Assessorar o Secretário de Polícia Civil no controle interno orçamentário, financeiro, contábil, patrimonial e operacional, sob os aspectos da legalidade, legitimidade, economicidade, eficiência e eficácia; - Auditar e avaliar os controles internos; - Instauração e apuração das sindicâncias patrimoniais; - Apoio técnico ao controle externo em consonância com as normativas da Controladoria Geraldo Estado - CGE, Auditoria Geral do Estado – AGE e Tribunal de Contas do Estado – TCE; - Fomentar boas práticas organizacionais, controle social, transparência da gestão, prevenção e combate à fraude e à corrupção.
SUBSECRETARIA DE GESTÃO ADMINISTRATIVA	**DIREÇÃO:** Um Subsecretário de Estado de Gestão Administrativa, símbolo SS, ocupante de cargo efetivo de Delegado de Polícia do Estado do Rio de Janeiro, da classe mais elevada do seu Quadro Permanente. **COMPETÊNCIA:** - Assistir o Secretário de Estado de Polícia Civil em suas representações social e funcional, substituí-lo em suas ausências ou impedimentos; - Assessorá-lo nos assuntos pertinentes à gestão administrativa; - Planejar, dirigir, coordenar as atividades inerentes à gestão de pessoas, organização funcional e recursos materiais e financeiros, além de outras atividades que lhe forem atribuídas.
DEPARTAMENTO-GERAL DE ADMINISTRAÇÃO E FINANÇAS	**DIREÇÃO:** Um Diretor-Geral, símbolo DG, ocupante de cargo efetivo de Delegado de Polícia do Estado do Rio de Janeiro, da classe mais elevada do seu Quadro Permanente. **COMPETÊNCIA:** - Conduzir, coordenar e controlar as atividades relacionadas a material, patrimônio, suprimentos, execução orçamentária e financeira, transportes;

DEPARTAMENTO-GERAL DE ADMINISTRAÇÃO E FINANÇAS	- Propor a padronização e a normalização dos sistemas e infraestrutura física (edificações, arquitetura e construção) e dos equipamentos utilizados pelas unidades policiais; - Planejar, coordenar, controlar, orientar, executar e fazer executar os serviços gerais.
MUSEU DA POLÍCIA	**DIREÇÃO:** Um Diretor, símbolo DAS-8. **COMPETÊNCIA:** - Preservação, pesquisa, exposição e difusão do acervo histórico da instituição policial, cabendo-lhe a administração e supervisão do patrimônio por ele representado.
DIRETORIA DE ADMINISTRAÇÃO	**DIREÇÃO:** Um Diretor, símbolo DAS-7, ocupante de cargo efetivo de Delegado de Polícia do Estado do Rio de Janeiro. **COMPETÊNCIA:** - Auxiliar o Diretor-Geral nos procedimentos afetos ao órgão e coordenar e supervisionar as atividades das Divisões a ele subordinadas, além de outras atribuições que lhe forem conferidas.
COMISSÃO PERMANENTE DE LICITAÇÃO	**DIREÇÃO:** Um Presidente de Comissão, símbolo DG, ocupante de cargo efetivo de Delegado de Polícia do Estado do Rio de Janeiro, da classe mais elevada de seu Quadro Permanente. **COMPETÊNCIA:** - Implementar, coordenar e supervisionar a elaboração dos processos licitatórios, processos de dispensa e inexigibilidade de licitação e processos de adesão a atas (internas ou externas) realizadas por sistema de registro de preços, e demais atribuições conferidas pela Lei nº 8.666, de 21 de junho de 1993.
COMISSÃO DE GESTÃO DE CONTRATOS E CONVÊNIOS	**DIREÇÃO:** Um Presidente de Comissão, símbolo DG, ocupante de cargo efetivo de Delegado de Polícia do Estado do Rio de Janeiro, da classe mais elevada ed seu Quadro Permanente. **COMPETÊNCIA:** - Controlar e gerir a execução de contratos e convênios; - Verificar a fiel observância dos contratos e convênios em vigor, procedendo à avaliação dos documentos recebidos como garantia contratual, informando ao ordenador de despesas sobre qualquer irregularidade porventura existente.
DEPARTAMENTO-GERAL DE GESTÃO DE PESSOAS	**DIREÇÃO:** Um Diretor-Geral, símbolo DG, ocupante de cargo efetivo de Delegado de Polícia do Estado do Rio de Janeiro, da classe mais elevada de seu Quadro Permanente. **COMPETÊNCIA:** - Conduzir, coordenar e controlar as atividades inerentes à gestão de pessoas, promoção à valorização profissional, atenção básica à saúde.

POLICLÍNICA JOSÉ DA COSTA MOREIRA	**DIREÇÃO:** Um Diretor, médico com inscrição no CREMERJ, símbolo DAS-8. **COMPETÊNCIA:** - Prestar a assistência social, psicológica, médica, odontológica, hospitalar e ambulatorial aos policiais civis, seus auxiliares, inativos, dependentes, pensionistas e a outros mediante convênio.
ACADEMIA ESTADUAL DE POLÍCIA SYLVIO TERRA	**DIREÇÃO:** Um Diretor-Geral, símbolo DG, ocupante de cargo efetivo de Delegado de Polícia do Estado do Rio de Janeiro, da classe mais elevada de seu Quadro Permanente. **COMPETÊNCIA:** - Promover o recrutamento, seleção, formação, especialização, aprimoramento profissional e cultural dos policiais civis; - Propor ou adotar, em razão de pesquisas realizadas sobre assuntos de interesse da atividade policial, novas metodologias e técnicas de ensino policial; - Estabelecer intercâmbio sistemático com outras entidades congêneres; - Exames periódicos e desenvolvimento dos recursos no âmbito da Secretaria de Estado de Polícia Civil.
DEPARTAMENTO-GERAL DE INFORMAÇÃO E TELECOMUNICAÇÕES	**DIREÇÃO:** Um Diretor-Geral, símbolo DG, ocupante de cargo efetivo de Delegado de Polícia do Estado do Rio de Janeiro, da classe mais elevada de seu Quadro Permanente. **COMPETÊNCIA:** - Planejar, coordenar, controlar, orientar, executar e fazer executar as atividades de informática, telefonia, telecomunicações, além de coordenar, controlar e supervisionar as atividades de administração e gerenciamento dos Bancos de Dados da Secretaria de Estado de Polícia Civil.
DEPARTAMENTO-GERAL DE POLÍCIA TÉCNICO-CIENTÍFICA	**DIREÇÃO:** Um Diretor-Geral, símbolo DG, preferencialmente ocupante de cargo efetivo de Delegado de Polícia ou por ocupantes dos cargos efetivos de Perito Criminal ou Perito Legista, todos da classe mais elevada do Quadro Permanente, do Estado do Rio de Janeiro. **COMPETÊNCIA:** planejar, coordenar e controlar as atividades administrativas e de polícia judiciária relacionada ao Centro de Estudos e Pesquisas Forenses, Instituto de Identificação Félix Pacheco, Instituto Médico- Legal Afrânio Peixoto, Instituto de Criminalística Carlos Éboli, Instituto de Pesquisa e Perícias em Genética Forense e Postos Regionais de Polícia Técnico- Científica. (Conforme o Decreto nº 47.355 de 11 de novembro de 2020)

SUBSECRETARIA DE PLANEJAMENTO E INTEGRAÇÃO OPERACIONAL	**DIREÇÃO:** Um Subsecretário de Estado de Planejamento e Integração Operacional, símbolo SS, ocupante de cargo efetivo de Delegado de Polícia do Estado do Rio de Janeiro, da classe mais elevada do seu Quadro Permanente. **COMPETÊNCIA:** - Assistir o Secretário de Estado de Polícia Civil em suas representações social e funcional, substituí-lo em suas ausências ou impedimentos, quando também ausente o Subsecretário de Estado de Gestão Administrativa, bem como desempenhar outras atividades que lhe forem cometidas.
COORDENADORIA DE FISCALIZAÇÃO DE ARMAS E EXPLOSIVOS	**DIREÇÃO:** Um Coordenador, símbolo DAS-8, ocupante de cargo efetivo de Delegado de Polícia do Estado do Rio de Janeiro. **COMPETÊNCIA:** - Fiscalizar o transporte, armazenamento e comércio de produtos controlados pelo Ministério do Exército; - Controlar o estoque de armas e munições da Polícia Civil, assim como bens patrimoniais, coletes e distintivos policiais; - Controlar e fiscalizar as empresas privadas de segurança e vigilância sediadas ou que atuem no Estado do Rio de Janeiro; - Autorizar transferência de veículos blindados, bem como desempenhar outras atividades que lhe forem cometidas.
COORDENADORIA DE RECURSOS ESPECIAIS	**DIREÇÃO:** Um Coordenador, símbolo DAS-8, ocupante de cargo efetivo de Delegado de Polícia do Estado do Rio de Janeiro. **COMPETÊNCIA:** - Planejar, coordenar, controlar, orientar, executar e fazer executar, de forma integrada e descentralizada, ações e operações policiais e outras que, por sua natureza, não possam ser realizadas pelos demais órgãos da Secretaria de Estado de Polícia Civil.
COORDENADORIA DE COMUNICAÇÕES E OPERAÇÕES POLICIAIS	**DIREÇÃO:** Um Coordenador, símbolo DAS-8, ocupante de cargo efetivo de Delegado de Polícia do Estado do Rio de Janeiro. **COMPETÊNCIA:** - Coordenar o emprego dos equipamentos de comunicações, especialmente de radiocomunicação, acionando os recursos necessários, inclusive especiais, em caso de emergência.
COORDENADORIA DE INVESTIGAÇÕES DE AGENTE COM FORO	**DIREÇÃO:** Um Coordenador, símbolo DAS-8, ocupante de cargo efetivo de Delegado de Polícia do Estado do Rio de Janeiro. **COMPETÊNCIA:** - Coordenar as funções de Polícia Judiciária em atividades cooperativas junto ao Ministério Público do Estado do Rio de Janeiro em investigações de matérias criminais de atribuição originária do Procurador-Geral de Justiça.

DEPARTAMENTO-GERAL DE POLÍCIA DA CAPITAL	**DIREÇÃO:** Um Diretor-Geral, símbolo DG, ocupante de cargo efetivo de Delegado de Polícia do Estado do Rio de Janeiro, da classe mais elevada de seu Quadro Permanente. **COMPETÊNCIA:** - Planejar, coordenar, controlar as atividades de Polícia Judiciária das Delegacias Policiais da área da Capital, exceto as especializadas.
DEPARTAMENTO-GERAL DE POLÍCIA DA BAIXADA	**DIREÇÃO:** Um Diretor-Geral, símbolo DG, ocupante de cargo efetivo de Delegado de Polícia do Estado do Rio de Janeiro, da classe mais elevada de seu Quadro Permanente. **COMPETÊNCIA;** - Planejar, coordenar, controlar as atividades de Polícia Judiciária das Delegacias Policiais integrantes da área da Baixada Fluminense, exceto as especializadas.
DEPARTAMENTO-GERAL DE POLÍCIA DO INTERIOR	**DIREÇÃO:** Um Diretor-Geral, símbolo DG, ocupante de cargo efetivo de Delegado de Polícia do Estado do Rio de Janeiro, da classe mais elevada de seu Quadro Permanente. **COMPETÊNCIA:** - Planejar, coordenar, controlar as atividades de Polícia Judiciária das Delegacias Policiais integrantes da área do interior do Estado, Niterói e São Gonçalo, exceto as especializadas.
DEPARTAMENTO-GERAL DE POLÍCIA ESPECIALIZADA	**DIREÇÃO:** Um Diretor-Geral, símbolo DG, ocupante de cargo efetivo de Delegado de Polícia do Estado do Rio do Janeiro, da classe mais elevada de seu Quadro Permanente. **COMPETÊNCIA:** - Planejar, coordenar, controlar as atividades de Polícia Judiciária relacionadas às Delegacias e Divisões Especializadas em todo o Estado do Rio de Janeiro.
DEPARTAMENTO-GERAL DE HOMICÍDIOS E PROTEÇÃO À PESSOA	**DIREÇÃO:** Um Diretor-Geral, símbolo DG, ocupante de cargo efetivo de Delegado de Polícia do Estado do Rio de Janeiro, da classe mais elevada de seu Quadro Permanente. **COMPETÊNCIA:** - Planejar, coordenar, controlar as atividades de Polícia Judiciária das Delegacias Policiais integrantes de seu departamento.
DEPARTAMENTO-GERAL DE COMBATE À CORRUPÇÃO, AO CRIME ORGANIZADO E À LAVAGEM DE DINHEIRO	**DIREÇÃO:** Um Diretor-Geral, símbolo DG, ocupante de cargo efetivo de Delegado de Polícia do Estado do Rio de Janeiro, da classe mais elevada de seu Quadro Permanente. **COMPETÊNCIA:** - Dirigir, planejar, coordenar e executar a atuação da Secretaria de Estado de Polícia Civil no combate à corrupção, ao crime organizado e à lavagem de dinheiro; - Instaurar investigações relacionadas a tais delitos e aos antecedentes e realizar análises financeiras e patrimoniais complexas;

DEPARTAMENTO-GERAL DE COMBATE À CORRUPÇÃO, AO CRIME ORGANIZADO E À LAVAGEM DE DINHEIRO	- Gerenciar o laboratório de tecnologia e contra a lavagem de dinheiro; gerir os aspectos tecnológicos e bases de dados pertinentes às investigações relativas à lavagem de dinheiro e delitos conexos; - Concentrar o recebimento e análise dos relatórios oriundos do Coaf e ainda de outros órgãos que promovam identificação de atividade suspeita de lavagem de dinheiro e gerenciar a política de recuperação de ativos da Polícia Civil.
DELEGACIA DE COMBATE ÀS ORGANIZAÇÕES CRIMINOSAS E À LAVAGEM DE DINHEIRO	**DIREÇÃO:** Um Delegado de Polícia do Estado do Rio de Janeiro. **COMPETÊNCIA:** - Coordenar, proceder investigações e sistematizar a atuação da Secretaria de Estado de Polícia Civil no combate às organizações criminosas, no tocante à lavagem de dinheiro e aos respectivos delitos antecedentes, bem como aos crimes a eles conexos.
DELEGACIA DE COMBATE À CORRUPÇÃO E À LAVAGEM DE DINHEIRO	**DIREÇÃO:** Um Delegado de Polícia do Estado do Rio de Janeiro. **COMPETÊNCIA:** - Coordenar, proceder investigações e sistematizar a atuação da Polícia Civil no combate à corrupção, no tocante à lavagem de dinheiro e aos respectivos delitos antecedentes, bem como aos crimes a eles conexos; - Coordenar e proceder investigações relacionadas a desvios de recursos públicos de natureza complexa.
LABORATÓRIO DE TECNOLOGIA CONTRA LAVAGEM DE DINHEIRO	**DIREÇÃO:** Um Coordenador, ocupante de cargo efetivo de Delegado de Polícia do Estado do Rio de Janeiro, símbolo DAS-7. **COMPETÊNCIA:** - Realizar análises financeiras de informações geradas por procedimentos investigatórios complexos, investigações de organizações criminosas, notadamente, aquelas que envolvam crimes de lavagem de dinheiro.
GABINETE DE RECUPERAÇÃO DE ATIVOS	**DIREÇÃO:** Um Coordenador, ocupante de cargo de Delegado de Polícia, símbolo DAS-7. **COMPETÊNCIA:** Identificar, localizar, apreender e gerir bens ou produtos relacionados a crimes, em âmbito estadual, procedendo investigação financeira ou patrimonial.
DEPARTAMENTO-GERAL DE POLÍCIA DE ATENDIMENTO À MULHER	**DIREÇÃO:** Um Diretor-Geral, símbolo DG, ocupante de cargo efetivo de Delegado de Polícia do Estado do Rio de Janeiro. **COMPETÊNCIA:** - Coordenar e controlar as atividades de Polícia Judiciária das Delegacias Especializadas de Atendimento à Mulher.
DEPARTAMENTO-GERAL DE POLÍCIA DAS DELEGACIAS DE ACERVO CARTORÁRIO	**DIREÇÃO:** Um Diretor-Geral, símbolo DG, ocupante de cargo efetivo de Delegado de Polícia do Estado do Rio de Janeiro. **COMPETÊNCIA:** - Coordenar e controlar as atividades de Polícia Judiciária das Delegacias de Acervo Cartorário.

DEPARTAMENTOS DE POLÍCIA DE ÁREA	**DIREÇÃO:** Diretores, símbolo DAS-8, ocupantes de cargo efetivo de Delegado de Polícia do Estado do Rio de Janeiro, da classe mais elevada do seu Quadro Permanente. **COMPETÊNCIA:** - Estabelecimento de estratégias de integração e cooperação regionais; - Instituição de um fórum permanente de análise, compartilhamento de informações e ações conjuntas; - Adequação dos recursos humanos e logísticos às necessidades regionais; - Acompanhamento e avaliação das ações realizadas; - Promoção de uma rotina de reuniões e monitoramento do cumprimento das metas operacionais e administrativas pertinentes à sua região.
SUBSECRETARIA DE INTELIGÊNCIA	**DIREÇÃO:** Um Subsecretário, símbolo SS, ocupante do cargo efetivo de Delegado de Polícia do Estado do Rio de Janeiro, da classe mais elevada. **COMPETÊNCIA:** - Assessorar o Secretário de Estado de Polícia Civil e demais Subsecretários nos assuntos pertinentes às atividades de inteligência; - Planejar, dirigir e executar a atividade de inteligência de segurança pública no âmbito do Estado do Rio de Janeiro, sob determinação direta do Secretário de Estado de Polícia Civil; - Planejar, coordenar, supervisionar e propor normatizações para o Sistema de Inteligência de Segurança Pública do Estado do Rio de Janeiro (SISPERJ), tanto na atividade quanto na Doutrina; - Representar o Estado do Rio de Janeiro no Subsistema de Inteligência de Segurança Pública, organizando em nível nacional fomentar parcerias e integração, entre instituições e ações, relativas à atividade de inteligência; - Implementar, normatizar, gerir e coordenar a Escola de Inteligência de Segurança Pública do Estado do Rio de Janeiro (ESISPERJ), com vistas ao ensino específico das disciplinas relacionadas à atividade de inteligência; - Gerir e coordenar o banco de dados estadual Portal da Segurança; - Promover a integração de banco de dados governamentais que possuam interesse à Segurança Pública.
DEPARTAMENTO-GERAL DE INTELIGÊNCIA	**DIREÇÃO:** Um Diretor-Geral, símbolo DG, ocupante de cargo efetivo de Delegado de Polícia do Estado do Rio de Janeiro, da classe mais elevada de seu Quadro Permanente.

DEPARTAMENTO-GERAL DE INTELIGÊNCIA	**COMPETÊNCIA:** - Assessorar o Subsecretário de Inteligência nos assuntos referentes ao ramo da inteligência, particularmente em relação à criminalidade; - Planejar, supervisionar, implementar e coordenar a produção de conhecimentos relativos à criminalidade; - Interligar-se aos demais órgãos que tratam dos assuntos referentes à criminalidade; - Propor e planejar a doutrina e as normas referentes ao ramo inteligência; substituir o Subsecretário de Inteligência nos seus impedimentos legais.
DEPARTAMENTO-GERAL DE CONTRAINTELIGÊNCIA	**DIREÇÃO:** Um Diretor-Geral, símbolo DG, ocupante do cargo efetivo de Delegado de Polícia do Estado do Rio de Janeiro, da classe mais elevada de seu Quadro Permanente. **COMPETÊNCIA:** - Assessorar o Subsecretário de Inteligência nos assuntos referentes à contrainteligência; - Planejar, supervisionar, implementar e coordenar a produção de conhecimentos relativos à contrainteligência; - Propor e planejar a doutrina e as normas referentes ao ramo de contrainteligência; - Planejar, supervisionar, implementar e coordenar as medidas de segurança orgânicas no âmbito da SSINTE; - Interligar-se aos demais órgãos que tratam de assuntos internos.
DEPARTAMENTO-GERAL DE INTEGRAÇÃO OPERACIONAL EM AÇÕES DE INTELIGÊNCIA	**DIREÇÃO:** Um Diretor-Geral, símbolo DG. **COMPETÊNCIA:** - Assessorar o Subsecretário de Inteligência nos assuntos referentes às ações de busca e às operações de inteligência; - Planejar, supervisionar, implementar e coordenar todas as ações de busca e as operações de inteligência, nos ramos de inteligência e da contrainteligência; - Realizar a coleta e a busca de dados, através da inteligência humana; planejar as normas para a execução das ações de busca e das operações de inteligência do SISPERJ; - Coordenar e apoiar as operações de inteligência que envolvam órgãos e/ou Agências de Inteligência integrantes do referido sistema.
DEPARTAMENTO-GERAL DE BUSCA ELETRÔNICA	**DIREÇÃO:** Um Diretor-Geral, símbolo DG. **COMPETÊNCIA:** - Assessorar o Subsecretário de Inteligência nos assuntos referentes à inteligência eletrônica, nos campos dos sinais, das imagens e dos dados digitais;

DEPARTAMENTO-GERAL DE BUSCA ELETRÔNICA	- Planejar, supervisionar, implementar e coordenar ações referentes à inteligência eletrônica, nos campos dos sinais, das imagens e dos dados digitais; - Fomentar a integração das informações dos órgãos e/ou Agências de Inteligência necessários ao cumprimento de suas atribuições.
DEPARTAMENTO-GERAL DE REPRESENTAÇÕES CAUTELARES	**DIREÇÃO:** Um Diretor-Geral, símbolo DG. **COMPETÊNCIA:** - Assessorar o Subsecretário de Inteligência nos assuntos referentes ao ramo da inteligência, particularmente em relação à criminalidade organizada; - Planejar, supervisionar, implementar e coordenar a integração com outras agências nas operações de inteligência contra o crime organizado; - Interligar-se aos demais órgãos que tratam dos assuntos referentes à criminalidade organizada.

Frise-se que o Decreto nº 46.601, de 18 de março de 2019, em seu art. 9º, estabeleceu **o hino, a bandeira, o brasão e o distintivo**, conforme modelos estabelecidos por ato do Chefe do Poder Executivo, passíveis de alteração mediante proposta do Secretário de Estado de Polícia Civil, como **símbolos institucionais da Polícia Civil**. No âmbito da Constituição Federal, o art. 13, § 1º, da Carta Política, estabelece como símbolos da República Federativa do Brasil, **a bandeira, o hino, as armas e o selo nacionais**. Já quanto à Constituição do Estado do Rio de Janeiro, ela determina como **símbolos estaduais a bandeira, o hino e o brasão** (art. 66, CERJ).

Além disso, os princípios reitores que devem nortear a atuação da Polícia Civil do Estado do Rio de Janeiro são os seguintes:

> **Art. 8º, Decreto nº 46.601 de 18 de março de 2019** - A Polícia Civil observará, no exercício de suas funções, além da legalidade, impessoalidade, moralidade e eficiência, os seguintes princípios:
>
> I - da unidade e indivisibilidade institucional;
>
> II - da indivisibilidade da investigação policial;
>
> III - da unidade de doutrina e da unidade técnico-científica, aplicadas à investigação policial;
>
> IV - da interdisciplinaridade da ação investigativa;
>
> V - da hierarquia e da disciplina;
>
> VI - da autonomia na gestão e execução da atividade policial; e,
>
> VII - do respeito à dignidade e aos direitos humanos.

1.5. O conceito de Servidor Policial: âmbito de incidência (subjetivo e objetivo)

Já superamos, no capítulo anterior, as considerações sobre a competência para legislar sobre o Estatuto Funcional da Polícia Civil. Abordaremos, neste momento, a amplitude de incidência do Decreto-Lei nº 218, de 18 de julho de 1975, e do Decreto 3.044, de 22 de janeiro de 1980. Assim o faremos a partir de duas perspectivas: (i) amplitude subjetiva de incidência, critério através do qual nos debruçaremos sobre quem está sujeito à norma ora em comento; e (ii) amplitude objetiva de incidência, a partir do qual analisaremos em que medida se está.

Iniciemos nossa análise, pois, com a análise do âmbito de incidência sob a perspectiva subjetiva: qual é o conceito de servidor policial para efeitos de aplicação do Estatuto?

A ementa do Decreto-Lei nº 218/75 (EPC) dispõe sobre o **objetivo** da norma, havendo expressa referência ao regime jurídico dos "***funcionários civis do serviço policial***".

> Dispõe sobre o **Regime Jurídico peculiar aos Funcionários Civis do Serviço Policial do Poder Executivo do Estado do Rio de Janeiro** e dá outras providências.

O EPC, em seu artigo 1º, também delimita a abrangência do regime jurídico aos policiais, assim considerados os "***funcionários legalmente investidos em cargo de serviço policial***".

> **Art. 1º, Dec.-Lei 218/75 (EPC).** São **policiais**, abrangidos por este Decreto-Lei, os **funcionários legalmente investidos em cargos do serviço policial**.

De certa forma, o Decreto 3.044, de 22 de janeiro de 1980, Regulamento do Estatuto da Polícia Civil (REPC), reproduz o disposto no EPC, acrescentando apenas que os cargos seriam de ***"provimento efetivo"***. Tal acréscimo, como veremos, em nada muda o sentido do texto.

> **Art. 1º, Dec. 3.044/80 (REPC).** São **policiais civis**, abrangidos por este Decreto, os **funcionários legalmente investidos em cargos de provimento efetivo do quadro do serviço policial civil**.

Inicialmente, devemos esclarecer que o EPC e o REPC utilizam nomenclatura já superada pela doutrina e pela própria Constituição da República de 1988: a expressão **funcionário público** foi banida quando da promulgação da atual Carta Política, frente a sua imprecisão e inadequação, ora sendo tratada como sinônimo de servidor público, ora como espécie deste.

CARVALHO FILHO,[45] por exemplo, atesta que a expressão "funcionários públicos" teria sentido mais restrito do que a de servidor público, pois eram

45 CARVALHO FILHO, José dos Santos. Manual de Direito Administrativo. 27ª ed. São Paulo: Atlas, 2014, pg. 597.

"assim considerados apenas os servidores estatutários que integravam a estrutura dos entes federativos (Administração Direta), o que indicava que se tratava de uma categoria dos servidores públicos." E prossegue,[46] afirmando que os servidores públicos *"integram a Administração Direta, as autarquias e as fundações públicas autárquicas, sob qualquer regime funcional."*[47]

Por outro lado, BANDEIRA DE MELLO,[48] DI PIETRO[49] e MEIRELLES[50] não consideram servidores públicos os empregados das entidades privadas que participam da Administração Indireta (empresas públicas, sociedades de economia mista e fundações públicas de direito privado), na medida em que seriam regidos por normas do regime trabalhista (CLT).

Observa-se claramente serem controvertidos o conceito e a diferenciação entre as expressões **funcionário** e **servidor.**

Sem embargo da controvérsia, podemos definir o âmbito de incidência do EPC e do REPC, do ponto de vista da amplitude subjetiva (ou seja, para responder à indagação "quem está sujeito aos ditames do Estatuto da PCERJ?" aos **"funcionários civis[51] legalmente investidos em cargo de serviço policial", entendido o termo funcionário como sendo o servidor público, devidamente concursado, investido em cargo de provimento efetivo da Administração Direta.**

Passemos, então, a nos debruçar sobre a amplitude objetiva do Estatuto, isso para que possamos responder à indagação "em que medida se está sujeito aos ditames do Estatuto da PCERJ o servidor policial?".

Divergimos de MESSEDER[52] quando afirma que o Estatuto da Polícia Civil do Estado do Rio de Janeiro teria *"sua abrangência espacial circunscrita ao espaço físico do próprio Estado"*, por ser uma *"norma jurídica de competência estadual."* *Data venia*, o âmbito de incidência do Decreto-Lei nº 218/75 é delimitado

46 Id.

47 Os servidores públicos, para CARVALHO FILHO, são espécies de agentes públicos, que podem ser classificados como servidores públicos estatutários, cujo vinculo jurídico é disciplinado por estatutos funcionais próprios; servidores públicos trabalhistas (ou celetistas), porque regidos pelas regras da CLT (Consolidação das Leis Trabalhistas), mesmo regime jurídico do emprego privado; e, por fim, os servidores públicos temporários, previstos no art. 37, inciso IX, da CRFB.

48 MELLO, Celso Antônio Bandeira de. Curso de Direito Administrativo. São Paulo: Malheiros, 1993, pg. 124.

49 PIETRO, Maria Sylvia di. Direito Administrativo. São Paulo: Atlas, 1993, pg. 306.

50 MEIRELLES, Hely Lopes. Curso de Direito Administrativo. São Paulo: Malheiros, 1993, pg. 359.

51 O EPC, ao usar a expressão funcionário (sic) civil, objetivou afastar os servidores militares. A Constituição de 1998 classificou os servidores em civis e militares, atribuindo regramento próprio para cada um. As regras aplicáveis aos servidores civis encontram-se nos arts. 39 usque 41 da CRFB. Quanto aos militares, nos art. 42 e parágrafo único, e art. 142, §3º, da CRFB.

52 MESSEDER, Hamurabi. Estatuto da Polícia Civil do Estado do Rio de Janeiro esquematizado. Rio de Janeiro: Ed. Ferreira, 2011, pg. 1.

pelo conceito de **"funcionário civil legalmente investido em cargo de serviço policial"** e não, como pretende o referido doutrinador, pelo *"espaço territorial do Estado do Rio de Janeiro"* (*sic*).

A abrangência do EPC não submete uma determinada categoria de agentes públicos a um espaço físico, mas sim a um **regime jurídico** consubstanciado num estado de coisas normativo do qual exsurgem direitos e deveres funcionais que, ou é válido perante as Constituições Estadual e Federal e submete à sua eficácia aqueles por ele regidos, onde quer que se encontrem, ou é inválido e, porque inconstitucional, nulo, não sendo aplicável nem dentro do Estado do Rio de Janeiro nem fora dele. **A norma rege uma relação travada entre o agente e o ordenamento jurídico estadual**, liame este que jamais se altera pelo mero deslocamento de uma das partes (o agente). Entender de forma diversa significa, ressalvado o melhor juízo, compreender o EPC como uma norma de organização territorial ou qualquer coisa do gênero, o que não nos parece adequado.

Além disso, o fato de o Decreto-Lei nº 218/75 ter sido recepcionado pela Constituição da República de 1988 como Lei Ordinária, produto do Poder Legislativo estadual, não retira a qualidade de atos administrativos das ações praticadas fora do espaço territorial do Estado do Rio de Janeiro no exercício da função policial, ou de qualquer forma (i) deixa desamparado o agente que se desloca para fora do ente ou (ii) submete-o a um estatuto alienígena (o que seria incompreensível e inválido, à medida que um agente público tem relações travadas com a ordem jurídica à qual se vinculou quando da investidura), menos ainda a sua validade **enquanto** manifestações de vontade pública referenciada e parametrizada, numa perspectiva de adequação jurídica, ao Estatuto ao qual, volitivamente, aderiu quando de seu ingresso nos quadros de pessoal da Administração. Dito de maneira mais simples, se um policial civil do Estado do Rio de Janeiro realizar, excepcionalmente, uma diligência em outro Estado da Federação, com a aquiescência deste ou de ambos ou de nenhum deles, seus atos administrativos continuarão a ser regidos por seu Estatuto Funcional, embora seja uma lei (sob o aspecto material) produto do Poder Legislativo estadual.

O **parágrafo único do artigo 1º do EPC** estende o conceito de agente policial, englobando também os **ocupantes de cargo em comissão ou função gratificada com atribuições de natureza policial**. Tal regramento é reproduzido pelo **parágrafo único do artigo 1º do REPC**.

> **Art. 1º, Dec.-Lei 218/75 (EPC).** [...]
>
> **Parágrafo único** – Para os efeitos deste Decreto-Lei, é considerado funcionário policial o **ocupante do cargo em comissão ou função gratificada com atribuições e responsabilidades de natureza policial**.
>
> **Art. 1º, Dec. 3.044/80 (REPC).** [...]

Parágrafo único. Para os efeitos deste Decreto, é considerado policial o **ocupante de cargo isolado de provimento em comissão ou função gratificada, com atribuições e responsabilidades de natureza policial.**

Por certo que a intenção do legislador, nestes casos, foi ampliar aos funcionários não policiais, **servidores públicos ou não, investidos em cargos em comissão ou função gratificada**, o mesmo regime jurídico dos policiais. Resta saber se tal extensão foi integralmente recepcionada pela nova ordem constitucional. Vejamos o conceito de algumas expressões utilizadas nestes dispositivos legais.

O EPC e o REPC ora citam **cargo em comissão**, ora **cargo isolado de provimento em comissão**, ora **função gratificada.**

Para a devida compreensão de tais institutos, estudaremos aspectos mais gerais da estrutura funcional de determinado órgão.

A **organização funcional** de determinado ente da federação é regulamentada pelos diversos estatutos jurídicos do ente federativo. Dentro dessa organização funcional destaca-se o **quadro funcional** do Estado, visto **como o conjunto de carreiras, cargos e funções integrantes de um mesmo ente federativo, de seus órgãos internos ou entidades**. Nos dizeres de Carvalho Filho, o *"quadro funcional é o espelho quantitativo de servidores públicos da Administração"*.[53]

A **carreira**, por sua vez, pode ser conceituada como **conjunto de classes ou categorias da mesma profissão**, escalonada hierarquicamente em diversos patamares que, quando percorridos, possibilitam a **progressão funcional.**

As **classes/categorias** de uma carreira representam o conjunto de cargos com atribuições, denominação e retribuição pecuniária idênticos.

O conceito de **cargo público** é visto como **um lugar ou célula dentro da organização funcional, com atribuições especificadas em lei (funções) que serão conferidas ao servidor investido neste cargo.**

Levando-se em consideração a possibilidade de progressão dentro da carreira, os cargos públicos podem ser classificados como **cargos de carreira** ou **cargos isolados.**

53 CARVALHO FILHO, José dos Santos. Op. cit., p. 614.

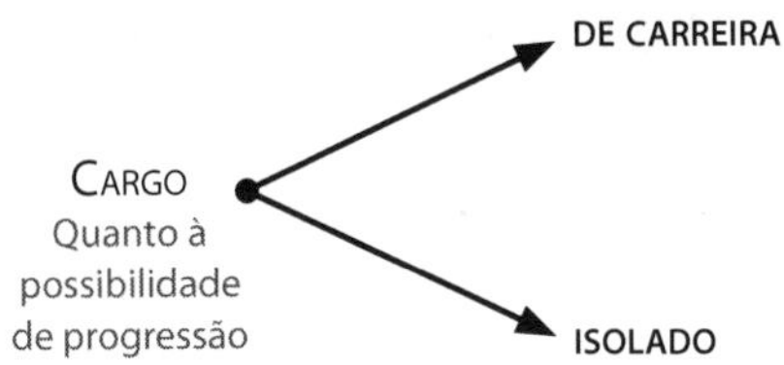

Nos **cargos de carreira** há a **possibilidade de progressão funcional**. Normalmente, o servidor acessa o cargo da classe ou categoria menos elevada, por meio de um concurso público,[54] sendo posteriormente promovido por critérios de antiguidade (critério objetivo do mero lapso temporal referenciado à duração da relação funcional travada entre agente público e Estado) e/ou merecimento (critério subjetivo e/ou critérios objetivos diversos – temática melhor explorada no último capítulo de nossa obra, lá apartada para fins didáticos) até a classe mais elevada da carreira. Os **cargos isolados**, ao contrário, por sua própria natureza, **não admitem a progressão funcional.**

Vejamos um exemplo para melhor fixação do tema. Na Polícia Civil do Estado do Rio de Janeiro, temos um quadro funcional composto de várias carreiras:[55] Delegado de Polícia Civil, Piloto Policial, Perito Criminal, Inspetor de Polícia, Investigador Policial, Oficial de Cartório Policial etc. A carreira de Delegado de Polícia, por exemplo, é dividida em 3 (três) classes: 1ª, 2ª e 3ª Classe. Cada classe é subdividida quantitativamente em cargos que serão providos de forma originária ou derivada.[56] Havendo cargos vagos, o administrador público (no nosso caso, o Governador do Estado) lança edital abrindo concurso para provimento de cargos da 3ª Classe da carreira de Delegado de Polícia.[57] Os candidatos aprovados serão nomeados nos cargos vagos para Delegado de Polícia da 3ª Classe da carreira (classe inicial para o acesso à carreira). Durante o efetivo exercício das funções, esses agentes serão promovidos dentro da carreira, progredindo funcionalmente até chegarem à classe mais elevada, que no nosso exemplo seria a de Delegado de Polícia de 1ª Classe.[58]

---

54 Art. 37, CRFB. [...]
II – a investidura em cargo ou emprego público depende de aprovação prévia em concurso público de provas ou de provas e títulos, de acordo com a natureza e a complexidade do cargo ou emprego, na forma prevista em lei, ressalvadas as nomeações para cargo em comissão declarado em lei de livre nomeação e exoneração; (Redação dada pela Emenda Constitucional nº 19, de 1998).

55 O quadro funcional da Polícia Civil do Estado do Rio de Janeiro foi reestruturado pela Lei Estadual nº 3.585, de 21 de junho de 2001. Abordaremos tal temática oportunamente.

56 Para o cargo de Delegado de Polícia, a Lei nº 3.586, de 21 de junho de 2001, estipulou o quantitativo de 220 cargos para a 1ª Classe da carreira, 310 cargos para a 2ª Classe, e 351 cargos para a 3ª Classe.

57 É o provimento originário no cargo.

58 No nosso exemplo, o acesso aos cargos da 2ª classe e 1ª classe ocorre pela promoção, forma de provimento derivado. Abordaremos com maior propriedade as formas de provimento nos capítulos subsequentes.

O cargo de Piloto Policial, ao contrário, por exemplo, é um cargo isolado no quadro funcional, pois não é agrupado em classes/categorias dentro de uma carreira. Não há progressão funcional para o cargo de Piloto Policial.[59] Resumindo graficamente o assunto, temos o seguinte:

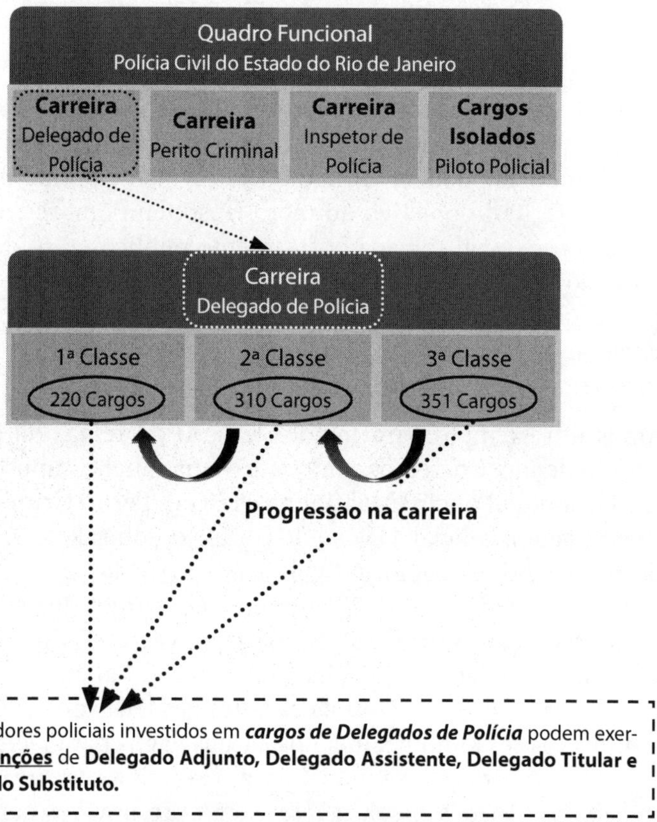

Quanto às garantias e características inerentes aos cargos, estes podem ser classificados em **cargos vitalícios** (ou de provimento vitalício), **cargo efetivos** (ou de provimento efetivo) e **cargos em comissão** (ou de provimento em comissão).

Os cargos vitalícios possuem como principal característica a necessidade de processo judicial para que seus ocupantes percam o cargo,[60] salvo no período

59 O cargo de Piloto Policial, por exemplo, possui uma única classe, chamada de singular, comportando o quantitativo de 10 cargos (Anexos I e II da Lei Estadual nº 3.585, de 21 de junho de 2001).

60 Art. 95, CRFB. Os juízes gozam das seguintes garantias:
I – vitaliciedade, que, no primeiro grau, só será adquirida após dois anos de exercício, dependendo a perda do cargo, nesse período, de deliberação do tribunal a que o juiz estiver vinculado, e, nos demais casos, de sentença judicial transitada em julgado.

inicial de 2 anos. São vitalícios, atualmente, os cargos de magistrados, membros do Ministério Público[61] e membros dos Tribunais de Contas.[62] O lapso temporal ao qual nos referimos chama-se **período de vitaliciamento.**

A maioria dos **cargos**, contudo, é **de provimento efetivo**. Estes possuem a característica da permanência de seus ocupantes. Embora não gozem de vitaliciedade, possuem certa estabilidade, adquirida após o lapso temporal de 3 anos (estágio probatório). Após ser classificado como estável, o agente público perderá seu cargo somente mediante processo administrativo,[63] processo judicial ou procedimento de avaliação periódica.[64]

Por fim, os **cargos em comissão** possuem a característica da **temporariedade** de seus ocupantes, num contexto de **precariedade** da relação jurídica travada entre o agente público e o Estado. Em contraposição aos cargos vitalício e efetivo, os cargos em comissão não gozam de qualquer tipo de estabilidade, ressalvada aquela de cariz *provisório*, estabelecida em favor da gestante que ocupe o cargo,[65] pois são de **livre nomeação e exoneração**, dispensando-se o acesso

---

61 Art. 128, CRFB. [...]
§5º – Leis complementares da União e dos Estados, cuja iniciativa é facultada aos respectivos Procuradores-Gerais, estabelecerão a organização, as atribuições e o estatuto de cada Ministério Público, observadas, relativamente a seus membros:
I – as seguintes garantias:
a) vitaliciedade, após dois anos de exercício, não podendo perder o cargo senão por sentença judicial transitada em julgado.

62 Art. 73, CRFB. [...]
§3º – Os Ministros do Tribunal de Contas da União terão as mesmas garantias, prerrogativas, impedimentos, vencimentos e vantagens dos Ministros do Superior Tribunal de Justiça, aplicando-se lhes, quanto à aposentadoria e pensão, as normas constantes do art. 40. (Redação dada pela Emenda Constitucional nº 20, de 1998).

63 No Estado do Rio de Janeiro, regido pela Lei 5.427/09.

64 Art. 41, CRFB. São estáveis após três anos de efetivo exercício os servidores nomeados para cargo de provimento efetivo em virtude de concurso público. (Redação dada pela Emenda Constitucional nº 19, de 1998)
§1º – O servidor público estável só perderá o cargo: (Redação dada pela Emenda Constitucional nº 19, de 1998)
I – em virtude de sentença judicial transitada em julgado; (Incluído pela Emenda Constitucional nº 19, de 1998)
II – mediante processo administrativo em que lhe seja assegurada ampla defesa; (Incluído pela Emenda Constitucional nº 19, de 1998)
III – mediante procedimento de avaliação periódica de desempenho, na forma de lei complementar, assegurada ampla defesa. (Incluído pela Emenda Constitucional nº 19, de 1998).
Frise-se que, até o presente momento, não foi ainda editada a lei complementar da qual fala o inciso III, o que, em tese, o torna inexequível, já que estabelece uma restrição a direito que só há de se materializar pela edição de um dispositivo normativo legal que o satisfaça. Chegam notícias, entretanto, de inúmeras propostas legislativas a tramitar no Senado Federal e na Câmara dos Deputados, de leis aptas a concretizarem o referido dispositivo normativo.

65 STF. 1ª Turma. AI-AgR 804574. Rel. Min. Luiz Fux, 30.08.11; STF. 1ª Turma. RE-AgR 420839. Rel. Min. Dias Toffoli, 20.03.2012.

por concurso público.[66] Normalmente são cargos isolados no quadro funcional, não possibilitando qualquer tipo de progressão. Atentamos ao leitor, todavia, para a Súmula Vinculante nº 13,[67] que veda o nepotismo na Administração Pública. Significa, a partir dela, dizer que, apesar de os cargos em comissão possuírem um regime jurídico mais flexível no que toca ao seu provimento, o ato administrativo de nomeação deve respeitar os princípios basilares do *caput* do art. 37 da CF, sobretudo os da impessoalidade e da moralidade. Não se admite que, sob o pretexto de nomear agente público a título de provimento comissionado, o gestor administrativo sirva-se da República para benefício próprio ou dos seus. A parte final da Súmula traz ainda a vedação ao que se chama de *nepotismo cruzado.*[68]

O Supremo Tribunal Federal possui precedentes relativizando a Súmula Vinculante 13 nas hipóteses de nomeação de agentes em cargos de natureza eminentemente política, ressalvando os casos de manifesta incapacidade técni-

---

66 Art. 37, CRFB. [...]
II – a investidura em cargo ou emprego público depende de aprovação prévia em concurso público de provas ou de provas e títulos, de acordo com a natureza e a complexidade do cargo ou emprego, na forma prevista em lei, ressalvadas as nomeações para cargo em comissão declarado em lei de livre nomeação e exoneração; (Redação dada pela Emenda Constitucional nº 19, de 1998).

67 "A nomeação de cônjuge, companheiro ou parente em linha reta, colateral ou por afinidade, até o terceiro grau, inclusive, da autoridade nomeante ou de servidor da mesma pessoa jurídica investido em cargo de direção, chefia ou assessoramento, para o exercício de cargo em comissão ou de confiança ou, ainda, de função gratificada na administração pública direta e indireta em qualquer dos poderes da União, dos Estados, do Distrito Federal e dos Municípios, compreendido o ajuste mediante designações recíprocas, viola a Constituição Federal."

68 Há ainda outras hipóteses de limitações à prerrogativa de livre nomeação de agentes públicos para titularizarem cargos em comissão. Além da SV13 e da Res. 7/05 do CNJ, que buscam fundamento de validade diretamente na Constituição Federal (ADC 12), a nível infraconstitucional, no âmbito das agências reguladoras, fruto do fenômeno da descentralização setorial (MOREIRA NETO, Op. Cit. 206-207), o art. 5º da Lei 9.986/2000, alterado pela Lei 13.848/2019, determina que, no contexto do art. 52, III, "f", da CF, além da indicação pelo Presidente da República, os dirigentes dessas entidades de direito público da administração indireta deverão ser aprovados pelo Senado. Ainda no que toca a essas autarquias em regime especial, há também restrições à prerrogativa de livre exoneração, tendo em vista o estabelecimento de mandatos fixos a seus dirigentes (arts. 5º, parágrafo único; 6º e 7º, da Lei 9.986/200). Cite-se que no âmbito do Estado do Rio de Janeiro, o foi promulgada a Lei 8.301/2019, que exclui das nomeações para cargos em comissão aquele que for condenado por delitos em conjuntura de violência doméstica, nos parâmetros da Lei 11.340/06 (Lei Maria da Penha). Temos dúvidas quanto à constitucionalidade deste Diploma, eis que ele estabelece verdadeiro efeito automático da condenação penal, ainda que circunscrito a um só Estado da Federação. Além do quadro ora traçado, recomendamos ao leitor, ainda, a leitura atenta dos debates travados quando do julgamento, no Supremo Tribunal Federal, do MS 34070/DF, no qual o relator, Ministro Gilmar Ferreira Mendes, entendeu por limitar a prerrogativa de livre nomeação para cargo político de Ministro de Estado da Casa Civil da Ex-Presidente da República, quando, aparentemente, pretendia nomear outro Ex-Presidente para, conferindo-lhe foro por prerrogativa de função (art. 102, I, "c", da CF), manipular o órgão competente para lhe prestar jurisdição, em claro vício de desvio de finalidade do ato. Mais recentemente, c.f. a decisão do Ministro Alexandre de Moraes no MS 37.097 do Supremo Tribunal Federal, que impediu o atual Presidente da República de nomear, para a diretoria da Polícia Federal, pessoa sobre quem recaíam suspeitas de atuação em desvio de finalidade.

ca (em respeito, por exemplo, ao princípio da eficiência) e de idoneidade (em respeito, por exemplo, ao princípio da moralidade administrativa).[69]

Ainda, é firme a jurisprudência no sentido de que se deve realizar uma verificação objetiva das hipóteses de nepotismo, sem tergiversar sobre critérios subjetivos, como relação de afetividade ou proximidade entre as pessoas envolvidas,[70] mas deve-se vislumbrar, em concreto, mínimo potencial de interferência.[71]

Não se deve, ainda, confundir os **cargos de provimento em comissão** com as **funções de confiança.** Estas não se regem por uma relação jurídica decorrida de um provimento originário no contexto de uma livre nomeação, mas sim, conforme o Art. 37, V, CF, são conferidas exclusivamente aos agentes públicos já titulares de cargos efetivos para funções de direção, chefia e assessoramento.

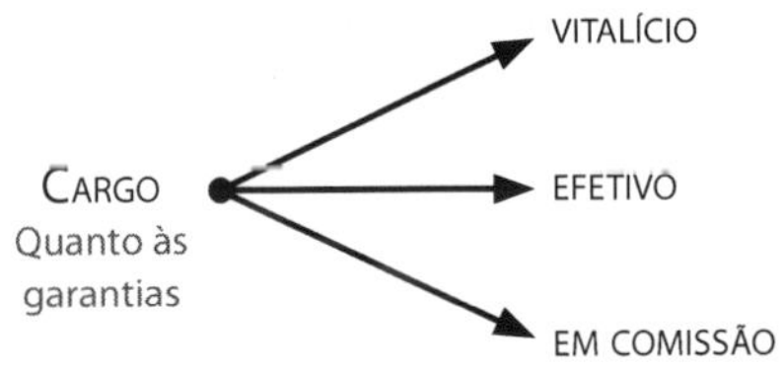

Observa-se, portanto, que o EPC e o REPC estendem o conceito de agente policial ao ocupante de cargo em comissão (ou cargo isolado de provimento em comissão) com atribuições e responsabilidades de natureza policial, dispensado o acesso por meio de concurso público, por ter como característica o provimento livre nomeação e exoneração.

No que se refere aos cargos em comissão, o art. 7º do REPC dispõe expressamente que estes se destinam para funções de direção e assessoramento superior, espelhando, portanto, os ditames do art. 37, V, da Constituição Federal.

> **Art. 7º, Dec. 3.044/80 (REPC).** Os **cargos em comissão** destinam-se a atender a **encargos de direção e assessoramento superiores** e serão providos, através de **livre escolha** do Governador, por indicação do Secretário de Estado da Polícia Civil, dentre os policiais e pessoas que possuam aptidões técnicas e reúnem as condições necessárias à investidura no serviço público.

69 STF, Rcl 28.024 AgR, rel. min. Roberto Barroso, 1ª T, j. 29-5-2018, DJE 125 de 25-6-2018.

70 STF, 27.945, voto da rel. min. Cármen Lúcia, 2ªT, j. 26-8-2014, DJE 171 de 4-9-2014.

71 STF, Rcl 28.164, rel. min. Alexandre de Moraes, dec. monocrática, j. 27-3-2018, DJE 61 de 3-4-2018.

O EPC e o REPC acrescentam, ainda, no conceito estendido de funcionário *(sic)* policial, o ocupante de **função gratificada com atribuições e responsabilidades de natureza policial.** Este ponto merece uma reflexão mais profunda, pois a Constituição da República de 1988 não prevê a figura da função gratificada.

Antes de tudo, deve restar claro que **função pública** consiste na própria atividade administrativa a ser desempenhada por alguém. Trata-se verdadeiramente do conjunto de tarefas nucleares atribuídas a um agente público. Pelo próprio conceito de cargo público que traçamos linhas acima, podemos perceber que **todo cargo possui uma função, mas nem toda função pressupõe a existência de um cargo.**[72]

Carvalho Filho[73] leciona que a **função gratificada** seria situação anômala no quadro funcional, na medida em que **pessoa sem vínculo** com a Administração Pública perceberia **remuneração** pelo **desempenho de uma atividade pública.**

Tratar-se-ia, portanto, de pessoa sem vínculo com o ente federado (seja permanente - cargo efetivo - ou temporário - cargo em comissão), exercendo atividade com atribuições e responsabilidades de natureza policial, recebendo, para tanto, remuneração.

Tal conclusão, pelo conceito clássico trazido pela doutrina, não encontra respaldo na Constituição, que somente prevê a figura da **função de confiança**[74] - com atribuições referentes à direção, chefia e assessoramento - que deve ser, necessariamente, **exercida por servidores ocupantes de cargo efetivo.**

Entendemos, portanto, que a expressão **função gratificada com atribuições e responsabilidades de natureza policial,** utilizada pelo EPC e REPC, seria **espécie de função de confiança**, que deverá ser **exercida exclusivamente por servidor público detentor de cargo de provimento efetivo**, não sendo possível, sob pena de inconstitucionalidade, a extensão para pessoas sem qualquer tipo de vínculo com a Administração.

> **Art. 1º, Dec.-Lei 218/75 (EPC).** [...]
>
> **Parágrafo único** - Para os efeitos deste Decreto-Lei, é considerado funcionário policial o **ocupante do cargo em comissão ou função gratificada com atribuições e responsabilidades de natureza policial.**

72 MEIRELLES, Hely Lopes. Op. cit., pg. 361.

73 CARVALHO FILHO, José dos Santos. Op. cit., pg. 615.

74 Art. 37, CRFB. [...]
V – as funções de confiança, exercidas exclusivamente por servidores ocupantes de cargo efetivo, e os cargos em comissão, a serem preenchidos por servidores de carreira nos casos, condições e percentuais mínimos previstos em lei, destinam-se apenas às atribuições de direção, chefia e assessoramento; (Redação dada pela Emenda Constitucional nº 19, de 1998).

> **Art. 1º, Dec. 3.044/80 (REPC).** [...]
>
> **Parágrafo único.** Para os efeitos deste Decreto, é considerado policial o **ocupante de cargo isolado de provimento em comissão ou função gratificada, com atribuições e responsabilidades de natureza policial.**

Reforçando o âmbito de incidência de aplicação, o art. 7º do EPC e art. 8º do REPC afirmam que o exercício de cargo de natureza policial é privativo de servidores abrangidos pelo Estatuto Funcional e pelo Regulamento, integrantes do quadro funcional da Polícia Civil do Estado do Rio de Janeiro.

> **Art. 7º, Dec.-Lei 218/75 (EPC).** O exercício de cargo de natureza policial é privativo dos funcionários abrangidos por este Decreto-Lei.
>
> **Art. 8º, Dec. 3.044/80 (REPC).** O exercício de cargo de natureza policial é privativo dos funcionários abrangidos por este Decreto e integrantes do quadro do serviço policial civil.

Prosseguindo na sua abrangência, temos a questão dos servidores estranhos ao quadro funcionais, porém cedidos à Polícia Civil, ou, ainda, os servidores policiais integrantes do quadro funcional da Polícia Civil, mas colocados à disposição de outros órgãos. Em tais situações anômalas e excepcionais, os cedidos e em disponibilidade ficam regidos por qual estatuto funcional?

CARVALHO FILHO[75] leciona que a cessão de servidor público não desnatura a vinculação funcional do servidor com o órgão cedente, motivo pelo qual entendemos que o servidor cedido aos quadros da Polícia Civil, ou colocado à disposição de outro órgão, continuará disciplinarmente vinculado ao estatuto funcional do ente cessionário.

No âmbito do Estado do Rio de Janeiro, o Decreto Estadual 40.644, de 8 de março de 2007, delegou ao Secretário de Estado da Casa Civil a atribuição para decidir sobre pedidos de cessão.

> **Art. 1º, Dec. 40.644/07.** Fica delegada competência ao Secretário de Estado da Casa Civil:
>
> [...]
>
> **II** – decidir quanto a pedidos de cessão e disposição de servidores civis e militares, da Administração Estadual Direta, Autárquica e Fundacional, inclusive aqueles formulados por autoridades federais, estaduais, municipais e de outros Poderes.

Tal situação excepcional também encontra regulamentação na Resolução SESEG nº 398, de 17 de agosto de 2010, e na Portaria PCERJ nº 465, de 26 de junho de 2008.

75 CARVALHO FILHO, José dos Santos. Op. cit., pg. 631.

1.6. Jurisprudência

Sobre a possibilidade dos Estados instituírem um órgão composto por peritos criminais e médicos legistas, apartado da Polícia Civil e autônomo:

> *AÇÃO DIRETA DE INCONSTITUCIONALIDADE. EMENDA Nº 10/01 À CONSTITUIÇÃO DO ESTADO DO PARANÁ. PREJUDICIALIDADE DO JULGAMENTO DA EMENDA, EM RAZÃO DO TRÂNSITO EM JULGADO DA ADI 2616 QUE TRATAVA DO MESMO TEMA. [...]* ***CONSTITUCIONALIDADE DA CRIAÇÃO DE UM ÓRGÃO AUTÔNOMO DE PERÍCIA.***
>
> *[...]*
>
> 4. Não ofende o § 4º do art. 144 da Constituição a estruturação de um órgão composto por peritos criminais e médicos legistas, separado da Polícia Civil e autônomo. O art. 50 da Constituição do Estado do Paraná, na redação originária, embora faça menção ao órgão denominado de "Polícia Científica", por si só, não cria uma nova modalidade de polícia, como órgão de segurança pública, mas apenas disciplina órgão administrativo de perícia. Nada impede que o referido órgão continue a existir e a desempenhar suas funções no Estado do Paraná, não precisando, necessariamente, estar vinculado à Polícia Civil. 5. Ação direta julgada prejudicada na parte referente à Emenda à Constituição do Estado do Paraná nº 10/2001, e conferindo-se interpretação conforme à expressão "polícia científica", contida na redação originária do art. 50 da Constituição Estadual, tão somente para afastar qualquer interpretação que confira a esse órgão o caráter de órgão de segurança pública. (ADI 2575, Relator(a): DIAS TOFFOLI, Tribunal Pleno, julgado em 24/06/2020).

Tratando sobre a questão da inconstitucionalidade de Emendas à Constituição Estadual de iniciativa parlamentar tratando sobre matéria à qual a Carta Política reserva ao Chefe do Poder Executivo a prerrogativa de desencadear o processo legislativo, trazemos para análise a ADI nº 2966/RO:

> *AÇÃO DIRETA DE INCONSTITUCIONALIDADE. MILITARES. REGIME JURÍDICO. INICIATIVA PRIVATIVA DO CHEFE DO PODER EXECUTIVO. PROCEDÊNCIA DO PEDIDO. EMENDA CONSTITUCIONAL 29/2002, DO ESTADO DE RONDÔNIA. INCONSTITUCIONALIDADE.*
>
> *À luz do princípio da simetria, é de iniciativa privativa do chefe do Poder Executivo estadual as leis que disciplinem o regime jurídico dos militares (art. 61, § 1º, II, f, da CF/1988).*
>
> Matéria restrita à iniciativa do Poder Executivo não pode ser regulada por emenda constitucional de origem parlamentar. Precedentes.
>
> *Pedido julgado procedente.*
>
> *(STF, ADI 2966, Relator(a): Min. JOAQUIM BARBOSA, Tribunal Pleno, julgado em 06/04/2005)*

1.7. Síntese do capítulo

- Polícia Civil
  - Natureza jurídica → órgão (Secretaria de Estado de Polícia Civil) → desconcentração → não possui personalidade jurídica;
  - Função genérica → preservação da segurança pública e da incolumidade das pessoas e do patrimônio (art. 144, *caput*, da CRFB);
  - Funções específicas → função de polícia judiciária e de polícia investigativa (art. 144, § 4º, CRFB; art. 2º, Lei 12.830/13); função negativa;
    - » Polícia judiciária → auxílio ao Poder Judiciário;
    - » Polícia investigativa → exercício da investigação preliminar; apuração de indícios de autoria e materialidade delitivas;
    - » Polícia judiciária / polícia repressiva → atua após a prática da infração penal;
    - » Polícia administrativa / polícia preventiva → atua, normalmente, antes da prática da infração penal.
- Competência para legislar sobre estatutos funcionais
  - Forma de Estado adotada no Brasil → Federação. Principal característica: divisão do exercício do poder político. Divisão no plano territorial/vertical (União, Estados, Distrito Federal, Municípios); divisão no plano funcional/horizontal (Poderes Legislativo, Executivo e Judiciário). Autonomia dos entes estatais, consubstanciada nos poderes de auto-organização, autogoverno e autoadministração.
  - A possibilidade de os entes estatais editarem, cada qual, seus estatutos funcionais, decorre dos poderes de auto-organização, autogoverno e autoadministração.
  - Estatutos funcionais / Regimes Jurídicos Funcionais das Polícias Civis → competência legislativa concorrente (art. 24, inciso XVI, CRFB); Princípio da Preponderância dos Interesses. A União edita Lei Federal contendo normas gerais. Os Estados-membros e o Distrito Federal editam Leis Estaduais/Distritais com normas específicas. Iniciativa da Lei compete ao Chefe do Poder Executivo.
  - Estatuto da Polícia Civil do Estado do Rio de Janeiro → Decreto-Lei n° 218, de 18 de julho de 1975 (EPC). Recepcionado pela Constituição da República de 1988 com status material de Lei Ordinária Estadual.

- Regulamento do Estatuto da Polícia Civil do Estado do Rio de Janeiro → REPC.

▸ Âmbito de incidência do EPC e do REPC:

- Conceito de agente policial como sendo o funcionário (sic) / servidor investido em cargo de carreira de provimento efetivo.
- Conceito estendido de agente policial como sendo funcionário (sic) / servidor investido em cargo em comissão, de livre nomeação ou exoneração, bem como em função gratificada, entendida como atribuição exercida exclusivamente por servidor investido em cargo de provimento efetivo.
- Organização funcional ou quadro funcional → conjunto de carreiras, cargos e funções integrantes de um mesmo ente federativo, de seus órgãos internos ou entidades.
- Carreira → conjunto de classes ou categorias da mesma profissão, escalonados hierarquicamente em diversos patamares que, quando percorridos, possibilitam a progressão funcional dentro da mesma carreira.
- Classes/categorias → reúnem o conjunto de cargos com atribuições, denominações e retribuição pecuniária idênticos.
- Cargo público → lugar ou célula dentro da organização funcional com atribuições específicas em lei.
- Cargo de carreira → cargo em que há a possibilidade de progressão funcional dentro da carreira.
- Cargo isolado → não admite a progressão funcional.
- Cargos vitalícios ou de provimento vitalício → seus ocupantes possuem vitaliciedade, adquirida após o período inicial de 2 anos, tendo como principal característica a necessidade de processo judicial para que seus ocupantes percam o cargo.
- Cargo efetivo ou de provimento efetivo → possui a característica de permanência de seus ocupantes, após a aquisição de estabilidade no cargo, o que ocorre com o lapso temporal de 3 anos.
- Cargo em comissão ou de provimento em comissão → possui a marca da temporariedade dos ocupantes no cargo. São cargos de livre nomeação e exoneração, respeitados os limites de impessoalidade da coisa pública, denotando-se cargos de confiança.
- Função Pública → consiste na própria atividade administrativa a ser desempenhada pelo servidor.

- Todo cargo possui uma função, mas nem toda função pressupõe a existência de um cargo.
- Função de confiança → função com atribuições de direção, chefia e assessoramento, desempenhada necessariamente por servidores ocupantes de cargo efetivo ou em comissão.
- Função gratificada → espécie de função de confiança, exercida necessariamente por servidores ocupantes de cargo efetivo ou em comissão.

1.8. Questões comentadas

1. (FUMARC – 2018 – PCMG – Delegado de Polícia – *Questão adaptada)* Sobre o regime constitucional atribuído à Polícia Civil e aos policiais civis, julgue certo ou errado:

Às policias civis, dirigidas por delegados de carreira, incumbem, sem exceção, as funções de polícia judiciária e a apuração de infrações penais.

COMENTÁRIOS

Resposta: Errado. A questão nos remete à disciplina do art. 144, § 4º, da Constituição Federal, que dispõe que "Às polícias civis, dirigidas por delegados de polícia de carreira, incumbem, ressalvada a competência da União, as funções de polícia judiciária e a apuração de infrações penais, exceto as militares." Ao utilizar-se da expressão "sem exceções", a afirmativa tornou-se equivocada.

2. (CESPE – 2019 – PC-SE – Delegado de Polícia – Questão adaptada) Julgue o item seguinte:

"A função de delegado-geral da Polícia Civil incumbe privativamente a delegado de polícia integrante da classe final da respectiva carreira, nomeado, em comissão, pelo governador do estado"

Resposta: Errada. Em fato, a direção das Polícias Civis dos Estados é atribuição, por mandamento constitucional (Art. 127), conferida aos Delegados de Polícia. Algumas legislações estaduais, ainda, estabelecem ser necessário que a autoridade policial seja servidor público integrante da classe final da respectiva carreira, mas o Supremo Tribunal Federal declarou incompatíveis com a Constituição Federal previsões normativas desse jaez, o que torna a assertiva de nossa questão equivocada. Senão, veja-se:

EMENTA: AÇÃO DIRETA DE INCONSTITUCIONALIDADE. CONSTITUIÇÃO DE SERGIPE. COMPETÊNCIAS DO TRIBUNAL DE CONTAS ESTADUAL. CRITÉRIOS DE RECONDUÇÃO DO PROCURADOR-GERAL DE JUSTIÇA E DE ESCOLHA DE SUPERINTENDENTE DA POLÍCIA CIVIL. PRINCÍPIO DA SIMETRIA. PRECEDENTES. AÇÃO DIRETA JULGADA PARCIALMENTE PROCEDENTE.

1. No art. 71, inc. II, c/c o art. 75 da Constituição da República se confere competência aos Tribunais de Contas estaduais para julgar contas prestadas pela Mesa Diretora de órgão legislativo pelo princípio da simetria. Precedentes.

2. Inconstitucionalidade de norma de Constituição estadual que dispensa apresentação de parecer prévio sobre as contas de Chefe do Poder Executivo municipal a ser emitido pelo respectivo Tribunal de Contas Estadual. Precedentes.

3. A recondução ao cargo de Procurador-Geral de Justiça deve observar o parâmetro definido no art. 128, § 3º, da Constituição da República. Interpretação conforme que, sem invalidar norma local, permite apenas uma recondução ao cargo.

4. Ausência de vício formal de iniciativa quando a emenda da Constituição estadual adequar critérios de escolha do chefe da Polícia Civil aos parâmetros fixados no art. 144, § 4º, da Constituição da República. Impõe-se, na espécie, interpretação conforme para circunscrever a escolha do Governador do Estado a delegados ou delegadas integrantes da carreira policial, independente do estágio de sua progressão funcional.

5. Ação direta de inconstitucionalidade parcialmente procedente.

(ADI 3077, Relator(a): Min. CÁRMEN LÚCIA, Tribunal Pleno, julgado em 16/11/2016, ACÓRDÃO ELETRÔNICO DJe-168 DIVULG 31-07-2017 PUBLIC 01-08-2017)

3. (IBFC – 2013 – PCERJ – Oficial de Cartório) Acerca do capítulo "Da Segurança Pública", assinale a alternativa que está de acordo com o que dispõe o texto constitucional:

a) A polícia federal se destina a apurar infrações penais contra a ordem política e social ou em detrimento de bens, serviços e interesses da União ou de suas entidades autárquicas, empresas públicas e sociedades de economia mista.

b) A polícia rodoviária federal e a polícia ferroviária federal se destinam, respectivamente, ao patrulhamento ostensivo de rodovias e ferrovias federais e, na forma da lei, como força auxiliar à polícia federal no exercício de polícia judiciária.

c) Incumbem às polícias civis, dirigidas por delegados de polícia de carreira, ressalvada a competência da União, as funções de polícia judiciária, a apuração de infrações penais, exceto as militares, e a execução de atividades de defesa civil.

d) Cabem às polícias militares a polícia ostensiva e a preservação da ordem pública, além de servirem como forças auxiliares e reserva do Exército.

e) Os Municípios poderão constituir guardas municipais destinadas à proteção de seus bens, serviços e instalações, conforme dispuser a lei, bem como a função de polícia ostensiva e a preservação da ordem pública.

COMENTÁRIOS

Resposta: Letra D

Alternativa A – errada. Reproduz, de forma equivocada, a redação do artigo 144, §1º, inciso I, da CRFB, incluindo indevidamente, entre as atribuições da Polícia Federal, os crimes que lesem serviços ou interesses de sociedades de economia mista (pessoas jurídicas de direito privado).

Art. 144, CRFB [...]

§1º – A polícia federal, instituída por lei como órgão permanente, organizado e mantido pela União e estruturado em carreira, destina-se a: *(Redação dada pela Emenda Constitucional nº 19, de 1998)*

I – apurar infrações penais contra a ordem política e social ou em detrimento de bens, serviços e interesses da União ou de suas entidades autárquicas e empresas públicas, assim como outras infrações cuja prática tenha repercussão interestadual ou internacional e exija repressão uniforme, segundo se dispuser em lei;

Alternativa B – errado. Reproduz, de forma equivocada, a redação do artigo 144, §§ 2º e 3º, da CRFB, incluindo indevidamente, entre as atribuições da Polícia Rodoviária Federal e Polícia Ferroviária Federal a atribuição de atuar como força auxiliar à Polícia Federal no exercício de polícia judiciária.

Art. 144, CRFB [...]

§2º – A polícia rodoviária federal, órgão permanente, organizado e mantido pela União e estruturado em carreira, destina-se, na forma da lei, ao patrulhamento ostensivo das rodovias federais. *(Redação dada pela Emenda Constitucional nº 19, de 1998)*

§3º A polícia ferroviária federal, órgão permanente, organizado e mantido pela União e estruturado em carreira, destina-se, na forma da lei, ao patrulhamento ostensivo das ferrovias federais. *(Redação dada pela Emenda Constitucional nº 19, de 1998)*

Alternativa C – errada. Reproduz de forma equivocada as atribuições das Polícias Civis, incluindo indevidamente a execução de atividades de Defesa Civil, que é atribuição do Corpo de Bombeiros Militar.

Art. 144, CRFB [...]

§4º – às polícias civis, dirigidas por delegados de polícia de carreira, incumbem, ressalvada a competência da União, as funções de polícia judiciária e a apuração de infrações penais, exceto as militares.

§5º – [...]; aos corpos de bombeiros militares, além das atribuições definidas em lei, incumbe a execução de atividades de defesa civil.

Alternativa D – correta. Reproduz, de forma correta, as atribuições conferidas pela Constituição da República de 1988 à Polícia Militar com a função específica de policiamento ostensivo, inerente à atividade de polícia preventiva. Acrescenta, ainda, a qualidade de forças auxiliares e reserva do Exército. Por fim, cita a função genérica de todos os órgãos da segurança pública, inclusive a Polícia Militar, que seria a preservação da ordem pública.

Art. 144, CRFB. A segurança pública, dever do Estado, direito e responsabilidade de todos, é exercida para a preservação da ordem pública e da incolumidade das pessoas e do patrimônio, através dos seguintes órgãos:

§5º – às polícias militares cabem a polícia ostensiva e a preservação da ordem pública; aos corpos de bombeiros militares, além das atribuições definidas em lei, incumbe a execução de atividades de defesa civil.

§6º – As polícias militares e corpos de bombeiros militares, forças auxiliares e reserva do Exército, subordinam-se, juntamente com as polícias civis, aos Governadores dos Estados, do Distrito Federal e dos Territórios.

Alternativa E – errada. Trata, de forma equivocada, sobre as atribuições das Guardas Municipais. O art. 144, caput, da CRFB não enumera as Guardas Municipais como órgãos integrantes da segurança pública. Não possuem, portanto, o dever genérico de preservação da ordem pública, incolumidade das pessoas e do patrimônio. Sem embargo, o §8º do art. 144 da CRFB confere a atribuição às Guardas Municipais de proteção aos bens, serviços e instalações dos Municípios. Não possuem a atribuição de policiamento ostensivo, embora, em muitos Municípios a Guarda Municipal seja utilizada para tal finalidade, em claro desvio de finalidade.

Art. 144, CRFB. [...]

§8º – Os Municípios poderão constituir guardas municipais destinadas à proteção de seus bens, serviços e instalações, conforme dispuser a lei.

4. (FEC – 2012 – PCERJ – Inspetor de Polícia) Incumbe à Polícia Civil, de acordo com as disposições constitucionais vigentes, a função de:

a) polícia administrativa.

b) polícia ostensiva.

c) polícia executiva.

d) polícia judiciária.

e) polícia repressiva.

COMENTÁRIOS

Resposta: Letra D

Alternativa A – errada. Traz a função de polícia administrativa, também conhecida como polícia preventiva, conferida tipicamente pela Constituição da República de 1988 às Polícias Militares, no plano estadual. Diz-se, tipicamente, porque tais atribuições não são exclusivas. A Polícia Militar também exerce, atipicamente, a função de polícia judiciária quando investiga crimes militares. Por sua vez, a Polícia Civil, que atua tipicamente na função de polícia judiciária, ou repressiva, também poderá atuar atipicamente exercendo policiamento preventivo ou administrativo.

Alternativa B – errada. A função de polícia ostensiva, ou policiamento ostensivo, é inerente às atribuições das Polícias Militares, no plano estadual.

Alternativa C – errada. Nomenclatura inexistente nas disposições constitucionais vigentes.

Alternativa D – correta. A função de polícia judiciária é atribuída tipicamente às Polícias Civis, no plano estadual, conforme art. 144, §4º, da CRFB.

Art. 144, CRFB. [...]

[...]

§4º – às polícias civis, dirigidas por delegados de polícia de carreira, incumbem, ressalvada a competência da União, as funções de polícia judiciária e a apuração de infrações penais, exceto as militares.

Alternativa E – errada. Embora a doutrina e jurisprudência entendam que as Polícias Civis exercem função típica de polícia repressiva, pois atuam normalmente depois da prática da infração penal, tal classificação não é utilizada pela Constituição da República de 1988. Trata-se de conceito desenvolvido pela doutrina de direito administrativo. Considerando que o enunciado da questão expressamente ressalva "**de acordo com as disposições constitucionais vigentes**", esta alternativa encontra-se errada.

5. (FEC - 2012 - PCERJ - Inspetor de Polícia) Pela Constituição da República, a competência para legislar a respeito de normas gerais sobre organização, garantias, direitos e deveres das polícias civis é: (adaptada)

a) privativa da União.

b) comum da União, dos Estados, do Distrito Federal e dos Municípios.

c) concorrente da União, dos Estados e do Distrito Federal.

d) privativa dos Estados e do Distrito Federal.

e) concorrente da União, dos Estados, do Distrito Federal e dos Municípios.

COMENTÁRIOS

Resposta: Letra C.

A questão trata sobre a competência concorrente da União, dos Estados e do Distrito Federal sobre organização, garantias, direitos e deveres das Polícias Civis, como disposto no art. 24 da CRFB. A União disporá sobre normas gerais. Os Estados e o Distrito Federal, no exercício da competência suplementar, normatizarão aspectos específicos sobre o tema, tudo de acordo com o princípio da preponderância do interesse.

Art. 24, CRFB. Compete à União, aos Estados e ao Distrito Federal legislar concorrentemente sobre:

[...]

XVI – organização, garantias, direitos e deveres das polícias civis.

§1º – No âmbito da legislação concorrente, a competência da União limitar-se-á a estabelecer normas gerais.

> §2º – A competência da União para legislar sobre normas gerais não exclui a competência suplementar dos Estados.
>
> §3º – Inexistindo lei federal sobre normas gerais, os Estados exercerão a competência legislativa plena, para atender a suas peculiaridades.
>
> §4º – A superveniência de lei federal sobre normas gerais suspende a eficácia da lei estadual, no que lhe for contrário.

1.9. Questões

1. Sobre as Polícias Civis dos Estados, marque a alternativa correta:

a) É possível que sejam chefiadas por policiais militares, integrantes das Forças Armadas ou quaisquer servidores ou agentes públicos nomeados *ad hoc* pelo Chefe do Poder Executivo Estadual.

b) Devem, necessariamente, ser chefiadas por Delegados de Polícia que titularizem cargos do nível mais elevado da carreira

c) Por se tratarem de instituições não militares, não possuem nenhum tipo de hierarquia em seus quadros funcionais.

d) É possível que, no âmbito interno das instituições, seja escolhida a Chefia Geral, independentemente do cargo que titularize o escolhido.

e) Devem, necessariamente, ser chefias por Delegados de Polícia de Carreira, embora a jurisprudência dos Tribunais Superiores venha, majoritariamente, afastando a necessidade de que o agente público que venha a ocupar o cargo seja Delegado do nível mais elevado na carreira.

2. Sobre o regime jurídico relativo aos membros da Polícia Civil do Estado do Rio de Janeiro, marque a alternativa correta:

a) Os regimes estatutários possuem a característica da unicidade normativa, já que somente poderá haver uma normativização federal para todos os servidores públicos que titularizem cargos públicos no Brasil, independentemente da esfera federativa.

b) Os regimes estatutários possuem a característica da pluralidade normativa, já que cada ente federado poderá dispor, no contexto de sua autonomia, sobre a relação jurídica travada entre seus servidores e o próprio Estado.

c) Todos os órgãos de segurança pública têm como função genérica a preservação da ordem pública e da incolumidade física das pessoas e proteção do patrimônio. Nesse contexto, os servidores públicos integrantes da Polícia Civil do Rio de Janeiro não titularizam cargos públicos, mas empregos públicos.

d) Às Polícias Civis é conferida a função de polícia judiciária, também conhecida como polícia ostensiva, já que não se relaciona ao auxílio à atividade jurisdicional, por meio, por exemplo, de atos de cumprimentos de mandados judiciais de busca e apreensão.

e) Às Polícias Civis, dirigidas por delegados de polícia de carreira, compete, entre outras atribuições, as funções de polícia judiciária e de polícia ostensiva, ressalvada a competência da União e a apuração das infrações penais militares.

3. Sobre a aplicabilidade da SV13 na Administração Pública, é correto afirmar:

a) Não possui relevância no trato das nomeações de agentes públicos para titularizarem cargos em comissão, já que estes são, tradicionalmente, concebidos para se darem a regime de livre nomeação.

b) Não possui exceção jurisprudencial no que toca aos cargos de natureza eminentemente política.

c) Não veda o nepotismo cruzado na Administração Pública, mas somente o nepotismo direto.

d) Constitui-se em exceção ao poder de livre nomeação do agente público para cargo em comissão, em homenagem ao princípio da impessoalidade, não obstante haja exceções jurisprudenciais à sua aplicabilidade.

4. Julgue o item que segue em certo ou errado:

"A cessão de servidor público integrante dos quadros da Polícia Civil para órgão público diverso desnatura a relação funcional, excluindo esse agente público da abrangência do Estatuto da Polícia Civil do Estado do Rio de Janeiro"

5. Sobre a arquitetura das Polícias Civis, assinale a alternativa correta:

a) A polícia judiciária não é instituição, mas função, e consubstancia-se, por exemplo, na atribuição dada às Polícias Civis para cumprirem mandados de prisão. Como decorrência disso, não há jurisprudência concedendo tal possibilidade às Polícias Militares, ainda que em hipóteses excepcionais.

b) A polícia judiciária tem como função, dentre outras, o cumprimento de mandados judiciais. É, por isso, integrante das estruturas do Poder Judiciário.

c) As Polícias Civis são órgãos integrantes da Administração Pública Indireta dos Estados, do Distrito Federal e Territórios.

d) As Polícias Civis têm a função de promover atos investigatórios tendentes a apurar materialidade e autoria de eventuais delitos.

e) As Polícias Civis investigam tipicamente qualquer tipo de infração penal.

6. Marque a alternativa incorreta:

a) As Polícias Civis exercem tipicamente a função de polícia administrativa. As Guardas Civis Municipais, por sua vez, não exercem nenhum tipo de Poder de Polícia.

b) As Polícias Civis exercem tipicamente a função de polícia preventiva, atuando primariamente antes do ato ilícito ocorrer.

c) As Polícias Civis exercem atipicamente a função de polícia judiciária, e tipicamente a função de polícia investigativa.

d) As Polícias Civis exercem tipicamente a função de polícia repressiva, atuando, como regra, após a prática de um ilícito.

e) As Polícias Civis exercem tipicamente a função de investigação de crimes militares e de crimes de interesse da União.

7. A iniciativa do processo legislativo para dispor sobre o regime jurídico funcional dos integrantes das Polícias Civis será:

a) Do Chefe do Executivo. Todavia, é de se conceber Proposta de Emenda à Constituição de iniciativa parlamentar para tratar do tema, não havendo inconstitucionalidade formal na hipótese.

b) De qualquer parlamentar ou do Chefe do Poder Executivo.

c) Apenas do Chefe do Poder Executivo, seja por meio de lei ou de Proposta de Emenda à Constituição.

d) Do Chefe do Poder Executivo, mas eventual sanção sanará o vício de iniciativa, acaso esta tenha se dado por parlamentar.

8. Na ausência de lei federal estabelecendo normas gerais sobre organização, garantias, direitos e deveres das polícias civis, determinado estado da Federação editou, no passado, a sua própria lei sobre o assunto, estabelecendo desde princípios e valores a serem observados até regras específicas sobre a exploração do órgão Polícia Civil. Anos depois, a União edita lei contendo normas gerais sobre o tema e muitas de suas disposições conflitavam com a anterior lei estadual:

a) A União não poderia legislar, uma vez que o assunto é matéria de interesse local, não havendo justificativa para lei nacional sobre o tema. Houve invasão de competência privativa dos Estados.

b) No campo das competências legislativas concorrentes, a União deve legislar sobre normas gerais e os Estados podem editar normas suplementares, mas enquanto inexistir lei federal, a competência dos Estados é plena. A superveniência de lei geral nacional suspende a eficácia das disposições contrárias da lei dos Estados.

c) A lei aplicável, no caso concreto, será aquela que estabelecer padrões mais restritivos, não importando se tal norma é a federal ou se a editada pelos Estados-membros.

d) O estado não poderia ter estabelecido normas próprias na ausência de lei nacional com disposições gerais que definissem marcos a serem seguidos pelos Estados. Em consequência, a lei estadual é inválida.

9. Servidores policiais, desejando maiores garantias e benefícios inerentes aos seus cargos, realizam contato com parlamentares da Assembleia Legislativa pleiteando alterações no Estatuto Funcional. Os parlamentares, sensíveis ao pleito, apresentam projeto de lei com vários benefícios para a classe policial. Após votação, o projeto é aprovado. Com base nas disposições constitucionais e legais, marque a alternativa correta:

a) Tais alterações são constitucionais, pois produto de discussão democrática no parlamento;

b) As alterações no Estatuto Funcional padecem de inconstitucionalidade formal, por vício de iniciativa, na medida em que o Chefe do Executivo é quem tinha a competência para apresentar a iniciativa do Projeto de Lei; Entretanto, se houver sanção, o vício formal se convalida.

c) As alterações no Estatuto Funcional deveriam ter sido propostas pelo próprio Chefe do Executivo, mediante a iniciativa para desencadear o processo legislativo pertinente.

d) Somente por meio de Emenda à Constituição Estadual é que tais alterações poderiam ser realizadas.

10. Marque a alternativa incorreta:

a) As Guardas Civis Municipais não exercem nenhum tipo de Poder de Polícia Administrativa.

b) O Estatuto da Polícia Civil do Estado do Rio de Janeiro abrange servidores titulares de cargos efetivos e titulares de cargos em comissão em atribuições de natureza policial.

c) O Estatuto da Polícia Civil do Estado do Rio de Janeiro não tem sua abrangência limitada territorialmente ao espaço deste ente federativo

d) Não há, na jurisprudência do Supremo Tribunal Federal, um catálogo plenamente delimitado acerca de quais são as normas de repetição obrigatória e quais são as de repetição facultativa

11. Sobre o Estatuto da Polícia Civil do Estado do Rio de Janeiro e seu Regulamento, marque a alternativa correta:

a) O ocupante de cargo em comissão não poderá ser regido pelo EPC e REPC, mesmo que possua atribuições e responsabilidades de natureza policial; Tal situação só se dá nos casos de servidores públicos titulares de cargos efetivos.

b) Agente administrativo contratado temporariamente pela Polícia Civil para prestar serviços administrativos será regido pelo EPC e REPC e poderá atuar na atividade-fim daquela instituição, inclusive exercendo poder de polícia completo por meio de atos típicos de investigação.

c) Pessoa que exerça função gratificada com atribuições de natureza policial não terá seu regime abrangido pelo EPC e REPC.

d) O Estatuto incide sobre cargos isolados em carreiras, como o de Piloto Policial.

12. Sobre a estrutura orgânica atual da Polícia Civil do Estado do Rio de Janeiro, marque se está certa ou errada a sentença a seguir:

a) A Polícia Civil do Estado do Rio de Janeiro atualmente possui, na Administração Direta desse ente da Federação, configuração de Secretaria de Estado.

- **Gabarito**

1. E 2. B 3. D 4. ERRADO 5. D 6. D 7. C
8. B 9. D 10. A 11. D 12. CERTO

1.10. Legislação Aplicável

Constituição da República de 1988 (CRFB)

Art. 1º. A República **Federativa** do Brasil, formada pela união indissolúvel dos Estados e Municípios e do Distrito Federal, constitui-se em Estado Democrático de Direito e tem como fundamentos:

[...]

Art. 24. Compete à União, aos Estados e ao Distrito Federal legislar **concorrentemente** sobre:

[...]

XVI – organização, garantias, direitos e deveres das **polícias civis.**

§1º – No âmbito da legislação concorrente, a **competência da União** limitar-se-á a estabelecer **normas gerais.**

§2º – A competência da União para legislar sobre normas gerais não exclui a **competência suplementar dos Estados.**

§3º – **Inexistindo lei federal sobre normas gerais, os Estados exercerão a competência legislativa plena, para atender a suas peculiaridades.**

§4º – A superveniência de lei federal sobre normas gerais **suspende a eficácia** da lei estadual, no que lhe for contrário.

[...]

Art. 37. A administração pública direta e indireta de qualquer dos Poderes da União, dos Estados, do Distrito Federal e dos Municípios obedecerá aos princípios de legalidade, impessoalidade, moralidade, publicidade e eficiência e, também, ao seguinte: *(Redação dada pela Emenda Constitucional nº 19, de 1998)*

[...]

II – a **investidura em cargo ou emprego público depende de aprovação prévia em concurso público de provas ou de provas e títulos**, de acordo com a natureza e a complexidade do cargo ou emprego, na forma prevista em lei, **ressalvadas as nomeações para cargo em comissão declarado em lei de livre nomeação e exoneração**; *(Redação dada pela Emenda Constitucional nº 19, de 1998)*

[...]

V – as **funções de confiança**, exercidas exclusivamente por servidores ocupantes de cargo efetivo, e os **cargos em comissão**, a serem preenchidos por servidores de carreira nos casos, condições e percentuais mínimos previstos em lei, destinam-se apenas às **atribuições de direção, chefia e assessoramento**; *(Redação dada pela Emenda Constitucional nº 19, de 1998)*

[...]

Art. 52. Compete privativamente ao Senado Federal:

[...]

III – Aprovar previamente, por voto secreto, após arguição pública, a escolha de:

[...]

f – titulares de outros cargos que a lei determinar

[...]

Art. 61. A **iniciativa das leis** complementares e **ordinárias** cabe a qualquer membro ou Comissão da Câmara dos Deputados, do Senado Federal ou do Congresso Nacional, ao Presidente da República, ao Supremo Tribunal Federal, aos Tribunais Superiores, ao Procurador-Geral da República e aos cidadãos, na forma e nos casos previstos nesta Constituição.

§1º – São de **iniciativa privativa do Presidente da República** as leis que:

[...]

II – disponham sobre:

[...]

c) servidores públicos da União e Territórios, seu **regime jurídico, provimento de cargos, estabilidade e aposentadoria**;

[...]

Art. 102. Compete ao Supremo Tribunal Federal:

I – Processar e julgar, originariamente:

[...]

c) nas infrações penais comuns e nos crimes de responsabilidade, os Ministros de Estado e os Comandantes da Marinha, do Exército e da Aeronáutica, ressalvado o disposto no art. 52, I, os membros dos Tribunais Superiores, os do Tribunal de Contas da União e os chefes de missão diplomática de caráter permanente;*(Redação dada pela Emenda Constitucional nº 23, de 1999)*

[...]

Art. 144. A segurança pública, dever do Estado, direito e responsabilidade de todos, é exercida para a preservação da ordem pública e da incolumidade das pessoas e do patrimônio, através dos seguintes órgãos:

I - polícia federal;

II - polícia rodoviária federal;

III - polícia ferroviária federal;

IV - polícias civis;

V - polícias militares e corpos de bombeiros militares.

VI - polícias penais federal, estaduais e distrital. (Redação dada pela Emenda Constitucional nº 104, de 2019)

§ 1º A polícia federal, instituída por lei como órgão permanente, organizado e mantido pela União e estruturado em carreira, destina-se a:" (Redação dada pela Emenda Constitucional nº 19, de 1998)

I - apurar infrações penais contra a ordem política e social ou em detrimento de bens, serviços e interesses da União ou de suas entidades autárquicas e empresas públicas, assim como outras infrações cuja prática tenha repercussão interestadual ou internacional e exija repressão uniforme, segundo se dispuser em lei;

II - prevenir e reprimir o tráfico ilícito de entorpecentes e drogas afins, o contrabando e o descaminho, sem prejuízo da ação fazendária e de outros órgãos públicos nas respectivas áreas de competência;

III - exercer as funções de polícia marítima, aeroportuária e de fronteiras; (Redação dada pela Emenda Constitucional nº 19, de 1998)

IV - exercer, com exclusividade, as funções de polícia judiciária da União.

§ 2º A polícia rodoviária federal, órgão permanente, organizado e mantido pela União e estruturado em carreira, destina-se, na forma da lei, ao patrulhamento ostensivo das rodovias federais. (Redação dada pela Emenda Constitucional nº 19, de 1998)

§ 3º A polícia ferroviária federal, órgão permanente, organizado e mantido pela União e estruturado em carreira, destina-se, na forma da lei, ao patrulhamento ostensivo das ferrovias federais.(Redação dada pela Emenda Constitucional nº 19, de 1998)

§ 4º Às polícias civis, dirigidas por delegados de polícia de carreira, incumbem, ressalvada a competência da União, as funções de polícia judiciária e a apuração de infrações penais, exceto as militares.

§ 5º Às polícias militares cabem a polícia ostensiva e a preservação da ordem pública; aos corpos de bombeiros militares, além das atribuições definidas em lei, incumbe a execução de atividades de defesa civil.

§ 5º-A. Às polícias penais, vinculadas ao órgão administrador do sistema penal da unidade federativa a que pertencem, cabe a segurança dos estabelecimentos penais. (Redação dada pela Emenda Constitucional nº 104, de 2019)

§ 6º As polícias militares e os corpos de bombeiros militares, forças auxiliares e reserva do Exército subordinam-se, juntamente com as polícias civis e as polícias penais estaduais e distrital, aos Governadores dos Estados, do Distrito Federal e dos Territórios.(Redação dada pela Emenda Constitucional nº 104, de 2019)

§ 7º A lei disciplinará a organização e o funcionamento dos órgãos responsáveis pela segurança pública, de maneira a garantir a eficiência de suas atividades.

§ 8º Os Municípios poderão constituir guardas municipais destinadas à proteção de seus bens, serviços e instalações, conforme dispuser a lei.

§ 9º A remuneração dos servidores policiais integrantes dos órgãos relacionados neste artigo será fixada na forma do § 4º do art. 39. (Incluído pela Emenda Constitucional nº 19, de 1998)

§ 10. A segurança viária, exercida para a preservação da ordem pública e da incolumidade das pessoas e do seu patrimônio nas vias públicas: (Incluído pela Emenda Constitucional nº 82, de 2014)

I - compreende a educação, engenharia e fiscalização de trânsito, além de outras atividades previstas em lei, que assegurem ao cidadão o direito à mobilidade urbana eficiente; e (Incluído pela Emenda Constitucional nº 82, de 2014)

II - compete, no âmbito dos Estados, do Distrito Federal e dos Municípios, aos respectivos órgãos ou entidades executivos e seus agentes de trânsito, estruturados em Carreira, na forma da lei. (Incluído pela Emenda Constitucional nº 82, de 2014)

Constituição do Estado do Rio de Janeiro (CERJ)

Art. 74, CERJ. Compete ao Estado, concorrentemente com a União, legislar sobre:

[...]

XVI – organização, garantias, direitos e deveres da **polícia civil**.

§1º – O Estado, no exercício de sua competência suplementar, observará as normas gerais estabelecidas pela União.

§2º – Inexistindo lei federal sobre normas gerais, o Estado exercerá a competência legislativa plena, para atender às suas peculiaridades.

§3º – A superveniência de lei federal sobre normas gerais suspende a eficácia da lei estadual, no que lhe for contrário.

Art. 112, CERJ. A iniciativa das leis complementares e ordinárias cabe a qualquer membro ou Comissão da Assembleia Legislativa, ao Governador do Estado, ao Tribunal de Justiça, ao Ministério Público e aos cidadãos, na forma e nos casos previstos nesta Constituição.

§1º – São de iniciativa privativa do Governador do Estado as leis que:

[...]

II – disponham sobre:

a) criação de cargos, funções ou empregos públicos na administração direta e autárquica do Poder Executivo ou aumento de sua remuneração;

b) servidores públicos do Estado, seu regime jurídico, provimento de cargos, estabilidade e aposentadoria de civis, reforma e transferência de militares para a inatividade.

Art. 118, CERJ. As **leis complementares** serão aprovadas por maioria absoluta e receberão numeração distinta das leis ordinárias.

Parágrafo único – Considerar-se-ão leis complementares, entre outras previstas nesta Constituição:

[...]

Estatuto do Delegado de Polícia Civil - Lei 12.830/2013

Art. 2º. As funções de polícia judiciária e a apuração de infrações penais exercidas pelo delegado de polícia são de natureza jurídica, essenciais e exclusivas de Estado.

Lei nº 8.301/2019

Art. 1º. Fica vedada a nomeação, no âmbito da Administração pública direta e indireta, bem como em todos os Poderes do Estado do Rio de Janeiro, para todos os cargos em comissão de livre nomeação e exoneração, de pessoas que tiverem sido condenadas nas condições previstas na Lei Federal nº 11.340, de 07 de Agosto de 2006 – Lei Maria da Penha

Parágrafo único: Inicia essa vedação com a condenação em decisão transitada em julgado, até o comprovado cumprimento da pena

Decreto-Lei nº 218/75 (EPC)

Dispõe sobre o ***Regime Jurídico peculiar aos Funcionários Civis do Serviço Policial do Poder Executivo do Estado do Rio de Janeiro*** *e dá outras providências.*

Art. 1º. São **policiais**, abrangidos por este Decreto-Lei, os **funcionários legalmente investidos em cargos do serviço policial.**

Parágrafo único – Para os efeitos deste Decreto-Lei, é considerado **funcionário policial o ocupante do cargo em comissão ou função gratificada com atribuições e responsabilidades de natureza policial.**

Decreto nº 3.044/80 (REPC)

Art. 1º. São **policiais**, abrangidos por este Decreto-Lei, os **funcionários legalmente investidos em cargos do serviço policial.**

Parágrafo único – Para os efeitos deste Decreto-Lei, é considerado **funcionário policial o ocupante do cargo em comissão ou função gratificada com atribuições e responsabilidades de natureza policial.**

Decreto nº 46.544/2019

DECRETO Nº 46.544 DE 01 DE JANEIRO DE 2019.

O GOVERNADOR DO ESTADO DO RIO DE JANEIRO, no uso das atribuições que lhe confere o artigo 145, incisos IV e VI, alínea "a", da Constituição do Estado do Rio de Janeiro,

DECRETA

Art. 1º - A Administração Direta do Poder Executivo, assim como os órgãos de deliberação coletiva, os fundos e a vinculação e/ou supervisão dos entes da Administração Indireta e Fundacional, passam a ser estruturados da seguinte forma:

1. GOVERNADORIA DO ESTADO

Conselho de Segurança Pública do Estado do Rio de Janeiro - CONSPERJ

Instituto de Segurança Pública - RIOSEGURANÇA - ISP

[...]

8. SECRETARIA DE ESTADO DE POLÍCIA MILITAR - SEPM

Fundo Especial da Polícia Militar - FUNESPOM

9. SECRETARIA DE ESTADO DE POLÍCIA CIVIL - SEPOL

Fundo Especial da ACADEPOL

Fundo Especial da Polícia Civil – FUNESPO

[...]

23. SECRETARIA EXECUTIVA DO CONSELHO DE SEGURANÇA PÚBLICA

Conselho Consultivo das Corregedorias Gerais da Polícia Civil e da Polícia Militar

Conselho de Administração dos Fundos

Fundo Especial da Secretaria de Segurança Pública - FUNESSP

Fundo Estadual de Investimentos e Ações de Segurança Pública e Desenvolvimento Social – FISED

[...]

Art. 4º - Fica extinta a Secretaria de Estado de Segurança Pública, que será sucedida para todos os fins de direito pela Secretaria Executiva do Conselho de Segurança Pública, responsável pela transição gradual das funções da secretaria extinta para a Secretaria de Estado da Polícia Civil e para a Secretaria Estado da Polícia Militar.

Decreto nº 47.355 de 11 de novembro de 2020

GOVERNADOR DO ESTADO DO RIO DE JANEIRO, EM EXERCÍCIO, no uso de suas atribuições constitucionais e legais, tendo em vista o que consta no Processo nº SEI-150001/007192/2020,

CONSIDERANDO:

- a necessidade de observar os princípios que orientam a Administração Pública esculpidos no artigo 37 da CRFB; e

- que compete privativamente ao Governador dispor sobre a organização e o funcionamento da administração estadual;

D E C R E T A:

Art. 1º - Fica alterado o item 2.21 do Anexo VI do Decreto nº 46.885, de 19 de dezembro de 2019, que passa a vigorar com a seguinte redação:

"2.21 - Ao Departamento-Geral de Polícia Técnico-Científica dirigido por um Diretor-Geral, símbolo DG, preferencialmente ocupante de cargo efetivo de Delegado de Polícia ou por ocupantes dos cargos efetivos de Perito Criminal ou Perito Legista, todos da classe mais elevada do Quadro Permanente, do Estado do Rio de Janeiro, compete planejar, coordenar e controlar as atividades administrativas e de polícia judiciária relacionada ao Centro de Estudos e Pesquisas Forenses, Instituto de Identificação Félix Pacheco, Instituto Médico- Legal Afrânio Peixoto, Instituto de Criminalística Carlos Éboli, Instituto de Pesquisa e Perícias em Genética Forense e Postos Regionais de Polícia Técnico- Científica."

[...]

Decreto nº 46.601 de 18 de março de 2019

[...]

CAPÍTULO I
FINALIDADE

Art. 1º - A Secretaria de Estado de Polícia Civil tem por finalidade, dentre outras, as funções de Polícia Judiciária e a apuração das infrações penais, exceto as militares.

Art. 2º - O Secretário de Estado de Polícia Civil, símbolo SE, será escolhido e nomeado pelo Governador do Estado, dentre os Delegados de Polícia Civil da classe mais elevada do seu Quadro Permanente.

§1º - O Secretário de Estado de Polícia Civil será substituído, em seus afastamentos e impedimentos eventuais, pelo Subsecretário de Gestão Administrativa da Polícia Civil.

§2º - Ao Secretário de Estado de Polícia Civil incumbe exercer a Chefia da Polícia Civil do Estado do Rio de Janeiro.

CAPÍTULO II
DA POLÍCIA CIVIL

Art. 3º - A Polícia Civil, instituição democrática e permanente, vincula-se, na forma do artigo 184 da Constituição do Estado do Rio de Janeiro, ao Governador do Estado do Rio de Janeiro, sendo órgão integrante do sistema de segurança pública estadual.

Art. 4º - À Polícia Civil incumbe, com exclusividade, as funções de polícia judiciária, exceto as relacionadas às infrações penais militares, cabendo-lhe garantir:

a) a proteção à dignidade humana;

b) o respeito e a proteção dos direitos humanos;

c) a promoção dos direitos e garantias fundamentais;

d) a preservação da ordem e segurança públicas, a incolumidade das pessoas e o patrimônio; e

e) o respeito e a obediência ao ordenamento jurídico.

Art. 5º - Compete à Polícia Civil:

I - formalizar, com exclusividade, sob a presidência de Delegado de Polícia Civil, o inquérito policial e os demais procedimentos policiais, com a finalidade de apurar as infrações penais e a sua autoria;

II - planejar, coordenar, dirigir e executar, com exclusividade, as funções de polícia judiciária e a apuração das infrações penais, exceto as militares, com o objetivo de instruir o inquérito policial, o termo circunstanciado ou outros atos formais de investigação;

III - formalizar os procedimentos administrativos disciplinares, visando a apurar desvios de conduta atribuídos a seus servidores, bem como instaurar, quando a conduta atribuída constituir infração penal, o inquérito policial ou o termo circunstanciado;

IV - apurar as infrações penais mediante a utilização de técnicas de investigação, a realização de pesquisas, o acompanhamento das atividades criminosas, a realização de operações policiais e outros meios de obtenção da prova;

V - planejar, organizar e executar ações de inteligência e contra inteligência destinadas à instrumentalização do exercício da atividade de polícia judiciária, e demais atividades de segurança pública, na esfera de sua atribuição constitucional, observados os direitos e garantias fundamentais;

VI - preservar ou requisitar a preservação de locais de infrações penais, apreender instrumentos e produtos do crime, realizar perícias, exames complementares e elaborar laudos;

VII - representar por medidas cautelares, intimar pessoas, promover a oitiva de testemunhas e o interrogatório dos indiciados, adotando providências destinadas a colher, resguardar e interpretar indícios ou provas de infrações penais e sua autoria;

VIII - organizar estatísticas das ocorrências policiais e cadastros de pessoas, bens e cenários de criminalidade e de antecedentes criminais, indispensáveis ao exercício de suas funções;

IX - organizar, manter atualizados, alimentar e gerir, com exclusividade, os bancos de dados desenvolvidos com base na atividade de polícia judiciária, inclusive os decorrentes de interceptações telefônicas, telemáticas e de dados;

X - gerenciar, com exclusividade, os sistemas de interceptação utilizados na atividade de polícia judiciária;

XI - organizar, manter atualizados, alimentar e gerir, os arquivos, dados, registros e serviços de identificação criminal;

XII - manter, nos inquéritos policiais, termos circunstanciados, demais procedimentos policiais e nos bancos de dados e arquivos gerados pela atividade de polícia judiciária, o sigilo necessário à elucidação do fato ou exigido pelo interesse da sociedade, pela segurança das pessoas, pela inviolabilidade da intimidade, da vida privada, da honra e da imagem das pessoas;

XIII - cumprir mandados de prisão, busca domiciliar e outros, expedidos pela autoridade judiciária, no âmbito de sua atribuição constitucional;

XIV - realizar, organizar e estimular pesquisas técnico-científicas relacionadas com as atividades de polícia judiciária e de apuração das infrações penais, no âmbito de sua atribuição constitucional;

XV - registrar, fiscalizar, cobrar taxas e controlar armas, munições, explosivos, fogos de artifício e produtos químicos controlados, em conformidade com a legislação federal;

XVI - cobrar taxas e fiscalizar atividades ligadas a diversões públicas, hotéis e congêneres, na forma da lei;

XVII - realizar, os procedimentos de investigação referentes à descoberta de paradeiro de pessoas desaparecidas;

XVIII - realizar correições e inspeções, em caráter permanente ou extraordinário, em razão do desenvolvimento de suas atividades administrativas ou de polícia judiciária;

XIX - executar atos administrativos de natureza disciplinar;

XX - manter serviço diuturno de atendimento à população;

XXI zelar pela sua segurança orgânica;

XXII - exercer outras atribuições previstas em lei, desde que compatíveis com missão constitucional da Polícia Civil.

Art. 6º - As funções constitucionais da Polícia Civil são indelegáveis e somente podem ser desempenhadas, para a existência dos atos, por ocupantes de cargo efetivo das carreiras que a integram.

Art. 7º - A Polícia Civil atuará de forma interativa com os demais órgãos do sistema de segurança pública, bem como com outras instituições do poder público e com a sociedade civil, de maneira a garantir a eficiência e a eficácia de suas atividades.

Art. 8º - A Polícia Civil observará, no exercício de suas funções, além da legalidade, impessoalidade, moralidade e eficiência, os seguintes princípios:

I- da unidade e indivisibilidade institucional;

II - da indivisibilidade da investigação policial;

III - da unidade de doutrina e da unidade técnico-científica, aplicadas à investigação policial;

IV - da interdisciplinaridade da ação investigativa;

V - da hierarquia e da disciplina;

VI - da autonomia na gestão e execução da atividade policial; e,

VII - do respeito à dignidade e aos direitos humanos.

Art. 9º - São símbolos institucionais da Polícia Civil o hino, a bandeira, o brasão e o distintivo, conforme os modelos estabelecidos por ato do Chefe do Poder Executivo, passíveis de alteração mediante proposta do Secretário de Estado de Polícia Civil.

[...]

1.11. Exercício de fixação do texto legal

Art. 24, CRFB. Compete à União, aos Estados e ao Distrito Federal legislar __________________ sobre:

XVI – __________, __________, __________ e __________ das polícias civis.

§ 1º – No âmbito da legislação concorrente, a competência da União limitar-se-á a estabelecer ________________.

§ 2º – A competência da União para legislar sobre normas gerais não exclui a __________________ dos Estados.

§ 3º – Inexistindo lei federal sobre normas gerais, os Estados exercerão a __________________, para atender a suas peculiaridades.

§ 4º – A superveniência de lei federal sobre normas gerais suspende a ________ da lei estadual, no que lhe for contrário.

Art. 37, CRFB. [...]

II – a investidura em cargo ou emprego público depende de aprovação prévia em ____________________ ou ___________________, de acordo com a natureza e a complexidade do cargo ou emprego, na forma prevista em lei, ressalvadas as nomeações para

______________ declarado em lei de ____________________; *(Redação dada pela Emenda Constitucional nº 19, de 1998)*

V – as funções de confiança, exercidas ____________ por servidores ocupantes de __________, e __________, a serem preenchidos por servidores de carreira nos casos, condições e percentuais mínimos previstos em lei, destinam-se apenas às atribuições de _______, _______ e _________; *(Redação dada pela Emenda Constitucional nº 19, de 1998)*

Art. 61, CRFB. [...].

§ 1º – São de iniciativa privativa do _________ as leis que:

II – disponham sobre:

c) servidores públicos da União e Territórios, seu ___________, ____________, ___________ e ___________;

Art. 144, CRFB. A segurança pública, dever do Estado, direito e responsabilidade de todos, é exercida para a ____, através dos seguintes órgãos:

§ 4º – às polícias civis, dirigidas por _______________, incumbem, ressalvada a competência da União, as funções de ____, exceto as militares.

§6º – As polícias militares e corpos de bombeiros militares, forças auxiliares e reserva do Exército, subordinam-se, juntamente com as polícias civis, aos ____________dos Estados, do Distrito Federal e dos Territórios.

Art. 1º do Decreto-Lei 218/75. São policiais, abrangidos por este Decreto-Lei, os ____________________.

Parágrafo único – Para os efeitos deste Decreto-Lei, é considerado funcionário policial o ocupante do ________________ ou _____________________ com atribuições e responsabilidades de natureza policial.

Art. 1º do Decreto 3.044/80. São policiais, abrangidos por este Decreto-Lei, os funcionários legalmente investidos em _______________.

Parágrafo único – Para os efeitos deste Decreto-Lei, é considerado funcionário policial o ocupante do ______________ ou ______________ com atribuições e responsabilidades de natureza policial.

Gabarito:

1. concorrentemente / organização, garantias, direitos e deveres / competência suplementar / normas gerais / competência suplementar / eficácia.

2. Concurso público de provas / provas e título / cargo em comissão / livre nomeação e exoneração / cargo efetivo / cargo em comissão / direção, chefia e assessoramento.

3. Presidente da República / regime jurídico, provimento de cargos, estabilidade e aposentadoria.

4. preservação da ordem pública e da incolumidade das pessoas e do patrimônio / as funções de polícia judiciária e a apuração de infrações penais / Governadores.

5. cargos do serviço policial / cargo em comissão ou função gratificada.

6. cargos do serviço policial / cargo em comissão ou função gratificada.

2

DOS CARGOS POLICIAIS

2.1. Provimento no cargo

O EPC inicia o Capítulo I sob a rubrica "DO INGRESSO", referindo-se às formas de acesso ao cargo policial. O art. 2º do Diploma cita as formas de nomeação, o que, de certa maneira, é reproduzido pelo art. 2º do REPC.

> **CAPÍTULO I**
> **DO INGRESSO**
>
> **Art. 2º, Dec.-Lei 218/75 (EPC).** A **nomeação** será feita:
>
> I - **em caráter efetivo**, mediante **concurso público**;
>
> II - **em comissão.**
>
> **CAPÍTULO I**
> **DO INGRESSO**
>
> **Art. 2º, Dec. 3.044/80 (REPC).** A nomeação será feita:
>
> I - **em caráter efetivo**, quando se tratar de cargo de classe inicial de série de classe;
>
> II - **em comissão**, quando se tratar de cargo que em virtude de lei, assim deva ser provido;

Faz-se necessário estudar, nesse contexto, o **provimento.**

Grande parte da doutrina[1] trata-o como **ato administrativo** pelo qual o servidor ingressa no cargo público, ou, dito de outra forma, o ato pelo qual o cargo é preenchido e deixa de ser considerado vago. CARVALHO FILHO,[2] contudo, considera o provimento um **fato administrativo** consubstanciado no preenchimento do cargo público, que se formaliza mediante a prática de **um ato administrativo**, como, por exemplo, a nomeação.

Vejamos, pois, as espécies de provimento e os respectivos conceitos.

1 MEIRELLES, Hely Lopes. Op. cit., pg. 364. MELLO, Celso Antônio Bandeira de. Op. cit., pg. 149.

2 CARVALHO FILHO, José dos Santos. Op. cit., pg. 622.

2.2. Tipologia do provimento

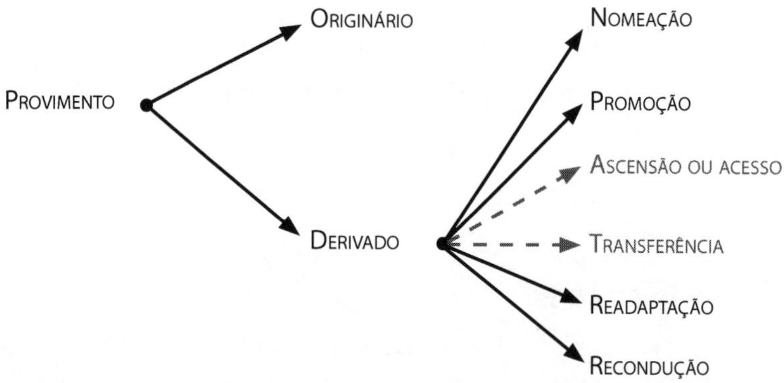

O **provimento originário** é forma de ingresso no cargo em que há a criação de uma **nova relação jurídica estatutária** entre o servidor e o ente público, seja porque o ocupante do cargo não pertencia à Administração Pública ou, ainda que pertencesse, porque integrava quadro funcional diverso do que passa a integrar. O **provimento derivado**, por sua vez, traduz-se no ingresso ao cargo de **pessoa que já integrava cargo pertencente ao mesmo quadro funcional.**

Observamos, portanto, que várias são as formas de se ingressar em um cargo público. A **nomeação**, forma mais conhecida, é o **ato administrativo que formaliza o provimento originário.** Contudo, a pessoa nomeada somente gozará das prerrogativas inerentes ao cargo quando estiver **investida** neste.

Embora a nomeação formalize o provimento originário, esta é um dos atos para a investidura do interessado. A **investidura**, vista como **ato complexo,**[3]

3 Para Alex Muniz Barreto a investidura seria um procedimento administrativo. In: Direito Administrativo Positivo, RJ: Forense, 2010, pg. 212/214. Chamamos a atenção do leitor para a muito pertinente distinção de Diogo de Figueiredo Moreira Neto entre atos subjetivamente complexos, (por ele chamados de atos conjuntos) e atos subjetiva e objetivamente complexos (os atos complexos por excelência). Os primeiros vislumbram-se, quanto ao processo de formação da vontade do Estado, na plurissubjetividade ativa do ato administrativo somada à intenção de produção de efeito único e simples – cite-se o tradicional exemplo da nomeação, pelo Presidente da República, de Ministro do Supremo Tribunal Federal, ato sujeito à chancela, mediante sabatina, do Senado Federal (na concepção mais retumbada de ato complexo, este assim é classificado). Os segundos, por sua vez, além da complexidade de sujeitos construtores da vontade pública do Estado, visam estabelecer uma relação jurídica de coordenação de vontades para a consecução de efeitos jurídicos cumulados (MOREIRA NETO, Op. Cit. p. 283 – 295). Sob essa visão, não se teria como ato complexo o exemplificado anteriormente, mas sim como ato conjunto. Exemplo de ato subjetiva e objetivamente complexo seria o estabelecimento de relação jurídica nos moldes do art. 1º, § 1º, da Lei 11.107/05 (consórcio público). A distinção é relevante para se compreender com adequação a controvérsia acerca da natureza da nomeação. Por fim, não reputamos de todo inadequada a tese segundo a qual o provimento seria mero efeito de ato administrativo.

não se perfaz com a nomeação. Essa é seu primeiro ato, que representa a manifestação de vontade da Administração Pública.

CRETELLA JUNIOR,[4] ao discorrer sobre o ato de **investidura**, afirma que esta retrata **complexa operação constituída de atos praticados tanto pela Administração Pública quanto pelo interessado (futuro servidor público), a aperfeiçoar o legítimo provimento (originário) do cargo público**.

A **investidura** comporta os atos de **nomeação**, **posse** e o efetivo **exercício** das funções. A **posse**, que de certa forma depende da iniciativa do nomeado, demarca o momento em que são atribuídas ao servidor as prerrogativas, os direitos e os deveres inerentes ao cargo para o qual fora nomeado. O efetivo **exercício**, por sua vez, demarca temporalmente o momento em que o agente passa a ter direito à retribuição pecuniária pelo desempenho de suas funções. Alguns Estatutos Funcionais exigem essa tríade (nomeação – posse – exercício) para o aperfeiçoamento do ato de investidura; outros, porém, se satisfazem com o binômio nomeação-posse.

O art. 8º do Decreto-Lei 220/75 (Estatuto dos Funcionários Públicos Civis do Estado do Rio de Janeiro),[5] por exemplo, exige o efetivo exercício no cargo para a ocorrência da investidura. Contudo, o art. 7º da Lei 8.112/90 (Regime Jurídico dos Servidores Públicos Civil da União)[6] se satisfaz apenas com a nomeação e com a posse.

A Constituição da República de 1988 prevê, de forma expressa, que o provimento originário de cargos públicos efetivos seja necessariamente precedido de concurso público de provas ou provas e títulos, ressalvadas as nomeações para os cargos de provimento em comissão.

> **Art. 37, CRFB** [...]
>
> **II** – a **investidura**[7] em **cargo** ou **emprego público** depende de **aprovação prévia em concurso público de provas ou de provas e títulos**, de acordo com a nature-

---

4 CRETELA JUNIOR, José. Dicionário de Direito Administrativo. Rio de Janeiro: Forense, 1980 pg. 310.

5 Art. 8º, Dec.-Lei 220/75 – A investidura em cargo de provimento efetivo ocorrerá com o exercício, que, nos casos de nomeação, reintegração, transferência e aproveitamento, se iniciará no prazo de 30 (trinta) dias, contado da publicação do ato de provimento.

6 Art. 7º, Lei 8.112/90 – A investidura em cargo público ocorrerá com a posse.

7 A Constituição da República de 1988 inovou ao prever no art. 37, inciso II, a exigência de concurso público para investidura em cargo público. As constituições anteriores expressamente se referiam à primeira investidura (art. 170, §2º, da Constituição de 1934; art. 156, "b", da Constituição de 1937; art. 186, da Constituição de 1946; art. 97, §1º, da EC nº 1 de 1969), legitimando que outras investiduras em cargos de carreiras diversas pudessem ocorrer sem prévio concurso público. A exigência existiria apenas para a primeira investidura. Com a nova ordem constitucional tal possibilidade foi expressamente vedada. Qualquer forma de investidura deve necessariamente ser precedida de concurso público. Assim, não mais são admitidas a ascensão e a transferência, formas de provimento que o servidor de uma carreira ingressa (é investido) no cargo de outra carreira, sem o prévio e devido concurso público.

za e a complexidade do cargo ou emprego, na forma prevista em lei, ressalvadas as nomeações para cargo em comissão declarado em lei de livre nomeação e exoneração;(Redação dada pela Emenda Constitucional nº 19, de 1998)

A exigência de concurso público para investidura no cargo é reproduzida pela Constituição do Estado do Rio de Janeiro, no art. 77, inciso II.

Art. 77, CERJ. [...]

II – a **investidura** em **cargo** ou **emprego público** da administração direta, indireta ou fundacional depende de **aprovação prévia em concurso público de provas ou de provas e títulos**, ressalvadas as nomeações para cargo em comissão declarado em lei de livre nomeação e exoneração;

O EPC e o REPC quando citam a nomeação como forma de ingresso *(sic)* no cargo público, estão tratando do provimento originário. A investidura, tratada pelo EPC/REPC apenas como nomeação, é a única forma de provimento originário admitido pela Constituição da República de 1988.

Contudo, as formas de provimento no cargo não se esgotam com a investidura ou nomeação. Nas hipóteses de provimento derivado o servidor também ingressa no cargo público.

Várias são as espécies de provimento derivado citados pela doutrina: **promoção, ascensão ou acesso, transferência, readaptação, recondução, reintegração, reingresso, reversão e o aproveitamento**. Nem todos, porém, foram recepcionados pela Constituição da República de 1988. Vejamos cada um deles.

Promoção é a forma de provimento derivado que somente ocorre em cargos de carreira, isto é, cargos agrupados em classes ou categorias, nos quais há a progressão funcional. Como exemplo, podemos citar a carreira de Oficial de Cartório Policial, no quadro funcional da Polícia Civil do Estado do Rio de Janeiro, que é dividida em 6 (seis) classes, permitindo a progressão da classe inicial (6ª Classe) até a classe mais elevada (Comissário de Polícia).

Questão interessante diz respeito à possibilidade de se promover retroativamente determinado sujeito que, por desídia da Administração Pública, tenha sido nomeado a destempo para titularizar cargo público.

Imagine-se, por exemplo, o caso do cidadão que se submeta a regular concurso público e, por ato ilegal do Estado, seja arbitrariamente inabilitado e excluído do certame[8]: Conceba-se, ainda, que o procedimento seletivo tenha sido, até o seu fim, conduzido pela autoridade competente e, após sua homologação, todos os candidatos aprovados foram empossados e entraram em exercício,

8 Conceba-se qualquer hipótese, como a eliminação decorrente de reprovação em exame psicotécnico com cariz subjetivo ou não previsto em lei, em desrespeito à Súmula Vinculante 44.

tornando-se, efetivamente, agentes públicos com *vínculo formal*[9]. Judicializada a questão pelo prejudicado, a sentença meritória irrecorrível que confirma o direito do ilegalmente eliminado determina sua posse imediata pela Administração, contudo, anos após a investidura dos outros candidatos.[10]

Nada obstante as posições doutrinárias em contrário, o Supremo Tribunal Federal entendeu pelo descabimento da *promoção retroativa* nesse entressonho.[11] A razão do precedente dá-se, sobretudo, na necessidade do servidor público, além de preencher os requisitos que transcendem o mero decurso temporal – *v.g.*, os requisitos qualitativos de aproveitamento –, ser designado *apto* na a aprovação *in concreto*, pela *comissão especial de avaliação de desempenho*, constituída para o fim específico de instituição da *estabilidade*, no entrecho do estágio probatório.

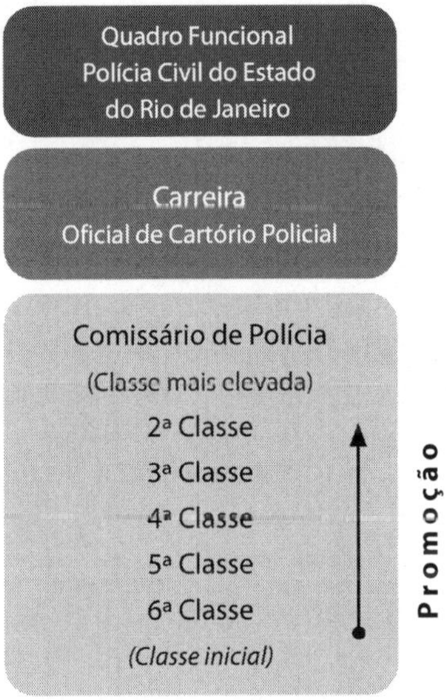

9 Lembremos que, para quem – como nós – adote uma conceituação ampla de agentes públicos, também o serão aqueles que manifestem a vontade do Estado de maneira informal, ou, para usar o termo técnico, com título irregular de investidura. Pense-se, sobre isso, no agente de fato putativo.

10 Em que pese o atual entendimento dos Tribunais Superiores caminhar no sentido do descabimento da indenização a título de danos extrapatrimoniais em casos similares (STF, RE 724.347/DF, Rel. p/ acórdão Min. Roberto Barroso, 26.02.2015; STJ, REsp 1238344/MG, Rel. Min. SÉRGIO KUKINA, 1ª Turma, 30.11.2017), entendemos indevida a abstrativização das hipóteses de (in)cabimento de indenização. Ora, a prática de atos com eficácia ressarcitória em desfavor do Estado deve, a nosso ver, ser avaliada sempre in concreto, no contexto de uma relação jurídica existente e travada no mundo dos fatos. Ainda, nos parece necessária sensibilidade e delicadeza no trato da questão. Sabe-se que, em regra, aquele que se submete a concurso público não o faz por esporte, e sim por projeto de vida. Assim, entendemos, como regra, muito difícil haver hipótese legítima de nomeação a destempo – por erro reconhecido pelo próprio Estado – que não seja, nessa conjuntura, indenizável a título extrapatrimonial.

11 RE 629392, Rel. Min. Marco Aurélio, Tribunal Pleno, 08.06.2017.

Observamos, portanto, que para se ingressar numa carreira pública há a necessidade da realização de concurso público (art. 37, inciso II, da CRFB), o que permitirá o provimento do cargo inicial da carreira, mediante a nomeação (ato que formaliza o provimento originário e que promoverá a satisfação dos princípios insculpidos no art. 37, *caput*, CF).

Durante sua vida profissional, o servidor progredirá na carreira, ingressando em cargos de classes/categorias mais elevadas, até efetivamente alcançar o topo da carreira. Para o provimento de tais cargos não há a necessidade de concurso público. O ingresso ocorrerá mediante **promoção** (forma de provimento derivado).

Ressalte-se, porém, que não há **provimento derivado por promoção** no cargo de Piloto Policial, pela sua natureza de cargo isolado.

A **ascensão** ou **acesso**, espécie de provimento derivado, pode ser conceituado como a *"progressão"* entre cargos de carreiras distintas. CARVALHO FILHO[12] lecionando sobre o tema assevera que na ascensão *"o servidor é elevado de cargo situado na classe mais elevada de uma carreira para o cargo da classe inicial de carreira diversa ou de carreira tida como complementar da anterior"*.

O instituto da ascensão sempre foi utilizado nas Constituições anteriores como forma de burlar a necessidade de concurso público para investidura em cargos públicos de provimento efetivo. As Constituições revogadas[13] vinculavam a exigência de concurso público apenas à **primeira investidura** em cargos públicos efetivos, legitimando o instituto da ascensão. Esse chegou a ser conhecido pela doutrina como **investidura de acesso** (em contraposição à investidura por concurso), ou mesmo a conhecida nomenclatura de **transposição de cargos**.

Atualmente, qualquer forma de acesso ou ascensão é materialmente inconstitucional, por ofensa ao art. 37, inciso II, da CRFB. Vide a Súmula Vinculante nº 43[14].

Vejamos graficamente um exemplo de ascensão ou acesso. Um Inspetor de Polícia, integrante de cargo da classe mais elevada de sua carreira (Comissário de Polícia), ascenderia ao cargo da classe de acesso da carreira de Delegado de

12 CARVALHO FILHO, José dos Santos. Op. cit., pg. 623.

13 Art. 170, §2º, da Constituição de 1934. Art. 156, "b", da Constituição de 1937. Art. 186, da Constituição de 1946. Somente o art. 95, § 1º, da Constituição de 1967 previa a exigência de concurso público para toda nomeação em cargo público, mas foi logo alterado pela EC nº 1 de 1969, retornando ao critério das Constituições anteriores, no art. 97, §1º.

14 "É inconstitucional toda modalidade de provimento que propicie ao servidor investir-se, sem prévia aprovação em concurso público destinado ao seu provimento, em cargo que não integra a carreira na qual anteriormente investido".

Polícia Civil. Ambos os cargos, embora de carreiras distintas, pertencem ao quadro funcional da Polícia Civil do Estado do Rio de Janeiro.

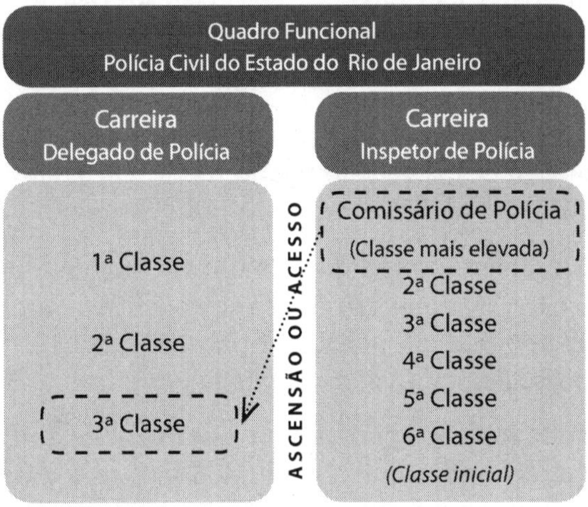

Não foi outra a tentativa trazida pelo art. 188, §1º, da CERJ, ao prever a reserva de metade das vagas da carreira de Delegado de Polícia para ingresso por meio de ascensão[15].

> **Art. 188, CERJ.** [...]
>
> **§ 1º** – A **carreira de Delegado de Polícia** faz parte da carreira única da polícia civil, dependendo o respectivo **ingresso** de classificação em **concurso público de provas e títulos** e, por ascensão, sendo que metade das vagas será reservada para cada uma dessas formas de provimento, podendo ser aproveitadas para concurso público as vagas que não forem preenchidas pelo instituto de ascensão. *(Declarado inconstitucional por decisão do STF na ADI 245-7/600)*

Os arts. 79 e 80 do ADCT (Atos das Disposições Constitucionais Transitórias) da CERJ conferiam aos integrantes da classe mais elevada dos extintos cargos de Detetive-Inspetor e Escrivão o acesso automático à classe inicial da carreira de Delegado de Polícia.

> **Art. 79 do ADCT da CERJ.** Os Detetives-Inspetores e Escrivães de 1ª Classe, com mais de 35 anos de serviço na carreira policial, Bacharéis em Direito há mais de 10 (dez) anos e que tenham cumprido, no mínimo, 280 (duzentos e oitenta) horas/aula na Academia de Polícia do Estado, no Curso de Acesso à carreira de Delegado de Polícia, ficam acessados à carreira de Delegado de Po-

15 Outra questão relativa ao tema "reserva de vagas" é o que toca à inconstitucionalidade da Lei 7.729/2017 do Estado do Rio de Janeiro, que previa percentual mínimo, nos concursos para Delegado de Polícia, de vagas destinadas a servidores públicos já integrantes da instituição.

lícia, 3ª classe, da Secretaria de Estado de Polícia, do Estado do Rio de Janeiro. *(Declarado inconstitucional por decisão do STF na ADI 308-9/600)*

Art. 80 do ADCT da CERJ. Fica assegurado aos Detetives-Inspetores e Escrivães de Polícia de 1ª Classe, Bacharéis em Direito, com mais de 10 anos de efetivo serviço no grupo POL que, à época da promulgação da Constituição Federal, possuíam mais de 5 anos na classe e que tenham freqüentado o mínimo de 50% de horas/aula no curso específico inerente ao cargo, o aproveitamento na classe inicial do cargo de Delegado de Polícia. *(Declarado inconstitucional por decisão do STF na ADI 231-7/600)*

Tais dispositivos, além de serem formalmente inconstitucionais, por vício de iniciativa (art. 61, §1º, inciso II, alínea "c", CRFB)[16], também padecem de inconstitucionalidade material, por violar o art. 37, inciso II, da CRFB, o que motivou a declaração de inconstitucionalidade por parte do STF.

A **transferência**, forma de provimento derivado, é a migração do servidor de seu cargo efetivo para outro – de igual natureza e denominação – situado em quadro funcional diverso. Essa forma de provimento também foi considerada inconstitucional pelo STF, por violar a necessidade prévia de concurso público para investidura em cargo público efetivo (reportamos o leitor à Súmula Vinculante 43).

Vejamos um exemplo de transferência:

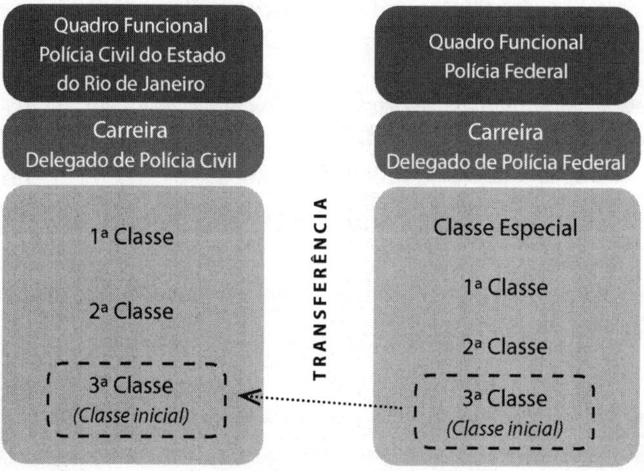

16 A rigor de esquadro técnico, é verdade que a inconstitucionalidade formal superveniente pouco nos importa. É unânime em doutrina e jurisprudência que, quanto aos pressupostos procedurais de edição dos atos infraconstitucionais, seus parâmetros de validade hão de ser as Constituições sob a égide das quais editados, por um princípio de tempus regit actum. Assim, o advento de uma nova Constituição só derroga (não recepciona) a lei anterior se a incompatibilidade for de cariz material, sendo a formal absorvida e tolerada. No que diz respeito a eventuais alterações futuras da norma, nada obstante, o regramento há de ser aquele estabelecido pela nova Carta Constitucional.

Caso prático ocorreu no Estado do Rio de Janeiro, quando a Constituição Estadual, no art. 77 de seu ADCT, previu a possibilidade de transferência de servidores públicos estatutários ou contratados com **atribuições de encarregado de garagem e motoristas** para extinto cargo efetivo de **motorista policial**. Óbvio que tal aberração jurídica foi declarada inconstitucional pelo STF.

> **Art. 77 do ADCT da CERJ.** Os servidores públicos civis estatutários ou contratados, que tenham exercido ou estejam no exercício de suas atribuições em qualquer órgão da administração direta do Estado e que comprovem o desempenho das atribuições de encarregado de garagem e motorista, poderão optar pelo ingresso na classe de motorista policial do quadro permanente da polícia civil, no prazo de trinta dias a contar da promulgação desta Constituição. *(Declarado inconstitucional por decisão do STF na ADIn 231-7/600.)*

Nesse sentido, os arts. 223 *usque* 237 do REPC, que tratam da ascensão, não foram recepcionados pela Constituição da República. No mesmo sentido os arts. 238 *usque* 242 do REPC, que tratam sobre a transferência.

A **readaptação** é forma de provimento derivado em que o servidor passa a ocupar outro cargo público por questões inerentes a limitações físicas ou psíquicas sofridas em momento subsequente ao provimento originário no cargo público primevo.[17] Deve-se ter em mente que, se a mudança nas capacidades físicas e/ou mentais do agente público possui natureza permanente e irreversível, somada à afetação insustentável de suas atribuições para exercer função pública, a saída jurídica será a *aposentadoria por invalidez* – desde que respeitados seus requisitos –, e não a readaptação.

Questão interessante diz respeito à possibilidade de se realocar, mediante *readaptação*, o servidor público, em cargo no qual, apesar do valor nominalmente atribuído ao vencimento ser o mesmo (imagine-se, *v.g.*, o valor de R$1.000,00, ao qual faria jus o agente público no cargo para o qual habilitou-se por concurso e, igualmente, no cargo para o qual foi *readaptado*), a carga horária seja maior.[18]

Entendemos, pedindo todas as *vênias* àqueles que se filiam a posições divergentes,[19] que a regra da irredutibilidade de vencimentos (art. 7º, VI, CF), porquanto trata-se de norma tendente a instituir um princípio de justiça social

---

17 Há posições doutrinárias sustentando que, após a promulgação da regra do concurso público pela Constituição de 88, o instituto da readaptação seria inconstitucional. Dados os limites de abrangência desta obra, preferimos não adentrar minuciosamente na controvérsia, recomendando, porém, ao leitor, o estudo dos debates travados no Supremo Tribunal Federal no contexto da ADI 1731/ES.

18 A reflexão surgiu no contexto de debates produtivos com os juristas Daniel Pugliese da Paixão e Fabiano de Oliveira Calazães, a quem agradecemos de maneira veemente e deferente, pela generosidade intelectual de ambos; e a quem apreciamos por compartilharem suas habilidades sobranceiras com as ciências das humanidades.

19 Vide, v.g., STF, ARE10911572, Rel. Atual Min. Ricardo Lewandowski.

veiculado a partir da garantia de igualdade material – e não meramente formal – aos agentes públicos (bem como a todos os cidadãos), deve se interpretar tendo como a norte a sua substância, e abranger não somente um comando ao legislador, bem como ao administrador em sua atividade de gestão funcional de seus agentes.

Em nosso exemplo anterior, o servidor readaptado terá reduzido o valor de sua hora de trabalho, em que pese continuar recebendo, nominalmente, o mesmo vencimento.

Dessa forma, nos parece adequada à Constituição a postura do Estado que, na conjuntura do exemplo que demos, promova a fixação de jornada de trabalho compatível com aquela a que, inicialmente e antes do sofrimento de limitações pessoais, fazia jus o servidor público.

A **recondução**, por sua vez, é o retorno do servidor público ao cargo que ocupava anteriormente, pelo fato de ter sido inabilitado em estágio probatório relativo ao novo cargo que ocupava[20] ou em decorrência da reintegração de outro servidor ao cargo do qual ora se afastou.[21]

Uma necessidade relevante é diferenciarmos os institutos da transferência e da remoção. Diferentemente da transferência, **na remoção não há nenhuma modificação da situação funcional do servidor ou de sua investidura no cargo**. A remoção é um ato administrativo que realoca o servidor, apenas alterando sua lotação no órgão público.

> **Art. 243, Dec. 3.044/80 (REPC). Remoção** é o ato mediante o qual o **policial passa a ter exercício em outro órgão**, preenchendo **claro de lotação**, sem que se modifique sua situação funcional.

A remoção admite a seguinte classificação:

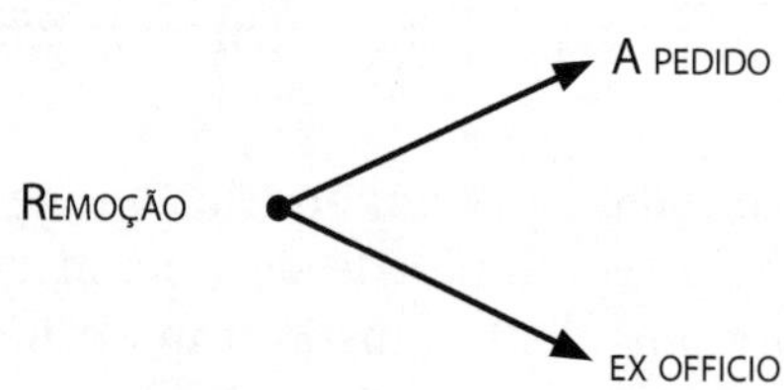

20 Entendemos ser necessário que o servidor público mantenha hígido o seu vínculo jurídico-funcional relativo ao seu cargo primevo. Para isto, pode se valer das hipóteses de licença não remunerada, visto ser proibida, pelo art. 39, XVI, CF, somente a acumulação remunerada de cargos públicos, e não a gratuita, desde que haja compatibilidade de horários. Se, eventualmente, opta o agente público pela exoneração, rompe o vínculo com a pessoa jurídica a qual pertence e não poderá, em havendo reprovação no estágio probatório (ou desistência, conceba-se), relativo ao novo cargo, ser reconduzido ao cargo preambular, mas, somente, se poderá reinvestir mediante nova aprovação em concurso público.

21 CARVALHO FILHO, José dos Santos. Op. cit., pg. 624.

Se o policial removido estiver em férias, elas não se interromperão. Ressalte-se que não poderá ocorrer a remoção de policial que se encontre em licença de qualquer espécie. As remoções a pedido somente poderão ocorrer após 12 meses da lotação do policial.

Art. 244, Dec. 3.044/80 (REPC). Dar-se-á remoção:

I - a pedido;

II - "*ex-officio*".

§1° - A remoção tanto a pedido como "ex-officio" dependerá, em princípio, de claro na lotação. *(Alterado pelo Decreto n° 3.059, de 13.02.80)*

§2° - O policial removido, quando de férias, não se interromperá.

§3° - Não poderá haver remoção de policial que se encontre em licença de qualquer espécie ou freqüentando curso na Academia de Polícia.

§4° - *(Revogado pelo Decreto n° 14.832, de 23.05.90).*

Art. 245, Dec. 3.044/80 (REPC). No processamento da remoção "ex-officio" serão observados, em princípio, a iniciativa do dirigente ou do chefe da unidade administrativa e a existência de claro na lotação do órgão para onde se pretender a remoção. *(Alterado pelo Decreto n° 3.059, de 13.02.80)*

Art. 246, Dec. 3.044/80 (REPC). A remoção por permuta será processada a pedido, por escrito, de ambas as chefias interessadas.

Art. 247, Dec. 3.044/80 (REPC). Quando a remoção for a pedido, serão observados o interesse do serviço e a anuência do servidor indicado para permuta.

Parágrafo único - Somente decorridos doze meses da lotação do policial, poderá ocorrer sua remoção a pedido.

Art. 248, Dec. 3.044/80 (REPC). No processamento das remoções serão atendidos a qualificação profissional do policial e a necessidade do serviço investigatório da unidade onde verá ter exercício.

Art. 249, Dec. 3.044/80 (REPC). O policial terá exercício no órgão para o qual for designado.

Art. 250, Dec. 3.044/80 (REPC). Até o dia 20 de janeiro de cada ano, atendidas as diretrizes da Secretaria e as necessidades de Segurança Pública, serão fixados, por ato resolutivo, os quantitativos de pessoal que constituirão a lotação de policiais civis em todos os Órgãos da Secretaria de Estado da Polícia Civil, até o nível de Divisão ou Delegacia.

§1° - Entende-se por lotação o número de policiais civis de cada categoria funcional ou cargo isolado, inclusive os ocupantes de cargo ou função de confiança que, segundo as necessidades, devam ter exercício em cada Órgão.

§2° - O policial civil nomeado integrará lotação na qual houver claro.

> §3º - As autoridades policiais e seus agentes, providos nas classes iniciais das respectivas categorias profissionais serão preferencialmente lotados nas unidades de Polícia Administrativa e Judiciária, durante os dois primeiros anos de efetivo exercício.

As remoções de Delegados de Polícia ganharam contorno especial com a edição da Lei 12.830/13, que trouxe maiores garantias para a investigação criminal. O art. 2º, §5º, do chamado "Estatuto do Delegado de Polícia" prevê que **Delegados de Polícia sejam removidos somente por ato fundamentado**. Complementa o §4º, vedando a avocação de investigações, o que somente poderá ocorrer também por ato fundamentado no interesse público ou por desídia nas investigações. Tais disposições objetivam trazer garantias mínimas de imparcialidade às investigações, evitando-se perseguições políticas ou favorecimentos, ou mesmo - embora ainda sejam tímidos os mecanismos jurídicos nesse sentido, ao menos ao nível de *efetividade* - a ingerência não técnica nas atribuições da autoridade policial.

> **Art. 1º, Lei 12.830/13.** Esta Lei dispõe sobre a investigação criminal conduzida pelo delegado de polícia.
>
> **Art. 2º, Lei 12.830/13.** As funções de polícia judiciária e a apuração de infrações penais exercidas pelo delegado de polícia são de natureza jurídica, essenciais e exclusivas de Estado.
>
> [...]
>
> §4º - O **inquérito policial ou outro procedimento** previsto em lei em curso **somente poderá ser avocado ou redistribuído por superior hierárquico, mediante despacho fundamentado, por motivo de interesse público ou nas hipóteses de inobservância dos procedimentos previstos** em regulamento da corporação que prejudique a eficácia da investigação.
>
> §5º - A **remoção** do **delegado de polícia** dar-se-á somente por **ato fundamentado.**

A Lei 12.830/13, porém, não prevê os critérios pelos quais o Delegado de Polícia poderá ser removido, ou seja, os próprios fundamentos da remoção, necessitando, nesse ponto, de regulamentação infralegal. Sem embargo, a ausência de regulamentação não impede a pronta aplicação da Lei 12.830/13. Na ausência de ato administrativo interno prevendo critérios objetivos para remoções *ex officio* (antiguidade, produtividade etc.), estará impedido o Administrador de realizá-las imotivadamente. A exteriorização dos motivos do ato administrativo de remoção - enquanto *causa eficiente do agir administrativo* - é que permitirá o controle de juridicidade da manifestação de vontade. Ainda que, em tese, se cuide de um ato discricionário, o controle da motivação pela *teoria dos motivos* determinantes será possível para se coibir eventuais arbitrariedades.

Apesar da Lei 12.830/13 não ter previsto a obrigatoriedade da fundamentação dos atos de remoção *ex officio* para todos os servidores policiais, entendemos ser imprescindível a **motivação** como **requisito de validade do ato**, tendo em vista sua clara discricionariedade.

Nesse sentido CARVALHO FILHO[22] leciona que

> [...] como a lei já predetermina todos os elementos do ato vinculado, o exame da legalidade consistirá apenas no confronto do motivo do ato com o motivo legal. **Nos atos discricionários**, ao revés, sempre poderá haver algum subjetivismo e, desse modo, **mais necessária é a motivação nesses atos para, em nome da transparência, permitir-se a sindicabilidade da congruência entre sua justificativa e a realidade fática na qual se inspirou a vontade administrativa.** *(grifo nosso)*

Infelizmente, ocorrem frequentemente **remoções** de servidores policiais travestidas de **verdadeiros atos punitivos** (o que, no jargão policial, chama-se de "*bico*"), o que caracteriza claro **desvio de finalidade do ato de remoção.**

Se o servidor praticou uma transgressão disciplinar, deve ser concedido a ele o contraditório e a ampla defesa, instaurando-se o respectivo procedimento apuratório administrativo (SAD ou PAD) e aplicando a penalidade cabível, dentre as quais não poderá ser a remoção, que não é sanção, repita-se, mas forma de melhor preencher os órgãos públicos, alocando estrategicamente os servidores e otimizando a prestação do serviço público. Inadmissível será a remoção do servidor policial como forma de puni-lo.[23]

Especificamente no que toca a remoções de policial civil para a Seção de Pessoal em Situações Diversas (SPSD), a Resolução SEPOL nº 170 de agosto de 2020 estabeleceu importantes diretrizes:

> **Art. 1º** - A remoção de policial civil para a Seção de Pessoal em Situações Diversas (SPSD), se dará nos seguintes casos:
>
> **I** – licença para tratamento de saúde;
>
> **II** - licença sem vencimentos para trato de interesses particulares;
>
> **III** - licença para desempenho de mandato legislativo ou executivo;
>
> **IV** - afastamento para pleito eleitoral;
>
> **V** - disposição para órgão não vinculado à Secretaria de Estado de Polícia Civil;

22 CARVALHO FILHO, José dos Santos. Op. cit., pg. 115. No mesmo sentido MELLO, Oswaldo Aranha Bandeira de. Princípios gerais de direito administrativo, Forense, Vol. I, 1979, pg. 523/529. Em sentido contrário PIETRO, Maria Sylvia di. Op. cit., pg. 158, e GASPARINI, Diógenes. Direito Administrativo. São Paulo: Saraiva, 1992, pg. 71.

23 Nada obstante, alguns estatutos funcionais preveem expressamente a remoção por conveniência da disciplina. C.f., v.g., o art. 52, V, da LC129/2013 de MG (Lei Orgânica da Polícia Civil do Estado de Minas Gerais).

VI - conveniência disciplinar;

VII – afastamento para cumprimento de estágio experimental;

VIII – exoneração a pedido, até a data da publicação do ato;

IX - demais afastamentos previstos na legislação pertinente aos policiais civis, quando o período do afastamento ultrapassar 30 (trinta) dias.

Art. 2º - Em se tratando de licença para tratamento de saúde, o servidor licenciado somente será removido para SPSD, a critério do dirigente do órgão de lotação, quando o período de licença ultrapassar 30 (trinta) dias e a licença concedida não seja com alta médica preestabelecida.

Art. 3º- A remoção, na forma do inciso VI do art. 1º, ocorrerá por determinação do Secretário de Estado de Polícia Civil ou do Corregedor Geral da Polícia Civil, de ofício, no caso de servidor policial indiciado em inquérito policial, preso a qualquer título ou por determinação judicial e, nos demais casos, em que for instaurado processo administrativo disciplinar para apurar transgressão disciplinar de natureza grave.

§ 1º - Se o fato imputado ao servidor for de tal gravidade que, em razão de sua natureza, inviabilize sua permanência em atividade, o servidor policial não poderá prestar serviços administrativos em qualquer órgão, devendo ser mencionada esta circunstância na decisão prevista no caput;

§2º - Decidindo o Secretário de Estado de Polícia Civil pelo encaminhamento de sindicância para Corregedoria Geral da Polícia Civil, objetivando a instauração de Inquérito Administrativo para apuração de transgressão disciplinar de natureza grave, o Chefe de Gabinete/SEPOL comunicará por correspondência interna o Departamento Geral de Gestão de Pessoas para devidas anotações e providências de publicação de remoção para a Seção de Pessoal em Situação Diversa (SPSD).

§3º - A Autoridade Policial que se encontrar na situação objeto do inciso VI do art. 1º, será removida para o Departamento Geral de Gestão de Pessoas, cujo dirigente deverá cometer-lhe tarefas administrativas compatíveis com suas atribuições regulamentares, se não for o caso previsto no artigo 3º, §1º desta Resolução.

§4º - A remoção para SPSD ou para o Departamento Geral de Gestão de Pessoas, por conveniência disciplinar, prevista no inciso VI do art. 1º desta Resolução ou decorrente do afastamento determinado pelos incisos do parágrafo único do art. 23 do Decreto Estadual n.º 3.044/80, implicará em:

I - Apresentação incontinente do servidor, pela SPSD ou pelo Departamento Geral de Gestão de Pessoas, à Corregedoria Geral de Polícia Civil, que providenciará o imediato recolhimento da carteira funcional, distintivo policial e arma de fogo patrimonial, cabendo a cautela da carteira funcional ao Departamento-Geral de Administração e Finanças/DGAF e demais bens patrimoniais à Coordenadoria de Fiscalização de Armas e Explosivos/CFAE.

II - Expressa proibição de prestar serviço em órgãos operacionais ou em órgãos de administrativos de onde houver sido removido por conveniência disciplinar.

§5º - A remoção para a SPSD ou Departamento Geral de Gestão de Pessoas por conveniência disciplinar não eximirá o servidor da prestação de serviço administrativo, se não for o caso previsto no artigo 3º, §1º, desta Resolução, sob a fiscalização direta do dirigente da unidade sob sua responsabilidade.

Art. 4º - Nos procedimentos disciplinares em tramitação na Corregedoria Geral de Polícia Civil a carteira funcional e bens patrimoniais em poder do servidor (distintivo policial e arma de fogo), poderão ser recolhidos a qualquer tempo por determinação do Corregedor Geral de Polícia Civil, mediante decisão fundamentada e desde que a sanção aplicável ao servidor, em tese, seja de suspensão igual ou superior a 50 (cinquenta) dias ou demissão.

Art. 5º - Ocorrendo a prisão a qualquer título de servidor policial, o Delegado de Polícia que presidir a lavratura do procedimento prisional determinará o imediato recolhimento da carteira funcional e bens patrimoniais que estiverem em poder do policial preso e remeterá cópia integral para a Corregedoria Geral de Polícia Civil objetivando a adoção das medidas disciplinares cabíveis à espécie, devendo a Corregedoria Geral de Polícia Civil comunicar porCorrespondência Interna o Departamento Geral de Gestão de Pessoas para publicação do devido afastamento do servidor, na forma do artigo 75, do Decreto Estadual nº 2.479/79.

Art. 6º - Esta Resolução entrará em vigor na data de sua publicação, revogadas as disposições em contrário, em especial a Resolução SEPC n.º 216, de 08 de dezembro de 1998.

2.3. Cargos Policiais Efetivos

O Quadro Funcional da Polícia Civil comportava, nos termos do art. 3º, §3º, do REPC os seguintes **cargos**, já **extintos** e reestruturados pela Lei Estadual 3.586/2001:

- Delegado de Polícia;
- Escrivão de Polícia;
- Detetive;
- Perito Criminal;
- Perito Legista;
- Piloto Policial;
- Papiloscopista;
- Técnico de Necropsia, Fotógrafo Policial, Inspetor de Salvamento;
- Auxiliar Técnico de Comunicações de Segurança e Operador de Telecomunicações de Segurança;

- Motorista Policial;
- Servente de Necropsia;
- Guarda Vidas;
- Engenheiro de Telecomunicações de Segurança;
- Técnico de Telecomunicações de Segurança.

A Lei Estadual 3.586, de 21 de julho de 2001, reestruturou o quadro funcional da Polícia Civil do Estado do Rio de Janeiro, criando novos grupos, carreiras e classes de cargos, reenquadrando os cargos antigos em novas categorias e classes. Vejamos o texto de lei para melhor compreensão dos cargos:

Lei Estadual 3.586, de 21 de julho de 2001

TÍTULO ÚNICO

Capítulo I

DAS CATEGORIAS FUNCIONAIS

Art. 1º – O Quadro Permanente da Polícia Civil do Estado do Rio de Janeiro é integrado pelos seguintes grupos de classes:

GRUPO I – AUTORIDADE POLICIAL

Delegado de Polícia

GRUPO II – AGENTES DE POLÍCIA ESTADUAL DE APOIO TÉCNICO-CIENTÍFICO

Engenheiro Policial de Telecomunicações

Perito Legista

Perito Criminal

Papiloscopista Policial

Técnico Policial de Necropsia

Auxiliar Policial de Necropsia

GRUPO III – AGENTES DE POLÍCIA ESTADUAL DE INVESTIGAÇÃO E PREVENÇÃO CRIMINAIS

Inspetor de Polícia

Oficial de Cartório Policial

Investigador Policial

Piloto Policial

Seção I

Do Grupo I – Autoridade Policial

Art. 2º – O Grupo I – Autoridade Policial será integrado pela carreira de Delegado de Polícia, com os quantitativos, linha de progressão e atribuições descritas nos Anexos da presente Lei.

Seção II

Do Grupo II – Agentes de Polícia Estadual de Apoio Técnico-Científico

Art. 3º – O Grupo II – Agentes de Polícia Estadual de Apoio Técnico-Científico – será integrado pelo cargo isolado de Engenheiro Policial de Telecomunicações, e pelas carreiras de Perito Legista, Perito Criminal, Papiloscopista Policial, Técnico Policial de Necropsia e Auxiliar Policial de Necropsia, com as atribuições, quantitativos e linha de progressão descritos nos Anexos da presente Lei.

Parágrafo único – Os cargos do Grupo II – Agentes de Polícia Estadual de Apoio Técnico-Científico – serão em parte objeto de provimento derivado por força de enquadramento, de acordo com os critérios fixados nos anexos desta Lei, dos hoje detentores de cargos da estrutura da Polícia Civil, na seguinte linha de concorrência:

I – os ocupantes de cargo de Perito Legista ao cargo de igual denominação;

II – os ocupantes de cargo de Perito Criminal e Perito Auxiliar, à carreira de Perito Criminal;

IV – os ocupantes de cargo de Engenheiro Policial de Telecomunicações ao cargo isolado de idêntica denominação;

V – os ocupantes de cargo de Papiloscopista, concorrendo à carreira de Papiloscopista Policial;

VI – os ocupantes de cargo de Técnico de Necropsia à carreira de Técnico Policial de Necropsia;

VII – os ocupantes de cargo de Auxiliar de Necropsia à carreira de Auxiliar Policial de Necropsia.

Seção III

Do Grupo III – Agentes de Polícia Estadual de Investigação e Prevenção Criminais

Art. 4º – O Grupo III – Agentes de Polícia Estadual de Investigação e Prevenção Criminais – será integrado pelas carreiras de Inspetor de Polícia, Oficial de Cartório Policial e Investigador Policial, além do cargo isolado de Piloto Policial, todos com suas atribuições, quantitativos e linha de progressão, quando cabível, descritos nos anexos da presente Lei.

Parágrafo único – Os cargos do Grupo III – Agentes de Polícia Estadual de Investigação e Prevenção Criminais – serão em parte objeto de provimento derivado por força do enquadramento, de acordo com os critérios fixados nos anexos desta Lei, dos hoje detentores de cargos da estrutura da Polícia Civil, na seguinte linha de concorrência:

I – os ocupantes de cargo de Detetive-Inspetor, Detetive, Técnico Policial de Telecomunicações, e Técnico Policial de Laboratório, concorrendo à carreira de Inspetor de Polícia;

II – os ocupantes de cargo de Escrevente e Escrivão de Polícia, concorrendo à carreira de Oficial de Cartório Policial;

III – os ocupantes de cargo de Operador Policial de Telecomunicações, Motorista Policial, Fotógrafo Policial e Carcereiro Policial, concorrendo à carreira de Investigador Policial;

IV – os ocupantes de cargo de Piloto Policial, concorrendo ao cargo isolado de idêntica denominação.

Art. 5º – A carreira de Investigador de Polícia é subordinada, imediatamente, aos Inspetores de Polícia e Oficiais de Cartório Policial, sem prejuízo da subordinação resultante da estrutura hierárquica da Polícia Civil e da administração pública estadual.

De forma resumida, temos abaixo o novo quadro funcional da Polícia Civil do Estado do Rio de Janeiro.

Quadro Funcional		
Grupo I	Grupo II	Grupo III
Autoridade Policial	**Agentes de Polícia Estadual de Apoio Técnico**	**Agentes de Polícia Estadual de Investigação e Prevenção Criminal**
• **Delegado de Polícia**	• **Engenheiro Policial de Telecomunicações** • **Perito Legista** • **Perito Criminal** • **Papiloscopista Policial** • **Técnico Policial de Necropsia** • **Auxiliar Policial de Necropsia**	• **Inspetor de Polícia** • **Oficial de Cartório** • **Investigador Policial** • **Piloto Policial**

A Polícia Civil, embora não seja uma instituição militar, tem suas diretrizes fundadas na hierarquia e na disciplina, sendo a função policial incompatível com outras atividades, salvo as exceções legais e constitucionais.[24]

24 Ressalte-se que a Lei 8.303/2019 do Estado do Rio de Janeiro, veio, para fins de regulamentação do art. 37, XVI, B, da CF, reconhecer como de caráter técnico a atividade dos membros da Polícia Judiciária e, por via de consequência, permitir a acumulação de funções policiais com uma de magistério. O Diploma

Art. 9º, Dec.-Lei 218/75 (EPC). A **função policial**, fundada na **hierarquia e** na **disciplina**, é incompatível com qualquer outra atividade, salvo as exceções previstas em lei.

Parágrafo único. Os **círculos hierárquicos** são âmbitos de convivência entre os policiais de mesma classe e têm a finalidade de desenvolver o espírito de camaradagem, em ambiente de estima e confiança, sem prejuízo do respeito mútuo.

Art. 10, Dec. 3.044/80 (REPC). A **função policial**, fundada na **hierarquia e** na **disciplina**, é incompatível com qualquer outra atividade, salvo as exceções previstas em lei.

Parágrafo único – Os **círculos hierárquicos** são âmbitos da convivência entre policiais da mesma classe e têm a finalidade de desenvolver o espírito de camaradagem em ambiente de estima e confiança, sem prejuízo do respeito mútuo.

2.4. Requisitos para investidura no cargo efetivo

O EPC e o REPC trazem um rol de **requisitos** necessários para o ingresso, ou melhor, para a **investidura em cargo efetivo**. Tais requisitos devem ser estudados em conjunto com a Lei Estadual 3.586/2001.

Art. 3º, Dec.-Lei 218/75 (EPC). São requisitos para o ingresso no cargo efetivo:

I - ser de nacionalidade brasileira;

II - ter no mínimo 18 (dezoito) anos completos e no máximo 35 (trinta e cinco) anos completos à data do encerramento das inscrições;

III - estar em gozo dos direitos políticos;

IV - estar quite com as obrigações militares e eleitorais;

V - possuir condições sociais e familiares compatíveis com a função policial;

VI - gozar de boa saúde, comprovada em inspeção médica;

VII - possuir aptidão física e psíquica para o exercício da função policial;

---

normativo em questão, curiosamente, raiou a compatibilidade dos cargos pelo já conhecido critério das 60 horas. Essa regra já foi, mais de uma vez, afastada pelo Superior Tribunal de Justiça (vide Informativo 632 daquela Corte), e isso porque a Constituição Federal estaria a exigir daqueles que pretendem acumular cargos públicos a compatibilidade de horários, mas não previu em seu texto qualquer limitação abstrata e apriorística de quantidade horária. Nada obstante, há um precedente do mesmo STJ, datado de dezembro de 2018, entendendo razoável a limitação infraconstitucional no critério ora citado (AgInt no REsp 1686199/RN, Rel. Ministro Gurgel de Faria, Primeira Turma, 04.12.2018 Faz-se necessário aguardar, pois, com relação à Lei 8.303/2019, eventual pronunciamento no sentido de sua possível inconstitucionalidade, ou pacificação de sua adequação à Carta Política nos Tribunais Superiores – desejável, visto que a matéria é controvertida em todo o território nacional – ou no âmbito do Tribunal de Justiça do Estado do Rio de Janeiro (cite-se, porém, que no TJ citado, há jurisprudência no sentido de admitir o requisito das 60 horas; veja-se, v.g., a APL 0418407-59.2015.8.19.0001, Rel. Des. Fernando Fernandy Fernandes. 21.11.2018). Gize-se ainda que, independentemente da discussão acima travada, em havendo possibilidade de acumulação remunerada lícita de cargos públicos, o teto remuneratório constitucional há de incidir isoladamente sobre cada cargo, nos termos do novo entendimento do STF (Info 862).

VIII - ter sido habilitado e classificado, previamente, em concurso público de provas ou de provas e títulos, realizado pela Academia de Polícia.

§1º - Dependendo da natureza do cargo a ser provido, o limite máximo de idade previsto no inciso II deste artigo poderá ser reduzido para até 25 (vinte e cinco) anos completos.

Art. 3º, Dec. 3.044/80 (REPC). O ingresso nos cargos de provimento efetivo exige:

I - nacionalidade brasileira;

II - idade-limite na forma estabelecida em lei;

III - gozo dos direitos políticos, comprovado através de documento fornecido pelas entidades públicas, responsáveis pelo controle desses direitos;

IV - certificado expedido por repartição militar competente e título eleitoral que comprovem, respectivamente, a quitação das obrigações militares e eleitorais;

V - condições sociais familiares compatíveis com a função policial, a serem apuradas mediante sindicância reservada;

VI - boa saúde, comprovada através de inspeção médica, realizada pelo Departamento de Perícias Médicas da Secretaria de Estado da Administração;

VII - aptidão física e psíquica para o exercício da função policial, apurada por profissionais capacitados;

VIII - habilitação prévia, em concurso público de provas ou de prova e títulos, realizada na Academia de Polícia;

IX - classificação do habilitado dentre o número de vagas existentes na classe inicial da série de classes.

§1º - Os exames e provas práticas, previstas no inciso VI e VII, terão caráter eliminatório e precederão à realização das provas mencionadas no inciso VIII.

Vejamos cada um deles, não necessariamente na ordem apresentada pelo texto legal.

2.4.1. Nacionalidade

A nacionalidade brasileira é um dos requisitos necessários para a investidura em cargos de provimento efetivo de natureza policial.

Art. 3º, Dec.-Lei 218/75 (EPC). São requisitos para o ingresso no cargo efetivo:

I - ser de nacionalidade brasileira;

Art. 3º, Dec. 3.044/80 (REPC). O ingresso nos cargos de provimento efetivo exige:

I - nacionalidade brasileira;

Inicialmente, vale lembrar que a nacionalidade brasileira dá origem a duas situações distintas: a dos **natos** e a dos **naturalizados**, não podendo haver qualquer forma de discriminação legal[25] entre os nacionais. Saliente-se, ainda, que não há na Constituição da República de 1988 qualquer vedação de investidura a cargos de natureza policial aos brasileiros naturalizados.

> **Art. 12, CRFB.** São brasileiros:
>
> **I** – natos:
>
> [...]
>
> **II** – naturalizados:
>
> [...]
>
> **§2º** – A lei não poderá estabelecer distinção entre brasileiros natos e naturalizados, salvo nos casos previstos nesta Constituição.
>
> **§ 3º** – São privativos de brasileiro nato os cargos:
>
> **I** – de Presidente e Vice-Presidente da República;
>
> **II** – de Presidente da Câmara dos Deputados;
>
> **III** – de Presidente do Senado Federal;
>
> **IV** – de Ministro do Supremo Tribunal Federal;
>
> **V** – da carreira diplomática;
>
> **VI** – de oficial das Forças Armadas.
>
> **VII** – de Ministro de Estado da Defesa. (Incluído pela Emenda Constitucional nº 23, de 1999)

A Constituição do Estado do Rio de Janeiro reproduz comando normativo informando que os cargos, empregos e funções públicas são acessíveis aos brasileiros, não criando qualquer discriminação aos brasileiros naturalizados.

> **Art. 77, CERJ.** [...]
>
> **I** – os cargos, empregos e funções públicas são acessíveis aos brasileiros que preencham os requisitos estabelecidos em lei;

Questão que pode suscitar dúvidas, frente à omissão do EPC e do REPC, é a possibilidade de **portugueses ingressarem nos cargos efetivos de natureza policial.**

25 Somente a própria Constituição da República pode trazer tratamento diferenciado aos brasileiros naturalizados, como efetivamente o fez no art. 12, §3º, da CRFB, ao prever que determinados cargos estratégicos do Estado seriam privativos de brasileiros natos.

Embora o EPC e o REPC sejam silentes, a Constituição da República de 1988 claramente dispõe sobre o tema no art. 12, §1º, conferindo aos portugueses com residência permanente no País os mesmos direitos inerentes aos brasileiros, caso haja reciprocidade.[26]

> **Art. 12, CRFB.** [...]
>
> **§1º** – Aos portugueses com residência permanente no País, se houver reciprocidade em favor de brasileiros, serão atribuídos os direitos inerentes ao brasileiro, salvo os casos previstos nesta Constituição. *(Redação dada pela Emenda Constitucional de Revisão nº 3, de 1994)*

Portanto, atualmente, deve-se realizar a devida interpretação conforme a constituição do EPC e do REPC, permitindo-se aos portugueses o ingresso, nas mesmas condições e direitos, nos cargos efetivos de natureza policial.

Questão tormentosa é a possibilidade de ingresso de **estrangeiros** nos cargos policiais de provimento efetivo. Tanto o EPC quanto o REPC foram novamente omissos. A Constituição da República de 1988, porém, no art. 37, inciso I, traz regra genérica de ingresso de estrangeiros em cargos, empregos ou funções públicas.

> **Art. 37, CRFB.** [...]
>
> **I** – os cargos, empregos e funções públicas são acessíveis aos brasileiros que preencham os requisitos estabelecidos em lei, **assim como aos estrangeiros, na forma da lei**; *(Redação dada pela Emenda Constitucional nº 19, de 1998)*

Tal dispositivo constitucional é norma de eficácia limitada, não sendo, portanto, autoaplicável. Há a necessidade do Poder Legislativo editar lei regulamentando normas sobre a acessibilidade de estrangeiros a cargos, empregos ou funções públicas, o que não foi feito até o momento.[27]

MESSEDER[28] cita a possibilidade de o estrangeiro impetrar Mandado de Injunção pleiteando que o Judiciário supra a inércia do Poder Legislativo na regulamentação do tema, possibilitando a inscrição e participação no concurso público.

---

26 A reciprocidade de tratamento foi firmada mediante a celebração do Tratado de Amizade, Cooperação e Consulta entre a República Portuguesa e a República Federativa do Brasil, conhecido como Estatuto da Igualdade, aprovado pelo Decreto Legislativo nº 165/2001, e promulgado pelo Decreto nº 3.927/2001.

27 Não se imagine, entretanto, que as normas constitucionais de eficácia limitada – bem como qualquer outra norma jurídica válida – são despidas de qualquer potencial normativo abstrato de produção de efeitos jurídicos. Perceba-se que, independentemente da atuação concretizadora da realizabilidade normativa por parte do legislador, toda norma constitucional terá, no mínimo, efeito derrogador do direito pré-constitucional não recepcionado; efeito inconstitucionalizante do direito pós-constitucional incompatível e efeito integrador da interpretação jurídica.

28 MESSEDER, Hamurabi. Op. cit., pg. 6.

2.4.2. Idade

A limitação de acesso a cargos públicos por fatores etários é tema bastante controvertido na doutrina e jurisprudência.

A Constituição da República de 1988 veda, de forma genérica e abstrata, a utilização de aspectos etários como critérios limitadores ao ingresso em cargos públicos, conforme interpretação dos art. 39, §3º, c/c art. 7º, inciso XXX, da CRFB.

> **Art. 39, CRFB.** [...]
>
> **§ 3º** – Aplica-se aos servidores ocupantes de cargo público o disposto no art. 7º, IV, VII, VIII, IX, XII, XIII, XV, XVI, XVII, XVIII, XIX, XX, XXII e XXX, podendo a lei estabelecer requisitos diferenciados de admissão quando a natureza do cargo o exigir. *(Incluído pela Emenda Constitucional nº 19, de 1998)*
>
> **Art. 7º, CRFB** – São direitos dos trabalhadores urbanos e rurais, além de outros que visem à melhoria de sua condição social:
>
> [...]
>
> **XXX** – proibição de diferença de salários, de exercício de funções e de critério de admissão por motivo de sexo, **idade**, cor ou estado civil;

O Min. Moreira Alves, em voto proferido no RE 157.863-7/DF,[29] muito bem explanou a temática, asseverando que:

> Desde logo, convém assinalar exigências de idade mínima ou máxima derivadas expressa ou implicitamente da própria Constituição da República:
>
> 70 anos como limite máximo de permanência no serviço público; arts. 40, inc. II; 93, inc. VI; e 129, §4º;
>
> Idade mínima para o exercício de certos cargos e funções públicas: arts. 14, §3º, inc. VI; 73, §1º, inc. I; 87, caput; 89, inc. VII; 101, caput; 104, parágrafo único; 107, caput; 111, §1º[30]; 123, parágrafo único; e 128, §1º;
>
> Idade máxima para a admissão ao exercício de certos cargos públicos: arts. 73, §1º, inc. I; 111, caput; 104, parágrafo único; 107, caput; e 11, §1º.Incluem-se aqui os arts. 93, inc. VI, e 129, §4º, que, ao exigirem permanência por prazo mínimo no exercício de cargos públicos, implicitamente fixam idade máxima para seu provimento;
>
> 18 anos como idade mínima para o exercício de cargos e funções públicos para os quais a Constituição não impõe idade específica. Faço tal afirmação baseada no art. 37, §4º, que expressamente consagra a responsabilidade administrativa, civil e, sobretudo, penal dos agentes públicos, ao passo que o art. 228 exclui a responsabilidade penal dos menores de 18 anos.

---

29 STF, RE nº 157.863-7/DF, 1ª Turma, Rel. Min. Moreira Alves, 31.08.93.

30 Atualmente, a referência seria art. 111 A, caput, da CRFB, frente à alteração implementada pela EC 45/04

Observa-se, portanto, que excluídas as limitações etárias expressas e implícitas enumeradas na própria Constituição da República, o Constituinte vedou, a princípio, tratamento discriminatório em razão da idade.

A Constituição do Estado do Rio de Janeiro (CERJ), em seu art. 77, inciso III, reproduz o comando normativo contido na Constituição da República, acrescentando o requisito de que o servidor possa permanecer, ao menos, cinco anos no efetivo exercício do cargo.

> **Art. 77, CERJ.** [...]
>
> **III – não haverá limite máximo de idade** para a inscrição em concurso público, constituindo-se, entretanto, em requisito de acessibilidade ao cargo ou emprego a possibilidade de permanência por cinco anos no seu efetivo exercício;

Embora expressamente a CERJ exclua hipóteses de limitação de idade, indiretamente fixa o limite máximo etário em 65 anos de idade, quando exige a permanência por cinco anos no exercício efetivo do cargo, na medida em que a Constituição da República impõe a aposentadoria compulsória aos servidores públicos aos 70 anos de idade, conforme art. 40, §1º, inciso II.

> **Art. 40, CRFB.** [...]
>
> **§1º** – O servidor abrangido por regime próprio de previdência social será aposentado: (Redação dada pela Emenda Constitucional nº 103, de 2019)
>
> **II** – compulsoriamente, com proventos proporcionais ao tempo de contribuição, aos 70 (setenta) anos de idade, ou aos 75 (setenta e cinco) anos de idade, na forma de lei complementar; (Redação dada pela Emenda Constitucional nº 88, de 2015)

Contudo, permanece a indagação: **poderia a legislação infraconstitucional estipular critério etário limitador para acesso a determinados cargos públicos?**

A resposta afirmativa se impõe.

O STF, evoluindo em sua jurisprudência, firmou entendimento, com base no *leading case* RMS nº 21.046-0/RJ, que **a norma constitucional que proíbe tratamento normativo discriminatório em razão da idade, para efeito de ingresso no serviço público, não se reveste de caráter absoluto, sendo legítima, em consequência, a estipulação de exigência de ordem etária quando esta decorrer da natureza e do conteúdo ocupacional do cargo público a ser provido.**[31]

---

31 STF, RMS nº 21.046-0/RJ, Plenário, Rel. Min. Sepúlveda Pertence, 14.12.90, reafirmado e consolidado no STF, RMS 21.045-1/DF, 1ª Turma, Rel. Min. Celso de Mello, 29.03.94.

BANDEIRA DE MELLO[32] leciona ser possível e constitucional a limitação de idade quando o concurso se destinar a cargos ou empregos cujo *"desempenho requeira esforços físicos ou causa acentuados desgastes intoleráveis a partir de faixas etárias mais elevadas"*.

Como exemplo, podemos citar decisão do STJ que considerou violar a razoabilidade a imposição de limite de idade para o ingresso no cargo de arquiteto, tendo em vista as atribuições inerentes a tal cargo não exigirem grande esforço físico.[33] Entendeu-se, nesta hipótese, que o cargo de arquiteto não justificaria, por suas funções, limitação etária como requisito de ingresso.

O tema acabou sendo pacificado no STF, com a edição da Súmula 683.

> Súmula 683 do STF
>
> O limite de idade para a inscrição em concurso público só se legitima em face do art. 7º, XXX, da Constituição, quando possa ser justificado pela natureza das atribuições do cargo a ser preenchido.

Preveem o EPC e o REPC limites de idade mínimo e máximo para o acesso a cargos de provimento efetivo de natureza policial. O candidato ao cargo deverá possuir, pelo texto legal, na data do encerramento da inscrição, no mínimo 18 anos e, no máximo, 35 anos completos.

> **Art. 3º, Dec.-Lei 218/75 (EPC).** São requisitos para o ingresso no cargo efetivo:
>
> [...]
>
> **II** – ter no mínimo 18 (dezoito) anos completos e no máximo 35 (trinta e cinco) anos completos à data do encerramento das inscrições;
>
> **Art. 3º, Dec. 3.044/80 (REPC).** O ingresso nos cargos de provimento efetivo exige:
>
> [...]
>
> **II** – idade-limite na forma estabelecida em lei;

Uma leitura apressada de tais dispositivos, frente às CERJ e CRFB, poderia induzir o intérprete à inconstitucionalidade do critério limitador de idade máxima, contudo os Tribunais Superiores vêm reproduzindo julgados no sentido de que **as funções de natureza policial justificam a previsão de requisitos específicos de idade mínima e máxima para o ingresso no cargo**.

Nesse sentido está o ARE 696304 AgR / MG, de Relatoria da Min. Rosa Weber, julgado em 25.06.13, em que a 1ª Turma do STF reconheceu a consti-

---

32 MELLO, Celso Antônio Bandeira de. Op. cit. pg. 134. No mesmo sentido MEIRELLES, Hely Lopes. Op. cit., pg. 57.

33 STJ, RMS 2.341, 6ª Turma, Rel. Min. Adhemar Maciel, 20.02.95.

tucionalidade de Lei Estadual de Minas Gerais que estipulava idade mínima e máxima para o ingresso no cargo de polícia civil daquele Estado.

Como observamos, quanto à existência de requisitos etários para o ingresso no cargo, o EPC e o REPC estão em consonância com a Constituição da República e a jurisprudência.

Resta saber o **momento** em que o candidato ao cargo deve cumprir tal requisito etário: se por ocasião da **inscrição no concurso**, do **encerramento da inscrição no concurso**, no momento da **inscrição no Curso de Formação Policial** ou, por fim, no momento da **nomeação, posse e consequente investidura** no cargo.

O tema é extremamente controvertido. Trataremos separadamente dos limites de idade mínimo (18 anos) e máximo (35 anos).

O EPC expressamente fixa o marco temporal como o momento do **encerramento da inscrição no concurso.**

> **Art. 3º, Dec.-Lei 218/75 (EPC).** São requisitos para o ingresso no cargo efetivo:
>
> [...]
>
> **II** – ter no mínimo 18 (dezoito) anos completos e no máximo 35 (trinta e cinco) anos completos à data **do encerramento das inscrições**;

O STJ, porém, havia firmado sua jurisprudência no sentido de que a idade mínima para ingresso no cargo deve ser aferida no momento da posse.

> Quanto à **idade mínima** para o ingresso em cargo público mediante concurso, cumpre esclarecer que a jurisprudência desta Corte orienta-se no sentido de que a idade deve ser aferida no **momento da posse**, por ser tal requisito relativo à atuação da função, e não na ocasião da inscrição para o provimento do cargo.[34]

Entendemos que a exigência do cumprimento do requisito da idade mínima na data do encerramento das inscrições para o concurso se reveste de clara inconstitucionalidade, por violar o princípio da razoabilidade.

Se o argumento é no sentido de somente admitir no serviço público aqueles com capacidade civil/criminal para responder por seus atos, não há nenhuma razão para que tal avaliação seja realizada no momento do encerramento das inscrições no concurso. Afinal, somente a partir da efetiva investidura é que o futuro servidor poderá exercer as funções inerentes ao cargo. Nesse sentido se posicionou o STJ ao afirmar que *"não é razoável se limitar o ingresso na ma-*

34 STJ, EDcl no AgRg no RMS 41515, 2ª Turma, Rel. Min. Herman Benjamin, 25.06.03.

gistratura de candidatos que não tenham 25 anos no momento da inscrição no concurso, ao fundamento de ser exigida maturidade, se, no momento da posse, restará atendida a exigência"[35].

Contudo, o critério utilizado pelo STJ não pode ser transportado de forma acrítica e abstrata para cargos de natureza policial. Em determinados Estados do país – como é o caso do Rio de Janeiro – os candidatos a cargos policiais, antes mesmo da posse, passam por criterioso Curso de Formação na Academia de Polícia, manuseando armas de fogo e conduzindo veículo automotor (viatura policial).[36] Logo, devido às peculiaridades da função policial, bem como do próprio curso de formação, o **limite mínimo de 18 anos de idade** deve ser aferido no **momento da matrícula no curso de formação na Academia de Polícia.**

Quanto à idade máxima, o STF, ao reconhecer a repercussão geral sobre tal temática e frente a edição da Súmula 683 do STF, deixou claro o entendimento de que não seria inconstitucional fixar o momento da inscrição como o marco para exigência do cumprimento dos requisitos de idade máxima para provimento ao cargo.[37]

Logo, defendemos o posicionamento adotado atualmente pelo STF, que reflete a constitucionalidade do marco temporal delimitado no encerramento das inscrições para o concurso (no caso do EPC), frente a impossibilidade de se dimensionar, em abstrato, o período que transcorrerá do encerramento das inscrições do concurso até a efetiva investidura do candidato.[38]

---

35 STJ, RMS 14.156-PE, 6ª Turma, Rel. Min. Vicente Leal, 27.08.02.

36 Saliente-se, como exceção, o exemplo do Estado de Minas Gerais, no qual o candidato já ingressa no curso de formação policial empossado como servidor policial (art. 83, §2º, LC 129/2013 de MG).

37 Ademais, considerando a impossibilidade de dimensionar o período transcorrido entre a abertura das inscrições do concurso público e sua efetiva homologação, é razoável que se exija, nesse caso, a comprovação da idade inferior a 30 anos, por ocasião da inscrição no certame. Nessa esteira, registro que esta Corte consignou que a comprovação do requisito de idade deve ocorrer no momento da inscrição no concurso público. Nessa ocasião, o STF consolidou, em súmula, entendimento no sentido de que é legítima a imposição de restrição de idade para ingresso em concurso público, tendo em vista a natureza do cargo a ser ocupado (Súmula 683). (In: STF, ARE 730959 AgR / BA, 2ª Turma, Rel. Min. Gilmar Mendes, 19.03.2013.)

38 Frente a crescente discussão doutrinária sobre qual limite máximo de idade razoável que autorizaria o ingresso em cargos de provimento efetivo de natureza policial e à possibilidade de impugnações judiciais, observamos que os editais para cargos policiais, ao menos no Estado do Rio de Janeiro, vêm omitindo a limitação quanto à idade máxima, exigindo apenas a idade mínima de 18 anos. Embora tais omissões, na prática, se justifiquem, pois evitam impugnações judiciais que tumultuam o certame, são claramente ilegais, na medida em que violam o Decreto-Lei 218/75 (EPC), em seu art. 3º, inciso II. Entendemos que não cabe ao Administrador, mesmo que imbuído de boa-fé, descumprir uma lei. Se uma lei se mostra tecnicamente inadequada, deve o Administrador, dentro do devido processo legal legislativo, apresentar projeto de lei com as alterações devidas, e não, mediante ato normativo, tal qual decreto autônomo, corrigir eventuais imperfeições, subtraindo as atribuições do Parlamento.

O EPC ainda prevê hipótese de redução do limite máximo de idade para 25 anos completos, dependendo da natureza do cargo.

> **Art. 3º, Dec.-Lei 218/75 (EPC).** [...]
>
> **§1º** – Dependendo da natureza do cargo a ser provido, o limite máximo de idade previsto no inciso II deste artigo poderá ser reduzido para até 25 (vinte e cinco) anos completos.

Embora, como citamos acima, a criação de critérios etários, considerando a natureza do cargo, seja admitida pela jurisprudência do STF, entendemos desarrazoada a redução para 25 anos, ainda mais baseada em critérios claramente discricionários e subjetivos. Nesse aspecto, o §1º, do art. 3º do EPC não foi recepcionado pela Constituição da República.

2.4.3. Pleno gozo dos direitos políticos e cumprimento de obrigações militares

> **Art. 3º, Dec.-Lei 218/75 (EPC).** São requisitos para o ingresso no cargo efetivo:
>
> [...]
>
> **III** – estar em gozo dos direitos políticos;
>
> **IV** – estar quite com as obrigações militares e eleitorais;
>
> **Art. 3º, Dec. 3.044/80 (REPC).** O ingresso nos cargos de provimento efetivo exige:
>
> [...]
>
> **III** – gozo dos direitos políticos, comprovado através de documento fornecido pelas entidades públicas, responsáveis pelo controle desses direitos;
>
> **IV** – certificado expedido por repartição militar competente e título eleitoral que comprovem, respectivamente, a quitação das obrigações militares e eleitorais;

A comprovação do pleno gozo dos direitos políticos e do cumprimento das obrigações eleitorais e militares, para os homens, é realizada mediante a apresentação de certidões, normalmente entregues antes da posse no cargo.

2.4.4. Concurso público

Como vimos anteriormente, a aprovação prévia em concurso público de provas ou provas e títulos é condição imposta pela nova ordem constitucional para o provimento originário em cargo efetivo, nos termos do art. 37, inciso II, da CRFB e art. 77, inciso II, da CERJ. Desta forma, o EPC e o REPC estão reproduzindo requisito previsto expressamente na Constituição da República e na Constituição Estadual.

Art. 37, CRFB. [...]

II – a investidura em cargo ou emprego público depende de aprovação prévia em concurso público de provas ou de provas e títulos, de acordo com a natureza e a complexidade do cargo ou emprego, na forma prevista em lei, ressalvadas as nomeações para cargo em comissão declarado em lei de livre nomeação e exoneração; *(Redação dada pela Emenda Constitucional nº 19, de 1998)*

Art. 77, CERJ. [...]

II – a investidura em cargo ou emprego público da administração direta, indireta ou fundacional depende de aprovação prévia em concurso público de provas ou de provas e títulos, ressalvadas as nomeações para cargo em comissão declarado em lei de livre nomeação e exoneração;

Art. 3º, Dec.-Lei 218/75 (EPC). São requisitos para o ingresso no cargo efetivo:

[...]

VIII – ter sido habilitado e classificado, previamente, em concurso público de provas ou de provas e títulos, realizado pela Academia de Polícia;

Art. 3º, Dec. 3.044/80 (REPC). O ingresso nos cargos de provimento efetivo exige:

[...]

VIII – habilitação prévia, em concurso público de provas ou de prova e títulos, realizada na Academia de Polícia;

IX – classificação do habilitado dentre o número de vagas existentes na classe inicial da série de classes.

A Lei Estadual 3.586/01 também reproduz a exigência de concurso público para o ingresso no quadro funcional da Polícia Civil, dividindo-o em fases e etapas.

Art. 14, Lei RJ 3.586/01. O ingresso no Quadro Permanente da Polícia Civil far-se-á através de concurso público de provas ou de provas e títulos, dividido em duas fases, a saber:

I – a primeira, composta de provas de conhecimentos, exame psicotécnico, exame médico e prova de capacidade física.

II – a segunda, de curso de formação profissional, com apuração de freqüência, aproveitamento e conceito.

O concurso público para a Polícia Civil do Estado do Rio de Janeiro, portanto, é dividido nas seguintes fases e etapas:

Concurso Público	
1ª Fase	2ª Fase
• **Prova de Conhecimentos** • **Exame Psicotécnico** • **Exame Médico** • **Prova de Capacidade Física**	• **Curso de Formação Profissional**

Os candidatos aprovados na primeira fase do concurso serão matriculados no Curso de Formação Policial – CFP, respeitados o número de vagas e a ordem de classificação, recebendo bolsa-auxílio de 80% do valor do vencimento do cargo da classe inicial da carreira.

> **Art. 14, Lei RJ 3.586/01.** [...]
>
> **§1º** – Os candidatos habilitados na primeira fase serão matriculados, observados a ordem de classificação e o número de vagas fixado no Edital, para curso de formação profissional, percebendo o candidato bolsa-auxílio correspondente a 80% (oitenta por cento) do valor do vencimento da classe inicial do cargo, sem incidência de descontos relacionados com o regime próprio de previdência. *(Redação dada pela Lei RJ nº 4.020/2002)*
>
> **§2º** – A percepção da bolsa-auxílio não configura relação empregatícia, ou vínculo estatutário, a qualquer título, do candidato com o Estado. *(Redação dada pela Lei RJ nº 4.020/2002)*
>
> **§3º** – As regras de cada certame, bem como as do curso de formação profissional, inclusive o estabelecimento de prazos recursais, serão fixadas pela Academia Estadual de Polícia Silvio Terra, através de Edital previamente publicado. *(Redação dada pela Lei RJ nº 4.020/2002)*

A prova de conhecimentos, primeira etapa da primeira fase do concurso público, pode comportar algumas peculiaridades dependendo do cargo.

O cargo de Delegado de Polícia exige, para que não haja eliminação na prova de conhecimentos, grau mínimo de acerto de 50 pontos em cada uma das disciplinas enumeradas: Direito Penal, Direito Processual Penal, Direito Administrativo, Direito Constitucional, Direito Civil e Medicina Legal.

> **Art. 18, Lei RJ 3.586/01.** No concurso público para o cargo de Delegado de Polícia será eliminado o candidato que não obtiver um mínimo de 50 (cinqüenta) pontos, per si, nas disciplinas de Direito Penal, Direito Processual Penal, Direito Administrativo, Direito Constitucional, Direito Civil e Medicina Legal. *(Redação dada pela Lei nº 4375/2004)*

Para os outros cargos, o Administrador poderá especificar, de acordo com sua discricionariedade, outros critérios de eliminação no edital.

> **Art. 16, Lei RJ 3.586/01.** Será considerado inabilitado e automaticamente excluído, em qualquer das fases do concurso, o candidato que, em qualquer prova, obtiver nota inferior ao mínimo fixado no competente instrumento convocatório do concurso.

A prova de conhecimentos para os cargos de Inspetor de Polícia, Oficial de Cartório Policial e Investigador Policial conterá necessariamente questões de conhecimentos básicos de microinformática, voltados para processadores de textos.

> **Art. 21, Lei RJ 3.586/01.** [...]
>
> **§2º** – Para as classes funcionais referidas nos incisos V, VI e VIII serão ainda exigidos, na primeira fase do concurso público, conhecimentos básicos de micro-informática, voltados para processadores de textos, [...].

A análise das etapas do Exame Psicotécnico, Exame Médico e Prova de Capacidade Física serão estudados nos próximos tópicos.

O art. 5º do EPC e o art. 5º do REPC previam a realização do Curso de Formaçao Policial – CFP – após a nomeação dos aprovados. Contudo, tal disposição normativa já havia sido revogada tacitamente pelo art. 10, §2º da Lei Estadual 699, de 14 de dezembro de 1983.[39] Atualmente, encontra-se vigente a Lei Estadual 3.586/01 que, como vimos anteriormente, dispõe que o CFP é fase integrante do concurso público e, portanto, anterior à nomeação.

> **Art. 5º, Dec.-Lei 218/75 (EPC).** Aos candidatos nomeados será ministrado curso profissionalizante na Academia de Polícia, sem prejuízo do serviço, de acordo com a conveniência da atividade policial.
>
> **Art. 5º, Dec. 3.044/80 (REPC).** O policial, nomeado na forma do inciso I do artigo 2º, será matriculado "ex-officio" no curso de formação profissional na Academia de Polícia, com ou sem prejuízo do serviço, de acordo com a conveniência da atividade policial.

Havendo aprovação em ambas as fases do concurso, os candidatos serão nomeados observadas as vagas previstas no edital e a ordem de classificação.

---

39 O art. 10, §2º, da Lei 699/83 previa, em sua redação original que revogou tacitamente o EPC, o seguinte texto:

Art. 10 – O ingresso no Quadro Permanente de Polícia Civil do Estado do Rio de Janeiro far-se-á através de concurso público de provas ou de provas e títulos, dividido em duas fases:

[...]

§2º – Os candidatos aprovados na primeira fase do concurso público serão matriculados no Curso de Formação Profissional, observados a ordem de classificação e o número de vagas fixado no Edital.

Posteriormente, a Lei RJ 699/83 veio a ser revogada pela Lei RJ 2.990/98, que também foi revogada pela Lei RJ 3.586/01.

> Art. 37, CRFB. [...]
>
> **IV** - durante o prazo improrrogável previsto no edital de convocação, aquele aprovado em concurso público de provas ou de provas e títulos será convocado com prioridade sobre novos concursados para assumir cargo ou emprego, na carreira;
>
> **Art. 19, Lei RJ 3.586/01.** Serão nomeados para as vagas fixadas no edital os candidatos que forem habilitados em todas as fases do concurso público, observada a ordem de classificação.

Os Tribunais Superiores[40] haviam pacificado sua jurisprudência no sentido que a aprovação no concurso público e a classificação dentro do número de vagas existentes no edital não geraria direito subjetivo à nomeação para o cargo. O candidato possuiria, apenas, mera expectativa de direito.

O STF,[41] porém, modificou sua jurisprudência, passando a afirmar ser direito subjetivo do candidato, aprovado dentro do número de vagas, a ser nomeado no cargo dentro do prazo de validade do concurso público, com fundamento no princípio da segurança jurídica, da boa-fé e da proteção à confiança, estabelecendo que a abertura de edital público com oferta de vagas determinadas vincula o Estado ao seu preenchimento, no caso de haver aprovados.

A Constituição do Estado do Rio de Janeiro, mesmo antes da mudança de posicionamento do STF, tentou impor a nomeação aos candidatos classificados dentro do número de vagas no art. 77, inciso VII. Contudo, tal dispositivo teve sua inconstitucionalidade formal declarada pelo STF, por violar a iniciativa do Chefe do Executivo na propositura de normas que tratem sobre regime jurídico de servidores públicos (art. 61, §1º, inciso II, alínea "c", da CRFB).

> **Art. 77, CERJ.** [...]
>
> **VII** - a classificação em concurso público, dentro do número de vagas obrigatoriamente fixado no respectivo edital, assegura o provimento no cargo no prazo máximo de cento e oitenta dias, contado da homologação do resultado; *(Declarado inconstitucional pelo STF na ADI 2.931-2)*

Embora o candidato aprovado dentro do número de vagas previstas no edital tenha o direito subjetivo à nomeação, o Administrador possui a discricionariedade para nomeá-lo durante o prazo de validade do concurso público.[42]

---

40 STF, RE 116.044, 2ª Turma, Rel. Min. Djaci Falcão, 08.11.88; e STJ, RMS 1.174, 2ª Turma, Rel. Min. José de Jesus Filho, 22.04.92.

41 *Leading Case* do STF, RE 598.099, Pleno, Rel. Min. Gilmar Mendes, 10.08.2011.

42 Ainda sobre o tema, lembramos ao leitor que a desistência de candidatos classificados em posição superior no concurso público transforma a mera expectativa de direito à nomeação em direito líquido e certo daqueles que passem a constar no número de vagas em oferta (inf. 612 STJ); que também haverá direito subjetivo à nomeação nas hipóteses de preterição do candidato por inobservância da listagem de

A validade do concurso é delimitada pela Constituição da República, no art. 37, inciso III; e na Constituição do Estado do Rio de Janeiro, art. 77, inciso IV, como o prazo máximo de até 2 anos, prorrogável por igual período.

Nesse sentido, tanto o EPC quanto o REPC devem ser interpretados conforme a Constituição, no sentido de que o prazo de validade do concurso deve respeitar o lapso temporal máximo previsto na Constituição.

> **Art. 37, CRFB.** [...]
>
> **III** – o prazo de validade do concurso público será de até dois anos, prorrogável uma vez, por igual período;
>
> **Art. 77, CERJ.** [...]
>
> **IV** – o prazo de validade do concurso público será de até dois anos, prorrogável uma vez, por igual período;
>
> **V** – tanto no prazo de validade quanto no de sua prorrogação, previstos no edital de convocação, o aprovado em concurso público de provas ou de provas e títulos será, observada a classificação, convocado com prioridade sobre novos concursados para assumir cargo ou emprego, na carreira;
>
> **Art. 4º, Dec.-Lei 218/75 (EPC).** O período de validade dos concursos ficará a critério do Secretário de Segurança Pública, assegurando-se o provimento dos cargos vagos pelos candidatos para esse fim habilitados em concurso, obedecida a ordem de classificação.
>
> **Art. 4º, Dec. 3.044/80 (REPC).** O prazo de validade dos concursos será fixado no edital de inscrição, assegurando-se o provimento dos cargos vagos aos candidatos habilitados, obedecida a ordem de classificação e o disposto nos §3º e §4º, do artigo 87, da Constituição Estadual.[43]

2.4.5. Prova de Capacidade Física e Exame Psicotécnico

A Prova de Capacidade Física, etapa da 1ª fase do concurso público, serve para aferir a aptidão física, requisito necessário para o ingresso no cargo.

> **Art. 3º, Dec.-Lei 218/75 (EPC).** São requisitos para o ingresso no cargo efetivo:
>
> [...]
>
> **VII** – aptidão física e psíquica para o exercício da função policial, apurada por profissionais capacitados;

---

classificação e de surgimento de novas vagas ou abertura de novo concurso sem que se esgote o anterior, somado à preterição arbitrária e imotivada do candidato pela Administração (info. 811, STF).

43 O artigo da Constituição Estadual citado pelo art. 4º do REPC era da Constituição Estadual de 1975. A atual Constituição do Estado do Rio de Janeiro não reproduz tal comando normativo.

> **Art. 17, Lei RJ 3.586/01.** No concurso público para ingresso no Quadro Permanente da Polícia Civil, o candidato julgado inapto ou contra-indicado, nos exames psicotécnico ou médico, nas provas de capacidade física ou de investigação social, será dele excluído.

A aptidão psíquica, por sua vez, é aferida pelo Exame Psicotécnico, que também é uma etapa da 1ª fase do concurso.

Embora haja grande discussão sobre a exigência de exame psicotécnico como etapa do concurso, tal requisito está previsto expressamente no Art. 17, Lei Estadual 3.586/01 e art. 3º, inciso VII, do Decreto-Lei 218/75, sendo perfeitamente legítima e constitucional sua exigência, nos termos da Súmula 686 do STF.

> Súmula 686 do STF
>
> Só por lei se pode sujeitar o exame psicotécnico a habilitação de candidato a cargo público

Aspecto interessante repousa na hipótese de o candidato ao cargo já ter sido aprovado em exame psicotécnico para cargo semelhante. O STJ[44] já se manifestou sobre o tema, afirmando que seria ilegal exigir-se novo exame para candidato que já teria sido aprovado em outro concurso para cargo policial com funções semelhantes.

Discordamos de MESSEDER[45] ao afirmar que a *"aptidão psíquica geralmente é verificada por meio de entrevista com o psicólogo"*. Na realidade, a avaliação psicotécnica é etapa do concurso a ser realizada mediante a aplicação de testes, previamente aprovados e regulamentados pelo órgão competente,[46] diverso de mera entrevista. CARVALHO FILHO,[47] inclusive, denuncia a flagrante ilegalidade das denominadas *"entrevistas"*, travestidas como instrumentos para eliminação seletiva de candidatos.

Também se revestem de inconstitucionalidade exames psicotécnicos de caráter sigiloso ou irrecorrível, não se permitindo que o candidato tenha livre acesso aos fundamentos de sua reprovação, impossibilitando ou obstando qualquer forma de recurso.

A jurisprudência vem se posicionando claramente nesse sentido.

---

44 STJ, Resp nº 24.558-1/DF, 2ª Turma, Rel. Min. Américo Luz, 7.11.94. No mesmo sentido, porém para o cargo de Procurador da Fazenda Nacional in: STF, MS 20.972-DF, Pleno, Rel. Min. Carlos Madeira, 06.12.89.

45 MESSEDER, Hamurabi. Op. cit., pg. 8.

46 O Conselho Federal de Psicologia editou a Resolução CFP 1/2002, regulamentando as avaliações psicológicas em concursos públicos, e a Resolução CFP 2/2003, regulamentando o uso de testes psicológicos.

47 CARVALHO FILHO, José dos Santos. Op. cit., pg. 666.

É inconstitucional a cláusula de edital de concurso público que confere caráter sigiloso ao exame psicotécnico, impedindo o acesso do próprio candidato aos resultados de tal exame. Com esse entendimento, a Turma manteve acórdão do TRF da 4ª Região que assegurara a candidato a concurso público para o cargo de delegado de polícia federal o direito de saber porque motivos foi considerado inapto no exame psicotécnico, haja vista que todos têm direito de receber dos órgãos públicos informações de seu interesse particular (CF, art. 5º, XXXIII) e que, sem estas informações, não poderia questionar em juízo os critérios utilizados, ofendendo o art. 5º, XXXV, da CF ("a lei não excluirá da apreciação do Poder Judiciário lesão ou ameaça a direito;"). *(STF, RE 265.261-PR, 1ª Turma, Rel. Min. Sepúlveda Pertence, 13.2.2001).*

É nulo e não produz nenhum efeito por ser ilegal o exame psicotécnico que se realizou em caráter sigiloso, irrecorrível e com critérios puramente subjetivos, ainda que previsto no edital do concurso público. Precedente citado: REsp 298.469-GO, DJ 6/5/2002. *(STJ, REsp 442.964-PR, 6ª Turma, Rel. Min. Fernando Gonçalves, 17.09.02)*

Nesse sentido foi editada a Lei Estadual 5.938, de 4 de abril de 2011, dispondo que a reprovação do candidato em exame psicológico deverá ser fundamentada por escrito, garantindo-se ao candidato o acesso ao conteúdo da fundamentação e sua submissão a novo exame quando requerido.

Art. 1º, Lei RJ 5.938/2011. Nos concursos públicos realizados para investidura em cargo ou emprego na administração pública estadual, a reprovação do candidato em exame psicológico, ou similar, previsto em edital, será fundamentada por escrito, comprovando a incompatibilidade do perfil do candidato com a função pública em análise, sob pena de nulidade do ato.

Art. 2º, Lei RJ 5.938/2011. Ao candidato reprovado em exame psicológico é garantido o acesso ao conteúdo da fundamentação, prevista no art. 1º, e a submissão a novo exame, a ser realizado por junta de profissionais da área, desde que requerido pelo interessado.

Embora a Lei Estadual 5.938, de 4 de abril de 2011, tenha realizado um significativo avanço objetivando trazer maior transparência aos concursos públicos, esta foi impugnada pelo Procurador Geral de Justiça, tendo sido declarada formalmente inconstitucional pelo TJRJ, sob o argumento de que violaria a iniciativa exclusiva do Chefe do Executivo.[48]

Nos parece que o problema mais sensível dos exames psicotécnicos, tais como aplicados cotidianamente nos diversos concursos públicos no país, repousa na sua incompletude e inadequação para traçar, com clareza e apro-

48 TJRJ, Representação por Inconstitucionalidade nº 0010640-43.2012.8.19.0000, Órgão Especial, Rel. Des. Maria Augusta Vaz M. de Figueiredo, 21.01.13.

fundamento, um perfil indicado ou contraindicado com suficiente densidade. A aplicação de alguns poucos testes padronizados - vide, por exemplo, que a grande maioria deles já possui respostas prontas que se encontram em diversos "manuais" pelo mercado - como critério de individualização de personalidades não se coaduna com a complexidade das estruturas psíquicas humanas. Melhor seria, por exemplo, se essa etapa se realizasse de forma permanente durante todo o tempo do Curso de Formação Profissional. É ali que, mês após mês, o candidato será submetido às mais diversas situações - de stress, de necessidade de respostas rápidas, de privações, de relacionamentos interpessoais etc. Ao final do curso, o setor de psicologia responsável emitiria laudo conclusivo sobre o que observou sobre o candidato ao longo de todo o lapso do curso.

Há ainda um outro problema, de ordem mais técnica. Desde há algum tempo vimos sustentando que, por um princípio de *legalidade material*, não basta que a lei preveja a *mera possibilidade* de se aplicar, como fase eliminatória de certame público, um exame psicotécnico. É necessário, ainda, que a lei estipule quais os critérios eliminatórios, não se podendo deixar a questão a cargo do edital. Por ora, somos ainda minoritários na questão.

2.4.6. Investigação Social

A investigação social, embora tecnicamente não esteja prevista como uma etapa do concurso, é o meio utilizado pela Administração Pública para aferir se as condições sociais do candidato (requisito de acesso ao cargo) são compatíveis com a função policial, podendo essa avaliação se estender até a homologação do concurso.

> **Art. 3º, Dec.-Lei 218/75 (EPC).** São requisitos para o ingresso no cargo efetivo:
>
> [...]
>
> **V** – possuir condições sociais e familiares compatíveis com a função policial;
>
> **Art. 3º, Dec. 3.044/80 (REPC).** O ingresso nos cargos de provimento efetivo exige:
>
> [...]
>
> **V** – condições sociais familiares compatíveis com a função policial, a serem apuradas mediante sindicância reservada;

Inicialmente, vale a ressalva sobre a **duvidosa constitucionalidade** das condições familiares do candidato serem utilizadas como requisitos que possam impedir o ingresso ao cargo. Em um Estado Democrático de Direito não se pode restringir o ingresso de determinado candidato a cargo público devido à vida pregressa de seus familiares. Tal critério viola claramente o **princí-**

pio da presunção de inocência[49] e, indiretamente, o **princípio da personalidade das penas.**[50]

Nesse sentido parece ter caminhado a Lei Estadual 3.586/01, ao circunscrever a Investigação Social aos **antecedentes criminais e sociais do candidato**, bem como **sua conduta no curso de formação profissional**, excluindo qualquer referente às condições familiares.

> **Art. 15, Lei RJ 3.586/01.** O candidato será submetido à Prova de Investigação Social que poderá estender-se até a homologação do concurso, considerando-se seus antecedentes criminais e sociais, bem como sua conduta no curso de formação profissional.

A jurisprudência dos Tribunais Superiores[51] é tranquila no sentido de que o curso de ação penal contra o candidato não seria suficiente para reprová-lo na investigação social, exigindo-se, para tanto, o trânsito em julgado da sentença condenatória. O mesmo raciocínio se pode aplicar aos inquéritos policiais em andamento.

Nada obstante, há um precedente – em nossa visão equivocado – do Superior Tribunal de Justiça[52] concebendo que, em cargos públicos "importantes" – que é isto? Onde se encontra normativamente a distinção entre cargos importantes e não importantes? –, é possível a eliminação com base em ações penais em andamento. A decisão é grosseira e atécnica, *sit venia verbo*. A **regra** da presunção de inocência não é de se graduar de acordo com a "importância" (sic) do cargo, mas, como proposição jurídica assertórica, se aplicar, sob pena de violação constitucional.

CARVALHO FILHO,[53] inclusive, pondera que o curso de ação penal deveria ensejar a suspensão do direito à nomeação e posse até que ocorresse o trânsito em julgado da sentença.

Esta etapa do concurso, tal qual a psicotécnica, também é sensível. Deve a Administração proceder com muita cautela para (i) não tecer juízos morais que extrapolem o âmbito do Direito e (ii) não submeter os candidatos, em clara violação ao *princípio da segurança jurídica*, a uma sorte aleatória completamente

---

49 Art. 5º, inciso LVII, CRFB – ninguém será considerado culpado até o trânsito em julgado de sentença penal condenatória.

50 Art. 5º, inciso XLV, CRFB – nenhuma pena passará da pessoa do condenado, podendo a obrigação de reparar o dano e a decretação do perdimento de bens ser, nos termos da lei, estendidas aos sucessores e contra eles executadas, até o limite do valor do patrimônio transferido.

51 STF, RE 194.872/RS, 2ª Turma, Min. Marco Aurélio, 7.11.2000. STJ, REsp 795.174, 5ª Turma, Min. Laurita Vaz, 01.03.2010.

52 STJ. 1ª Turma. RMS 43.172/MT, Rel. Min. Ari Pargendler, 12.11.2013.

53 CARVALHO FILHO, José dos Santos. Op. cit., pg. 661.

dependente da subjetividade do Estado. Em que pese a eliminação nesta fase não se justificar **somente** pela prática de crimes por parte do candidato,[54] é necessário que, também por um *princípio de legalidade material*, todos os critérios eliminatórios (capazes de gerar o status de *contraindicado* àquele que pleiteia o cargo público) sejam previstos em lei de maneira clara, inteligível e objetiva. Infelizmente, somos ainda minoritários neste entendimento, e a nossa proposta não se verifica na prática.

Como regra, o que se vislumbra é a ausência de quaisquer critérios - legais ou mesmo editalícios - previamente disponibilizados aos candidatos acerca do objeto e do julgamento dos fatos na investigação social. Não raro, por exemplo, há eliminações por justificativas ininteligíveis como "conduta moralmente reprovável".

Temos dificuldade em lidar com esse conceito enquanto legitimador da exclusão do de determinado cidadão de um processo seletivo público no atual contexto de juridicidade brasileiro, dada a absoluta generalidade e indeterminabilidade do núcleo dessa "situação jurídica" - se é que assim podemos chamar. Instigamos o leitor com o seguinte: o sujeito alcoólatra possui conduta moralmente compatível com o cargo, por exemplo, de Delegado de Polícia? Imaginamos que a resposta do leitor será negativa, mas e quanto aquele que consome bebida esporadicamente? Ora, se agora o leitor nos responde positivamente, indagamos com isto: qual o critério jurídico objetivo, promovedor de segurança jurídica e de estabilidade e previsibilidade da atividade executiva (administrativa) que distingue alcoolismo e consumo esporádico de bebida alcoólica para fins de aprovação em concurso público?

O cerne da questão é: como achar um ponto meridiano de "moralmente aceitável" entre duas condutas que de ilícitas nada possuem?

O instituto do concurso público veio, justamente, acabar com as subjetividades na escolha daqueles que comporão os quadros de agentes públicos do Estado. Isso se faz, dentre outras fórmulas, pela fixação de critérios pré-determinados e objetivos - todos referenciados ao Direito, e não à "moral", por conexões de *validade*. Conferir à Administração a prerrogativa de valorar indistintamente o *lícito, porém imoral* é porta aberta ao não-direito.

Da jurisprudência, colhem-se precedentes no sentido da inviabilidade de eliminação de candidato na fase de investigação social quando este houver realizado transação penal;[55] por ter o seu nome incluído em órgãos de proteção ao crédito;[56] por ato infracional análogo a crime praticado em momento do

54 STJ. RMS 24.287/RO, 6ª Turma, Rel. Min. Alderita Ramos de Oliveira, 04.12.2012.

55 STF. 1ª Turma. ARE 713138 AgR, Rel. Min. Rosa Weber, 20.08.2013.

56 STJ. 5ª Turma. RMS 30.734/DF 20.09.2011.

qual decorreu grande lapso temporal, sob pena de punição indireta de cariz perpétuo.[57]

É necessário cuidado. Salientamos, por fim, que o ato administrativo de exclusão de candidato por contraindicação na fase de investigação social é perfeitamente sindicalizável junto ao Poder Judiciário. Necessariamente a Administração deve motivar o ato eliminatório, e este, pela *teoria dos motivos determinantes*, há de ficar vinculado – no que tange à sua validade – à veracidade (o que alguns chamam de *princípio da realidade)* e à juridicidade (por exemplo, em juízos de *proporcionalidade* e *razoabilidade)* da *causa eficiente do agir administrativo exteriorizada (motivação).*

2.4.7. Exame Médico Pré-admissional

A inspeção médica prévia é requisito indispensável para o ingresso no cargo.

Além de demonstrar que o futuro agente público goza de condições de saúde compatíveis com o exercício das funções, delimita também o estado de saúde que este possuía no momento da investidura, servindo de parâmetro para comparações futuras com doenças adquiridas pelo exercício funcional, o que permitirá, eventualmente, a concessão de aposentadoria do servidor por invalidez.

> **Art. 3º, Dec.-Lei 218/75 (EPC).** São requisitos para o ingresso no cargo efetivo:
>
> [...]
>
> **VI** – gozar de boa saúde, comprovada em inspeção médica;
>
> **Art. 3º, Dec. 3.044/80 (REPC).** O ingresso nos cargos de provimento efetivo exige:
>
> [...]
>
> **VI** – boa saúde, comprovada através de inspeção médica, realizada pelo Departamento de Perícias Médicas da Secretaria de Estado da Administração;

O REPC estipula, no art. 3º, inciso VI, que a inspeção médica será realizada pelo Departamento de Perícias Médicas da Secretaria de Estado da Administração. Contudo, a realização dos Exames Médicos Pré-Admissionais foi padronizada no Estado do Rio de Janeiro, mediante a edição da **Lei Estadual nº 4.932, de 20 de dezembro de 2006**, que dispõe sobre a realização dos exames médicos necessários para a investidura em cargo público, em virtude de aprovação em concurso público. Neste ponto, o inciso VI, do art. 3º, do Decreto 3.044/80 (REPC) foi derrogado tacitamente.

57 STJ. RMS 48568 RJ 2015/0144214-0, Rel. Min. Humberto Martins. 29.06.2015.

Lei Estadual nº 4.932, de 20 de dezembro de 2006

Art. 1º – Fica sob a responsabilidade da administração pública direta, indireta, autarquias e fundações, no âmbito do Estado do Rio de Janeiro, a realização dos exames médicos necessários para investidura em cargo público, em virtude de aprovação em Concurso Público.

§1º – O exame deverá ser feito em clínicas ou hospitais que façam parte da rede pública integrante daquela esfera de governo para a qual esteja sendo realizado o concurso, salvo quando a instituição pública possuir infra-estrutura própria capaz de atender às exigências.

§2º – Em caso de impossibilidade de realização do exame dentro de sua rede pública de saúde, o respectivo poder poderá firmar convênio, na forma da Lei, com outras esferas de governo, para fins de realização dos exames exigidos para investidura em cargo público.

§3º – Em relação ao estabelecido no parágrafo anterior, o edital do concurso deverá conter claramente o local estabelecido para realização dos exames médicos.

Art. 2º – Fica expressamente vedada, no âmbito do Estado do Rio de Janeiro, a previsão, em editais de concursos públicos, de normas que transfiram ao candidato, aprovado e convocado para posse em cargo público, as despesas decorrentes da realização dos exames médicos de que tratam o artigo 1º.

Observa-se claramente que **a inspeção médica é responsabilidade e ônus da Administração Pública, não podendo ser transferida para o candidato.** Contudo, os exames laboratoriais e atestados devem ser providenciados pelo próprio candidato às suas expensas.

Questão que pode se mostrar tormentosa é a hipótese do candidato hipossuficiente que não possui recursos financeiros para realizar exames médicos particulares. É de conhecimento público que, **quando disponíveis**, os serviços médicos laboratoriais públicos podem se sujeitar a filas inesgotáveis de preferência. Nessa espera, certamente terá vez antes do candidato a concurso aquele que precisa submeter-se a estudo médico para fins de controle de problemas de saúde. Assim, aquele que depender exclusivamente desses serviços públicos pode jamais conseguir a tempo os seus exames.

Entendemos possível a hipótese excepcional de transferência do ônus dos exames do candidato para a Administração, quando este demonstrar a sua impossibilidade material de arcar com os custos de estudos laboratoriais privados, somada à ineficiência inconteste do serviço público de saúde em atendê-lo nos prazos que a ele são impostos pelo edital, sem prejuízo do direito de regresso do Estado quando o candidato (i) efetivamente passar a pertencer aos quadros funcionais do Estado, se aprovado; ou (ii), se não aprovado, tiver alterada sua situação financeira, respeitados os prazos prescricionais da legislação privada.

2.4.8. Escolaridade

O art. 3º, §3º, do REPC trazia o requisito da escolaridade, a ser satisfeito no momento da inscrição do concurso. Atualmente, tal regramento foi derrogado pela Lei Estadual 3.586/2001, que reestruturou o quadro funcional da Polícia Civil do Estado do Rio de Janeiro.

Abaixo transcrevemos, apenas a título de conhecimento, a nomenclatura já revogada dos cargos da Polícia Civil, com os respectivos requisitos de escolaridade.

> **Art. 3º, Dec. 3.044/80 (REPC).** [...]
>
> **§3º**. Além dos requisitos enunciados nos incisos I e IX deste artigo, será exigido dos candidatos a cargos policiais **por ocasião da inscrição** no concurso público, o seguinte **grau de escolaridade**:
>
> **a)** Delegado de Polícia – diploma de bacharel em direito, devidamente registrado;
>
> **b)** Escrivão de Polícia – certificado de segundo grau escolar ou equivalente;
>
> **c)** Detetive – certificado de segundo grau escolar ou equivalente e carteira de habilitação de motorista profissional;
>
> **d)** Perito Criminal – diploma de curso superior, devidamente registrado nos conselhos respectivos, nas especialidades inerente ao cargo;
>
> **e)** Perito Legista – diploma de médico, devidamente registrado no Conselho Regional de Medicina;
>
> **f)** Piloto Policial – certificado de segundo grau escolar ou equivalente e carta de piloto comercial expedida pelo Departamento de Aviação Civil (D.A.C.);
>
> **g)** Papiloscopista – certificado de segundo grau escolar ou equivalente;
>
> **h)** Técnico de Necrópsia, Fotógrafo Policial, Inspetor de Salvamento – certificado de primeiro grau escolar ou equivalente;
>
> **i)** Auxiliar Técnico de Comunicações de Segurança e Operador de Telecomunicações de Segurança – certificado de primeiro grau ou equivalente e habilitação técnica inerente ao cargo;
>
> **j)** Motorista Policial – conclusão da quarta série do primeiro grau escolar ou equivalente, e habilitação técnica inerente ao cargo;
>
> **k)** Servente de Necrópsia – conclusão da quarta série do primeiro grau escolar ou equivalente;
>
> **l)** Guarda Vidas – conclusão de quinta série do primeiro grau escolar ou equivalente;
>
> **m)** Engenheiro de Telecomunicações de Segurança – diploma de curso de engenharia, devidamente registrado, nas especialidades inerentes ao cargo;
>
> **n)** Técnico de Telecomunicações de Segurança – certificado de segundo grau escolar ou equivalente e habilitação técnica inerente ao cargo;

Com a Lei Estadual 3.586/2001, principalmente a partir da alteração implementada pela Lei Estadual 4.375/2004, passou-se a exigir a **comprovação do requisito de escolaridade no momento da posse.**

Fazemos uma ressalva apenas para o **cargo de Piloto Policial.** Embora a lei não preveja nesse caso **a habilitação específica expedida pelo Departamento de Aviação Civil (DAC) deverá ser exigida no momento da inscrição no Curso de Formação Policial**, na medida em que o futuro servidor pilotará, no treinamento policial, aeronave, exigindo-se a comprovação de sua habilitação.

Exigir-se-á, ainda, para os **cargos de Oficial de Cartório Policial, Inspetor de Polícia e Investigador Policial** a comprovação de que o candidato possui **Habilitação para conduzir veículo automotor**, o que deverá ser **demonstrado até a inscrição no Curso de Formação Policial.**

Lei Estadual 3.586, de 21 de julho de 2001

Seção II

Da Escolaridade

Art. 21 – Será exigido do candidato para ingresso na Polícia Civil possuir, quanto ao grau de escolaridade, comprovado **por ocasião da posse**: *(Redação dada pela Lei RJ nº 4375/2004)*

I – Delegado de Polícia – diploma de Bacharel em Direito, devidamente registrado;

II – Perito Legista – diploma de médico, odontólogo, farmacêutico ou bioquímico, devidamente registrado;

III – Perito Criminal – diploma de curso superior em engenharia, informática, farmácia, veterinária, biologia, física, química, economia, ciências contábeis ou agronomia, devidamente registrado;

IV – Engenheiro Policial de Telecomunicações – diploma de curso superior de engenharia, devidamente registrado, na especialidade inerente ao cargo;

V – Inspetor de Polícia – diploma de curso superior devidamente registrado; *(Redação dada pela Lei RJ nº 4.020/2002)*

VI – Oficial de Cartório Policial e Papiloscopista Policial – diploma de curso superior devidamente registrado. *(Redação dada pela Lei RJ nº 4.020/2002)*

VII – Piloto Policial – certificado de ensino médio ou equivalente e carta de piloto comercial expedida pelo Departamento de Aviação Civil – DAC;

VIII – Investigador Policial – diploma de ensino médio ou equivalente, habilitação técnica inerente à rádio operador e noções de fotografia;

IX – Técnico Policial de Necropsia – diploma de ensino médio ou equivalente, devidamente registrado;

X – Auxiliar Policial de Necropsia – certificado de conclusão do ensino fundamental, ou equivalente, devidamente registrado.

§1º – No concurso público para ingresso na categoria funcional de inspetor de Polícia, quando exigíveis no candidato conhecimento teóricos especializados, será exigida, por ocasião da posse, também, habilitação, técnica inerente à especialidade, devidamente registrada. *(Redação dada pela Lei RJ nº 4375/2004)*

§2º – Para as classes funcionais referidas nos incisos V, VI e VIII serão ainda exigidos, na primeira fase do concurso público, conhecimentos básicos de micro-informática, voltados para processadores de textos, bem como apresentação da **carteira de habilitação de motorista**, até a data prevista para a **matrícula no Curso de Formação Profissional.**

2.5. Estabilidade e Estágio Probatório

Estabilidade e Estágio Probatório são institutos jurídicos diversos, embora confundidos na prática.

Estabilidade é a garantia constitucional que o servidor público, investido em cargo efetivo, possui de permanecer no serviço público após o período de três anos[58] **de efetivo exercício.** Adquirida, o servidor somente poderá perder o cargo mediante sentença judicial transitada em julgado, processo administrativo disciplinar ou procedimento de avaliação periódica de desempenho.

Art. 41, CRFB. São estáveis após três anos de efetivo exercício os servidores nomeados para cargo de provimento efetivo em virtude de concurso público. *(Redação dada pela Emenda Constitucional nº 19, de 1998)*

§1º – O servidor público estável só perderá o cargo: (Redação dada pela Emenda Constitucional nº 19, de 1998)

I – em virtude de sentença judicial transitada em julgado; (Incluído pela Emenda Constitucional nº 19, de 1998)

II – mediante processo administrativo em que lhe seja assegurada ampla defesa; (Incluído pela Emenda Constitucional nº 19, de 1998)

III – mediante procedimento de avaliação periódica de desempenho, na forma de lei complementar, assegurada ampla defesa. (Incluído pela Emenda Constitucional nº 19, de 1998)

§2º – Invalidada por sentença judicial a demissão do servidor estável, será ele reintegrado, e o eventual ocupante da vaga, se estável, reconduzido ao cargo

58 A Constituição da República previa inicialmente, na redação original do art. 41, a aquisição da estabilidade após dois anos de efetivo exercício. Com a Emenda Constitucional nº 19, de 1998, a estabilidade no cargo passou a ser adquirida após três anos de efetivo exercício. Segue o texto original:
Art. 41, CRFB. São estáveis, após dois anos de efetivo exercício, os servidores nomeados em virtude de concurso público.

de origem, sem direito a indenização, aproveitado em outro cargo ou posto em disponibilidade com remuneração proporcional ao tempo de serviço. (Redação dada pela Emenda Constitucional nº 19, de 1998)

§3º - Extinto o cargo ou declarada a sua desnecessidade, o servidor estável ficará em disponibilidade, com remuneração proporcional ao tempo de serviço, até seu adequado aproveitamento em outro cargo. (Redação dada pela Emenda Constitucional nº 19, de 1998)

§4º - Como condição para a aquisição da estabilidade, é obrigatória a avaliação especial de desempenho por comissão instituída para essa finalidade. *(Incluído pela Emenda Constitucional nº 19, de 1998)*

A Constituição do Estado do Rio de Janeiro, neste ponto, encontra-se defasada em relação à Emenda Constitucional nº 19 de 1998, na medida em que tinha como parâmetro a redação original da Constituição da República, que previa o interregno de dois anos para a aquisição da estabilidade.

Art. 90, CERJ. São estáveis, após dois anos de efetivo exercício, os servidores nomeados em virtude de concurso público.

O **estágio probatório**, por sua vez, é **instrumento de avaliação do servidor**, que, durante determinado período de tempo, deve ser acompanhado e aferido em seu desempenho, verificando-se se possui **os requisitos necessários para o bom desempenho das funções inerentes ao cargo.**

Ao término do período de Estágio Probatório, caso o servidor não demonstre aptidão para o exercício das funções, este será exonerado após procedimento administrativo que lhe assegure a ampla defesa e o contraditório.[59]

Logo, verificamos que **a estabilidade diz respeito ao servidor; o estágio probatório possui relação com o cargo público.**

O prazo de três anos para a aquisição da estabilidade estaria vinculado, ou não, ao prazo do estágio probatório?

O tema é controvertido. O STJ[60] já se manifestou no sentido de que os Estatutos Funcionais teriam liberdade para fixar prazo diverso de Estágio Probatório (2 anos, por exemplo), desvinculando-o do prazo constitucional da Estabilidade (3 anos).

---

59 O STF já se manifestou sobre o tema afastando a possibilidade de que servidor fosse exonerado ao final do estágio probatório sem qualquer tipo de procedimento administrativo ou inquérito. Nesse sentido a Súmula 21 do STF: "Funcionário em estágio probatório não pode ser exonerado nem demitido sem inquérito ou sem as formalidades legais de apuração de sua capacidade".

60 STJ, MS 9.373-DF, 3ª Seção, Rel. Min. Laurita Vaz, 25.08.04.

CARVALHO FILHO[61] critica tal posicionamento, afirmando ser insustentável e incoerente, na medida em que seria impossível desvincular o prazo de aquisição da Estabilidade do prazo do Estágio Probatório, estando ambos vinculados ao prazo constitucional de 3 anos. Tal argumento encontraria fundamento no §4º, do art. 41, da CRFB (incluído pela EC 19/98), ao condicionar a aquisição da estabilidade à avaliação especial de desempenho.

Acolhemos este último posicionamento doutrinário, entendendo que, **apesar de Estabilidade e Estágio Probatório serem institutos diversos, a exigência da avaliação especial de desempenho como condição para a aquisição da Estabilidade vincula ambos os prazos.**

O EPC e o REPC, ambos no art. 6º, previam o instituto do Estágio Probatório com o prazo de dois anos. Contudo, como afirmado linhas acima, tais dispositivos já haviam sido revogados tacitamente, na medida em que previam o Estágio Probatório como fase do concurso. Atualmente, o tema é normatizado pela Lei Estadual 3.586/01.

> **Art. 6º, Dec.-Lei 218/75 (EPC).** Estágio Probatório é o período de 02 (dois) anos de efetivo exercício, a contar da data de início deste, durante o qual são apurados os requisitos necessários à confirmação do funcionário policial ao cargo efetivo para o qual foi nomeado.
>
> **§1º** – Os requisitos de que trata este artigo são os seguintes:
>
> **1)** aprovação em curso de profissionalização na Academia de Polícia;
>
> **2)** idoneidade moral;
>
> **3)** assiduidade;
>
> **4)** disciplina;
>
> **5)** eficiência.
>
> **§2º.** Não está sujeito a novo estágio probatório o funcionário que, nomeado para cargo do serviço policial, já tenha adquirido estabilidade, sendo, porém, requisito indispensável à primeira promoção na série de classes a aprovação em curso de profissionalização.
>
> **§3º.** Trimestralmente, o responsável pelo órgão ou unidade administrativa em que esteja lotado o funcionário policial sujeito a estágio probatório, encaminhará ao órgão de pessoal, em boletim próprio, a apreciação sobre o comportamento do estagiário.
>
> **§4º.** Quando o funcionário policial em estágio probatório não preencher quaisquer dos requisitos numerados no § 1° deste artigo, deverá o chefe imediato comunicar o fato ao órgão de pessoal, para o procedimento na forma da lei.

61 CARVALHO FILHO, José dos Santos. Op. cit., pg. 681.

> **Art. 6º, Dec. 3.044/80 (REPC).** O policial ficará sujeito a estágio probatório correspondente ao período de dois anos de efetivo exercício, a contar da data do início deste e durante o qual serão apurados os requisitos indispensáveis à sua confirmação no cargo.
>
> **§1º** – O requisito de que trata este artigo são os seguintes:
>
> 1) aprovação no curso de formação profissional, na Academia de Polícia;
>
> 2) idoneidade moral – conduta do policial apurada através de pesquisa de seus antecedentes, sob aspectos sociais e funcionais;
>
> 3) assiduidade – dever do policial de comparecer à repartição onde trabalha, no horário preestabelecido e, a qualquer hora, quando convocado;
>
> 4) disciplina – rigorosa observância e acatamento integral às leis, regulamentos, normas e disposições que fundamentam o organismo policial e coordenam seu funcionamento regular e harmônico, traduzindo-se no perfeito cumprimento do dever;
>
> 5) eficiência – desempenho com acerto dos encargos inerente à função policial.
>
> **§2º** – O policial que já tenha adquirido estabilidade no serviço público não estará sujeito a novo estágio probatório quando nomeado, reclassificado, transferido, transposto ou transformado sob qualquer forma legal ou judicial, para cargo no serviço policial, sendo, porém obrigatório e requisito indispensável, à primeira promoção, aprovação no Curso de Formação Profissional da Academia de Polícia. *(Redação dada pelo Decreto 9.460, de 10.12.86)*
>
> **§3º** – O dirigente do órgão ou unidade administrativa em que esteja lotado o policial, sujeito a estágio probatório, encaminhará ao órgão central de pessoal da Secretaria de Estado da Polícia Civil, trimestralmente, em boletim próprio, apreciação e respeito do comportamento do estagiário, para anotações e providências legais que se fizerem necessárias.

A Lei Estadual 3.586/01 prevê o **Estágio Probatório com prazo de 2 anos e 6 meses, devendo a decisão de confirmação, ou não, no cargo ser expedida no prazo de 6 meses.** Buscou a Lei Estadual 3.586/01, sabiamente, estipular prazo semelhante ao da aquisição da Estabilidade.

> **Art. 19, Lei RJ 3.586/01.** [...]
>
> **§1º** – Após a nomeação, os membros do Quadro Permanente da Polícia Civil do Estado do Rio de Janeiro serão submetidos a estágio probatório, que terá a duração de dois anos e seis meses.
>
> **§2º** – A decisão sobre a confirmação no estágio probatório será expedida no prazo máximo de seis meses após o seu encerramento.
>
> **§3º** – No caso de inobservância do prazo estabelecido no parágrafo anterior, será o servidor considerado confirmado na carreira.

§4º - O regulamento do estágio probatório será estabelecido através de Decreto do Poder Executivo;

§5º - Os destinatários da presente Lei não serão submetidos ao estágio experimental previsto no Decreto nº 2.479, de 8 de março de 1979.

O Estágio Probatório e a Avaliação Especial de Desempenho foram regulamentados no Estado do Rio de Janeiro pelo **Decreto Estadual 43.249, de 24 de outubro de 2011**, e pela **Resolução SEPLAG nº 710, de 11 de junho de 2012.**

2.6. Cargos Policiais em Comissão

Como vimos, os cargos públicos podem ser classificados como cargos efetivos ou cargos em comissão, estes últimos de livre nomeação e exoneração.

O art. 7º do REPC inicialmente dispõe que os cargos em comissão se destinam às funções de direção e assessoramento superior, exigindo, além de alguns requisitos citados no art. 3º do REPC, **aptidão intelectual e profissional.**

Art. 3º, Dec. 3.044/80 (REPC). O ingresso nos cargos de provimento efetivo exige:

I - nacionalidade brasileira;

[...]

III - gozo dos direitos políticos, comprovado através de documento fornecido pelas entidades públicas, responsáveis pelo controle desses direitos;

IV - certificado expedido por repartição militar competente e título eleitoral que comprovem, respectivamente, a quitação das obrigações militares e eleitorais;

V - condições sociais familiares compatíveis com a função policial, a serem apuradas mediante sindicância reservada;

VI - boa saúde, comprovada através de inspeção médica, realizada pelo Departamento de Perícias Médicas da Secretaria de Estado da Administração;

Art. 7º, Dec. 3.044/80 (REPC). Os cargos em comissão destinam-se a atender a encargos de direção e assessoramento superiores e serão providos, através de livre escolha do Governador, por indicação do Secretário de Estado da Polícia Civil, dentre os policiais e pessoas que possuam aptidões técnicas e reúnem as condições necessárias à investidura no serviço público.

Parágrafo único. Aquele que for indicado para exercer cargo em comissão, além dos requisitos dos incisos I, III, IV, V e VI do artigo 3º, deverá:

1) ter aptidão intelectual necessária ao cargo, comprovada pela apresentação de diploma de curso de nível superior;

2) ter aptidão profissional comprovada através da correlação entre os encargos típicos do cargo em comissão e os do cargo efetivo, civil ou militar ou em se tratando de policial inativo, de sua atividade de natureza privada.

Art. 9º, Dec. 3.044/80 (REPC). [...]

Parágrafo único. O policial poderá ser nomeado para exercer o cargo em comissão de direção e assistência intermediárias (DAI), pelo exercício do qual lhe será concedida vantagem cumulativa, acessória ao vencimento.

Os cargos em comissão na Polícia Civil do Estado do Rio de Janeiro são regulamentados pelo **Decreto Estadual 34.633, de 23 de dezembro de 2003.**

2.7. Promoção

A promoção é forma de provimento derivado no cargo público. Ínsita aos cargos de carreira, é forma de se progredir funcionalmente de maneira vertical. Nesse sentido conceitua o art. 168 do REPC

Art. 168, Dec. 3.044/80 (REPC). A promoção é a passagem de uma classe para classe imediatamente superior, da mesma categoria funcional no serviço policial civil, e será efetuada pelos critérios de antigüidade e merecimento e, ainda, por bravura e "*post mortem*".

No âmbito da Polícia Civil do Estado do Rio de Janeiro encontramos dois regramentos sobre a promoção. Para os **cargos de Delegado de Polícia** devem ser observadas as disposições da **Lei Estadual nº 1.500, de 21 de agosto de 1989**. Para os **outros cargos** integrantes do quadro funcional, o regramento é estabelecido pelo **REPC, arts. 168 *usque* 222.**

Esses dois diplomas basicamente preveem as seguintes **formas de promoção:**

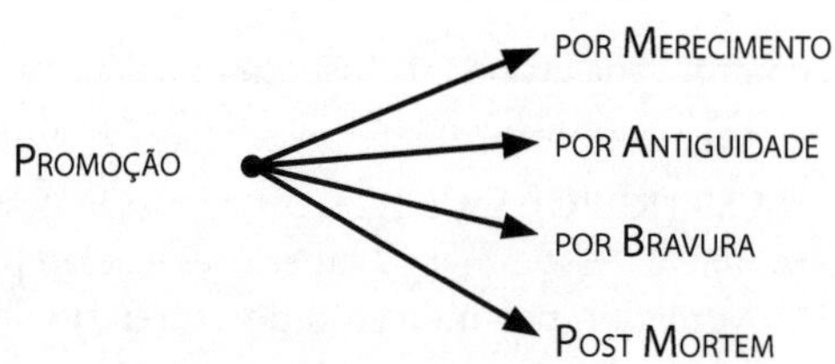

Para que o servidor policial possa ser promovido por merecimento ou antiguidade deverá integrar o Quadro de Promoção por Antiguidade (QPA) ou Quadro de Promoção por Merecimento (QPM) – arts. 180 *usque* 185 do REPC.

Frise-se, antes de mais nada, que o tema das promoções, no âmbito da Polícia Civil do Estado do Rio de Janeiro, sofreu algumas alterações importantes com a edição do Decreto 47.236/2020, que juntamos na íntegra no capítulo específico de legislação para a consulta *in loco*.

Para a **promoção por antiguidade** leva-se em conta o maior tempo de efetivo exercício na classe à qual o servidor policial se encontra investido (arts. 186 *usque* 192 do REPC).

A **promoção por merecimento**, por sua vez, leva em conta a classificação de pontos obtidos pelo policial (art. 193 *usque* 216 do REPC).

A **promoção por bravura** é conferida ao servidor policial por conduta de coragem e audácia que, ultrapassando os limites normais do cumprimento do dever, representem feitos úteis às atividades policiais na manutenção de segurança e ordem públicas (art. 217 e 218 do REPC).

A **promoção *post mortem*** decorre do falecimento do servidor policial em ação de ato de serviço ou por bravura. (art. 219 *usque* 222 do REPC)

2.8. Jurisprudência

Sobre a inconstitucionalidade da ascensão e transferência, o STF editou a Súmula 685, posteriormente convertida na Súmula Vinculante nº 43.

> Súmula Vinculante nº 43.
>
> É inconstitucional toda modalidade de provimento que propicie ao servidor investir-se, sem prévia aprovação em concurso público destinado ao seu provimento, em cargo que não integra a carreira na qual anteriormente investido.

Sobre a limitação de idade máxima como requisito de acesso a cargos públicos, trazemos o Recurso Extraordinário nº 157.863-7/DF, julgado pelo STF em 31/08/93.

> CONCURSO PÚBLICO. LIMITE DE IDADE PARA INSCRIÇÃO.
>
> O Plenário desta Corte, ao julgar os recursos em mandado de segurança 21.033 e 21.046, firmou o entendimento de que, salvo nos casos em que a limitação de idade possa ser justificada pela natureza das atribuições do cargo a ser preenchido, não pode a lei, em face do disposto no art. 7º, XXX, e 39, §2º, da Constituição Federal, impor limites de idade para a inscrição em concurso público.

Ainda sobre a questão da limitação de idade para acesso a cargo público, temos o Recurso em Mandado de Segurança nº 21.046-0/RJ.

> CONCURSO PÚBLICO: INDEFERIMENTO DE INSCRIÇÃO FUNDADA NA IMPOSIÇÃO LEGAL DE LIMITE DE IDADE, QUE CONFIGURA, NAS CIRCUNSTÂNCIAS DO CASO, DELIMITAÇÃO INCONSTITUCIONAL (CF, ART. 5º E 7º, XXX): SEGURANÇA CONCEDIDA.
>
> A vedação constitucional de diferença de critérios de admissão por motivo de idade (CF, art. 7º, XXX) é corolário, na esfera das relações de trabalho, do princípio fundamental da igualdade (CF, art. 5º, caput), que se estende, à falta de

> exclusão constitucional inequívoca (como ocorre em relação aos militares - CF, art. 42, §11), a todo sistema de pessoal civil.
>
> É ponderável, não obstante, a ressalva das hipóteses em que a limitação de idade se possa legitimar como a imposição da natureza e das atribuições do cargo a preencher.
>
> Esse não é o caso, porém, quando, como se dá na espécie, a lei dispensa do limite de idade os que já sejam servidores públicos a evidenciar que não se cuida de discriminação ditada por exigências etárias das funções do cargo considerado.

O tema, de certa foram, resta pacificado com a edição da Súmula 683 do STF:

> Súmula 683 do STF
>
> O limite de idade para a inscrição em concurso público só se legitima em face do art. 7º, XXX, da Constituição, quando possa ser justificado pela natureza das atribuições do cargo a ser preenchido.

O STJ, julgando o Recurso em Mandado de Segurança nº 2.341 - RS, 6ª Turma, Rel. Min. Adhemar Maciel, 14.11.94, entendeu, por exemplo, que o cargo de arquiteto não comportaria limitação etária desarrazoada pela lei estadual.

> CONSTITUCIONAL E ADMINISTRATIVO. CONCURSO PÚBLICO. ARQUITETO. LIMITE DE IDADE. LIMITAÇÃO POR LEI ORDINÁRIA ESTADUAL. INEXISTÊNCIA DE RAZOABILIDADE NO CASO CONCRETO. AFRONTA À CONSTITUIÇÃO FEDERAL (ART. 7º, XXX, E 37, I). PRECEDENTE DO STJ. RECURSO ORDINÁRIO CONHECIDO E PROVIDO.
>
> I - A impetrante, por ter 44 anos de idade, foi impedida de inscrever-se em concurso público para o cargo de arquiteto: a Lei estadual n. 7.357/80 fixou como limite máximo a idade de 40 anos.
>
> II - À evidência, cabe à lei ordinária fixar, em princípio, os limites - mínimo e máximo - para a inscrição em cargo público. Essa limitação etária, todavia, deve-se lastrear numa certa razoabilidade de acordo com a exigência do serviço, sob pena de resvalar para um autêntico *abusus legis*, configurando discriminação pela idade, o que é defeso pela Constituição Federal (arts. 7º, XXX, e 37, I). No caso concreto, o cargo de arquiteto não exige grande esforço físico de seu ocupante. Precedentes do STJ.
>
> III - Recurso ordinário conhecido e provido.

O STF, julgando o Agravo Regimental no Recurso Extraordinário com Agravo nº 969.304/MG, Primeira Turma, Rel. Min. Rosa Weber, 25.06.13, decidiu que o cargo de natureza policial comporta, no caso concreto, limitação etária.

DIREITO ADMINISTRATIVO. CONCURSO PÚBLICO. POLICIAL CIVIL. LIMITE DE IDADE. PREVISÃO EM LEI ESPECÍFICA. LEGITIMIDADE. APLICAÇÃO DA SÚMULA 683/STF. INCIDÊNCIA DA LEI COMPLEMENTAR ESTADUAL 113/2010. SUPRESSÃO DA EXIGÊNCIA. EFEITOS RETROATIVOS: IMPOSSIBILIDADE. ACÓRDÃO RECORRIDO PUBLICADO EM 16.3.2012.

A jurisprudência desta Corte firmou-se no sentido da legitimidade da imposição de limite de idade para inscrição em concurso público, quando previsto em lei, tendo em vista a natureza das atribuições do cargo a ser preenchido. Aplicação da Súmula 683/STF.

A Lei Complementar Estadual 113/2010 não pode retroagir para ser aplicada a concurso público realizado antes de sua vigência.

Agravo regimental conhecido e não provido.

Reafirmando a jurisprudência, o STJ julgou Recurso Ordinário em Mandado de Segurança nº 14.156/PE, 6ª Turma, Rel. Min. Vicente Leal, 27.08.02.

CONSTITUCIONAL. ADMINISTRATIVO. RECURSO ORDINÁRIO EM MANDADO DE SEGURANÇA. CONCURSO PÚBLICO PARA PROVIMENTO DO CARGO DE JUIZ DE DIREITO SUBSTITUTO. LIMITE MÍNIMO DE IDADE EM RAZÃO DA NATUREZA DAS ATRIBUIÇÕES DO CARGO. PRINCÍPIO DA RAZOABILIDADE.

– O limite mínimo de idade imposto por lei para ingresso em cargo público, justifica-se apenas se a natureza das atribuições do cargo a ser preenchido impuser tal exigência.

– O Supremo Tribunal Federal e o Superior Tribunal de Justiça firmaram-se no sentido da adoção do princípio da razoabilidade, levada em consideração a natureza do cargo pretendido, a situação do candidato e a sua faixa etária.

– *In casu*, não se afigura razoável limitar o ingresso na magistratura de candidatos que não tenham 25 anos de idade no momento da inscrição no certame ao entendimento de que o cargo exige maturidade, sendo certo que no momento da posse no referido cargo tal exigência restará atendida.

– Recurso ordinário provido. Segurança concedida.

No sentido da constitucionalidade de limite etário máximo no momento da inscrição, o STF julgou o Agravo Regimental no Recurso Extraordinário com Agravo nº 730.959-BA, 2ª Turma, Rel. Min. Gilmar Mendes, 19.03.13:

Agravo regimental em recurso extraordinário com agravo. 2. Direito Administrativo. 3. Concurso público. Regras editalícias. Limite de idade.

A comprovação do requisito etário deve ocorrer no momento da inscrição no certame. Precedentes. 4. Alegada violação ao art. 93, IX, da Constituição Federal.

Não ocorrência. AI-QO-RG 791.292 de minha relatoria, DJe 13.8.2010. Ausência de argumentos capazes de infirmar a decisão agravada. 6. Agravo regimental a que se nega provimento.

Trazemos, ainda, para debate, precedente do Supremo Tribunal Federal no sentido de que candidato aprovado em concurso público fora do número de vagas, mas que passe a figurar dentro da lista em virtude da desistência de alguém melhor colocado, passa a ter direito subjetivo de ser nomeado, e não mera expectativa. O entendimento supera jurisprudência antiga da Corte, no sentido de que a aprovação dentro das vagas geraria somente mera expectativa de direito. Vejamos:

PROCESSUAL CIVIL. ADMINISTRATIVO. MANDADO DE SEGURANÇA. CONCURSO PÚBLICO. PROCON/DF. CANDIDATA APROVADA FORA DO NÚMERO DE VAGAS.

DESISTÊNCIA DE CANDIDATOS MELHOR CLASSIFICADOS, PASSANDO A IMPETRANTE A FIGURAR DENTRO DAS VAGAS PREVISTAS NO EDITAL. DIREITO À NOMEAÇÃO. EXISTÊNCIA. PRECEDENTES DO SUPREMO TRIBUNAL FEDERAL.

IMPEDIMENTO DECORRENTE DA LEI DE RESPONSABILIDADE FISCAL. AUSÊNCIA DE COMPROVAÇÃO. SEGURANÇA CONCEDIDA.

I. Consoante o decidido pelo Plenário desta Corte na sessão realizada em 09.03.2016, o regime recursal será determinado pela data da publicação do provimento jurisdicional impugnado. Assim sendo, in casu, aplica-se o Código de Processo Civil de 2015.

II. Caso em que a Impetrante logrou aprovação, na 13ª classificação, no concurso público para o cargo de Técnico de Atividade de Defesa do Consumidor – Técnico de Contabilidade do PROCON/DF, no qual havia previsão de 08 (oito) vagas, sendo que 5 (cinco) candidatos melhor classificados desistiram do certame.

III. O Supremo Tribunal Federal, em julgamento submetido ao rito da repercussão geral (RE n. 837311/PI), fixou orientação no sentido de que o surgimento de novas vagas ou a abertura de novo concurso para o mesmo cargo, durante o prazo de validade do certame anterior, não gera automaticamente o direito à nomeação dos candidatos aprovados fora das vagas previstas no edital, ressalvadas as hipóteses de preterição arbitrária e imotivada por parte da administração, caracterizadas por comportamento tácito ou expresso do Poder Público capaz de revelar a inequívoca necessidade de nomeação do aprovado durante o período de validade do certame, a ser demonstrada de forma cabal pelo candidato.

IV. Por outro lado, em relação àqueles candidatos aprovados dentro do número de vagas, o Supremo Tribunal Federal, no julgamento do Recurso Extraordinário n. 598099/MS, também submetido à sistemática da Repercussão Geral, fixou orientação no sentido haver direito à nomeação, salvo exceções pontuais. A partir dessa tese, evoluiu para compreender que, havendo desistência de candidatos melhor classificados, fazendo com que os seguintes passem a constar dentro do número de vagas, a expectativa de direito se convola em direito líquido e certo, garantindo o direito a vaga disputada. Precedentes do Supremo Tribunal Federal.

V. Afasta-se o impedimento para nomeação suscitado pelo ente público, decorrente de suposto atingimento do limite prudencial previsto na Lei de Responsabilidade Fiscal, tendo em vista a ausência de comprovação.

VI. Recurso Ordinário provido, para reformar o acórdão recorrido e determinar a imediata nomeação da Impetrante para o cargo postulado.

(RMS 53.506/DF, Rel. Ministra REGINA HELENA COSTA, PRIMEIRA TURMA, julgado em 26/09/2017, DJe 29/09/2017)

Sobre a inadmissibilidade de sigilo de exame psicotécnico, vale citar o Recurso Extraordinário nº 265.261/MS, 1ª Turma, Rel. Min. Sepúlveda Pertence, 13.02.01:

I. RE: descabimento (Súm. 281): se houve divergência de votos quanto à existência ou não de prejudicial de inconstitucionalidade de ato normativo e conseqüente aplicabilidade de "reserva de plenário" do art. 97 da Constituição, a questão não pode ser suscitada em recurso extraordinário, antes de ser definitivamente solvida no Tribunal *a quo*, mediante embargos infringentes. II. Concurso público: exame psicotécnico: inadmissibilidade da oposição do sigilo de seus resultados ao próprio candidato em conseqüência declarado inapto. A oposição ao próprio candidato a concurso público do resultado dos elementos e do resultado do exame psicotécnico em decorrência dos quais foi inabilitado no certame viola, a um só tempo, o "direito a receber dos órgãos públicos informações de seu interesse particular" (CF, art. 5º, XXXIII), como também de submissão ao controle do Judiciário de eventual lesão de direito seu (CF, art. 5º, XXXV): precedente (RE 125556).

Ainda no que toca a exames psicotécnicos, transcrevemos trecho de um precedente interessante – embora, em nossa visão, parcialmente equivocado – do STF, que reafirma a validade da Súmula Vinculante nº 44, mas estabelece ser desnecessária, para fins de segurança jurídica, a previsão em lei em sentido estrito dos critérios objetivos que serão parâmetro de julgamento das provas a que serão submetidos os candidatos. Conforme explicamos neste capítulo, entendemos que, para que se beneficie o *princípio da legalidade* em sua vertente *material*, seria necessária a previsão legal dos critérios, e não meramente a editalícia. Esperamos que a jurisprudência da Corte seja revisitada em breve.

'O STF editou a Súmula Vinculante 44 em consonância com sua jurisprudência reiterada, no sentido da necessidade de previsão legal específica para fins de se admitir a realização de exame psicotécnico como etapa de habilitação em concurso de ingresso no serviço público, devendo os critérios de avaliação observar um grau mínimo de objetividade e publicidade (...). Não se extrai da Súmula Vinculante 44, porquanto ausente a pertinência temática com os precedentes da jurisprudência desta Suprema Corte que justificaram sua edição, a obrigatoriedade de que os critérios objetivos a serem observados pelos avaliadores estejam discriminados em lei em sentido estrito para fins de se conferir o grau de segurança jurídica e publicidade mínimos exigidos. Em outras palavras, a Súmula Vinculante 44 não possui aderência estrita com a tese de que não é legítima a realização do exame psicotécnico previsto em lei como etapa de habilitação em concurso público ou processo seletivo caso os critérios objetivos especificados no edital não estejam normatizados em lei em sentido estrito. Tampouco a Súmula Vinculante 44 possui pertinência temática com a discussão acerca de qual é o instrumento adequado para regulamentar os padrões de aferição do exame psicotécnico instituído como etapa de concurso — se somente o decreto regulamentar ou se é suficiente o edital do certame —, para fins de se fazer respeitar o disposto no parágrafo único do art. 36 da Lei 10.123/1968 do Estado de São Paulo."

[Rcl 25.230 AgR, rel. min. Dias Toffoli, 2ª T, j. 13-12-2016, DJE 34 de 21-2-2017.]

Abaixo transcrevemos a ementa da Representação de Inconstitucionalidade nº 0010640-43.2012.8.19.0000, Órgão Especial, Rel. Des. Maria Augusta Vaz M. de Figueiredo, 21.01.13, julgada pelo TJRJ, reconhecendo inconstitucional a Lei Estadual 5.938/11:

REPRESENTAÇÃO DE INCONSTITUCIONALIDADE EM FACE DA LEI Nº 5938/2011, DO ESTADO DO RIO DE JANEIRO, PROPOSTA PELO PROCURADOR GERAL DO ESTADO. AFRONTA AOS PRINCÍPIOS CONSTITUCIONAIS QUE GARANTEM A SEPARAÇÃO DOS PODERES, A ADMINISTRAÇÃO DO PODER EXECUTIVO E A INICIATIVA PRIVATIVA DO CHEFE DO EXECUTIVO PARA LEIS QUE TRATEM DO OBJETO EM QUESTÃO. VIOLAÇÃO DOS ARTIGOS 7º, 145, II, III e VI, E 112, §1º, II, "b", DA CONSTITUIÇÃO ESTADUAL.

A lei estadual em foco prevê que nos concursos públicos para a carreira pública estadual, a reprovação do candidato em exame psicológico seja fundamentada por escrito, comprovando a incompatibilidade do perfil do candidato com a função pública em análise, sob pena de nulidade do ato, e que ao candidato reprovado seja garantido o acesso ao conteúdo da fundamentação e a submissão a novo exame.

O artigo 145 da Constituição Estadual prevê a competência do Governador do Estado para exercer, com o auxílio dos Secretários de Estado, a direção superior da administração estadual, iniciar o processo legislativo, na forma e nos casos previstos na Constituição, e dispor sobre a organização e o funcionamento da administração estadual, na forma da lei.

Artigo 112, §1º, II, "b", da Carta fluminense determina que são de iniciativa privativa do Governador do Estado as leis que disponham sobre servidores públicos, seu regime jurídico e provimento de cargos. Vulneração do princípio da separação e harmonia de poderes consagrado pelo artigo 7º da CERJ, bem como a iniciativa exclusiva do Chefe do Poder Executivo para leis que versem sobre a matéria em questão.

Declaração de inconstitucionalidade da Lei Municipal 5398/11 do Estado do Rio de Janeiro.

Quanto à prova de investigação social, os Tribunais Superiores possuem jurisprudência tranquila no sentido de que ações penais em curso não justificam a eliminação de candidato do processo seletivo. Em que pese haver precedentes isolados no sentido de ser legítima a eliminação de candidato nesses termos quando o cargo pleiteado for de alta monta, o entendimento que privilegia a presunção de inocência é o que deve prevalecer.

DIREITO ADMINISTRATIVO. PROCESSUAL CIVIL. AGRAVO REGIMENTAL EM RECURSO EM MANDADO DE SEGURANÇA. CONCURSO PÚBLICO. INVESTIGAÇÃO SOCIAL. EXCLUSÃO. CANDIDATO. INSTAURAÇÃO. INQUÉRITO. IMPOSSIBILIDADE. NECESSIDADE. ANTECEDENTES. CONDENAÇÃO. TRÂNSITO EM JULGADO. PROTEÇÃO. PRINCÍPIO DA INOCÊNCIA. JURISPRUDÊNCIA. STF E STJ.

1. A mera instauração de inquérito policial ou de ação penal contra o cidadão não pode implicar, em fase de investigação social de concurso público, sua eliminação da disputa, sendo necessário para a configuração de antecedentes o trânsito em julgado de eventual condenação. Jurisprudência.

2. A decisão monocrática que confirma essa jurisprudência para dar a preceito legal estadual interpretação a ela conforme não ofende o postulado da reserva de plenário estabelecido no art. 97 da Constituição da República tampouco ofende o teor da Súmula Vinculante n.º 10 do Supremo Tribunal Federal.

3. Agravo regimental não provido.

(AgRg no RMS 39.580/PE, Rel. Ministro MAURO CAMPBELL MARQUES, SEGUNDA TURMA, julgado em 11/02/2014, DJe 18/02/2014)

ADMINISTRATIVO. AGRAVO REGIMENTAL EM RECURSO EM MANDADO DE SEGURANÇA. CONCURSO PÚBLICO. INSPETOR DE SEGURANÇA E ADMINISTRAÇÃO PENITENCIÁRIA. INVESTIGAÇÃO SOCIAL. EXCLUSÃO DOS CANDIDATOS.

REGISTROS DE OCORRÊNCIA POLICIAL ARQUIVADA E DE PROCESSO CRIMINAL SUSPENSO. OFENSA AO PRINCÍPIO DA PRESUNÇÃO DE INOCÊNCIA.

1. O Supremo Tribunal Federal e o Superior Tribunal de Justiça têm entendimento dominante no sentido de que "a mera instauração de inquérito policial ou de ação penal contra o cidadão não pode implicar, em fase de investigação social de concurso público, sua eliminação da disputa, sendo necessário para a configuração de antecedentes o trânsito em julgado de eventual condenação" (AgRg

> no RMS 39.580/PE, Rel. Min. MAURO CAMPBELL MARQUES, SEGUNDA TURMA, DJe 18/02/2014). Precedentes.
>
> 2. Na hipótese, os ora agravados foram excluídos de certame público para o cargo de Inspetor de Segurança e Administração Penitenciária, em razão da existência de registros de ocorrência policial arquivada pela falta de interesse processual da vítima e de processo suspenso condicionalmente, situações específicas que recomendam a observância da jurisprudência sedimentada acerca do tema.
>
> 3. Agravo regimental não provido.
>
> (AgRg no RMS 46.055/RJ, Rel. Ministro GURGEL DE FARIA, PRIMEIRA TURMA, julgado em 10/03/2016, DJe 29/03/2016)

Quanto à exoneração do servidor após o estágio probatório, temos a Súmula 21 do STF dispondo sobre o tema:

> Súmula 21 do STF
>
> Funcionário em estágio probatório não pode ser exonerado nem demitido sem inquérito ou sem as formalidades legais de apuração de sua capacidade.

Sobre a vinculação do prazo constitucional para aquisição de estabilidade e o prazo do estágio probatório, o STJ já se manifestou sobre o tema no MS 9.373-DF, 3ª Seção, Rel. Min. Laurita Vaz, 25.08.04:

> MANDADO DE SEGURANÇA. SERVIDORES PÚBLICOS. ESTÁGIO PROBATÓRIO. ART.20 DA LEI N.º 8.112/90. ESTABILIDADE. INSTITUTOS DISTINTOS. ORDEM CONCEDIDA.
>
> 1. Durante o período de 24 (vinte e quatro) meses do estágio probatório, o servidor será observado pela Administração com a finalidade de apurar sua aptidão para o exercício de um cargo determinado, mediante a verificação de específicos requisitos legais.
>
> 2. A estabilidade é o direito de permanência no serviço público outorgado ao servidor que tenha transposto o estágio probatório. Ao término de três anos de efetivo exercício, o servidor será avaliado por uma comissão especial constituída para esta finalidade.
>
> 3. O prazo de aquisição de estabilidade no serviço público não resta vinculado ao prazo do estágio probatório. Os institutos são distintos. Interpretação dos arts. 41, § 4º da Constituição Federal e 20 da Lei n.º 8.112/90.
>
> 4. Ordem concedida.

2.9. Síntese do capítulo

- Formas de ingresso ou provimento no cargo público:
  - Provimento originário → inauguração de relação jurídica entre agente e Estado, no contexto de inexistência de relação outra primeva → nomeação;

- » Provimento originário em cargo efetivo → investidura → somente por concurso público de provas ou provas e título;
- » Provimento originário em cargo em comissão → livre nomeação, respeitados os princípios e os limites jurídicos de probidade.

• Provimento derivado → inauguração de relação jurídica nova entre agente e Estado, mas no contexto de prévia existência de outra relação primeva: promoção; readaptação, recondução, reversão, aproveitamento, reintegração;

- » → ascensão (ou acesso) e transferência → declarados inconstitucionais pelo STF.

► Cargos policiais efetivos → nomenclatura:

• Grupo I – Autoridade Policial:

- » Delegado de Polícia;

• Grupo II – Agentes de polícia estadual de apoio técnico-científico:

- » Engenheiro Policial de Telecomunicações
- » Perito Legista
- » Perito Criminal
- » Papiloscopista Policial
- » Técnico Policial de Necropsia
- » Auxiliar Policial de Necropsia

• Grupo III – Agentes de Polícia Estadual de Investigação e Prevenção Criminal:

- » Inspetor de Polícia
- » Oficial de Cartório Policial
- » Investigador Policial
- » Piloto Policial

► Requisitos para investidura no cargo efetivo:

• nacionalidade brasileira (nato ou naturalizado);

• ter no mínimo 18 (dezoito) anos completos e no máximo 35 (trinta e cinco) anos completos à data do encerramento das inscrições;

- » Discussão sobre a constitucionalidade do limite etário máximo;
- » Discussão sobre momento da comprovação da idade mínima e máxima;

- estar em gozo dos direitos políticos;
- estar quite com as obrigações militares e eleitorais;
- possuir condições sociais compatíveis com a função policial;
- gozar de boa saúde, comprovada em inspeção médica;
- possuir aptidão física e psíquica para o exercício da função policial;
- ter sido habilitado e classificado, previamente, em concurso público de provas ou de provas e títulos, realizado pela Academia de Polícia.

► Concurso público → fases e etapas:

- 1ª Fase
  - » Prova de Conhecimentos
  - » Exame Psicotécnico
  - » Exame Médico
  - » Prova de Capacidade Física
- 2ª Fase → Curso de Formação Profissional → estágio experimental → inexistência de vínculo funcional;
- Aprovação no concurso público dentro do número de vagas → direito subjetivo do candidato à nomeação;
- Prazo de validade do concurso → de até 2 anos, prorrogável por igual período;
- Estabilidade e Estágio Probatório:
  - » Estabilidade → prazo de 3 anos, previsto na Constituição da República;
  - » Estágio Probatório → controvérsia sobre o prazo vinculado à aquisição da estabilidade X prazo previsto na Lei Estadual 3.586/01 (2 anos e 6 meses).

► Requisitos para o provimento de cargo em comissão:

- Dispensado o concurso público; cargo de livre nomeação e exoneração;
- Necessidade de aptidão intelectual e profissional, somada a alguns requisitos também exigidos para o cargo efetivo.

► Promoção:

- por antiguidade;
- por merecimento;
- por bravura;
- *post mortem*.

2.10. Questões comentadas

1. (FUMARC – 2018 – PCMG – Delegado de Polícia – Questão adaptada) Sobre o regime constitucional atribuído à Polícia Civil e aos policiais civis, julgue certo ou errado:

"Não é possível a acumulação remunerada do cargo de policial civil com o cargo de professor, ainda que haja compatibilidade de horários"[62-63]

COMENTÁRIOS

Resposta: Errado. A acumulação remunerada de cargos públicos é, realmente, como regra, vedada, mas é a própria Carta Magna quem nos dá as hipóteses excepcionais de aceitabilidade dessa situação jurídica. Percebamos que o art. 37, XVI, "b", da CF, nos diz que "é vedada a acumulação remunerada de cargos públicos, exceto, quando houver compatibilidade de horários *[...]* a de um cargo de professor com outro técnico ou científico". No que toca ao cargo de natureza técnica, eles se pode conceituar nos seguintes termos: ""é aquele que requer conhecimento específico na área de atuação do profissional, com habilitação específica de grau universitário ou profissionalizante de 2º grau". Já quanto ao de natureza científica, pode-se dele dizer que *"é o conjunto de atribuições cuja execução tem por finalidade a investigação coordenada e sistematizada de fatos, predominantemente de especulação, visando a ampliar o conhecimento humano".* Só isso já bastaria, considerado o cariz técnico das atividades exercidas pelos membros da Polícia Judiciária, para que fossem adequadas as suas funções à possibilidade excepcional de acumulabilidade de cargos públicos remuneradas. Nada obstante, no âmbito do Estado do Rio de Janeiro, relembramos ao leitor que foi promulgada a Lei 8.303/2019, estabelecendo expressamente a natureza técnica dos cargos policiais civis. No que toca ao cargo de Delegado de Polícia, especificamente, essa previsão já se extraia, desde o ano de 2013, da Lei 12.830 daquele ano.

2. Com base na Constituição Federal, na legislação específica do Estado do Rio de Janeiro e na jurisprudência do Supremo Tribunal Federal e do Superior Tribunal de Justiça, analise as seguintes assertivas e assinale a correta:

a) De acordo com o entendimento jurisprudencial moderno, nas hipóteses de acumulabilidade remunerada de cargos públicos, o teto remuneratório constitucional deve incidir de forma global, considerando-se a totalidade do quanto receba o agente público em todos os cargos que exerça.

b) Prevalece no âmbito dos Tribunais Superiores, atualmente, que a acumulabilidade remunerada de cargos sujeita-se ao requisito da compatibilidade de horários, mas que este não pode ser limitado, por ato infraconstitucional, a 60 (sessenta) horas, já que a Carta Magna não estabelece tal vedação.

62 STJ. 2ª Turma. RMS 42.392/AC, Rel. Min. Herman Benjamin, 10.02.2015.

63 STJ. 5ª Turma. RMS 28644/AP, Rel. Min. Laurita Vaz 06.12.2011.

c) A atividade de membro da Polícia Judiciária, no Estado do Rio de Janeiro, não é considerada de natureza técnica para fins de acumulabilidade de cargos.

e) A proibição, como regra, de acumulação remunerada de cargos públicos abrange somente servidores públicos integrantes da Administração Direta, tendo em vista que trata-se, *strictu senso*, da substância do Estado.

e) Os servidores policiais nomeados para cargo de provimento efetivo em virtude de concurso público poderão adquirir a estabilidade após três anos de efetivo exercício, sendo dispensável para a aquisição da referida estabilidade a avaliação especial de desempenho por comissão instituída para essa finalidade.

COMENTÁRIOS

Resposta: Letra B.

Alternativa A: encontra-se errada. Na hipótese de acumulação remunerada excepcional de cargos, o teto remuneratório, em que pese a clarividência do texto constitucional, deve incidir isoladamente sobre cada cargo público titularizado pelo agente público. Assim não fosse e, indiretamente, estaria o Estado inviabilizando a acumulação constitucionalmente permitida. O entendimento vem cristalizado, por exemplo, na ementa do seguinte pronunciamento pelo Supremo Tribunal Federal:

TETO CONSTITUCIONAL – ACUMULAÇÃO DE CARGOS – ALCANCE. Nas situações jurídicas em que a Constituição Federal autoriza a acumulação de cargos, o teto remuneratório é considerado em relação à remuneração de cada um deles, e não ao somatório do que recebido.

(RE 612975, Relator(a): Min. MARCO AURÉLIO, Tribunal Pleno, julgado em 27/04/2017, ACÓRDÃO ELETRÔNICO DJe-203 DIVULG 06-09-2017 PUBLIC 08-09-2017)

Alternativa B: encontra-se correta, veiculando a resposta adequada para a questão. Como estudado neste capítulo de nossa obra, em que pese haver pareces da Advocacia-Geral da União (Parecer AGU GQ-145) no sentido de se limitar em 60 (sessenta) horas o requisito da compatibilidade de horários, a jurisprudência das Cortes Superiores, moderna e atualmente, caminha no sentido de desconsiderar tal regramento infraconstitucional. Veja-se, por exemplo, o entendimento cristalizado no precedente abaixo:

ADMINISTRATIVO. RECURSO ESPECIAL. SERVIDOR PÚBLICO. ACUMULAÇÃO DE CARGOS PÚBLICOS REMUNERADOS. ÁREA DA SAÚDE. LIMITAÇÃO DA CARGA HORÁRIA. IMPOSSIBILIDADE. COMPATIBILIDADE DE HORÁRIOS. REQUISITO ÚNICO. AFERIÇÃO PELA ADMINISTRAÇÃO PÚBLICA.

1. A Primeira Seção desta Corte Superior tem reconhecido a impossibilidade de acumulação remunerada de cargos ou empregos públicos privativos de profissionais da área de saúde quando a jornada de trabalho for superior a 60 horas semanais.

2. Contudo, o Supremo Tribunal Federal, reiteradamente, posiciona-se "[...] no sentido de que a acumulação de cargos públicos de profissionais da área de saúde, prevista no art. 37, XVI, da CF/88, não se sujeita ao limite de 60 horas semanais previsto em norma infraconstitucional, pois inexiste tal requisito na Constituição Federal" (RE 1.094.802 AgR, Relator Min. Alexandre de Moraes, Primeira Turma, julgado em 11/5/2018, DJe 24/5/2018).

3. Segundo a orientação da Corte Maior, o único requisito estabelecido para a acumulação é a compatibilidade de horários no exercício das funções, cujo cumprimento deverá ser aferido pela administração pública. Precedentes.

4. Adequação do entendimento desta Corte ao posicionamento consolidado pelo Supremo Tribunal Federal sobre o tema.

5. Recurso especial provido.

(REsp 1746784/PE, Rel. Ministro OG FERNANDES, SEGUNDA TURMA, julgado em 23/08/2018, DJe 30/08/2018)

Nada obstante, relembramos ao leitor que existe precedente do STJ, de dezembro de 2018, concluindo pela aceitabilidade do *requisito das 60 horas*. Todavia, como destoa de orientação firmada pelo próprio Supremo Tribunal Federal, entendemos que não prevalecerá nos próximos momentos da *práxis* jurisprudencial. Tendo isso em vista, a alternativa B torna-se correta. Confira-se, abaixo, o precedente ao qual aludimos:

ADMINISTRATIVO. SERVIDOR PÚBLICO. ACUMULAÇÃO DE CARGOS. CARGA HORÁRIA SUPERIOR A 60H. IMPOSSIBILIDADE.

1. Esta Corte tem o entendimento de que é razoável e proporcional a limitação de 60 horas semanais estabelecida pelo Acórdão TCU 2.133/2005 e pelo Parecer GQ-145/98 da AGU à jornada de trabalho dos servidores que se submetem acumuladamente a mais de um regime de trabalho.

2. Agravo interno desprovido.

(AgInt no REsp 1686199/RN, Rel. Ministro GURGEL DE FARIA, PRIMEIRA TURMA, julgado em 04/12/2018, DJe 13/02/2019)

Alternativa C: encontra-se errada. A assertiva conflita expressamente com o disposto na Lei 8.303/2019 do Estado do Rio de Janeiro, exaustivamente estudada em nossa obra, que para fins de acumulação lícita e remunerada de cargos públicos, de acordo com a sistemática constitucional vigente, estabelece ser de natureza técnica a atividade dos membros da Polícia Judiciária neste Estado. No âmbito federal, todavia, mesmo antes da edição do supracitado complexo normativo, já existia interpretação no mesmo sentido, tendo em vista as previsões da Lei 12.830/2013, aplicadas ao Delegado de Polícia.

Alternativa D: encontra-se errada. O instituto em trabalho possui abrangência maior. Ele se aplica não somente à Administração Direta, mas também à Indireta, incluindo-se aqui as entidades com natureza jurídica de direito público (*v.g.*, autarquias) e as de direito privado (*v.g.*, empresas públicas e sociedades de economia mista).

Alternativa E: encontra-se errada. Com a Emenda Constitucional nº 19, de 1998, a aquisição da estabilidade pelo servidor público passa a estar condicionada à avaliação especial de desempenho.

Art. 41, CRFB [...]

§4º – Como condição para a aquisição da estabilidade, é obrigatória a avaliação especial de desempenho por comissão instituída para essa finalidade. *(Incluído pela Emenda Constitucional nº 19, de 1998)*

3. (VUNESP - 2018 - PC-SP - Delegado de Polícia - questão adaptada) Nos termos da lei 12.830/2013 (Investigação Criminal conduzida pelo Delegado), julgue:

"As funções de polícia judiciária e a apuração de infrações penais exercidas pelo Delegado de Polícia são consideradas de natureza jurídica, essenciais e exclusivas de Estado."

COMENTÁRIOS

Resposta: correta.

A questão nos remete à disciplina do art. 2º da Lei 12.830/2013, cujo teor é inteiramente repetido na assertiva. A garantia justifica-se sobretudo a partir do conceito de cargo técnico firmado pela jurisprudência dos Tribunais Superiores. Senão, veja-se:

ADMINISTRATIVO. ACUMULAÇÃO ILÍCITA DE APOSENTADORIAS. ACUMULAÇÃO DE CARGOS. PROFESSOR E TÉCNICO EM POLÍTICAS CULTURAIS. IMPOSSIBILIDADE.

1. Conforme consignado pela Corte local, está "evidenciada a impossibilidade de cumulação das aposentadorias outrora percebidas pelo impetrante. uma vez que o cargo de técnico em assuntos culturais não possui natureza técnica, pois não demanda formação profissional específica para o respectivo exercício".

2. De acordo com a jurisprudência do Superior Tribunal de Justiça, cargo técnico é aquele que requer conhecimento específico na área de atuação do profissional, com habilitação específica de grau universitário ou profissionalizante de 2º grau.

3. É possível verificar que o cargo ocupado pelo recorrente, "Técnico em Políticas Culturais", exige apenas nível médio (fl. 50, e-STJ), não se enquadrando, portanto, na definição acima. Recurso Ordinário não provido. (RMS 42.392/AC, Rel. Ministro HERMAN BENJAMIN, SEGUNDA TURMA, julgado em 10/02/2015, DJe 19/03/2015)

4. Com base na Jurisprudência dos Tribunais Superiores e direito positivo vigente, marque a alternativa correta:

a) A carreira de Delegado de Polícia faz parte da carreira única da polícia civil, dependendo o respectivo ingresso de classificação em concurso público de provas e títulos e, por ascensão, sendo que metade das vagas será reservada para cada uma dessas formas de provimento, podendo ser aproveitadas para concurso público as vagas que não forem preenchidas pelo instituto de ascensão;

b) Os cargos efetivos e em comissão da Polícia Civil são acessíveis aos brasileiros, sejam eles natos ou naturalizados.

c) As condições sociais familiares do candidato podem impedir seu ingresso em cargo policial. Esse juízo far-se-á quando da etapa de investigação social, que deve, inclusive necessariamente, avaliar se os ascendentes do candidato já praticaram crime.

d) É ilegal e inconstitucional a limitação de idade para o ingresso em cargos efetivos da Polícia Civil, não havendo hipótese de exceção a essa regra.

COMENTÁRIOS

Resposta: Letra B.

Alternativa A: encontra-se errada.. Embora a alternativa reproduza o texto do §1º, art. 188 da CERJ, tal norma foi declarada inconstitucional pelo STF, na ADI 245-7/600, por prever a figura da ascensão como forma de provimento no cargo de Delegado de Polícia. O STF já pacificou o tema afirmando, na Súmula 685, ser *"inconstitucional toda modalidade de provimento que propicie ao servidor investir-se, sem prévia aprovação em concurso público destinado ao seu provimento, em cargo que não integra a carreira na qual anteriormente investido".*

Alternativa B: encontra-se correta. Os cargos públicos em geral são acessíveis aos brasileiros natos e naturalizados (art. 12, §2º, CRFB), estendendo-se os mesmos direitos aos portugueses com residência permanente no País, caso haja reciprocidade (art. 12, §1º, CRFB). O acesso aos estrangeiros depende de normatização legal (art. 37, I, CRFB). Quanto aos cargos policiais, nos termos do art. 3º, I, do Dec.-Lei 218/75, e 3º, I, do Dec. 3.044/80, a nacionalidade brasileira é requisito para o ingresso em cargo efetivo, sendo tal requisito estendido aos cargos em comissão pelo art. 7º, parágrafo único, do Dec. 3.044/80.

Alternativa C: encontra-se errada. Embora o art. 3º, V, do Dec.-Lei 218/75 e art. 3º, V, do Dec. 3.044/80 disponham que as condições sociais familiares sejam requisito necessário para o ingresso em cargo policial, tal exigência se reveste de clara inconstitucionalidade, por violar o princípio constitucional da presunção de inocência e da personalidade da pena. Tal requisito não foi reproduzido na Lei Estadual 3.586/01, quando tratou da Prova de Investigação Social, citando apenas os antecedentes criminais e sociais do candidato, nada falando sobre as condições de sua família. Outra não poderia ser a solução, já que (i) o EPC e o REPC são pré-constitucionais, e, logo, devem, necessariamente, com a promulgação da Carta Política de 1988, ao serem aplicados, passarem pelo *filtro constitucional de (não) recepção;* e (ii), considerar válida a hipótese de excluir um candidato em certame público por conta de delitos praticados por outras pessoas, ainda que integrantes de sua linha reta de parentesco, constituir-se-ia em grosseira ofensa ao *princípio da intranscendência da pena.*

Alternativa D: encontra-se errada. O STF pacificou a matéria editando a Súmula 683, dispondo que *"O limite de idade para a inscrição em concurso público só se legitima em face do art. 7º, XXX, da Constituição, quando possa ser justificado pela natureza das atribuições do cargo a ser preenchido".*

2.11. Questões

1. Nos termos do Decreto-Lei 218/75, Regulamento 3.044/80 e Lei Estadual 3.586/01, assinale a opção que contém requisito que NÃO é exigido para o ingresso em cargo efetivo:

a) Possuir idade mínima de 25 anos, em virtude da maturidade exigida para se exercer cargo de natureza policial.

b) Possuir idade mínima de 18 anos, tendo em vista ser esta a maturidade exigida juridicamente para a prática de atos da vida civil.

c) Ter nacionalidade brasileira, sendo que este requisito pode ser ainda mais restrito para alguns cargos específicos descritos no texto constitucional, para os quais se exige que o sujeito seja brasileiro nato.

d) Ter saúde compatível com a que o exercício do cargo pretendido impõe

2. Marque a alternativa correta:

a) Só por lei se pode sujeitar candidato em concurso público a exame psicotécnico. O exame, todavia, pode ser sigiloso, dado o caráter de discrição relativo às informações pessoais que integram aquele contexto.

b) Basta, para a validade de exame psicotécnico de natureza eliminatória em concurso público, que o edital seja suficientemente claro quanto à sua previsão. Em assim sendo, desnecessária lei nesse sentido.

c) Em que pese manifestações doutrinárias no sentido de que não somente a aplicação do teste psicotécnico deve estar prevista em lei, mas também os requisitos objetivos que serão utilizados como parâmetro, em benefício da segurança jurídica e da legalidade material, há jurisprudência do Supremo Tribunal Federal que afasta esse requisito.

d) O exame psicotécnico será, sempre, irrecorrível.

3. Marque a alternativa incorreta:

a) Considerando que a readaptação de servidor público é modalidade de provimento derivado em cargo público vago, ela inaugura nova relação jurídica. Dessa forma, não se deve tergiversar sobre eventual equivalência de vencimentos e cargas horárias.

b) Considerando que a readaptação de servidor público é modalidade de provimento originário em cargo público vago, ela só poderá ocorrer por meio de concurso público interno.

c) Há hipóteses de provimento derivado em cargo público vago de duvidosa constitucionalidade: são exemplos a readaptação e a reversão a pedido.

d) A reversão, modalidade de provimento derivado, pode ocorrer mesmo depois que o agente público tenha sido aposentado compulsoriamente.

4. Com relação à Lei Estadual 3.586/01, que reestruturou o Quadro Permanente da Polícia Civil do Estado do Rio de Janeiro, marque a alternativa correta:

a) O período do estágio probatório é de 24 meses, e o tempo no qual o candidato realiza o Curso de Formação Profissional é computado para esse fim, já que, neste momento, já se forma o vínculo funcional entre o agente e o Estado

b) O período do estágio probatório é de 2 anos, e o tempo no qual o candidato realiza o Curso de Formação Profissional poderá ser computado, a critério da Chefia, para esse fim.

c) O período do estágio probatório é de 36 meses, e o tempo no qual o candidato realiza o Curso de Formação Profissional não será computado para esse fim, já que, neste momento, ainda não há vínculo funcional entre agente e Estado.

d) O período do estágio probatório é de 30 meses, podendo ser aumentado para 36 meses de acordo com a Chefia Imediata

e) O período do estágio probatório é de 2 anos e 6 meses, podendo ser aumentado para 36 meses de acordo com a Chefia Imediata.

5. Com relação à Lei Estadual 3.586/01, que reestruturou o Quadro Permanente da Polícia Civil do Estado do Rio de Janeiro, e de acordo com a jurisprudência dos Tribunais Superiores, marque a alternativa correta:

a) É indevida a eliminação de candidato em concurso público, na etapa de investigação social, pelo motivo deste ter realizado transação penal previamente, nos moldes da Lei 9.099/95.

b) A primeira fase do concurso é composta pela prova de conhecimentos, exame psicotécnico, exames médicos e curso de formação profissional.

c) A segunda fase do concurso é composta pelo curso de formação profissional, que será regido exclusivamente pelos critérios estabelecidos no edital, considerando que não existe normativização legal sobre o tema.

d) A prova de Investigação Social poderá estender-se até o término do curso de formação profissional. Na hipótese do candidato responder a ações penais em trâmite, ele pode ser eliminado sob esse fundamento.

e) A comprovação do grau de escolaridade será exigida do candidato no momento da inscrição no concurso público.

6. São cargos efetivos integrantes do Quadro Permanente da Polícia Civil do Estado do Rio de Janeiro, conforme Lei Estadual 3.586/01:

a) Oficial de Cartório Policial, Perito Criminal, Investigador Policial, Engenheiro Policial de Telecomunicações;

b) Auxiliar Policial de Necropsia, Detetive, Fotógrafo Policial, Papiloscopista Policial;

c) Perito Criminal Auxiliar, Servente de Necropsia, Inspetor de Polícia, Perito Legista;

d) Delegado de Polícia, Perito Legista, Escrivão de Polícia, Piloto Policial;

e) Operador Policial de Telecomunicações, Detetive-Inspetor, Escrevente, Piloto Policial;

7. São Agentes de Polícia Estadual de Investigação e Prevenção Criminal, nos termos da Lei Estadual 3.586/01:

a) Oficial de Cartório Policial, Inspetor de Polícia, Delegado de Polícia;

b) Piloto Policial, Inspetor de Polícia, Papiloscopista Policial;

c) Delegado de Polícia, Investigador Policial, Piloto Policial;

d) Perito Criminal, Delegado de Polícia, Oficial de Cartório Policial;

e) Oficial de Cartório Policial, Inspetor de Polícia, Piloto Policial.

8. São Agentes de Polícia Estadual de Apoio Técnico-Científico, nos termos da Lei Estadual 3.586/01:

a) Piloto Policial, Perito Criminal, Perito Legista, Papiloscopista Policial;

b) Auxiliar Policial de Necropsia, Perito Criminal Auxiliar, Técnico Policial de Necropsia, Perito Legista;

c) Auxiliar Policial de Necropsia, Perito Criminal, Engenheiro Policial de Telecomunicações, Técnico Policial de Necropsia;

d) Inspetor de Polícia, Perito Legista, Perito Criminal, Técnico Policial de Necropsia;

e) Oficial de Cartório Policial, Piloto Policial, Perito Legista, Perito Criminal.

9. Sobre nomeação e concurso público, marque a alternativa correta:

a) Não existe nenhuma hipótese na qual haja direito subjetivo do candidato aprovado em concurso público à sua nomeação.

b) Não há nenhuma hipótese de autovinculação do Estado ao provimento de cargos públicos no montante relativo ao número de vagas ofertadas no edital do concurso público.

c) Todos os candidatos aprovados em concurso público possuem direito subjetivo à nomeação.

d) Apenas os candidatos aprovados em concurso público dentro do número de vagas possuem direito subjetivo à sua nomeação.

e) Direito subjetivo à nomeação e expectativa de direito à nomeação se confundem, não havendo nenhuma diferença entre os institutos.

10. Com base no Decreto-Lei 218/75 (EPC), Regulamento 3.044/80 (REPC) e Lei Estadual 3.586/01, marque a alternativa correta:

a) A função policial é fundada na hierarquia e disciplina, mas essa premissa só se aplica à Polícia Militar, dado o seu regime mais próximo daquele estabelecido para as Forças Armadas.

b) Os círculos hierárquicos são âmbitos de convivência entre os policiais de classes diversas.

c) Não é requisito para o ingresso no cargo efetivo ser brasileiro nato. Essa exigência somente é feita pela Constituição Federal em hipóteses restritas de cargos públicos, como, por exemplo, o cargo de Presidente da Câmara dos Deputados.

d) Os cargos em comissão, por serem de livre nomeação e exoneração, não exigem qualquer tipo de requisito.

e) São requisitos para o ingresso no cargo em comissão apenas a aptidão intelectual e a relação de proximidade com a autoridade nomeante. Como os cargos em comissão são providos no contexto de uma relação jurídica baseada na confiança, não é necessário perquirir a expertise técnica do nomeado.

11. Com base no Decreto-Lei 218/75 (EPC), Regulamento 3.044/80 (REPC) e Lei Estadual 3.586/01, marque a alternativa correta:

a) Os cargos em comissão destinam-se a encargos de direção e assessoramento superior, não havendo nenhuma limitação de ordem legal da prerrogativa do Chefe do Poder Executivo em realizar a livre nomeação.

b) O gozo de direitos políticos é requisito de ingresso em cargo efetivo e em comissão. Estes últimos poderão exercer quaisquer funções dentro da Administração Pública.

c) A idade mínima de 18 anos e máxima de 35 anos é requisito para o ingresso em cargo em comissão, havendo limitações de ordem legal à prerrogativa do chefe do Poder Executivo em realizar a livre nomeação, mas não havendo nenhuma que decorre diretamente da Constituição.

d) Durante do Curso de Formação Profissional, segunda fase do concurso público, o candidato perceberá bolsa-auxílio de 80% do valor do vencimento da classe inicial do cargo. Neste momento já se firma vínculo funcional entre o agente e o Estado.

e) Todas as alternativas anteriores estão incorretas.

12. Com base no Decreto-Lei 218/75 (EPC), Regulamento 3.044/80 (REPC) e Lei Estadual 3.586/01 e CRFB, marque a alternativa correta:

a) Os cargos policiais são acessíveis aos estrangeiros, independentemente de regulamentação, tendo em vista não haver vedação expressa em lei. Não há hipótese, no ordenamento jurídico brasileiro, de proibição de titularização de nenhum cargo público por estrangeiros.

b) Os cargos de provimento efetivo e em comissão são acessíveis aos brasileiros natos e naturalizados, bem como aos portugueses residentes no País, caso haja, neste último caso, reciprocidade em favor de brasileiros;

c) O Exame Psicotécnico não é mais previsto como etapa do concurso público para ingresso em cargo efetivo policial no Rio de Janeiro. Nos Estados nos quais ainda é previsto, contudo, pode se reger por critérios subjetivos e independe de prévia designação legal, podendo ser estabelecido exclusivamente pelo edital.

d) No Curso de Formação Profissional, segunda fase do concurso público, o candidato é avaliado apenas pelo seu aproveitamento, de maneira subjetiva.

e) Durante o Curso de Formação Profissional o candidato perceberá bolsa de 80% do vencimento da classe mais elevada do cargo.

• **Gabarito**

1. A 2. C 3. C 4. C 5. A 6. C 7. E 8. C
9. D 10. C 11. E 12. B

2.12. Legislação Aplicável

Constituição da República de 1988 (CRFB)

Art. 7º. São direitos dos trabalhadores urbanos e rurais, além de outros que visem à melhoria de sua condição social:

[...]

XXX – proibição de diferença de salários, de exercício de funções e de critério de admissão por motivo de sexo, **idade**, cor ou estado civil;

[...]

Art. 12. São brasileiros:

I – natos:

[...]

II – naturalizados:

[...]

§ 1º – Aos portugueses com residência permanente no País, se houver reciprocidade em favor de brasileiros, serão atribuídos os direitos inerentes ao brasileiro, salvo os casos previstos nesta Constituição. *(Redação dada pela Emenda Constitucional de Revisão nº 3, de 1994)*

§ 2º – A lei não poderá estabelecer distinção entre brasileiros natos e naturalizados, salvo nos casos previstos nesta Constituição.

§ 3º – São privativos de brasileiro nato os cargos:

I – de Presidente e Vice-Presidente da República;

II – de Presidente da Câmara dos Deputados;

III – de Presidente do Senado Federal;

IV – de Ministro do Supremo Tribunal Federal;

V – da carreira diplomática;

VI – de oficial das Forças Armadas.

VII – de Ministro de Estado da Defesa. (Incluído pela Emenda Constitucional nº 23, de 1999)

[...]

Art. 37 [...]

I – os cargos, empregos e funções públicas são acessíveis aos brasileiros que preencham os requisitos estabelecidos em lei, **assim como aos estrangeiros, na forma da lei**; *(Redação dada pela Emenda Constitucional nº 19, de 1998)*

II – a **investidura** em **cargo** ou **emprego público** depende de **aprovação prévia** em **concurso público de provas ou de provas e títulos**, de acordo com a natureza e a complexidade do cargo ou emprego, na forma prevista em lei, ressalvadas as nomeações para cargo em comissão declarado em lei de livre nomeação e exoneração; *(Redação dada pela Emenda Constitucional nº 19, de 1998)*

III – o prazo de validade do concurso público será de até dois anos, prorrogável uma vez, por igual período;

IV – durante o prazo improrrogável previsto no edital de convocação, aquele aprovado em concurso público de provas ou de provas e títulos será convocado com prioridade sobre novos concursados para assumir cargo ou emprego, na carreira;

[...]

Art. 39 [...]

§ 3º Aplica-se aos servidores ocupantes de cargo público o disposto no art. 7º, IV, VII, VIII, IX, XII, XIII, XV, XVI, XVII, XVIII, XIX, XX, XXII e XXX, podendo a lei estabelecer requisitos diferenciados de admissão quando a natureza do cargo o exigir. *(Incluído pela Emenda Constitucional nº 19, de 1998)*

[...]

Art. 41 – São estáveis após três anos de efetivo exercício os servidores nomeados para cargo de provimento efetivo em virtude de concurso público. *(Redação dada pela Emenda Constitucional nº 19, de 1998)*

§1º – O servidor público estável só perderá o cargo: (Redação dada pela Emenda Constitucional nº 19, de 1998)

I – em virtude de sentença judicial transitada em julgado; (Incluído pela Emenda Constitucional nº 19, de 1998)

II – mediante processo administrativo em que lhe seja assegurada ampla defesa; *(Incluído pela Emenda Constitucional nº 19, de 1998)*

III – mediante procedimento de avaliação periódica de desempenho, na forma de lei complementar, assegurada ampla defesa. *(Incluído pela Emenda Constitucional nº 19, de 1998)*

§2º – Invalidada por sentença judicial a demissão do servidor estável, será ele reintegrado, e o eventual ocupante da vaga, se estável, reconduzido ao cargo de origem, sem direito a indenização, aproveitado em outro cargo ou posto em disponibilidade com remuneração proporcional ao tempo de serviço. *(Redação dada pela Emenda Constitucional nº 19, de 1998)*

§3º – Extinto o cargo ou declarada a sua desnecessidade, o servidor estável ficará em disponibilidade, com remuneração proporcional ao tempo de serviço, até seu adequado aproveitamento em outro cargo. *(Redação dada pela Emenda Constitucional nº 19, de 1998)*

§4º – Como condição para a aquisição da estabilidade, é obrigatória a avaliação especial de desempenho por comissão instituída para essa finalidade. *(Incluído pela Emenda Constitucional nº 19, de 1998)*

Constituição do Estado do Rio de Janeiro (CERJ)

Art. 77. [...]

I – os cargos, empregos e funções públicas são acessíveis aos brasileiros que preencham os requisitos estabelecidos em lei;

II – a **investidura** em **cargo** ou **emprego público** da administração direta, indireta ou fundacional depende de **aprovação prévia** em **concurso público de provas ou de provas e títulos**, ressalvadas as nomeações para cargo em comissão declarado em lei de livre nomeação e exoneração;

III – **não haverá limite máximo de idade** para a inscrição em concurso público, constituindo-se, entretanto, em requisito de acessibilidade ao cargo ou emprego a possibilidade de permanência por cinco anos no seu efetivo exercício;

IV – o prazo de validade do concurso público será de até dois anos, prorrogável uma vez, por igual período;

V – tanto no prazo de validade quanto no de sua prorrogação, previstos no edital de convocação, o aprovado em concurso público de provas ou de provas e títulos será, observada a classificação, convocado com prioridade sobre novos concursados para assumir cargo ou emprego, na carreira;

VII – a classificação em concurso público, dentro do número de vagas obrigatoriamente fixado no respectivo edital, assegura o provimento no cargo no prazo máximo de cento e oitenta dias, contado da homologação do resultado; *(Declarado inconstitucional pelo STF na ADI 2.931-2)*

[...]

Art. 90 – São estáveis, após dois anos de efetivo exercício, os servidores nomeados em virtude de concurso público.

[...]

Art. 188. [...]

§ 1º A **carreira de Delegado de Polícia** faz parte da carreira única da polícia civil, dependendo o respectivo **ingresso** de classificação em **concurso público de provas e títulos** e, por ascensão, sendo que metade das vagas será reservada para cada uma dessas formas de provimento, podendo ser aproveitadas para concurso público as vagas que não forem preenchidas pelo instituto de ascensão. *(Declarado inconstitucional por decisão do STF na ADI 245-7/600)*

[...]

Art. 77 do ADCT – Os servidores públicos civis estatutários ou contratados, que tenham exercido ou estejam no exercício de suas atribuições em qualquer órgão da administração direta do Estado e que comprovem o desempenho das atribuições de encarregado de garagem e motorista, poderão optar pelo ingresso na classe de motorista policial do quadro permanente da polícia civil, no prazo de trinta dias a contar da promulgação desta Constituição. *(Declarado inconstitucional por decisão do STF na ADIn 231-7/600.)*

[...]

Art. 79 do ADCT – Os Detetives-Inspetores e Escrivães de 1ª Classe, com mais de 35 anos de serviço na carreira policial, Bacharéis em Direito há mais de 10 (dez) anos e que tenham cumprido, no mínimo, 280 (duzentos e oitenta) horas/aula na Academia de Polícia do Estado, no Curso de Acesso à carreira de Delegado de Polícia, ficam acessados à carreira de Delegado de Polícia, 3ª classe, da Secretaria de Estado de Polícia, do Estado do Rio de Janeiro. *(Declarado inconstitucional por decisão do STF na ADI 308-9/600)*

Art. 80 do ADCT – Fica assegurado aos Detetives-Inspetores e Escrivães de Polícia de 1ª Classe, Bacharéis em Direito, com mais de 10 anos de efetivo serviço no grupo POL que, à época da promulgação da Constituição Federal, possuíam mais de 5 anos na classe e que tenham freqüentado o mínimo de 50% de horas/aula no curso específico inerente ao cargo, o aproveitamento na classe inicial do cargo de Delegado de Polícia. *(Declarado inconstitucional por decisão do STF na ADI 231-7/600)*

Lei 8.303/2019 do Estado do Rio de Janeiro

Art. 1º – É reconhecida como de caráter técnico a atividade dos membros da Polícia Judiciária, para fins do disposto no Art. 37, XVI, b, da Constituição Federal, no âmbito do Estado do Rio de Janeiro.

Art. 2º – A atividade dos membros da Polícia Judiciária é de caráter técnico, em razão de sua natureza, do grau de complexidade e de sua responsabilidade.

Art. 3º – Para fins do disposto nesta Lei, considera-se como atividade técnica aquela que corresponde à profissão de nível médio ou superior de ensino, sujeita a habilitação em curso oficial ou reconhecido.

Art. 4º – O membro da Polícia Judiciária poderá, em havendo compatibilidade de horários, exercer cumulativamente atividade de professor, desde que a carga horária não ultrapasse 60 (sessenta) horas semanais.

Art. 5º – Na avaliação sobre a ilicitude de acumulação de cargos por falta de compatibilidade de horário, a autoridade administrativa levará em consideração a jurisprudência do Tribunal de Justiça do Rio de Janeiro e dos Tribunais Superiores.

Dec.-Lei 218/75 (EPC)

CAPÍTULO I

DO INGRESSO

Art. 2º – A **nomeação** será feita:

I **em caráter efetivo**, mediante **concurso público**;

II – em comissão.

Art. 3º – São **requisitos** para o **ingresso** no **cargo efetivo**:

I – ser de **nacionalidade brasileira**;

II – ter no **mínimo 18** (dezoito) anos completos e **no máximo 35** (trinta e cinco) anos completos à data do **encerramento das inscrições**;

III – estar em gozo dos direitos políticos;

IV – estar quite com as obrigações militares e eleitorais;

V – possuir condições sociais e familiares compatíveis com a função policial;

VI – gozar de boa saúde, comprovada em inspeção médica;

VII – possuir aptidão física e psíquica para o exercício da função policial;

VIII – ter sido habilitado e classificado, previamente, em concurso público de provas ou de provas e títulos, realizado pela Academia de Polícia.

§1º – Dependendo da natureza do cargo a ser provido, o limite máximo de idade previsto no inciso II deste artigo poderá ser reduzido para até 25 (vinte e cinco) anos completos.

Art. 4º – O período de **validade dos concursos** ficará a critério do Secretário de Segurança Pública, assegurando-se o provimento dos cargos vagos pelos candidatos para esse fim habilitados em concurso, obedecida a ordem de classificação.

Art. 5º – Aos candidatos nomeados será ministrado curso profissionalizante na Academia de Polícia, sem prejuízo do serviço, de acordo com a conveniência da atividade policial.

Art. 6º – Estágio Probatório é o período de **02 (dois) anos de efetivo exercício**, a contar da data de início deste, durante o qual são **apurados os requisitos necessários à confirmação** do funcionário policial ao cargo efetivo para o qual foi nomeado.

§1º – Os **requisitos** de que trata este artigo são os seguintes:

1) aprovação em curso de profissionalização na Academia de Polícia;

2) idoneidade moral;

3) assiduidade;

4) disciplina;

5) eficiência.

§2º – Não está sujeito a novo estágio probatório o funcionário que, nomeado para cargo do serviço policial, já tenha adquirido estabilidade, sendo, porém, requisito indispensável à primeira promoção na série de classes a aprovação em curso de profissionalização.

§3º – Trimestralmente, o responsável pelo órgão ou unidade administrativa em que esteja lotado o funcionário policial sujeito a estágio probatório, encaminhará ao órgão de pessoal, em boletim próprio, a apreciação sobre o comportamento do estagiário.

§4º – Quando o funcionário policial em estágio probatório não preencher quaisquer dos requisitos numerados no § 1° deste artigo, deverá o chefe imediato comunicar o fato ao órgão de pessoal, para o procedimento na forma da lei.

[...]

Art. 9º – A função policial , fundada na hierarquia e na disciplina, é incompatível com qualquer outra atividade, salvo as exceções previstas em lei.

Parágrafo único. Os círculos hierárquicos são âmbitos de convivência entre os policiais de mesma classe e têm a finalidade de desenvolver o espírito de camaradagem, em ambiente de estima e confiança, sem prejuízo do respeito mútuo.

Dec. 3.044/80 (REPC)

CAPÍTULO I

DO INGRESSO

Art. 2º – A **nomeação** será feita:

I – **em caráter efetivo**, quando se tratar de cargo de classe inicial de série de classe;

II – **em comissão**, quando se tratar de cargo que em virtude de lei, assim deva ser provido;

Art. 3º – O **ingresso** nos cargos de **provimento** efetivo exige:

I – nacionalidade brasileira;

II – idade-limite na forma estabelecida em lei;

III – gozo dos direitos políticos, comprovado através de documento fornecido pelas entidades públicas, responsáveis pelo controle desses direitos;

IV – certificado expedido por repartição militar competente e título eleitoral que comprovem, respectivamente, a quitação das obrigações militares e eleitorais;

V – condições sociais familiares compatíveis com a função policial, a serem apuradas mediante sindicância reservada;

VI – boa saúde, comprovada através de inspeção médica, realizada pelo Departamento de Perícias Médicas da Secretaria de Estado da Administração;

VII – aptidão física e psíquica para o exercício da função policial, apurada por profissionais capacitados;

VIII – habilitação prévia, em concurso público de provas ou de prova e títulos, realizada na Academia de Polícia;

IX – classificação do habilitado dentre o número de vagas existentes na classe inicial da série de classes.

§1º – Os exames e provas práticas, previstas no inciso VI e VII, terão caráter eliminatório e precederão à realização das provas mencionadas no inciso VIII.

§2º – Quando o número de inscritos for elevado, excepcionalmente os exames e provas práticas previstos nos incisos VI e VII poderão ser realizados "a posteriori", somente para os aprovados, a critério do Secretário de Estado da Polícia Civil.

§3º – Além dos requisitos enunciados nos incisos I e IX deste artigo, será exigido dos candidatos a cargos policiais **por ocasião da inscrição** no concurso público, o seguinte **grau de escolaridade**:

a) Delegado de Polícia – diploma de bacharel em direito, devidamente registrado;

b) Escrivão de Polícia – certificado de segundo grau escolar ou equivalente;

c) Detetive – certificado de segundo grau escolar ou equivalente e carteira de habilitação de motorista profissional;

d) Perito Criminal – diploma de curso superior, devidamente registrado nos conselhos respectivos, nas especialidades inerente ao cargo;

e) Perito Legista – diploma de médico, devidamente registrado no Conselho Regional de Medicina;

f) Piloto Policial – certificado de segundo grau escolar ou equivalente e carta de piloto comercial expedida pelo Departamento de Aviação Civil (D.A.C.);

g) Papiloscopista – certificado de segundo grau escolar ou equivalente;

h) Técnico de Necrópsia, Fotógrafo Policial, Inspetor de Salvamento – certificado de primeiro grau escolar ou equivalente;

i) Auxiliar Técnico de Comunicações de Segurança e Operador de Telecomunicações de Segurança – certificado de primeiro grau ou equivalente e habilitação técnica inerente ao cargo;

j) Motorista Policial – conclusão da quarta série do primeiro grau escolar ou equivalente, e habilitação técnica inerente ao cargo;

k) Servente de Necrópsia – conclusão da quarta série do primeiro grau escolar ou equivalente;

l) Guarda Vidas – conclusão de quinta série do primeiro grau escolar ou equivalente;

m) Engenheiro de Telecomunicações de Segurança – diploma de curso de engenharia, devidamente registrado, nas especialidades inerentes ao cargo;

n) Técnico de Telecomunicações de Segurança – certificado de segundo grau escolar ou equivalente e habilitação técnica inerente ao cargo;

Art. 4º – O **prazo de validade** dos concursos será fixado no edital de inscrição, assegurando-se o provimento dos cargos vagos aos candidatos habilitados, obedecida a ordem de classificação e o disposto nos §3º e §4º, do artigo 87, da Constituição Estadual.

Art. 5º – O policial, nomeado na forma do inciso I do artigo 2º, será matriculado "ex-officio" no curso de formação profissional na Academia de Polícia, com ou sem prejuízo do serviço, de acordo com a conveniência da atividade policial.

Art. 6º – O policial ficará sujeito a estágio probatório correspondente ao período de dois anos de efetivo exercício, a contar da data do início deste e durante o qual serão apurados os requisitos indispensáveis à sua confirmação no cargo.

§1º – O **requisito** de que trata este artigo são os seguinte:

1) aprovação no curso de formação profissional, na Academia de Polícia;

2) idoneidade moral – conduta do policial apurada através de pesquisa de seus antecedentes, sob aspectos sociais e funcionais;

3) assiduidade – dever do policial de comparecer à repartição onde trabalha, no horário preestabelecido e, a qualquer hora, quando convocado;

4) disciplina – rigorosa observância e acatamento integral às leis, regulamentos, normas e disposições que fundamentam o organismo policial e coordenam seu funcionamento regular e harmônico, traduzindo-se no perfeito cumprimento do dever;

5) eficiência – desempenho com acerto dos encargos inerente à função policial.

§2º – O policial que já tenha adquirido estabilidade no serviço público não estará sujeito a novo estágio probatório quando nomeado, reclassificado, transferido, transposto ou transformado sob qualquer forma legal ou judicial, para cargo no serviço policial, sendo, porém obrigatório e requisito indispensável, à primeira promoção, aprovação no Curso de Formação Profissional da Academia de Polícia. *(Redação dada pelo Decreto 9.460, de 10.12.86)*

§3º – O dirigente do órgão ou unidade administrativa em que esteja lotado o policial, sujeito a estágio probatório, encaminhará ao órgão central de pessoal da Secretaria de Estado da Polícia Civil, trimestralmente, em boletim próprio, apreciação e respeito do comportamento do estagiário, para anotações e providências legais que se fizerem necessárias.

Art. 7º – Os cargos em comissão destinam-se a atender a encargos de direção e assessoramento superiores e serão providos, através de livre escolha do Governador, por indicação do Secretário de Estado da Polícia Civil, dentre os policiais e pessoas que possuam aptidões técnicas e reúnem as condições necessárias à investidura no serviço público.

Parágrafo único. Aquele que for indicado para exercer cargo em comissão, além dos requisitos dos incisos I, III, IV, V e VI do artigo 3º, deverá:

1) ter aptidão intelectual necessária ao cargo, comprovada pela apresentação de diploma de curso de nível superior;

2) ter aptidão profissional comprovada através da correlação entre os encargos típicos do cargo em comissão e os do cargo efetivo, civil ou militar ou em se tratando de policial inativo, de sua atividade de natureza privada.

[...]

Art. 9º. [...]

Parágrafo único. O policial poderá ser nomeado para exercer o cargo em comissão de direção e assistência intermediárias (DAI), pelo exercício do qual lhe será concedida vantagem cumulativa, acessória ao vencimento.

Art. 10 – A função policial, fundada na hierarquia e na disciplina, é incompatível com qualquer outra atividade, salvo as exceçoes previstas em lei.

Parágrafo único. Os círculos hierárquicos são âmbitos da convivência entre policiais da mesma classe e têm a finalidade de desenvolver o espírito de camaradagem em ambiente de estima e confiança, sem prejuízo do respeito mútuo.

[...]

Título VI

DA PROMOÇÃO

Capítulo I

DAS DISPOSIÇÕES GERAIS

Art. 168 – A promoção é a passagem de uma classe para classe imediatamente superior, da mesma categoria funcional no serviço policial civil, e será efetuada pelos critérios de antigüidade e merecimento e, ainda, por bravura e "*post mortem*".

Art. 169 – As séries de classes de detetive e detetive-inspetor, passam a ser consideradas uma única série de classes, a fim de que, na promoção por bravura, de detetive de 1ª classe para detetive-inspetor de 3ªclasse, não sejam exigidos, excepcionalmente, os requisitos de:

I – certificado de 2º grau escolar ou equivalente;

II – interstício de setecentos e trinta dias, na 1a classe;

III – habilitação em curso específico, ministrado pela Academia de Polícia, sempre procedido de prova de seleção.

§1º – O promovido, a que se refere este artigo, somente poderá beneficiar-se de outra promoção regular se preencher os requisitos da lei.

§2º – Quando for o caso, o promovido por bravura, ou por outra via legal, inclusive por força de decisão judicial, o nomeado, o transposto, o reclassificado, o transformado e o aproveitado deverão requerer ao Diretor da Academia de Polícia, independentemente de quaisquer exigências, matrícula no primeiro curso específico pertinente, que deverá ser realizado dentro do período de 02 (dois) anos. (*Incluído pelo Decreto nº 9.460, de 10.12.86)*

Art. 170 – As promoções por antigüidade e por merecimento obedecerão obrigatória e alternativamente à proporção de uma vaga de antigüidade para uma vaga de merecimento e ao interstício; mínimo de setecentos e trinta dias.

Parágrafo único – A promoção para a última classe de cada categoria funcional será feita à razão de uma vaga por antigüidade e duas vagas por merecimento.

Art. 171 – Qualquer outra forma de provimento de vaga, mesmo aquela por via judicial, não interromperá a seqüência dos critérios de que trata o artigo anterior.

Parágrafo único – Para cumprimento de decisão judicial o Poder Executivo criará, em quadro suplementar, cargo que se extinguirá dom a sua vacância, ressalvada reintegração.

Art. 172 – As promoções serão realizadas obrigatoriamente, no dia 29 de setembro de cada ano, desde que verificada a existência de vagas e na forma das linhas de progressão estabelecidas na legislação vigente. (*Alterado pelo Decreto nº 9.460, de 10.12.86)*

Art. 173 – Não poderá haver promoção para a classe em que existir cargo excedente, ressalvado o disposto no parágrafo único do artigo 171 e no artigo 220.

Art. 174 – Para efeito de promoção, o tempo de serviço será contado em anos, meses e dias. *(Alterado pelo Decreto nº 9.460, de 10.12.86)*

Art. 175 – A antigüidade na classe e o interstício deverão ser apurados, improrrogavelmente, até o dia 10 de julho de cada ano. *(Alterado pelo Decreto nº 9.460, de 10.12.86)*

§1º – A lista de antigüidade dos policiais civis, em cada classe será publicada no Diário Oficial do Estado, o qual conterá, em anos, meses e dias, o tempo de serviço na classe, na categoria funcional, no serviço policial, no serviço público estadual e no serviço público em geral e o computado para efeito de aposentadoria e disponibilidade. *(Alterado pelo Decreto nº 9.460, de 10.12.86)*

§2º – A lista de antigüidade poderá ser contestada até 10 (dez) dias de sua publicação. Após a apreciação dos recursos oferecidos pelos interessados será republicada de forma definitiva. *(Alterado pelo Decreto nº 11.664, de 02.08.88)*

Art. 176 – Verificada a vaga originária em uma classe, serão consideradas abertas todas as decorrentes de seu preenchimento, dentro de sua respectiva série de classes.

Parágrafo único – A vaga originária ocorrerá na data:

1 – do falecimento do ocupante do cargo;

2 – da publicação do Decreto de aposentadoria, exoneração ou demissão;

3 – da vigência do decreto de promoção, ascensão e do ato de agregação;

4 – da posse, no caso de nomeação ou transferência para outro cargo;

5 – da publicação do ato que criar o cargo;

Art. 177 – Será considerado promovido, para todos os efeitos, o policial civil que vier a falecer ou for aposentado, sem que tenha sido decretada, no prazo legal, a promoção que lhe cabia por antigüidade.

Art. 178 – Em benefício do policial, a quem direito cabia a promoção, será declarado sem efeito o ato que houver decretado indevidamente.

§1º – O policial promovido indevidamente não ficará obrigado a devolver o que a mais houver recebido.

§2º – O policial a quem cabia a promoção será indenizado de uma só vez, da diferença de padrão de vencimento e vantagens a que tiver direito.

Art. 179 – O policial civil que estiver prestando serviço fora do organismo da Secretaria de Estado da Polícia Civil, bem como em exercício de mandato eletivo federal, estadual ou municipal, somente poderá ser promovido por antigüidade, exceto quando no desempenho de cargo em comissão ou função gratificada, em órgãos considerados de interesse policial e nos casos previstos em lei.

Capítulo II

DO QUADRO DE PROMOÇÃO

Art. 180 – O policial para ser promovido por antigüidade ou merecimento deverá integrar o Quadro de Promoção (QPA ou QPM), respectivamente.

Art. 181 – Verificada a vaga originária, a indicação para integrar o Quadro de Promoção (QPM ou QPA) deverá recair nos policiais civis mais antigos, compreendidos nos primeiros dois terços do número de cargos da classe concorrente a que pertencerem, fixado em lei e na conformidade de apuração estabelecida neste Regulamento. *(Alterado pelo Decreto nº 9.460, de 10.12.86)*

Parágrafo único – Para os efeitos deste artigo, os quantitativos de cargos fixados em lei, serão sempre acrescidos dos excedentes resultantes de promoção por ato de bravura, se houver. *(Alterado pelo Decreto nº 9.460, de 10.12.86)*

Art. 182 – O policial indicado para integrar o Quadro de Promoção (QP) não sendo promovido por merecimento ou antigüidade, retornará à sua posição na lista de antigüidade.

Art. 183 – O Quadro de Promoção (QPA ou QPM) será publicado no órgão de divulgação oficial do Estado, para efeito de contestação, no prazo de 10 (dez) dias, publicando-se, entretanto, apenas, no Boletim Informativo (BI), o resultado dos eventuais recursos interpostos, para mera ciência dos interessados. *(Alterado pelo Decreto nº 9.460, de 10.12.86)*

Art. 184 – As vagas ou quaisquer alterações da folha funcional do policial, que ocorrerem após o último dia do semestre anterior à data da promoção, serão computadas para progressão horizontal seguinte.

Parágrafo único – Excetuam-se da regra deste artigo as vagas decorrentes dos atos da agregação.

Art. 185 Não poderá integrar o Quadro de Promoção (QPM), o policial civil que:

I - Não obtiver o grau de merecimento igual, pelo menos, à metade do máximo atribuído ao primeiro classificado;

II - Houver sido punido com suspensão acima de 15 (quinze) dias na classe concorrente, por transgressão disciplinar apurada através de procedimento administrativo regular; *(Alterado pelo Decreto nº 9.460, de 10.12.86)*

III - Estiver sendo submetido a qualquer procedimento disciplinar decorrente de falta de natureza média ou grave, ou policial ou judicial penal por infração dolosa, exceto se houver indícios veementes de ação em estrito cumprimento do dever legal comprovados pelo interessado perante à SECOP. *(Alterado pelo Decreto nº 9.460, de 10.12.86)*

IV - Houver sido condenado por crime doloso, inclusive, em sentença não transitada em julgado, ou estiver no gozo de sursis, enquanto não for decretada a extinção da punibilidade, salvo desclassificação para excesso culposo. *(Alterado pelo Decreto nº 9.460, de 10.12.86)*

Parágrafo único - Ressalvado os incisos III e IV, o disposto neste artigo não se aplica ao policial civil, em condições de ser promovido por antigüidade (QPA), reservando-se, porém, a respectiva vaga até a decisão final do inquérito administrativo ou o trânsito em julgado de ação penal. *(Alterado pelo Decreto nº 9.460, de 10.12.86)*

Capítulo III

DA PROMOÇÃO POR ANTIGÜIDADE

Art. 186 - À promoção por antigüidade recairá no policial civil que tiver maior tempo de efetivo exercício na classe, apurado até o último dia de cada semestre.

Art. 187 - A antigüidade será determinada pelo tempo líquido de exercício do policial civil na classe a que pertencer.

Parágrafo único - Será apenas computado como antigüidade no serviço público o tempo líquido de exercício interino, continuado ou não, em cargo de mesma denominação e para o qual tenha o policial civil sido nomeado em razão de concurso.

Art. 188 - Quando houver fusão de classes do mesmo padrão de vencimentos, os policiais contarão, na nova classe, a antigüidade que tiverem na sua classe anterior, à data de fusão dos cargos, observados os quadros e as carreiras a que pertencerem.

Parágrafo único - O disposto neste artigo é aplicável aos casos de transposição, reclassificação, transformação, aproveitamento ou qualquer outra alteração na denominação de cargos de uma série de classes ou de uma classe singular, verificada após 15 de março de 1975.

Art. 189 - Quando houver fusão de classes de padrões de vencimentos diversos, a antigüidade dos policiais na nova classe que resultar da fusão será contada do seguinte modo:

I - Se a fusão de cargos se verificar numa mesma série de classes, dever-se-á manter a posição que cada um ocupava na escala hierárquica funcional, antes de fusão dos cargos;

II - Se a fusão de cargos se verificar entre séries de classes de denominações diversas, ou entre classes singulares, ou, ainda, entre estas e aquelas, prevalecerá o critério do padrão de vencimento mais elevados para o estabelecimento da hierarquia na nova classe, respeitado o tempo na classe originária.

Art. 190 – A antigüidade na classe será contada:

I – nos casos de nomeação, readmissão, reintegração, reversão ou aproveitamento, a partir da data em que o policial entrar em exercício do cargo;

II – nos casos de transferência, ascensão, promoção e readaptação a partir da vigência do ato respectivo ou da sua publicação.

Art. 191 – Quando ocorrer empate na classificação por antigüidade terá preferência, sucessivamente, o policial civil:

I – de maior tempo de serviço policial;

II – de maior tempo de serviço público estadual;

III – de maior tempo de serviço público;

IV – de maior prole;

V – mais idoso.

§1º – Quando se tratar de classe inicial, o primeiro desempate será feito pela classificação extraída da média aritmética das notas finais da 1ª fase do concurso público externo e do respectivo curso de formação profissional, e das notas finais da prova de seleção e do curso específico, quando se tratar de concurso interno. *(Alterado pelo Decreto nº 9.460, de 10.12.86)*

§2º – Como tempo de serviço público estadual, será computado o exercício interrompido ou não, em qualquer cargo ou função nos órgãos estaduais da administração direta ou indireta e fundações instituídas pelo Poder Público.

§3º – Será computado como tempo de serviço público o que tenha sido prestado à União, Estados, Distrito Federal, Territórios e Municípios, em cargo ou função civil ou militar, ininterruptamente ou não, em órgão de administração direta ou indireta e fundações instituídas pelo Poder Público, apurado à vista de certidões expedidas pelos registros de frequência, folha de pagamento ou dos elementos regularmente averbados no assentamento individual do então servidor.

Art. 192 – Na apuração do tempo líquido do efetivo exercício para determinação da antigüidade na classe, bem como de desempate previsto no artigo anterior, serão incluídos os períodos de afastamento decorrentes de:

I – férias;

II – casamento;

III – luto;

IV – exercício de outro cargo de governo, ou de direção, de provimento de comissão, ou em substituição, nos órgãos estaduais da administração direta ou indireta e fundações instituídas pelo Poder Público:

V – convocação para o serviço militar;

VI – júri e outros serviços obrigatórios por lei;

VII – no exercício de função ou cargo de governo ou administração em qualquer parte do território nacional, por nomeação do Presidente da República ou serviço prestado à Presidência da República em virtude de requisição oficial;

VIII – desempenho de função federal, estadual ou municipal;

IX – licença prêmio;

X – licença para tratamento de saúde;

XI – missão ou estudo de interesse e natureza policial, no estrangeiro ou qualquer parte do Território Nacional, quando o afastamento tiver sido autorizado pelo Governador do Estado e pelo Secretário de Estado de Polícia Civil, respectivamente, e não perdurar por tempo superior a um ano;

XII – exercício em comissão de cargos de direção e assessoramento superiores nos órgãos do Estado, Distrito Federal, Território e Municípios

XIII – exercício de função de direção em sociedade de economia mista, empresas públicas, ou em fundações instituídas pelo Poder Público.

XIV – faltas até o máximo de três dias durante o mês por motivo de doença comprovada na forma regulamentar;

XV – expressa determinação legal, em outros casos.

Capítulo IV
DA PROMOÇÃO POR MERECIMENTO

Art. 193 – A promoção por merecimento dar-se-á por escolha entre os policiais civis que integrarem o Quadro de Promoção por Merecimento (QPM) obedecendo a feitura deste à ordem rigorosa de classificação por pontos obtidos.

Parágrafo único – O número de integrantes do Q.P.M. corresponderá ao dobro dos cargos vagos a serem preenchidos, devendo, porém, ser publicado no B.S. em ocasião julgada oportuna pela SECOP, a relação dos concorrentes, que embora não hajam figurado no aludido Quadro, alcançarem um total razoável de pontos. *(Alterado pelo Decreto nº 9.460, de 10.12.86)*

Art. 194 – O merecimento do policial civil será apurado em pontos positivos e negativos, levando-se em conta os fatores seguintes:

I – eficiência revelada no desempenho do cargo ou função policial e administração policial no seu nível hierárquico;

II – procedimento em sua vida pública, particular e o conceito que goza na organização policial;

III – contribuição à organização e à melhoria dos serviços policiais;

IV – aprimoramento de sua cultura geral específica, através de cursos especializados;

V – ingresso no serviço policial ou na série de classes a que concorre por promoção, mediante concurso público ou ascensão, ambos de provas escritas de conhecimentos;

VI – período de curso de formação profissional ou equivalente em estabelecimento de ensino policial, quando do ingresso no serviço policial ou na série de classes, a que concorre por promoção;

VII – exercício em:

a) cargo efetivo;

b) direção, chefia, assessoramento, assistência e secretariado;

c) magistério policial.

Art. 195 – A eficiência no desempenho da função policial civil será mensurada, através do Boletim de Merecimento (BM), considerando-se a qualidade do trabalho, a auto-suficiência, a iniciativa, o tirocínio, a colaboração, a ética profissional, o conhecimento do trabalho e o aperfeiçoamento profissional. *(Alterado pelo Decreto nº 4.912/81)*

Art. 196 – A qualidade do trabalho será considerada tendo em vista o grau de exatidão, precisão e apresentação.

Art. 197 – Auto-suficiência é a capacidade demonstrada pelo policial para desempenhar as tarefas de que foi incumbido, sem necessidade de assistência ou supervisão permanente de outrem.

Art. 198 – Iniciativa é a capacidade de pensar e agir com senso comum, na falta de normas e de processos de trabalho previamente determinados, assim como o de apresentar sugestões ou idéias tendentes ao aperfeiçoamento do serviço.

Art. 199 – Tirocínio é a capacidade demonstrada pelo policial para avaliar e discernir a importância das decisões que deve tomar.

Art. 200 – Colaboração é qualidade demonstrada pelo policial de cooperar com a chefia e com os colegas, na realização dos trabalhos afetos ao órgão em que tem exercício.

Art. 201 – Ética profissional é a capacidade de discrição demonstrada pelo policial no exercício de sua atividade, ou em razão dela, modo de agir com cortesia e polidez no trato com os colegas e as partes, na sua apresentação pessoal e na rigorosa observância dos preceitos contidos no Código de Ética.

Art. 202 – Conhecimento do trabalho é a capacidade demonstrada pelo policial para realizar as atribuições inerentes ao cargo, com pleno conhecimento dos métodos e técnicas de trabalho utilizados.

Art. 203 – Aperfeiçoamento funcional é a comprovação, pelo policial, de capacidade para melhor desempenho das atividades normais do cargo e para realização de atribuições superiores, relacionadas com aquelas atividades.

Art. 204 – A Secretaria Executiva da Comissão de Promoção atribuirá ao policial, na apuração dos pontos de que trata o artigo 195, um conceito, devidamente justificado, que variará de um a cinco pontos, por fator de avaliação, consoante informações prestadas pelo superior imediato do policial.

Parágrafo único – Considera-se superior imediato aquele ao qual está diretamente subordinado o policial, desde o mais baixo nível da escala hierárquica administrativa.

Art. 205 – O procedimento do policial na vida pública será apurado através de informação do seu superior imediato, tendo em vista a assiduidade, a pontualidade e a disciplina consignadas no verso do BM, e, ainda, os assentamentos funcionais.

Parágrafo único – Para prestar as informações referidas neste artigo e no anterior, será vedada a eventual subordinação *interpares*, cabendo essa tarefa ao chefe hierárquico do policial. *(Alterado pelo Decreto nº 9.460, de 10.12.86)*

Art. 206 – A falta de assiduidade será determinada pela ausência injustificada do policial ao serviço, computando-se um ponto negativo para cada falta.

Art. 207 – A impontualidade horária será determinada pelo número de entradas tardias e saídas antecipadas.

§1º – As entradas tardias ou saídas antecipadas serão adicionadas umas às outras, computando-se um ponto negativo para cada grupo de três, sendo desprezadas as que não atingirem aquele número dentro do semestre.

§2º – Os Boletins de Merecimento (BM) serão obrigatoriamente, por quem de direito, encaminhados à SECOP, entre os dias 11 e 30 dos meses de janeiro e de julho de cada ano com os esclarecimentos em apenso, sob pena de responsabilização administrativa, das reais atividades desempenhadas pelo policial nos últimos seis meses, inclusive, se for o caso, no órgão de onde veio removido, para fins preconizados neste capítulo. *(Alterado pelo Decreto nº 9.460, de 10.12.86)*

Art. 208 – A indisciplina será apurada tendo em vista as penalidades de advertência, repreensão, suspensão, afastamento do serviço, do cargo ou de função e prisão disciplinar, impostas ao policial.

Parágrafo único – Serão considerados os seguintes pontos negativos para grupo de três penalidades:

I – três advertências – um ponto negativo;

II – duas advertências e uma repreensão – um ponto negativo;

III – uma advertência e duas repreensões – dois pontos negativos;

IV – três repreensões – dois pontos negativos;

V – suspensão, afastamento ou prisão domiciliar – por dia de penalidade – um ponto negativo.

Art. 209 – O procedimento do policial em sua vida particular será apurado em investigação reservada, atribuindo-se, ao final, se for o caso, conceito devidamente justificado que variará de zero a cinco pontos negativos.

Parágrafo único – O candidato não integrará o QF respectivo, se lhe for atribuído o conceito negativo -5 (menos cinco).

Art. 210 – O conceito de que goza o policial na organização deverá ser apurado na classe concorrente, atribuindo-se a cada fator, abaixo relacionado, valorarão que variará de zero a dois pontos:

I – encargos e missões despenhadas, entre outros, os que visem ao aumento de produtividade e à redução de custos operacionais dos serviços públicos;

II – elogios decorrentes do exercício da função policial e emanados de autoridade judiciária ou administrativa competente; *(Alterado pelo Decreto nº 9.460, de 10.12.86)*

III – medalhas e condecorações;

IV – serviços relevantes prestados a outros órgãos; *(Alterado pelo Decreto nº 9.460, de 10.12.86)*

V – atos de bravura;

VI – zelo dos policiais, componentes de Equipe de Plantão, na vigilância de presos custodiados nos xadrezes das unidades policiais, em cada período de 6 (seis) meses, sem ocorrência de fuga. *(Alterado pelo Decreto nº 9.460, de 10.12.86)*

§1º – Nos casos de crimes de homicídio, roubo, extorsão mediante seqüestro e tráfico de entorpecentes, será atribuído 0,5 (meio) ponto ao agente policial que, em efetiva atividade operacional, efetuar prisão em flagrante, realizada com absoluta observância dos princípios constitucionais e legais que a autorizam. Nos demais casos criminais, o agente policial receberá 0,25 (um quarto) de ponto. Se o policial sofrer lesão corporal de natureza grave, ser-lhe-á concedido 05 (cinco) pontos. *(Alterado pelo Decreto nº 13.226, de 26.07.89)*

§2º – Ao agente policial, sem cujo empenho ou capacidade de iniciativa não teria sido possível o cumprimento de mandado de prisão, será concedido 0,25 (um quarto) de ponto. Se, porém, o executor sofrer lesão corporal de natureza grave, ser-lhe-á aplicado o disposto no parágrafo anterior. *(Alterado pelo Decreto nº 35.967, de 29.07.04)*

§3º – Na apreciação de Sindicância Sumária por ato de bravura, a Comissão de Promoção, se entendê-lo não tipificado, poderá conceder ao policial 05 (cinco) pontos de merecimento.

§4º – Os pontos preconizados nos parágrafos deste artigo, serão aplicáveis aos eventos ocorridos a partir de 1º de janeiro de 1989, sendo aproveitáveis na promoção seguinte, se implicar em qualquer eventual retardamento de processo protecional em curso.

§5º – Caberá à Secretaria Executiva de Comissão de Promoção a confirmação do enquadramento previsto nos parágrafos anteriores. *(Alterado pelo Decreto nº 13.226, de 26.07.89)*

Art. 211 – Os incisos III, IV, V e VI do artigo 194 serão mensurados através dos assentamentos funcionais de curriculum vitae, atribuindo-se ao policial civil conceito na classe concorrente, em cada inciso, que variará na forma abaixo: *(Alterado pelo Decreto nº 9.460, de 10.12.86)*

I – contribuição à organização e à melhoria dos serviços policiais, com mensuração máxima de um ponto por ano; *(Alterado pelo Decreto nº 9.460, de 10.12.86)*

a) cultura geral: 03 (três) pontos por curso superior completo, até o limite de 09 (nove) pontos, desde que não exigível para o ingresso na série de classe; *(Alterado pelo Decreto nº 35.967, de 29.07.04)*

b) edição de livros, manuais, coletâneas de natureza policial: 0,5 (meio) ponto por obra editada, até o máximo de 03 (três) pontos;

c) edição de apostilas de natureza policial: 0,25 (um quarto) de ponto por apostila, até o máximo de 01 (um) ponto;

d) Comissões Administrativas, instituídas por ato de dirigente de unidade, a nível departamental, excluídas as Comissões de Sindicância e as designações para apuração sumária e investigação de caráter disciplinar ou policial:

– como presidente ou membro: 0,5 (meio) ponto por participação, até o limite de 03 (três) pontos;

– como secretário: 0,25 (um quarto) de ponto por participação, até o limite de 02 (dois) pontos.

e) membro de órgão de deliberação coletiva de natureza policial civil: 01 (um) ponto por designação, até o limite de 03 (três) pontos.

II – aprimoramento de sua cultura geral e específica, através de cursos na instituição policial ou fora dela:

a) cultura geral:

- 02 (dois) pontos por curso superior completo, sem limite, desde que não exigível para o ingresso na série de classe;

- 01 (um) ponto por curso, com duração mínima de 40 (quarenta) horas, até o limite de 05 (cinco) pontos.

b) cultura específica:

- 01 (um) ponto por curso, até o limite de 05 (cinco) pontos.

III – ingresso no serviço policial ou na série de classes a que concorre por promoção, mediante concurso público ou ascensão, ambos de provas escritas de conhecimento em que foi exigida:

a) escolaridade de nível superior: cinco pontos;

b) escolaridade de nível técnico ou 2º grau: três pontos;

c) escolaridade de nível de 1º grau: dois pontos;

d) escolaridade de nível de 1º grau até a 4ª série: um ponto.

IV – período de duração do curso de formação profissional ou equivalente em estabelecimento de ensino policial, quando ingresso no serviço policial ou na série de classes a que concorre por promoção: um ponto por trimestre ou por tempo igual ou superior a quarenta e cinco dias, até o limite de cinco pontos.

§1º – Os cursos de cultura geral, não integrantes dos requisitos essenciais para o ingresso na série de classes, serão computados em toda trajetória da vida funcional do titular, desde que sua duração tenha sido igual ou superior a 240 horas. *(Alterado pelo Decreto nº 9.460, de 10.12.86)*

§2º – Os incisos III e IV deste artigo, só serão considerados na série inicial de classes. *(Alterado pelo Decreto nº 9.460, de 10.12.86)*

Art. 212 – O exercício em cargo efetivo, em direção, chefia, assessoramento, assistência, secretariado ou magistério policial será mensurado da seguinte forma:

I – Pelo exercício em cargo efetivo, na classe concorrente, por ano de atividade contínua: *(Alterado pelo Decreto nº 11.664, de 02.08.88)*

a) 04 (quatro) pontos – em Delegacias Policiais; *(Alterado pelo Decreto nº 35.967, de 29.07.2004)*

b) 03 (três) pontos – em outros órgãos da Polícia Civil; *(Alterado pelo Decreto nº 35.967, de 29.07.2004)*

c) 2,5 (dois e meio) – em órgãos ou funções de interesse da segurança pública, considerados, em cada caso, pelo Secretário de Estado de Segurança Pública. *(Alterado pelo Decreto nº 35.967, de 29.07.2004)*

II – Pelo exercício em Direção, Chefia, Assessoramento, Assistência ou secretariado, no cargo ou função desempenhada durante 01 (um) ano: *(Alterado pelo Decreto nº 9.460, de 10.12.86)*

a) de direção superior até o nível de divisão ou delegacia: 04 (quatro) pontos até o limite de 12 (doze) pontos;

b) de assessoramento ou assistência superior: 03 (três) pontos até o limite de 09 (nove) pontos;

c) de chefia de serviço ou assistência intermediária: 02 (dois) pontos até o limite de 06 (seis) pontos;

d) de chefia de seção, de setor ou secretariado: 1,5 (um e meio) ponto até o limite de 4,5 (quatro e meio) pontos;

e) de substituição imediata ou eventual do titular de delegacia; 2,5 (dois e meio) ponto até o limite de 4,5 (quatro e meio) pontos;

f) de substituição imediata ou eventual de chefe de serviço: 1,5 (um e meio) ponto até o limite de 4,5 (quatro e meio) pontos; *(Incluído pelo Decreto nº 9.460, de 10.12.86)*

g) de substituição imediata ou eventual de chefe de seção e de setor; 01 (um) ponto até o limite de 03 (três) pontos. *(Incluído pelo Decreto nº 9.460, de 10.12.86)*

III – Pelo exercício do magistério policial, com mensurado máxima de 01 (um) ponto por ano:

a) em bancas de concurso de provas seletivas: 0,5 (meio) ponto por banca ou prova seletiva, até o limite de 03 (três) pontos;

b) como professor: 0,5 (meio) ponto por grupo de três turmas, até o limite de 03 (três) pontos.

§1º – Para efeito do inciso II, equipara-se ao exercício de Chefia o fato de o agente policial responder, oficialmente, pelo expediente. *(Alterado pelo Decreto nº 35.967, de 29.07.2004)*

§2º – Para efeito dos incisos I e II, quando cargo ou função é exercido em Delegacia Policial, considera-se como de um ano, o período de tempo igual ou superior a cento e oitenta dias. *(Alterado pelo Decreto nº 35.967, de 29.07.2004)*

§3º – Exercendo o policial, no período de um ano, continuadamente, mais de um cargo ou função enumerados no inciso II deste artigo, considera-se para efeito de contagem de pontos o cargo ou função mais elevado, desde que o exerça por período mínimo de cento e oitenta dias. *(Alterado pelo Decreto nº 35.967, de 29.07.2004)*

§4º – O disposto neste artigo aplica-se aos cargos ou funções gratificadas exercidas nos antigos Estados da Guanabara e do Rio de Janeiro. *(Incluído pelo Decreto nº 35.967, de 29.07.2004)*

Art. 213 – Em caso de haver movimentação do policial civil, que importe em outra subordinação, o superior imediato ao qual estava anteriormente subordinado poderá ser chamado a prestar esclarecimentos para formação do conceito.

Art. 214 – O grau de merecimento do policial civil será representado pela soma algébrica dos pontos positivos e dos pontos negativos.

Art. 215 – Apurado o merecimento, o conceito final dos candidatos à promoção deverá ser divulgado na imprensa oficial.

Parágrafo único – Em igualdade de condições de merecimento, proceder-se-á ao desempate por tempo de serviço na classe e persistindo a igualdade, observar-se-á o disposto no art. 191.

Art. 216 – Para a escolha dos proventos integrantes do Q.P.M., a Comissão de Promoção, além dos pontos obtidos através dos critérios objetivos, levará em consideração os mais antigos na classe concorrente e os que já estiverem relacionados em QPM anteriores. *(Alterado pelo Decreto nº 9.460, de 10.12.86)*

Capítulo V

DA PROMOÇÃO POR BRAVURA

Art. 217 – A promoção por bravura é aquela conferida ao policial civil pela conduta que resultar da prática de ato ou atos não-comuns de coragem e audácia e que, ultrapassando os limites normais do cumprimento do dever, representem feitos úteis às atividades policiais na manutenção de segurança e ordem públicas, pelos resultados alcançados ou pelo exemplo altamente positivo deles emanados, concretizando-se, independentemente do preenchimento de quaisquer outras condições.

Parágrafo único – A bravura, caracterizada nos termos deste artigo, determinará a promoção do policial, mesmo que do ato praticado tenha resultado sua morte ou invalidez.

Art. 218 – A autoridade policial civil, para os fins do artigo anterior, fará registro minucioso do fato, apurando-o por meio de sindicância sumária, ultimada no prazo de dez dias, onde consignará todas as provas colhidas e oferecerá relatório conclusivo e imediata remessa à Comissão de Promoção, por intermédio de sua Secretaria Executiva.

Capítulo VI

DA PROMOÇÃO "POST-MORTEM"

(O título VI tem redação dada pelo Decreto nº 4.912, de 20.11.81)

Art. 219 – A promoção "post-mortem" é efetivada quando o policial civil, independentemente de sua situação na lista de antigüidade, vier a falecer em uma das seguintes situações:

I – em ação de manutenção da ordem pública;

II – em conseqüência de ferimento recebido na manutenção da ordem pública, doença, moléstia, ou enfermidade contraídas nesta situação, ou que nelas tenha sua causa eficiente;

III – por acidente de serviço; *(Inciso acrescentado pelo Decreto nº 4.912, de 20.11.81)*

IV – por ato de bravura.

Art. 220 – A promoção por bravura, inclusive "post-mortem", far-se-á automática e independentemente de vaga, considerando-se excedentes os cargos desta forma providos, enquanto não ocorrer promoção regular dos beneficiários. *(Artigo com redação dada pelo Decreto nº 9.460, de 10.12.86)*

Art. 221 – O policial será, também, promovido se, ao falecer, integrava o quadro de promoção, independentemente de sua posição no mesmo, consideradas as vagas existentes na data do falecimento.

Art. 222 – Para efeito de aplicação do artigo anterior, será considerado, quando for o caso, o último quadro de promoção em que o policial falecido tenha sido incluído.

Título VII

DA ASCENSÃO

Art. 223 – Ascensão é a passagem da última classe de uma categoria funcional para a classe inicial de outra categoria funcional, na linha hierárquica definida na carreira policial, de conformidade com o que se dispuser em ordenamento próprio.

§1º – A ascensão far-se-á mediante prova de seleção e habilitação em curso específico, ministrado na Academia de Polícia, atendido o requisito de habilitação profissional comprovado através da apresentação de diploma respectivo, devidamente registrado, e observado o interstício na última classe à época da inscrição na prova de seleção.

§2º – Somente será matriculado no Curso Específico o policial civil que obtiver o grau mínimo de 50 (cinqüenta) pontos na Prova de Seleção. (*Redação dada pelo Decreto nº 9.459, de 10.12.86)*

§3º – Entende-se por série de classes auxiliar aquela da qual for facultada ascensão à outra, de atividade correlata, tarefas mais complexas, maior grau de responsabilidade e vencimento superior, entendendo-se esta como série de classes principal.

§4º – Metade das vagas da classe inicial das séries de classes principais, nas linhas de ascensão, serão reservadas para essa forma de provimento, observadas as exceções estabelecidas em lei.

§5º – Não poderá ser inscrito em prova de seleção, matriculado em curso específico da ACADEPOL, nem ser ascendido, o policial implicado nas situações descritas pelos incisos II, III e IV do artigo 185. (*Parágrafo acrescentado pelo Decreto nº 9.460, de 10.12.86)*

Art. 224 – Será de setecentos e trinta dias de efetivo exercício na classe o interstício para o policial concorrer à ascensão.

Art. 225 – O policial provido por ascensão passará a integrar a nova classe, independentemente de posse.

Parágrafo único – O policial provido por ascensão terá reiniciada a contagem de seu tempo de serviço na nova classe, para efeito de promoção.

Art. 226 – Só poderá concorrer à ascensão o policial que possuir o diploma registrado ou certificado de habilitação em curso exigido pela legislação vigente, para o exercício das atividades inerentes ao cargo para o qual terá ascensão.

Art. 227 – As ascensões no Quarto Permanente da Polícia Civil do Estado do Rio de Janeiro, serão realizadas uma vez por ano, no dia 29 de setembro, observada a existência de cargos vagos e na forma das linhas de progressão dispostas no anexo IV da Lei no 699, de 14 de dezembro de 1983.

§1º – As vagas que não forem preenchidas pelo instituto da ascensão poderão ser aproveitadas para concurso público.

§2º – A ascensão que não se verificar na data referida no caput deste artigo terá seus efeitos retroagidos. *(O artigo 227 e seus parágrafos têm redação dada pelo Decreto nº 9.460, de 10.12.86.)*

Art. 228 – O provimento por ascensão, quando o número de vagas for inferior ao número de candidatos que satisfaçam às condições estabelecidas, obedecerá à ordem de classificação na lista respectiva, organizada de acordo com o grau de habilitação obtido pelo policial, nas provas do curso específico ministrado pela Academia de Polícia.

(Parágrafos 1º e 2º revogados pelo Decreto nº 9.460, de 10.12.86)

Art. 229 - Somente poderá ser provido por ascensão o policial que obtiver, pelo menos, grau final cinqüenta em cada disciplina, nos cursos específicos, que terão a seguinte apuração: *(redação dada pelo Decreto nº 9.459, de 10.12.86)*

I - nível superior - quatrocentos horas/aula;

II - nível técnico - trezentas e vinte horas/aula;

III - nível 2º grau - sem exigência de curso técnico - duzentos e quarenta horas/aula;

IV - nível 1º grau - cento e sessenta horas/aula.

Art. 230 - Não poderá haver provimento por ascensão na classe em que houver cargo excedente.

Art. 231 - Em benefício do policial a quem de direito cabia a ascensão, será declarado sem efeito o ato que houver decretado o provimento de forma indevida.

§1º - O policial provido indevidamente não ficará obrigado a restituir o que a mais houver recebido.

§2º - O policial a quem cabia o provimento por ascensão será indenizado de uma só vez, da diferença de vencimentos e vantagens a que tiver direito.

Art. 232 - A formalização dos atos relativos à ascensão será processada pela Secretaria Executiva da Comissão de Promoções, ressalvada a competência da Academia de Polícia.

Art. 233 - Aplicam-se à ascensão, no que couber, os dispositivos referentes à promoção, por merecimento e por antigüidade, inclusive *"post-mortem"*. (*O art. 233 tem redação dada pelo Decreto nº 4.912, de 20.11.81)*

Art. 234 - O órgão setorial de pessoal da Secretaria de Estado de Polícia civil, com os elementos que dispuser e os fornecidos pelos dirigentes chefes das unidades administrativas, manterá conhecimento mensalmente à Secretaria Executiva da Comissão de Promoções.

Art. 235 - Os policiais que satisfaçam as condições previstas no presente Regulamento serão inscritos "ex-officio" na Academia de Polícia, para efeito de prova de seleção e curso específico, publicando-se a lista nominal do "Diário Oficial" do Estado e "Boletim de Serviço", por três dias consecutivos, para ciência dos interessados.

Art. 236 - Dessa publicação contar-se-á o prazo de quinze dias para interposição de recursos, que serão decididos em igual prazo, findos os quais serão os policiais submetidos a provas de seleção na Academia de Polícia.

Art. 237 - A ascensão será feita através de Decreto coletivo, elaborado pela Secretaria Executiva da Comissão de Promoções, a ser submetido pelo Secretário de Estado da Polícia Civil ao Governador do Estado.

Título VIII

DA TRANSFERÊNCIA E DA REMOÇÃO

Art. 238 - Transferência é o ato de simples investidura do policial em cargo de denominação diversa de outra classe, de igual nível de vencimento, na carreira policial. (*Artigo com redação dada pelo Decreto nº 5.952, de 25.08.82)*

Art. 239 – A transferência se fará à vista de comprovação de habilitação dos interessados para o exercício do novo cargo, realizada na Academia de Polícia.

Art. 240 – Quando se tratar de cargo de classe inicial de série de classes, a transferência não poderá ser feita para cargo vago, destinado a provimento por concurso, já aberto, ou ascensão programada.

Art. 241 – A transferência será feita a pedido, atendidos o interesse e a conveniência do serviço policial.

Art. 242 – No caso de transferência para cargo correspondente à atividade profissional, em que se exija habilitação específica, esta será condicionada à comprovação de que o interessado satisfaz àquela exigência.

Art. 243 – Remoção é o ato mediante o qual o policial passa a ter exercício em outro órgão, preenchendo claro de lotação, sem que se modifique sua situação funcional.

Art. 244 – Dar-se-á remoção:

I – a pedido;

II – "ex-officio".

§1º – A remoção tanto a pedido como "ex-officio" dependerá, em princípio, de claro na lotação. (*Parágrafo com redação dada pelo Decreto nº 3.059, de 13.02.80)*

§2º – O policial removido, quando de férias, não se interromperá.

§3º – Não poderá haver remoção de policial que se encontre em licença de qualquer espécie ou freqüentando curso na Academia de Polícia.

§4º – *(Revogado pelo Decreto nº 14.832, de 23.05.90).*

Art. 245 – No processamento da remoção "ex-officio" serão observados, em princípio, a iniciativa do dirigente ou do chefe da unidade administrativa e a existência de claro na lotação do órgão para onde se pretender a remoção. *(Art. com redação dada pelo Decreto nº 3.059, de 13.02.80)*

Art. 246 – remoção por permuta será processada a pedido, por escrito, de ambas as chefias interessadas.

Art. 247 – Quando a remoção for a pedido, serão observados o interesse do serviço e a anuência do servidor indicado para permuta.

Parágrafo único – Somente decorridos doze meses da lotação do policial, poderá ocorrer sua remoção a pedido.

Art. 248 – No processamento das remoções serão atendidos a qualificação profissional do policial e a necessidade do serviço investigatório da unidade onde verá ter exercício.

Art. 249 – O policial terá exercício no órgão para o qual for designado.

Art. 250 – Até o dia 20 de janeiro de cada ano, atendidas as diretrizes da Secretaria e as necessidades de Segurança Pública, serão fixados, por ato resolutivo, os quantitativos de pessoal que constituirão a lotação de policiais civis em todos os Órgãos da Secretaria de Estado da Polícia Civil, até o nível de Divisão ou Delegacia.

§1º – Entende-se por lotação o número de policiais civis de cada categoria funcional ou cargo isolado, inclusive os ocupantes de cargo ou função de confiança que, segundo as necessidades, devam ter exercício em cada Órgão.

§2º – O policial civil nomeado integrará lotação na qual houver claro.

§3º – As autoridades policiais e seus agentes, providos nas classes iniciais das respectivas categorias profissionais serão preferencialmente lotados nas unidades de Polícia Administrativa e Judiciária, durante os dois primeiros anos de efetivo exercício.

§4º – *Revogado.*

(Artigo 250 e parágrafos com redação dada pelo Decreto nº 21.668 de 28.09.95)

Art. 251 – O policial será afastado do exercício de seu cargo:

I – enquanto durar o mandato legislativo ou executivo, federal ou estadual;

II – enquanto durar o mandato de Prefeito ou Vice-Prefeito, se não existir compatibilidade de horário entre o seu exercício e o da função pública;

III – enquanto durar o mandato de vereador, se não existir compatibilidade de horário entre o seu exercício e o da função pública;

IV – durante o lapso de tempo que mediar entre o registro da candidatura eleitoral e o dia seguinte ao da eleição.

Resolução SEPOL 170/2020

Art. 1º – A remoção de policial civil para a Seção de Pessoal em Situações Diversas (SPSD), se dará nos seguintes casos:

I – licença para tratamento de saúde;

II – licença sem vencimentos para trato de interesses particulares;

III – licença para desempenho de mandato legislativo ou executivo;

IV – afastamento para pleito eleitoral;

V – disposição para órgão não vinculado à Secretaria de Estado de Polícia Civil;

VI – conveniência disciplinar;

VII – afastamento para cumprimento de estágio experimental;

VIII – exoneração a pedido, até a data da publicação do ato;

IX – demais afastamentos previstos na legislação pertinente aos policiais civis, quando o período do afastamento ultrapassar 30 (trinta) dias.

Art. 2º - Em se tratando de licença para tratamento de saúde, o servidor licenciado somente será removido para SPSD, a critério do dirigente do órgão de lotação, quando o período de licença ultrapassar 30 (trinta) dias e a licença concedida não seja com alta médica preestabelecida.

Art. 3º - A remoção, na forma do inciso VI do art. 1º, ocorrerá por determinação do Secretário de Estado de Polícia Civil ou do Corregedor Geral da Polícia Civil, de ofício, no caso de servidor policial indiciado em inquérito policial, preso a qualquer título ou por determinação judicial e, nos demais casos, em que for instaurado processo administrativo disciplinar para apurar transgressão disciplinar de natureza grave.

§ 1º - Se o fato imputado ao servidor for de tal gravidade que, em razão de sua natureza, inviabilize sua permanência em atividade, o servidor policial não poderá prestar serviços administrativos em qualquer órgão, devendo ser mencionada esta circunstância na decisão prevista no caput;

§2º - Decidindo o Secretário de Estado de Polícia Civil pelo encaminhamento de sindicância para Corregedoria Geral da Polícia Civil, objetivando a instauração de Inquérito Administrativo para apuração de transgressão disciplinar de natureza grave, o Chefe de Gabinete/SEPOL comunicará por correspondência interna o Departamento Geral de Gestão de Pessoas para devidas anotações e providências de publicação de remoção para a Seção de Pessoal em Situação Diversa (SPSD).

§3º - A Autoridade Policial que se encontrar na situação objeto do inciso VI do art. 1º, será removida para o Departamento Geral de Gestão de Pessoas, cujo dirigente deverá cometer-lhe tarefas administrativas compatíveis com suas atribuições regulamentares, se não for o caso previsto no artigo 3º, §1º desta Resolução.

§4º - A remoção para SPSD ou para o Departamento Geral de Gestão de Pessoas, por conveniência disciplinar, prevista no inciso VI do art. 1º desta Resolução ou decorrente do afastamento determinado pelos incisos do parágrafo único do art. 23 do Decreto Estadual n.º 3.044/80, implicará em:

I - Apresentação incontinente do servidor, pela SPSD ou pelo Departamento Geral de Gestão de Pessoas, à Corregedoria Geral de Polícia Civil, que providenciará o imediato recolhimento da carteira funcional, distintivo policial e arma de fogo patrimonial, cabendo a cautela da carteira funcional ao Departamento-Geral de Administração e Finanças/DGAF e demais bens patrimoniais à Coordenadoria de Fiscalização de Armas e Explosivos/CFAE.
II - Expressa proibição de prestar serviço em órgãos operacionais ou em órgãos de administrativos de onde houver sido removido por conveniência disciplinar.

§5º - A remoção para a SPSD ou Departamento Geral de Gestão de Pessoas por conveniência disciplinar não eximirá o servidor da prestação de serviço administrativo, se não for o caso previsto no artigo 3º, §1º, desta Resolução, sob a fiscalização direta do dirigente da unidade sob sua responsabilidade.

Art. 4º - Nos procedimentos disciplinares em tramitação na Corregedoria Geral de Polícia Civil a carteira funcional e bens patrimoniais em poder do servidor (distintivo policial e arma de fogo), poderão ser recolhidos a qualquer tempo por determinação do Corregedor Geral de Polícia Civil, mediante decisão fundamentada e desde que a sanção aplicável ao servidor, em tese, seja de suspensão igual ou superior a 50 (cinquenta) dias ou demissão.

Art. 5º - Ocorrendo a prisão a qualquer título de servidor policial, o Delegado de Polícia que presidir a lavratura do procedimento prisional determinará o imediato recolhimento da carteira funcional e bens patrimoniais que estiverem em poder do policial preso e remeterá cópia integral para a Corregedoria Geral de Polícia Civil objetivando a adoção das medidas disciplinares cabíveis à espécie, devendo a Corregedoria Geral de Polícia Civil comunicar porCorrespondência Interna o Departamento Geral de Gestão de Pessoas para publicação do devido afastamento do servidor, na forma do artigo 75, do Decreto Estadual nº 2.479/79.

Art. 6º - Esta Resolução entrará em vigor na data de sua publicação, revogadas as disposições em contrário, em especial a Resolução SEPC n.º 216, de 08 de dezembro de 1998.

O GOVERNADOR DO ESTADO DO RIO DE JANEIRO, no uso de suas atribuições constitucionais e legais, e o contido no Processo nº SEI- 360004/000172/2020,

CONSIDERANDO a necessidade de adequação da regulamentação do Estatuto dos Policiais Civis do Estado do Rio de Janeiro,

D E C R E T A:

Art. 1º - O art. 170 do Decreto nº 3.044, de 22 de janeiro de 1980, passa a vigorar com a seguinte redação:

"Art. 170 - As promoções por antiguidade e por merecimento obedecerão obrigatoriamente à proporção de uma vaga de antiguidade e uma vaga por merecimento e ao interstício mínimo de setecentos e trinta dias.

Parágrafo Único - A primeira promoção se dará somente após o término do estágio probatório com o interstício mínimo de 1095 dias." (NR)

Art. 2º - O caput do art. 184 do Decreto nº 3.044, de 22 de janeiro de 1980, passa a vigorar com a seguinte redação:

"Art. 184 - As vagas ou quaisquer alterações da folha funcional do policial, que ocorrerem após a data da validade da promoção, somente serão computadas para a promoção seguinte à data de averbação (...)"

Art. 3º - O art. 185 do Decreto nº 3.044, de 22 de janeiro de 1980, passa a vigorar com a seguinte redação:

"Art. 185 - Não poderá integrar o Quadro de Promoção por Merecimento (QPM), o policial civil que:

(...)

III - houver sido punido com suspensão acima de 40 (quarenta) dias na classe concorrente, por transgressão disciplinar apurada através de procedimento administrativo regular, nos últimos dois anos;

IV - houver sido condenado por crime doloso, inclusive, em sentença não transitada em julgado, ou estiver no gozo de sursis, enquanto não for decretada a extinção da punibilidade, salvo desclassificação para excesso culposo, até a data da validade a ser realizada.

§ 1º - A exclusão aplicada pelo inciso II do artigo 185, será aplicada na promoção imediatamente posterior à publicação da punição;

§ 2º - A Corregedoria Geral da Polícia Civil (CGPOL) comunicará semestralmente ao Serviço de Promoções, até os dias 21 de abril e 29 de setembro, a relação dos policiais civis que se encontrem nas condições previstas nos incisos II, III e IV do artigo 185;

§ 3º - Havendo policial civil indiciado em inquérito policial ou autor de infração de menor potencial ofensivo nos órgãos de execução da SEPOL deverá a autoridade policial que determinou o indiciamento comunicar de imediato ao SEPROM e ao Departamento Geral de Administração e Finanças (DGAF)."

Art. 4º - O art. 186 do Decreto nº 3.044, de 22 de janeiro de 1980, passa a vigorar com a seguinte redação:

"Art. 186 - A promoção por antiguidade recairá no policial civil que tiver maior tempo de efetivo exercício na classe, apurado até a data da validade da promoção.

Parágrafo Único - O artigo 185 se aplica ao Quadro de Promoção por Antiguidade (QPA)."

Art. 5º - O art. 190 do Decreto nº 3.044, de 22 de janeiro de 1980, passa a vigorar com a seguinte redação:

"Art. 190 - A antiguidade na classe será contada:

I - nos casos de nomeação, readmissão, reversão ou aproveitamento, a partir da data em que o policial entrar em exercício no cargo;

II - nos casos de promoção e readaptação, a partir da vigência do ato respectivo ou da sua publicação."

Art. 6º - O art. 195 do Decreto nº 3.044, de 22 de janeiro de 1980, passa a vigorar com a seguinte redação:

"Art. 195 - A apuração da eficiência no desempenho da função policial civil de que trata o inciso I do artigo 194 deste Decreto, que poderá variar de zero a 3 (três) pontos, será objeto de regulamentação a ser expedida pela Polícia Civil."

Art. 7º - O art. 208 do Decreto nº 3.044, de 22 de janeiro de 1980, passa a vigorar com a seguinte redação:

"Art. 208 - A indisciplina será apurada tendo em vista as penalidades de advertência, repreensão, suspensão, afastamento do serviço, do cargo ou de função, impostas ao policial.

§ 1º - Serão considerados os seguintes pontos negativos para grupo de três penalidades:

I - três advertências - um ponto negativo;

II - duas advertências e uma repreensão - um ponto negativo;

III - uma advertência e duas repreensões - dois pontos negativos;

IV - três repreensões - dois pontos negativos;

V - suspensão ou afastamento - um ponto negativo por dia de penalidade.

§ 2º - A vigência da aplicação dos pontos negativos perdurará pelo prazo de 2 (dois) anos contados da data da publicação, salvo se houver a mudança de classe, hipótese em que os pontos serão zerados, cabendo ao órgão que aplicou a punição a imediata comunicação ao SEPROM e ao DGAF".

Art. 8º - O art. 210 do Decreto nº 3.044, de 22 de janeiro de 1980, passam a vigorar com a seguinte redação:

"Art. 210 - O conceito de que goza o policial na organização, deverá ser averbado e apurado na classe concorrente, atribuindo-se a cada fator, abaixo relacionado, de zero até o limite de quatro pontos na classe:

I - encargos e missões despenhadas, entre outros, os que visem ao aumento de produtividade e à redução de custos operacionais dos serviços públicos, 01 ponto por enquadramento ao fator até o limite de 04 pontos;

II - elogios decorrentes do exercício da função policial e emanados de autoridade judiciária ou administrativa competente;

III - medalhas e condecorações, 01 ponto por enquadramento ao fator até o limite de 04 pontos;

IV - serviços relevantes prestados a outros órgãos, 01 ponto por enquadramento ao fator até o limite de 04 pontos;

V - atos de bravura

(...)

§ 1º - Nos casos de crimes de homicídio, roubo, extorsão mediante sequestro e tráfico de entorpecentes, será atribuído 1 (um) ponto ao agente policial que, em efetiva atividade operacional, efetuar prisão em flagrante, realizada com absoluta observância dos princípios constitucionais e legais que a autorizam; nos demais casos criminais, o agente policial receberá 0,5 (meio) ponto. Se o policial sofrer lesão corporal de natureza grave, ser-lhe-ão concedidos 10 (dez) pontos a qualquer momento, conforme data de requerimento, aplicados uma única vez.

§ 2º - Aos policiais civis a serem indicados pelo Delegado da Unidade Policial do registro, que tiverem efetiva participação, sem cujo empenho ou capacidade de iniciativa não teria sido possível o cumprimento de mandado de prisão, será concedido 0,25 (um quarto) de ponto; se, porém, o executor sofrer lesão corporal de natureza grave, ser-lhe-á aplicado o disposto no parágrafo anterior.

§ 3º - Na apreciação de sindicância sumária por ato de bravura, o Conselho Superior de Polícia, se entendê-lo não tipificado, poderá conceder ao policial 05 (cinco) pontos de merecimento, limitados a uma única vez na classe.

(..)

§ 5º - Caberá ao Serviço de Promoções ou órgão responsável pela matéria a confirmação do enquadramento previsto nos parágrafos anteriores e demais situações não previstas na lei, ratificada pelo Conselho Superior de Polícia." (NR)

§ 6º - Aos peritos criminais, legistas ou papiloscopistas que de forma efetiva, através do seu empenho ou capacidade, auxiliarem na identificação da autoria dos crimes de homicídio, extorsão mediante sequestro e tráfico de drogas, devidamente declarados pelo titular ou diretor da sua unidade, será concedido 0,5 (meio) ponto por cada laudo vinculado ao respectivo procedimento, limitado a 04 (quatro) pontos na classe."

Art. 9º - O art. 211 do Decreto nº 3.044, de 22 de janeiro de 1980, passam a vigorar com a seguinte redação:

"Art. 211 - (...)

I - contribuição à organização e à melhoria dos serviços policiais:

a) por publicação de trabalhos técnicos policiais em livros ou revistas ou aqueles que resultarem ou venham resultar em Lei, Decreto ou Resolução, desde que comprovada sua autoria pela Administração Policial: 0,5 (meio) ponto por trabalho publicado até o limite de 02 (dois) pontos;

b) edição de livros, manuais, coletâneas de natureza policial: 0,5 (meio) ponto por obra editada até o limite de 02 (dois) pontos;

c) edição de apostilas de natureza policial: 0,25 (um quarto) de ponto por apostila, até o máximo de 02 (dois) pontos;

II - aprimoramento de sua cultura geral e específica, através de cursos na instituição policial ou fora dela:

a) Cultura geral:

- 10 (dez) pontos por título de Doutor, limitado a um título, na classe;

- 08 (oito) pontos por título de Mestre, limitado a um título, na classe;

- 05 (cinco) pontos por curso superior completo, desde que não exigível para o ingresso na série de classes;

- 04 (quatro) pontos por título de Pós-graduação com especialização, limitado a um título, na classe;

- 0,5 (meio) ponto por curso com duração mínima de 40 (quarenta) horas, até o limite de 05 (cinco) pontos.

b) Cultura específica:

- 01 (um) ponto por curso de natureza policial, realizado pela Academia de Polícia ou por ela homologado, por órgãos da Secretaria de Polícia Civil, pelo Ministério Público, Defensoria Pública, Tribunal de Justiça ou Secretaria de Segurança Pública de Qualquer ente Federativo até o limite de 5 (cinco) pontos;

- 0,25 (um quarto) de ponto por palestra de natureza policial, realizada pela Academia de Polícia ou por ela homologada, por órgãos da Secretária de Polícia Civil, pelo Ministério Público, Defensoria Pública, Tribunal de Justiça ou Secretaria de Segurança Pública de Qualquer ente Federativo até o limite de 2 (dois) pontos."

Parágrafo Único - Os cursos de Doutorado, Mestrado, Pós-graduação com especialização e Graduação em nível superior, desde que não integrantes dos requisitos essenciais para o ingresso na série de classes, serão computados em toda a trajetória da vida funcional do titular."

Art. 10 - O art. 212 do Decreto nº 3.044, de 22 de janeiro de 1980, passa a vigorar com a seguinte redação:

"Art. 212 - O exercício em cargo efetivo, em direção, chefia, assessoramento, assistência, secretariado ou magistério policial será pontuado da seguinte forma:

I - pelo exercício em cargo efetivo, na classe concorrente, por ano de atividade contínua:

a) em Delegacias Policiais distritais e especializadas, CORE, CFAE, SSINTE, CGPOL e órgãos periciais da Polícia Civil: - 04 (quatro) pontos por ano de lotação;

b) em Órgãos Administrativos, 03 (três) pontos por ano;

c) Lotação em Situação Diversa (SPSD) em razão de Cessão a órgão não vinculado a SEPOL, será aplicado 01 (um) ponto por ano de lotação, salvo os casos de licença médica, acidentados ou por interesse da administração devidamente reconhecido pela SEPOL que deverão receber a mesma pontuação de órgão administrativo do inciso "b";

d) Aos pontos aplicados referentes ao fator de lotação das Delegacias Policiais distritais, serão acrescidos nivelamentos conforme tabela a ser confeccionada anualmente pela SEPOL de zero a 1,00 (um) ponto.

II - pelo exercício em Direção, Chefia, Assessoramento, Assistência ou secretariado, no cargo ou função desempenhada durante 01 (um) ano:

a) de direção superior até o nível de divisão ou delegacia: 04 (quatro) pontos até o limite de 12 (doze) pontos na classe;

b) de assessoramento ou assistência superior: 03 (três) pontos até o limite de 09 (nove) pontos na classe;

c) de chefia de serviço ou assistência intermediária: 02 (dois) pontos até o limite de 06 (seis) pontos na classe;

d) de chefia de seção, de setor ou secretariado: 1,5 (um e meio) ponto até o limite de 4,50 (quatro e cinquenta) pontos na classe;

e) de substituição imediata ou eventual de chefe de serviço: 0,5 (meio) ponto por ano até o limite de 03 (três) pontos na classe, sendo no mínimo pelo prazo de 10 (dez) dias de substituição;

f) de substituição imediata ou eventual de chefe de seção e de setor; 0,5 (meio) ponto por ano até o limite de 03 (três) pontos na classe, sendo no mínimo de 10 (dez) dias de substituição.

III - pelo exercício do magistério policial:

a) em bancas de concurso da SEPOL e de órgãos de Segurança do Estado do Rio de Janeiro de provas seletivas, aplicando-se: 0,5 (meio) ponto por banca ou prova seletiva, até o limite de 03 (três) pontos;

b) como professor, tutor, coordenador, palestrante da SEPOL, Secretaria Nacional de Segurança Pública e demais órgãos de Segurança do Estado do Rio de Janeiro aplicando-se 0,5 (meio) ponto por grupo de três turmas, até o limite de 05 (cinco) pontos.

§ 1° - Na hipótese em que haja quebra da continuidade da Chefia e que por vontade alheia do servidor, não consiga completar o prazo de 01 (um) ano, já tendo completado 80% do período ou 292 dias, poderá o Serviço de Promoções considerar cumprido o período mínimo de aplicação.

§ 2º - Exercendo o policial, no período de um ano, continuadamente, mais de um cargo ou função enumerados no inciso II deste artigo, considera-se para efeito de contagem de pontos o cargo ou função mais elevado, desde que o exerça por período mínimo 01 (um) ano."

Art. 11 - O art. 216 do Decreto nº 3.044, de 22 de janeiro de 1980, passa a vigorar com a seguinte redação:

"Art. 216 - Apurado o total de vagas destinado à promoção por merecimento, serão destinados 80% (oitenta por cento) para preenchimento de acordo com a classificação de pontos constante no QPM e 20% (vinte por cento) para escolha, por parte do Conselho Superior de Polícia, dentre os policiais integrantes do QPM, sem vinculação estrita à classificação de pontos.

§ 1º - Em caso do percentual das vagas previstas no caput deste artigo resultar em fração, o arredondamento será sempre efetuado em observância da ordem de pontos prevista no QPM.

§ 2º - O Conselho Superior de Polícia poderá, excepcionalmente e por maioria absoluta de seus membros, mediante decisão devidamente motivada, vetar a promoção da lista referente aos 80% (oitenta por cento) das vagas destinadas aos policiais com maior pontuação, sendo então promovidos os policiais que estiverem imediatamente abaixo dos vetados na lista de pontos do QPM." (NR)

§ 3º - O Conselho Superior de Polícia poderá excepcionalmente e por maioria absoluta vetar do Quadro de Antiguidade, Policiais demitidos, exonerados, ou que de alguma forma estejam impedidos de integrarem o QPA, sendo as vagas liberadas imediatamente para o Quadro de Merecimento do mesmo certame com o devido registro em ATA."

Art. 12 - Ficam revogados o inciso I, do art. 185; o inciso VI, do art. 210 todos do Decreto nº 3.044, de 22 de janeiro de 1980, alterado pelo Decreto n° 43428, de 17 de janeiro de 2012.

[...]

Lei nº 1.500, de 21 de agosto de 1989

Dispõe sobre o provimento por promoção, na carreira de Delegado de Polícia e dá outras providências.

O GOVERNADOR DO ESTADO DO RIO DE JANEIRO,

Faço saber que a Assembléia Legislativa do Estado do Rio de Janeiro decreta e eu sanciono a seguinte Lei:

Art. 1º – As promoções na carreira de Delegado de Polícia serão feitas, de classe para classe, por antigüidade e por merecimento, alternadamente, no dia 05 de outubro de cada ano.

Parágrafo único – A promoção que não se verificar na data referida neste artigo terá os seus efeitos retroagidos.

Art. 2º – A antigüidade será apurada na classe concorrente e determinada pelo tempo de efetivo exercício na mesma.

§1º – O eventual empate na classificação por antigüidade resolver-se-á pelo maior tempo de serviço como autoridade policial e, se necessário, pelos critérios de maior tempo de serviço na Polícia Civil, maior tempo de serviço estadual, maior tempo de serviço público em geral e o de maior idade. Na classe inicial, o empate resolver-se-á pela ordem de classificação no concurso.

Art. 2º – A lista de tempo de serviço em cada classe dos Delegados de Polícia será publicada no Diário Oficial do Estado, pelo órgão setorial de pessoal, para efeito de contestação, no prazo de 30 (trinta) dias da respectiva publicação, republicando-se a lista final, após a apreciação dos recursos.

Art. 3º – O merecimento também apurado em cada classe será aferido pela Secretaria Executiva da Comissão de Promoções (SECOP), que levará em conta os fatores seguintes:

I – o procedimento do Delegado de Polícia em sua vida pública e particular, o conceito que goza na Organização Policial e o mais que constar de seus assentamentos funcionais;

II – o desempenho nas funções de direção de polícia administrativa e judiciária e na condução da apuração de infrações penais, bem como a capacidade demonstrada na preservação dos princípios de disciplina, hierarquia, legalidade e moralidade nas unidades a que serviu;

III – a pontualidade e o zelo no cumprimento dos deveres funcionais, bem como a eficiência no desempenho de suas funções:

IV – a contribuição à organização e à melhoria dos serviços policiais;

V – o aprimoramento de sua cultura jurídica, através de cursos especializados, publicação de livros, teses, estudos e artigos e obtenção de prêmios, tudo relacionado com a sua atividade funcional;

VI – os serviços prestados em outros órgãos dos Poderes Executivo, Legislativo, e Judiciário desde que em funções comissionadas de direção superior, compatíveis com a relevância do cargo efetivo que ocupa.

Art. 4º – Concorrerão à promoção por merecimento os Delegados de Polícia que vierem a ser incluídos em lista tríplice para cada vaga, organizada em sessão secreta pelo Conselho Superior de Polícia, com base nos dados, elementos e informações levantadas em relatório, pela Secretaria Executiva da Comissão de Promoções (SECOP), concorrendo as Autoridades Policiais ocupantes dos primeiros dois terços do número de cargos da classe concorrente, fixado em lei.

§1º – Serão incluídos na lista tríplice os nomes que obtiverem os votos da maioria absoluta dos votantes, procedendo-se a tantas votações quantas sejam necessárias para a composição da lista.

§2º – Ocorrendo mais de uma vaga de merecimento, deverá o Conselho Superior de Polícia organizar uma lista única contendo o triplo do número de vagas, classificados por ordem de votação.

§3º – No caso do parágrafo anterior, considerar-se-ão indicados para a primeira vaga os três primeiros da lista, e, sucessivamente, para cada uma das vagas restantes, os dois remanescentes e mais o seguinte da lista.

§4º – O Delegado de Polícia que figurar pela quinta vez em lista tríplice de merecimento terá assegurado o direito à promoção.

Art. 5º – O julgamento das promoções por antigüidade e merecimento cabe ao Conselho Superior de Polícia, integrando o órgão, para este efeito, o Secretário Executivo da Comissão de Promoção.

Art. 6º – Os Delegados de Polícia somente poderão ser promovidos após 365 (trezentos e sessenta e cinco) dias do efetivo exercício na classe. *(Alterado pelo art. 1º da Lei 3068/98)*

§1º – Não poderá integrar a lista tríplice o Delegado de Polícia que:

I – houver sido punido com suspensão acima de 15 (quinze) dias na classe concorrente, por transgressão disciplinar apurada através de procedimento administrativo regular;

II – estiver sendo submetido a qualquer procedimento disciplinar decorrente de falta de natureza média ou grave, ou policial ou judicial penal por infração dolosa, exceto se houver indícios veementes de exclusão de ilicitude devidamente comprovados e assim considerados pela Secretaria Executiva da Comissão de Promoção;

III – houver sido condenado por crime doloso, inclusive, em sentença não transitada em julgado, ou estiver no gozo de sursis, enquanto não for decretada a extinção da punibilidade, salvo desclassificação para excesso culposo, declarado em sentença transitada em julgado.

§2º – Ressalvados os incisos II e III, o disposto no parágrafo anterior não se aplica ao Delegado de Polícia em condições de ser promovido por antigüidade, reservando-se, porém, a respectiva vaga até decisão final do inquérito administrativo ou o trânsito em julgado da ação penal.

Art. 7º – Cabe ao Governador do Estado efetivar a promoção dos indicados em lista, no prazo de 30 (trinta) dias a contar da data do recebimento do respectivo expediente.

Art. 8º – Aplicam-se as disposições do Estatuto dos Policiais Civis e seu Regulamento, naquilo que não colidir com esta lei.

Art. 9º – Esta Lei entrará em vigor a partir de 05 de outubro de 1989, revogadas as disposições em contrário.

Lei Estadual 3.586, de 21 de julho de 2001

TITULO ÚNICO

Capítulo I

DAS CATEGORIAS FUNCIONAIS

Art. 1º – O Quadro Permanente da Polícia Civil do Estado do Rio de Janeiro é integrado pelos seguintes grupos de classes:

GRUPO I - AUTORIDADE POLICIAL

Delegado de Polícia

GRUPO II - AGENTES DE POLÍCIA ESTADUAL DE APOIO TÉCNICO-CIENTÍFICO

Engenheiro Policial de Telecomunicações

Perito Legista

Perito Criminal

Papiloscopista Policial

Técnico Policial de Necropsia

Auxiliar Policial de Necropsia

GRUPO III - AGENTES DE POLÍCIA ESTADUAL DE INVESTIGAÇÃO E PREVENÇÃO CRIMINAIS

Inspetor de Polícia

Oficial de Cartório Policial

Investigador Policial

Piloto Policial

Seção I

Do Grupo I – Autoridade Policial

Art. 2º – O Grupo I – Autoridade Policial será integrado pela carreira de Delegado de Polícia, com os quantitativos, linha de progressão e atribuições descritas nos Anexos da presente Lei.

Seção II

Do Grupo II – Agentes de Polícia Estadual de Apoio Técnico-Científico

Art. 3º – O Grupo II – Agentes de Polícia Estadual de Apoio Técnico-Científico – será integrado pelo cargo isolado de Engenheiro Policial de Telecomunicações, e pelas carreiras de Perito Legista, Perito Criminal, Papiloscopista Policial, Técnico Policial de Necropsia e Auxiliar Policial de Necropsia, com as atribuições, quantitativos e linha de progressão descritos nos Anexos da presente Lei.

Parágrafo único – Os cargos do Grupo II – Agentes de Polícia Estadual de Apoio Técnico-Científico – serão em parte objeto de provimento derivado por força de enquadramento, de acordo com os critérios fixados nos anexos desta Lei, dos hoje detentores de cargos da estrutura da Polícia Civil, na seguinte linha de concorrência:

I – os ocupantes de cargo de Perito Legista ao cargo de igual denominação;

II – os ocupantes de cargo de Perito Criminal e Perito Auxiliar, à carreira de Perito Criminal;

IV – os ocupantes de cargo de Engenheiro Policial de Telecomunicações ao cargo isolado de idêntica denominação;

V – os ocupantes de cargo de Papiloscopista, concorrendo à carreira de Papiloscopista Policial;

VI – os ocupantes de cargo de Técnico de Necropsia à carreira de Técnico Policial de Necropsia;

VII – os ocupantes de cargo de Auxiliar de Necropsia à carreira de Auxiliar Policial de Necropsia.

Seção III

Do Grupo III – Agentes de Polícia Estadual de Investigação e Prevenção Criminais

Art. 4º – O Grupo III – Agentes de Polícia Estadual de Investigação e Prevenção Criminais – será integrado pelas carreiras de Inspetor de Polícia, Oficial de Cartório Policial e Investigador Policial, além do cargo isolado de Piloto Policial, todos com suas atribuições, quantitativos e linha de progressão, quando cabível, descritos nos anexos da presente Lei.

Parágrafo único – Os cargos do Grupo III – Agentes de Polícia Estadual de Investigação e Prevenção Criminais – serão em parte objeto de provimento derivado por força do enquadramento, de acordo com os critérios fixados nos anexos desta Lei, dos hoje detentores de cargos da estrutura da Polícia Civil, na seguinte linha de concorrência:

I – os ocupantes de cargo de Detetive-Inspetor, Detetive, Técnico Policial de Telecomunicações, e Técnico Policial de Laboratório, concorrendo à carreira de Inspetor de Polícia;

II – os ocupantes de cargo de Escrevente e Escrivão de Polícia, concorrendo à carreira de Oficial de Cartório Policial;

III – os ocupantes de cargo de Operador Policial de Telecomunicações, Motorista Policial, Fotógrafo Policial e Carcereiro Policial, concorrendo à carreira de Investigador Policial;

IV – os ocupantes de cargo de Piloto Policial, concorrendo ao cargo isolado de idêntica denominação.

Art. 5º – A carreira de Investigador de Polícia é subordinada, imediatamente, aos Inspetores de Polícia e Oficiais de Cartório Policial, sem prejuízo da subordinação resultante da estrutura hierárquica da Polícia Civil e da administração pública estadual.

Art. 14 – O **ingresso** no **Quadro Permanente da Polícia Civil** far-se-á através de **concurso público de provas ou de provas e títulos**, dividido em **duas fases**, a saber:

I – a **primeira**, composta de provas de conhecimentos, exame psicotécnico, exame médico e prova de capacidade física.

II – a **segunda**, de curso de formação profissional, com apuração de freqüência, aproveitamento e conceito.

§1º – Os candidatos habilitados na primeira fase serão matriculados, observados a ordem de classificação e o número de vagas fixado no Edital, para curso de formação profissional, percebendo o candidato bolsa-auxílio correspondente a 80% (oitenta por cento) do valor do vencimento da classe inicial do cargo, sem incidência de descontos relacionados com o regime próprio de previdência. *(Redação dada pela Lei RJ nº 4.020/2002)*

§2º – A percepção da bolsa-auxílio não configura relação empregatícia, ou vínculo estatutário, a qualquer título, do candidato com o Estado. *(Redação dada pela Lei RJ nº 4.020/2002)*

§3º – As regras de cada certame, bem como as do curso de formação profissional, inclusive o estabelecimento de prazos recursais, serão fixadas pela Academia Estadual de Polícia Silvio Terra, através de Edital previamente publicado. *(Redação dada pela Lei RJ nº 4.020/2002)*

Art. 15 – O candidato será submetido à **Prova de Investigação Social** que poderá estender-se até a **homologação** do concurso, considerando-se seus **antecedentes criminais e sociais**, bem como sua **conduta no curso de formação profissional**.

Art. 16 – Será considerado inabilitado e automaticamente excluído, em qualquer das fases do concurso, o candidato que, em qualquer prova, obtiver nota inferior ao mínimo fixado no competente instrumento convocatório do concurso.

Art. 17 – No concurso público para ingresso no Quadro Permanente da Polícia Civil, o candidato julgado inapto ou contra-indicado, nos exames psicotécnico ou médico, nas provas de capacidade física ou de investigação social, será dele excluído.

Art. 18 – No concurso público para o cargo de Delegado de Polícia será eliminado o candidato que não obtiver um mínimo de 50 (cinqüenta) pontos, per si, nas disciplinas de Direito Penal, Direito Processual Penal, Direito Administrativo, Direito Constitucional, Direito Civil e Medicina Legal. *(Redação dada pela Lei nº 4375/2004)*

Art. 19 – Serão nomeados para as vagas fixadas no edital os candidatos que forem habilitados em todas as fases do concurso público, observada a ordem de classificação.

§ 1º – Após a nomeação, os membros do Quadro Permanente da Polícia Civil do Estado do Rio de Janeiro serão submetidos a **estágio probatório**, que terá **a duração de dois anos e seis meses**.

§2º – A decisão sobre a confirmação no estágio probatório será expedida no prazo máximo de seis meses após o seu encerramento.

§3º – No caso de inobservância do prazo estabelecido no parágrafo anterior, será o servidor considerado confirmado na carreira.

§4º – O regulamento do estágio probatório será estabelecido através de Decreto do Poder Executivo;

§5º - Os destinatários da presente Lei não serão submetidos ao estágio experimental previsto no Decreto nº 2.479, de 8 de março de 1979.

[...]

Art. 21 - Será exigido do candidato para ingresso na Polícia Civil possuir, quanto ao grau de escolaridade, comprovado **por ocasião da posse**: *(Redação dada pela Lei RJ nº 4375/2004)*

I - Delegado de Polícia - diploma de Bacharel em Direito, devidamente registrado;

II - Perito Legista - diploma de médico, odontólogo, farmacêutico ou bioquímico, devidamente registrado;

III - Perito Criminal - diploma de curso superior em engenharia, informática, farmácia, veterinária, biologia, física, química, economia, ciências contábeis ou agronomia, devidamente registrado;

IV - Engenheiro Policial de Telecomunicações - diploma de curso superior de engenharia, devidamente registrado, na especialidade inerente ao cargo;

V - Inspetor de Polícia - diploma de curso superior devidamente registrado; *(Redação dada pela Lei RJ nº 4.020/2002)*

VI - Oficial de Cartório Policial e Papiloscopista Policial - diploma de curso superior devidamente registrado. *(Redação dada pela Lei RJ nº 4.020/2002)*

VII - Piloto Policial - certificado de ensino médio ou equivalente e carta de piloto comercial expedida pelo Departamento de Aviação Civil - DAC;

VIII - Investigador Policial - diploma de ensino médio ou equivalente, habilitação técnica inerente à rádio operador e noções de fotografia;

IX - Técnico Policial de Necropsia - diploma de ensino médio ou equivalente, devidamente registrado;

X - Auxiliar Policial de Necropsia - certificado de conclusão do ensino fundamental, ou equivalente, devidamente registrado.

§1º - No concurso público para ingresso na categoria funcional de inspetor de Polícia, quando exigíveis no candidato conhecimento teóricos especializados, será exigida, por ocasião da posse, também, habilitação, técnica inerente à especialidade, devidamente registrada. *(Redação dada pela Lei RJ nº 4375/2004)*

§2º - Para as classes funcionais referidas nos incisos V, VI e VIII serão ainda exigidos, na primeira fase do concurso público, conhecimentos básicos de micro-informática, voltados para processadores de textos, bem como apresentação da **carteira de habilitação de motorista**, até a data prevista para a **matrícula no Curso de Formação Profissional.**

2.13. Exercício de Fixação do texto legal

Art. 2°, EPC - A nomeação será feita em caráter __________, mediante ________, ou em __________.

Art. 3º REPC - O __________ nos cargos de provimento _________ exige os requisitos

[...]

Art. 3º EPC – São requisitos para o ingresso no cargo efetivo: I – A idade mínima de ________ anos completos e no máximo _________ anos completos, à data do encerramento das inscrições.

Art. 14, Lei 3.586/01 - O _______ no Quadro Permanente da Polícia Civil far-se-á através de __________ de _______ ou de ____________, dividido em ____ fases, a saber:

Art. 14, inciso I, Lei 3.586/01 - a _______ (fase), composta de provas de ________, exame ________, exame _______e prova de ___________.

Art. 14, inciso II, Lei 3.586/01 - a _______, de __________________, com apuração de frequência, aproveitamento e conceito.

Art. 15, Lei 3.586/01 – O candidato será submetido à ________________ que poderá estender-se até a ___________ do concurso, considerando-se seus antecedentes ________ e ________, bem como sua conduta no curso de formação profissional.

Art. 15, § 1º, Lei 3.586/01 - Após a _________, os membros do Quadro Permanente da Polícia Civil do Estado do Rio de Janeiro serão submetidos a ____________, que terá a duração de ____________.

Art. 21, Lei 3.586/01 – Será exigido do candidato para ingresso na Polícia Civil possuir, quanto ao grau de escolaridade, comprovado por ocasião da __________: *(Redação dada pela Lei RJ nº 4375/2004).*

Art. 21, §2º, Lei 3.586/01 - Para as classes funcionais referidas nos incisos V, VI e VIII serão ainda exigidos, na primeira fase do concurso público, conhecimentos básicos de ___________, voltados para _____________, bem como apresentação da_______________, até a data prevista para a ___________no Curso de Formação Profissional.

Gabarito

1. efetivo / concurso público / comissão;

2. ingresso / efetivo;

3. 18 / 35;

4. ingresso / concurso / provas / provas e títulos / duas;

5. primeira / conhecimento / psicotécnico / médico / capacidade física;

6. segunda / curso de formação profissional;

7. Prova de Investigação Social / homologação / criminais / sociais;

8. nomeação / estágio probatório / dois anos e seis meses;

9. posse;

10. microinformática / processadores de texto / carteira de habilitação de motorista / matrícula

3

DEVERES E RESPONSABILIDADE

3.1. Código de Ética Policial

Todo cargo público reúne deveres e garantias. Com ainda mais razão o cargo policial (*lato*): *o* regramento da conduta dos agentes de polícia num Estado Democrático de Direito deve ser sobremaneira balizado, em virtude da natureza de sua função. Nem se diga que o apertado regime jurídico disciplinar ao qual vincula-se o policial conflita com a concepção de *fortalecimento da autonomia decisória das agências jurídicas de polícia*, a qual nos referimos ao tratar da *função contrasseletiva* da Polícia Civil – o que nos faria padecer de incoerência teórico-argumentativa. A improcedência de eventual crítica nesse sentido dá-se, como perceberá o leitor mais atento, em virtude da necessidade de se abrir o leque de liberdades públicas do cidadão frente ao Estado, o que se dá, por via de consequência, aumentando os critérios *racionalização* e *controle* da habilitação do poder punitivo. É precisamente, nesse contexto, que tanto o EPC quanto o REPC nomeiam **Código de Ética Policial** o conjunto normativo dos **deveres éticos** aos quais submete-se o agente público de polícia.

A preocupação com a conduta ética dos servidores e da Administração Pública como um todo, fez com que o Constituinte de 1988, ao promulgar a Constituição da República, previsse expressamente no artigo 37 o **Princípio da Moralidade** como norteador da Administração Pública, o que se repete no art. 77, caput, da CERJ:

> **Art. 37, CRFB**. A administração pública direta e indireta de qualquer dos Poderes da União, dos Estados, do Distrito Federal e dos Municípios obedecerá aos princípios de legalidade, impessoalidade, **moralidade**, publicidade e eficiência e, também, ao seguinte: *(Redação dada pela Emenda Constitucional nº 19, de 1998)*
>
> **Art. 77, CERJ**. A administração pública direta, indireta ou fundacional, de qualquer dos Poderes do Estado e dos Municípios, obedecerá aos princípios da legalidade, impessoalidade, **moralidade**, publicidade, interesse coletivo e, também, ao seguinte:

CARVALHO FILHO,[1] discorrendo sobre o tema, afirma que *"o princípio da moralidade impõe que o administrador público não dispense os preceitos éticos*

1 CARVALHO FILHO, José dos Santos. Op. cit., pg. 21.

que devem estar presentes em sua conduta.". Alertamos o leitor para um recorte crítico: na arquitetura jurídica atual, poucos são os *conceitos indeterminados* cuja abertura de sentidos seja tão evidente quanto esse.[2] O problema que se mostra é: qual o parâmetro moral a guiar a conduta daqueles submetidos à *força normativa do princípio*? Não se descura que um princípio ético fundamentador deva guiar as relações da Administração Pública no contexto do pós-88, mas vemos com ressalvadas o que toca à possibilidade de voluntarismos decisionistas que se podem fazer tendo em vista uma "cláusula geral de moralidade". O núcleo da moral não é, senão, a possibilidade de escolha. Um Estado que se proponha moralista, nesse sentido, incorre na maior das imoralidades (no sentido de negar a moral) pois tolhe-lhe o cerne bruto.

Parece-nos que a melhor interpretação dessa *cláusula geral de moralidade* é a que dela extrai somente um *dever geral de probidade* - para com o administrado e para com a Administração –, o que permite objetivar (e, assim, bem delimitar) o seu potencial de abrangência, sem recorrer a fórmulas puramente subjetivas.[3]

Superada a breve crítica, é imperativo, para o intento desta obra, o estudo dos preceitos éticos aos quais se condiciona o policial civil do Estado do Rio de Janeiro. Sigamos.

Título II

Capítulo Único

DO CÓDIGO DE ÉTICA POLICIAL

Art. 10, Dec.-Lei 218/75 (EPC). O policial manterá observância, tanto mais rigorosa quanto mais elevado for o grau hierárquico, dos seguintes preceitos de ética:

I - servir à sociedade como obrigação fundamental;

II - proteger vidas e bens;

III - defender o inocente e o fraco contra o engano e a opressão;

IV - preservar a ordem, repelindo a violência;

V - respeitar os direitos e garantias individuais;

---

2 Para outro exemplo tanto quanto ou ainda mais aterrorizante, c.f. "ordem pública" (art. 312, CPP).

3 Uma crítica nos pode ser feita, a certo tempo, acerca de nossa proposta "contramoralizadora". Nos pode objetar o leitor que a gestão da coisa pública necessita uma linha-guia escorreita de conduta adequada às matrizes constitucionais. Ora, com isso concordamos. O engodo se mostra porque a correlação (em termos de validade) entre a atividade administrativa materializada no mundo (lato) e a arquitetura constitucional nada tem a ver com moralidades, um conceito intersubjetivamente adespótico (que despótico se torna acaso imposto) e, logo, incontrolável, sob pena de incorrermos em arbitrariedade imoral estatal, conforme já deixamos entrever, mas sim com o binômio probidade/improbidade (conduta jurídica/antijurídica, enquadrada numa categoria específica para fins classificatórios).

VI – jamais revelar tibieza ante o perigo e o abuso;

VII – exercer a função policial com probidade, discrição e moderação, fazendo observar as leis com lhaneza;

VIII – não permitir que sentimentos ou animosidades pessoais possam influir em suas decisões;

IX – ser inflexível, porém justo, no trato com os delinqüentes;

X – respeitar a dignidade da pessoa humana;

XI – preservar a confiança e o apreço de seus concidadãos pelo exemplo de uma conduta irrepreensível na vida pública e na particular;

XII – cultuar o aprimoramento técnico profissional;

XIII – amar a verdade e a responsabilidade como fundamentos da ética do serviço policial;

XIV – obedecer às ordens superiores, exceto quando manifestamente ilegais;

XV – não abandonar o posto em que deva ser substituído sem a chegada do substituto;

XVI – respeitar e fazer respeitar a hierarquia do serviço policial;

XVII – prestar auxílio, ainda que não esteja em hora de serviço:

1 – a fim de prevenir ou reprimir perturbação da ordem pública;

2 – quando solicitado por qualquer pessoa carente de socorro policial, encaminhando-a à autoridade competente, quando insuficientes as providências de sua alçada.

Título II

Capítulo Único

DO CÓDIGO DE ÉTICA POLICIAL

Art. 11, Dec. 3.044/80 (REPC) – O policial manterá observância, tanto mais rigorosa quanto mais elevado for o grau hierárquico, dos seguintes preceitos de ética:

I – servir à sociedade como obrigação fundamental;

II – proteger vidas e bens;

III – defender o inocente e o fraco contra o engano e a opressão;

IV – preservar a ordem, repelindo a violência;

V – respeitar os direitos e as garantias individuais;

VI – jamais revelar tibieza ante o perigo e o abuso;

VII – exercer a função policial com probidade, discrição e moderação, fazendo observar as leis com lhaneza;

VIII – não permitir que sentimentos ou animosidades pessoais possa influir em suas decisões;

IX – ser inflexível, porém justo, no trato com os delinqüentes;

X – respeitar a dignidade de pessoa humana;

XI – preservar a confiança e o apreço de seus concidadãos pelo exemplo de um conduta irrepreensível na vida pública e na particular;

XII – cultuar o aprimoramento técnico-profissional;

XIII – amar a verdade e a responsabilidade, como fundamentos da ética do serviço policial;

XIV – obedecer às ordens superiores, exceto quando manifestamente ilegais;

XV – não abandonar o posto em que deva ser substituído sem a chegada do substituto;

XVI – respeitar e fazer respeitar a hierarquia do serviço policial;

XVII – prestar auxílio, ainda que não esteja em hora de serviço:

1) a fim de prevenir ou reprimir perturbação da ordem pública;

2) quando solicitado por qualquer pessoa carente de socorro policial, encaminhando-se à autoridade competente, quando insuficientes as providências de sua alçada.

Como o REPC reproduz o texto do EPC, estudaremos apenas este último.

Inicialmente, vale a consideração no sentido de que eventual **violação aos preceitos éticos previstos no Código de Ética Policial** constitui **transgressão disciplinar de natureza grave**, conforme melhor estudaremos nos próximos capítulos.

Art. 14, Dec.-Lei 218/75 (EPC). São transgressões disciplinares:

[...]

XXXV – violar o Código de Ética Policial;

Art. 15, Dec.-Lei 218/75 (EPC). [...]

§3º – São de natureza grave as transgressões enumeradas nos incisos XXII a XXXV do artigo anterior.

Embora o Código de Ética Policial seja o **epicentro normativo ético da atividade policial**, também possui, indiretamente, forte carga disciplinar, pois a sua violação importará na prática de transgressão grave. Por tal razão, deve o legislador descrever de forma clara os comandos normativos com preceitos éticos, afastando-se ambiguidades, imprecisões textuais, cláusulas abertas, inadmissíveis em um Estado Democrático de Direito.

Os preceitos éticos, nesse sentido, possuem uma **dupla função**: 1) garantir à sociedade uma prestação de serviço público dentro de padrões probos; 2) trazer segurança jurídica mínima aos servidores policiais, para que suas condutas, quando praticadas dentro dos *standards normativos*, não o sujeitem a persecuções arbitrárias.

Os preceitos éticos somente alcançarão essa dupla finalidade se se revestirem de um mínimo de tipicidade, veiculando-se por meio de textos claros e sem dubiedades. Em Direito Penal, atrelamos essa função ao *princípio da legalidade* em sua *função de garantia.*

O art. 10 do EPC traz uma redação um tanto curiosa, ao dispor que o policial deverá observar, **tanto mais rigorosa quanto mais elevado for o grau hierárquico** os preceitos éticos enumerados.

> **Art. 10, Dec.-Lei 218/75 (EPC).** O policial manterá observância, **tanto mais rigorosa quanto mais elevado for o grau hierárquico**, dos seguintes preceitos de ética:

Parece que o legislador desejou criar uma escala de eticidade a ser seguida. Para os níveis hierárquicos mais elevados, a ética deveria ser respeitada com maior rigor *(sic)*. Para os níveis mais baixos, adotar-se-iam padrões mais flexíveis. Parece-nos óbvio que tal interpretação, além de paradoxal, se mostra inadmissível: ou a conduta do servidor policial é ética ou não. Parece-nos inviável fugir dessa dicotomia. Não existe conduta mais-ou-menos-ética.

Então, qual sentido pode ser atribuída à expressão "*observância, tanto mais rigorosa quanto mais elevado for o grau hierárquico*" utilizada pelo legislador?

Com tal redação, presume-se uma maior *reprovabilidade* de condutas contrárias à ética praticadas por servidores integrantes de cargos mais elevados na hierarquia funcional, possibilitando uma dosimetria de pena maior.

Tomemos como exemplo a conduta descrita no inciso XV, do art. 10, do EPC (*"não abandonar o posto em que deva ser substituído sem a chegada do substituto"*) e os cargos de Delegado de Polícia (grau hierárquico mais elevado) e Investigador Policial (de grau hierárquico menos elevado). Embora tal conduta seja idêntica para ambos os cargos, possui maior reprovabilidade para o cargo de Delegado de Polícia, podendo, portanto, ser punida administrativamente de forma mais gravosa.

3.1.1. Servir à sociedade

O primeiro preceito ético previsto no Código de Ética Policial vem na forma do **dever do policial servir à sociedade, visto como um fundamento em** si. A própria etimologia da expressão **servidor público** traz o sentido daquele que serve ao público, ou seja, à sociedade.

> **Art. 10, Dec.-Lei 218/75 (EPC).** [...]
>
> **I – servir à sociedade** como obrigação fundamental;

Contudo, a leitura apressada de tal preceito pode esvaziá-lo de qualquer sentido jurídico, vulgarizando sua aplicação. Ele deve, acima de tudo, ser interpretado conforme a Constituição para que se possa ter uma real utilidade, em especial levando-se em conta o **Princípio da Impessoalidade**.

Os atos praticados pelo servidor policial devem ter como fundamento primeiro servir à sociedade e não seu próprio interesse pessoal, ou mesmo o interesse privado de determinado grupo de pessoas.

Servir à sociedade como dever fundamental, consubstancia preceito ético necessário a revestir o próprio ato administrativo de legalidade. Atos praticados com o fim de atender interesses privados violarão o Código de Ética Policial.

3.1.2. Proteção de vidas e bens

A vida e o patrimônio são bens jurídicos tutelados na Constituição da República, no art. 5º, *caput*. A Constituição conferiu a atribuição de protegê-los, difusamente, a todos os órgãos integrantes da segurança pública. Descreveu, contudo, algumas atribuições típicas, conferindo à Polícia Civil a apuração da infração penal, repressiva, ou seja, posterior à prática do crime. À Polícia Militar, no âmbito estadual, atribuiu a função de polícia ostensiva e preventiva.

> **Art. 5º, CRFB.** Todos são iguais perante a lei, sem distinção de qualquer natureza, garantindo-se aos brasileiros e aos estrangeiros residentes no País a inviolabilidade do **direito à vida**, à liberdade, à igualdade, à segurança e **à propriedade**, nos termos seguintes:
>
> **Art. 144, CRFB.** A **segurança pública**, dever do Estado, direito e responsabilidade de todos, é exercida para a **preservação** da ordem pública e da **incolumidade das pessoas e do patrimônio**, através dos seguintes órgãos:
>
> [...]
>
> §5º – às **polícias militares** cabem a **polícia ostensiva** e a preservação da ordem pública [...].

A proteção de vidas e bens, prevista como preceito ético no Estatuto Funcional, não tem necessariamente relação direta com a função de policiamento ostensivo realizado tipicamente pela Polícia Militar. Nem poderia, sob pena de claro desvio de função.

Art. 10, Dec.-Lei 218/75 (EPC). [...]

II – proteger vidas e bens;

Trata-se, na realidade, de verdadeiro mandamento norteador da função policial. Todos os atos praticados pelo servidor policial, no exercício de suas atividades (meio ou fim) pautar-se-ão pelo **mandamento ético de proteção da vida e do patrimônio**.

3.1.3. Defesa do inocente e do fraco

O legislador normatiza como preceito ético a defesa do inocente e fraco contra o engano e a opressão. Um mandamento um tanto *"poético"*, completamente desnecessário em um Estado Democrático de Direito.

Art. 10, Dec.-Lei 218/75 (EPC). [...]

III – defender o inocente e o fraco contra o engano e a opressão;

O servidor policial, representante estatal, não deve defender apenas o inocente, como se somente esse fosse titular de direitos fundamentais. O criminoso também é merecedor de tutela estatal, devendo, da mesma forma, ser "defendido" *(sic)*. Não só o "fraco" *(sic)* deve ser protegido pela Polícia Civil; o forte, também!

Infelizmente, opta o legislador pelo uso de termos vagos. A imprecisão de sentido dos vocábulos "engano" e "opressão", torna tal preceito ético mero jogo retórico de palavras, aplicável ao gosto do intérprete em qualquer situação fática.

Os servidores policiais, em um Estado Democrático de Direito, devem se conscientizar e efetivamente assumir a postura de **primeiros garantidores dos direitos fundamentais**.

A apuração das infrações penais deve ocorrer dentro do devido processo legal, respeitando-se os direitos fundamentais de qualquer pessoa, não só do inocente *(sic)* e do fraco *(sic)*. Dessa forma, tal preceito ético deve ser reinterpretado no sentido de que é dever do servidor policial **proteger qualquer pessoa indistintamente contra a prática (i) de infrações penais; e (ii) e dos arbítrios do Estado.**

3.1.4. Preservação da ordem pública

A preservação da ordem pública é dever genérico do Estado, que se traduz em objetivo das instituições integrantes da Segurança. Contudo, o Constituinte de 1988 especificou também as atribuições típicas (específicas) de cada órgão no exercício desse trabalho, evitando-se conflitos de atribuições e buscando-se maior efetividade e eficiência na prestação do serviço público.

> **Art. 10, Dec.-Lei 218/75 (EPC).** [...]
>
> **IV** – **preservar a ordem**, repelindo a violência;
>
> **Art. 144, CRFB.** A **segurança pública, dever do Estado**, direito e responsabilidade de todos, **é exercida para a preservação da ordem pública** e da incolumidade das pessoas e do patrimônio, através dos seguintes órgãos:
>
> **I** – polícia federal;
>
> **II** – polícia rodoviária federal;
>
> **III** – polícia ferroviária federal;
>
> **IV** – polícias civis;
>
> **V** – polícias militares e corpos de bombeiros militares.
>
> VI - polícias penais federal, estaduais e distrital. (Redação dada pela Emenda Constitucional nº 104, de 2019)

Às Polícias Civis, dirigidas por Delegados de Polícia de carreira, compete, ressalvadas a competência da União, as atribuições de polícia judiciária e a apuração da infração penal, exceto as militares.

A função de policiamento ostensivo e preservação da ordem pública, no aspecto preventivo é exercido no âmbito estadual pelas Polícias Militares.

Ao Corpo de Bombeiros Militar, compete, entre outras atribuições definidas em lei, a execução de atividade de Defesa Civil.

O patrulhamento ostensivo das rodovias federais é atribuição da Polícia Rodoviária Federal. Nas ferrovias federais, tal atribuição compete à Polícia Ferroviária Federal.

À Polícia Federal compete a apuração de determinadas infrações penais – notadamente, as que colocam em xeque os interesses da União –, cumulada com a função de polícia marítima, aeroportuária e de fronteira, bem como as funções de polícia judiciária daquele ente federativo.

> **Art. 144, CRFB.** A **segurança pública, dever do Estado**, direito e responsabilidade de todos, **é exercida para a preservação da ordem pública** e da incolumidade das pessoas e do patrimônio, através dos seguintes órgãos:
>
> [...]
>
> **§1º** – A polícia federal, instituída por lei como órgão permanente, organizado e mantido pela União e estruturado em carreira, destina-se a: *(Redação dada pela Emenda Constitucional nº 19, de 1998)*
>
> **I** – apurar infrações penais contra a ordem política e social ou em detrimento de bens, serviços e interesses da União ou de suas entidades autárquicas e empresas públicas, assim como outras infrações cuja prática tenha repercussão interestadual ou internacional e exija repressão uniforme, segundo se dispuser em lei;

II – prevenir e reprimir o tráfico ilícito de entorpecentes e drogas afins, o contrabando e o descaminho, sem prejuízo da ação fazendária e de outros órgãos públicos nas respectivas áreas de competência;

III – exercer as funções de polícia marítima, aeroportuária e de fronteiras; *(Redação dada pela Emenda Constitucional nº 19, de 1998)*

IV – exercer, com exclusividade, as funções de polícia judiciária da União.

§2º – A polícia rodoviária federal, órgão permanente, organizado e mantido pela União e estruturado em carreira, destina-se, na forma da lei, ao patrulhamento ostensivo das rodovias federais. *(Redação dada pela Emenda Constitucional nº 19, de 1998)*

§3º – A polícia ferroviária federal, órgão permanente, organizado e mantido pela União e estruturado em carreira, destina-se, na forma da lei, ao patrulhamento ostensivo das ferrovias federais. *(Redação dada pela Emenda Constitucional nº 19, de 1998)*

§4º – às polícias civis, dirigidas por delegados de polícia de carreira, incumbem, ressalvada a competência da União, as funções de polícia judiciária e a apuração de infrações penais, exceto as militares.

§5º – às polícias militares cabem a polícia ostensiva e a preservação da ordem pública; aos corpos de bombeiros militares, além das atribuições definidas em lei, incumbe a execução de atividades de defesa civil.

§ 5º-A. Às polícias penais, vinculadas ao órgão administrador do sistema penal da unidade federativa a que pertencem, cabe a segurança dos estabelecimentos penais. (Redação dada pela Emenda Constitucional nº 104, de 2019)

§6º – As polícias militares e os corpos de bombeiros militares, forças auxiliares e reserva do Exército subordinam-se, juntamente com as polícias civis e as polícias penais estaduais e distrital, aos Governadores dos Estados, do Distrito Federal e dos Territórios. (Redação dada pela Emenda Constitucional nº 104, de 2019)

§7º – A lei disciplinará a organização e o funcionamento dos órgãos responsáveis pela segurança pública, de maneira a garantir a eficiência de suas atividades.

§8º – Os Municípios poderão constituir guardas municipais destinadas à proteção de seus bens, serviços e instalações, conforme dispuser a lei.

Tal divisão de atribuições busca uma maior especialização dos órgãos de segurança pública, objetivando maior efetividade e eficiência na prestação do serviço público.

No final, cada um dos órgão, ao exercer suas atribuições típicas definidas pela Constituição, atuará genericamente na **preservação da ordem pública e da incolumidade das pessoas e do patrimônio**.

O Corpo de Bombeiros Militar, quando exerce atividade de Defesa Civil, está atuando no sentido de preservar a ordem pública; a Polícia Militar, quando realiza policiamento ostensivo, evitando a prática de infrações penais, também exerce a preservação da ordem pública; a Polícia Civil, quando atua posteriormente à prática do crime apurando a infração penal, exerce genericamente a preservação da ordem pública.

O exercício, por órgão integrante da Segurança Pública, de suas funções típicas, conduz inevitavelmente ao exercício da função genérica de preservação da ordem pública.

Logo, o artigo 10, inciso IV, do Decreto-Lei 218/75 (EPC), quando se refere ao preceito ético inerente ao serviço policial de "***preservar a ordem, repelindo a violência***", deve ser reinterpretado conforme a Constituição da República, no sentido do exercício genérico da atividade de segurança pública, que será alcançado, no caso da Polícia Civil, pelo desenvolvimento eficaz e efetivo de seus *múnus* típicos: judiciário e investigativo.

3.1.5. Respeito aos direitos individuais

O respeito aos direitos e garantias individuais é preceito ético e deve reger a atuação de todos os servidores públicos, em especial, dos servidores policiais.

> **Art. 10, Dec.-Lei 218/75 (EPC).** [...]
>
> V – respeitar os direitos e as garantias individuais;

A Constituição da República de 1988, prevê inúmeros direitos individuais no art. 5º[4]. Vejamos alguns deles que possuem repercussão direta na atuação policial.

> **Art. 5º, CRFB.** [...]
>
> **III** – ninguém será submetido a tortura nem a tratamento desumano ou degradante;
>
> **X** – são invioláveis a intimidade, a vida privada, a honra e a imagem das pessoas, assegurado o direito a indenização pelo dano material ou moral decorrente de sua violação;
>
> **XI** – a casa é asilo inviolável do indivíduo, ninguém nela podendo penetrar sem consentimento do morador, salvo em caso de flagrante delito ou desastre, ou para prestar socorro, ou, durante o dia, por determinação judicial;

---

4 Lembramos ao leitor a natureza não taxativa do rol de direitos fundamentais elencados na Constituição, no contexto de seu catálogo aberto. Essa abertura material, fruto de um movimento de crescente tutela e desenvolvimento das teorias de direitos fundamentais, é condição de possibilidade da concreção da identidade constitucional e do programa normativo maior no mundo dos fatos. C.f., por exemplo, o reconhecimento de direitos fundamentais relativos às limitações constitucionais ao poder de tributar do Estado (STF, ADI 939-7, Rel. Min. Sydney Sanches).

XII – é inviolável o sigilo da correspondência e das comunicações telegráficas, de dados e das comunicações telefônicas, salvo, no último caso, por ordem judicial, nas hipóteses e na forma que a lei estabelecer para fins de investigação criminal ou instrução processual penal;

XV – é livre a locomoção no território nacional em tempo de paz, podendo qualquer pessoa, nos termos da lei, nele entrar, permanecer ou dele sair com seus bens;

XXXIX – não há crime sem lei anterior que o defina, nem pena sem prévia cominação legal;

XL – a lei penal não retroagirá, salvo para beneficiar o réu;

XLI – a lei punirá qualquer discriminação atentatória dos direitos e liberdades fundamentais;

XLII – a prática do racismo constitui crime inafiançável e imprescritível, sujeito à pena de reclusão, nos termos da lei;

XLVII – não haverá penas:

a) de morte, salvo em caso de guerra declarada, nos termos do art. 84, XIX;

b) de caráter perpétuo;

c) de trabalhos forçados;

d) de banimento;

e) cruéis;

LIV – ninguém será privado da liberdade ou de seus bens sem o devido processo legal;

LV – aos litigantes, em processo judicial ou administrativo, e aos acusados em geral são assegurados o contraditório e ampla defesa, com os meios e recursos a ela inerentes;

LVI – são inadmissíveis, no processo, as provas obtidas por meios ilícitos;

LVII – ninguém será considerado culpado até o trânsito em julgado de sentença penal condenatória;

LVIII – o civilmente identificado não será submetido a identificação criminal, salvo nas hipóteses previstas em lei;

A violação, por parte do agente policial, de direitos e garantias individuais poderá constituir **crime de abuso de autoridade** e/ou **ato ímprobo,** relacionados, respectivamente, às Leis 4.898/65 e 9.429/92[5], além do reconhecimento de infração administrativa e/ou civil.

---

5 Sobre a discussão relativa ao conceito inelástico de improbidade (segundo o qual apenas é ato ímprobo, para fins de incidência da Lei 8.429/92, aquele que vilipendia os cofres públicos ou promove o enriquecimento ilícito do próprio agente ou de terceiros, em que pese a previsão legal pelo Diploma ora citado de atos

3.1.6. Não revelar tibieza

A função policial exige do servidor algumas características específicas, pois trata-se de uma profissão extremamente perigosa. Frequentemente, o agente policial coloca voluntariamente sua vida em situação de risco, no sentido de proteger bens jurídicos do particular.

> **Art. 10, Dec.-Lei 218/75 (EPC).** [...]
>
> **VI** – jamais revelar tibieza ante o perigo e o abuso;

Não pode, portanto, revelar tibieza[6] ante o perigo ou o abuso. O policial tem o dever legal de enfrentar o perigo no exercício de sua função. O Código Penal, inclusive, impede que pessoas que tenham o dever legal de enfrentar o perigo aleguem estado de necessidade com o fim de fugir a tal responsabilidade[7].

> **Art. 24, CP** – Considera-se em estado de necessidade quem pratica o fato para salvar de perigo atual, que não provocou por sua vontade, nem podia de outro modo evitar, direito próprio ou alheio, cujo sacrifício, nas circunstâncias, não era razoável exigir-se. *(Redação dada pela Lei nº 7.209, de 11.7.1984)*
>
> **§1º** – Não pode alegar estado de necessidade quem tinha o dever legal de enfrentar o perigo. *(Redação dada pela Lei nº 7.209, de 11.7.1984)*

Tibieza, contudo, não se confunde com imprudência. O policial deve atuar dentro do risco inerente à profissão. O ordenamento jurídico não impõe – e nem o poderia, sob pena de incorrer a norma respectiva em *vício de validade* – a auto exposição a risco desproporcional que extrapole os limites do concretamente razoável e exigível de qualquer ser humano.

Faz parte das atribuições do cargo policial, por exemplo, realizar incursões em áreas com índices de violência elevados, o que certamente é um risco para o servidor. Contudo, a exposição a tal risco encontra-se dentro das atribuições do

---

de improbidade lesivos aos princípios, em seu art. 11) e ao conceito elástico de improbidade (que pode fazer incidir a Lei 8.429/92 mesmo em hipóteses nas quais não haja lesão ao erário ou locupletamento antijurídico), comparar as razões, no Superior Tribunal de Justiça, dos Recursos Especiais 1.558.038/PE e 1.177.910/SE. Parece, na jurisprudência quantitativa, prevalecer o último.

6 Tibieza, de acordo com o Dicionário Aurélio, é a qualidade do que é tíbio; frouxidão, indolência, fraqueza. In: <http://www.dicionariodoaurelio.com/Tibieza.html>.

7 Lembramos que, atualmente, encontra-se em debate político o assim chamado "Projeto Anticrime", conjunto de medidas de recrudescimento penal proposto pelo atual Ministro da Justiça, Sérgio Fernando Moro, que pretende dar tratamento menos severo ao excesso na justificação de agente policial, estabelecendo que, no que se refere ao art. 23 do Código Penal, "o agente, em qualquer das hipóteses deste artigo, responderá pelo excesso doloso ou culposo" (§1º), mas "o juiz poderá deixar de aplicar a pena até a metade ou deixar de aplicá-la se o excesso decorrer de escusável medo, surpresa ou violenta emoção" (§2º), de modo semelhante o parágrafo único do art. 45 do Código Penal Militar. Não nos cabe, dada a amplitude deste trabalho, tecer críticas aprofundadas – e muito merecidas – ao referido projeto, que pode ser consultado em sua íntegra no domínio oficial do Ministério da Justiça do Brasil: <http://www.justica.gov.br/news/collective-nitf-content-1549284631.06/projeto-de-lei-anticrime.pdf>.

cargo. Não pode o servidor alegar estado de necessidade para fugir ao dever de participar de operação policial, sob o argumento de que há risco para sua vida ou saúde. Mas isso em abstrato. Em concreto, a análise deve se dar no caso-a-caso, consideradas as particularidades da diligência, bem como as características do agente. Imaginemos, por exemplo, que o servidor designado para missão em determinada área de perigosidade que, em tese, estaria abrangida pelo risco razoável da função, nela resida e seja muito conhecido, mas lá mantém, contudo, em segredo, a sua profissão. Nos parece óbvio que a exposição de sua identidade como policial naquela localidade lhe pode ocasionar riscos desproporcionais em concreto, motivo pelo qual não julgamos ilegítima - ao contrário, julgamos mandatória - a análise casuística do risco a ser corrido e da sua conexa (in) exigibilidade jurídica de enfrentamento.

Ainda, não é todo risco concretamente razoável que se encontra dentro da esfera de atribuição do cargo. Não se pode exigir, por exemplo, que um policial realize sozinho uma diligência dentro de lugar em que, sabidamente, o poder estatal não tem ingerência, pois encontra-se sob o poder do crime organizado. Nesse caso, o servidor não só pode, como deve se recusar a atuar, alegando estado de necessidade, pois o risco à sua vida foge do exigível. Não haverá, por certo, tibieza, frouxidão ou fraqueza em tal recusa, na medida em que qualquer outro homem-especialista na área também se recusaria a proceder. **A atividade policial é um meio de vida, não um meio para a morte.**

3.1.7. Probidade

A probidade, nos dizeres de CARVALHO FILHO[8], é o primeiro e talvez o mais importante dos deveres do administrador público. Para a doutrina quantitativamente majoritária, dever de probidade decorre diretamente do Princípio da Moralidade. Em nossa construção anterior, porém, como viu o leitor, propusemos que o dever de probidade não decorre de uma suposta "moralidade" (que é isto - a moralidade?), mas sim constitui-se no núcleo da referida *cláusula aberta*. Tanto melhor seria se o legislador constitucional não tivesse caminhado pela estrada que percorreu, optando pelo termo *moralidade* - em vez de probidade - e tornando o Estado o déspota utópico das intersubjetividades.

A atuação do servidor policial, é certo, deve ser pautada pela probidade, tanto em relação ao particular (beneficiário do serviço público prestado), quanto em relação à própria Administração Pública (prestadora).

> **Art. 10, Dec.-Lei 218/75 (EPC).** [...]
>
> **VII** - exercer a função policial com **probidade**, discrição e moderação, fazendo observar as leis com clareza;

8 CARVALHO FILHO, José dos Santos. Op. cit., pg. 65.

A improbidade administrativa pode acarretar graves consequências ao servidor público, importando na suspensão de seus direitos políticos, perda da função pública, indisponibilidade de bens e ressarcimento ao erário.

> **Art. 37, CRFB.** [...]
>
> **§ 4º** - Os **atos de improbidade** administrativa importarão a suspensão dos direitos políticos, a perda da função pública, a indisponibilidade dos bens e o ressarcimento ao erário, na forma e gradação previstas em lei, sem prejuízo da ação penal cabível.

3.1.8. Impessoalidade

A conduta do servidor policial também deve ser pautada pela impessoalidade, princípio expresso previsto na Constituição da República. Nesse sentido, o EPC prevê que o servidor não deve decidir com base em sentimentos ou animosidades, sob pena de cometer desvio de finalidade.

> Art. 10, Dec.-Lei 218/75 (EPC). [...]
>
> VIII - não permitir que sentimentos ou animosidades pessoais possa influir em suas decisões;
>
> Art. 37, CRFB. A administração pública direta e indireta de qualquer dos Poderes da União, dos Estados, do Distrito Federal e dos Municípios obedecerá aos princípios de legalidade, impessoalidade, moralidade, publicidade e eficiência e, também, ao seguinte: (Redação dada pela Emenda Constitucional nº 19, de 1998)

A impessoalidade é corolário do princípio constitucional da isonomia. Como todos são iguais perante a lei, deve a Administração Pública dispensar a todos o mesmo tratamento jurídico.

3.1.9. Justeza

O EPC cita como preceito ético a inflexibilidade e justeza no trato com o delinquente.

> **Art. 10, Dec.-Lei 218/75 (EPC).** [...]
>
> **IX** - ser inflexível, porém justo, no trato com os delinqüentes;

Um tanto abstrato e desnecessário tal preceito. O parâmetro para tratamento com o indivíduo à margem da lei não pode ser o conceito subjetivo de justiça que cada intérprete traga interiorizado. Muito pelo contrário, o fundamento que legitima a atuação do agente estatal é a lei. Na medida em que o agente policial atue dentro da lei, atenderá ao preceito ético *"ser inflexível, porém justo..."*, caso contrário, ficaria a indagação: o que é um servidor policial flexível com o delinquente?

Logo, tal preceito, devido sua completa abstração, se traduz em verdadeira letra morta, sem qualquer hipótese de aplicação.

3.1.10. Dignidade da pessoa humana

A dignidade da pessoa humana é valor fundamental da República Federativa do Brasil, sendo considerado preceito ético na atividade policial.

> **Art. 10, Dec.-Lei 218/75 (EPC).** [...]
>
> X – respeitar a dignidade de pessoa humana;
>
> **Art. 1º, CRFB.** A República Federativa do Brasil, formada pela união indissolúvel dos Estados e Municípios e do Distrito Federal, constitui-se em Estado Democrático de Direito e tem como fundamentos:
>
> [...]
>
> III – a dignidade da pessoa humana;

SARMENTO[9] assevera que o **princípio da dignidade da pessoa humana** seria o **epicentro axiológico da ordem constitucional**, irradiando seus efeitos por todo ordenamento jurídico, conferindo unidade de sentido e valor ao sistema constitucional, que repousaria na ideia do respeito irrestrito ao ser humano, razão última do Direito e do Estado.

Para muitos doutrinadores[10] o princípio da dignidade da pessoa humana remontaria ao filósofo Immanuel Kant, que teria sido o primeiro filósofo a reconhecer que ao homem não se pode atribuir um valor (preço), pois esse seria um fim em si mesmo (concepção finalista de dignidade; o homem não pode ser utilizado como meio para alcançar fins a ele transcendentes). Nesse sentido dizia KANT[11] que *"tudo tem ou um preço ou uma dignidade. Quando uma coisa tem preço, pode ser substituída por algo equivalente; por outro lado, a coisa que se acha acima de todo preço, e por isso não admite qualquer equivalência, compreende uma dignidade."*

3.1.11. Conduta irrepreensível

Cita o EPC a *"conduta irrepreensível na vida pública e na particular"* do servidor policial como preceito ético.

---

9 SARMENTO, Daniel. A ponderação de interesses na Constituição Federal. 1ª ed. – segunda tiragem. Rio de Janeiro: Lumen Juris, 2002, pg. 59/60.

10 CUNHA, Alexandre dos Santos. A normatividade da pessoa humana: o estudo jurídico da personalidade e o Código Civil de 2002. Rio de Janeiro: Forense, 2005, pg. 85/86.

11 KANT, Immanuel. Fundamentação da Metafísica dos Costumes e Outros Escritos. Trad. Leopoldo Holzbach. São Paulo. Martin Claret, 2004, pg. 65.

Art. 10, Dec.-Lei 218/75 (EPC). [...]

XI – preservar a confiança e o apreço de seus concidadãos pelo exemplo de um **conduta irrepreensível** na vida pública e na particular;

Novamente vale a crítica na redação utilizada, vaga e abstratamente, pelo legislador. O que significa *"conduta irrepreensível"*? Trata-se de verdadeira cláusula aberta, trazendo insegurança jurídica em sua aplicação, circunstância inadmissível em um Estado Democrático de Direito. Cabe à lei ser clara, delimitando as imposições éticas inerentes ao cargo policial. Expressões vagas, ambíguas, imprecisas, violam a tipicidade exigida como garantia jurídica.

3.1.12. Aprimoramento técnico-profissional

Estipula o EPC como preceito ético o culto ao aprimoramento técnico-profissional.

Art. 10, Dec.-Lei 218/75 (EPC). [...]

XII – cultuar o aprimoramento técnico-profissional;

Embora se mostre verdade que o servidor policial necessita, para o bom desempenho de suas funções, de um contínuo treinamento técnico-profissional, é desarrazoado elevarmos tal afirmativa ao patamar de um preceito ético.

A necessidade de aprimoramento contínuo do servidor não possui nenhuma relação com seu *dever de probidade*, do qual decorre o Código de Ética. Novamente peca o legislador.

Ademais, o ônus é do Estado na promoção de cursos regulares de aprimoramento técnico-profissional, o que efetivamente não ocorre na prática. Muitos servidores policiais, desejosos em aprimorar seus conhecimentos, buscam a capacitação na iniciativa privada, às suas expensas, frente a inércia estatal.

3.1.13. Verdade e responsabilidade

Como se escrevesse um romance, o legislador cita como preceito ético *"amar a verdade e a responsabilidade."*

Art. 10, Dec.-Lei 218/75 (EPC). [...]

XIII – amar a **verdade** e a **responsabilidade**, como **fundamentos da ética do serviço policial**;

Óbvio que o dispositivo legal deve ser relido, afinal, o servidor policial pode não amar *(sic)* a verdade, mas ser verdadeiro em todos os atos que praticar durante sua vida funcional, não prestando informações inexatas ou falsas.

O relevante, portanto, é que o servidor policial não falte com a verdade em suas afirmações, bem como atue de forma responsável, observando sempre as normas de validade jurídica dos atos que leve a cabo.

Tais valores (**verdade** e **responsabilidade**) foram considerados pelo EPC **fundamentos da ética do serviço policial.**

3.1.14. Hierarquia

A hierarquia ou relação hierárquica é um fato comumente visto na Administração Pública, apto a designar uma organização funcional mínima para a adequada prestação do serviço público. Tal objetivo é alcançado com a divisão ou escalonamento, em plano vertical, de órgãos e/ou agentes.[12]

CARVALHO FILHO[13] a classifica como um fato administrativo. Outros tratadistas,[14] porém, citam-na como um poder, o poder hierárquico.

O principal efeito[15] ou decorrência direta da hierarquia no serviço público é o **poder de comando** que agentes superiores possuem sobre outros agentes hierarquicamente inferiores. O contraponto, nessa linha, é o **dever de obediência**, devendo os agentes hierarquicamente inferiores na cadeia de comando cumprirem as ordens ou tarefas determinadas por seus superiores.

> **Art. 10, Dec.-Lei 218/75 (EPC).** [...]
>
> **XIV** – **obedecer às ordens superiores**, exceto quando manifestamente ilegais;
>
> [...]
>
> **XVI** – respeitar e fazer respeitar a **hierarquia** do serviço policial;

O dever de obediência, decorrência da relação hierárquica existente no serviço público, não se reveste de caráter absoluto, encontrando limites quando a **ordem for manifestamente ilegal**, hipótese lógica de esvaziamento da *presunção de legitimidade* dos atos administrativos.

12 É perfeitamente possível, dentro desse contexto, distinguirmos uma desconcentração quantitativa (relativa à esquematização de atribuições por critérios de aparelhamento estatal, a fim de universalizar os serviços públicos) de uma desconcentração qualitativa (relativa à arquitetação funcional tendo em vista critérios de especialidade do serviço público prestado, como vislumbra-se na hipótese, no Estado do Rio de Janeiro, de criação das Delegacias (especializadas) de Atendimento à Mulher (DEAMs).

13 CARVALHO FILHO, José dos Santos. Op. cit., pg. 69.

14 MEIRELLES, Hely Lopes. Op. cit., pg. 105/108.

15 Podemos citar outros efeitos ou decorrências da hierarquia: a fiscalização realizada pelos planos hierárquicos mais elevados; o poder de revisão; e a delegação ou avocação.

SANTOS[16] leciona que, em regra, as ordens emanadas de superiores hierárquicos são legais; por exceção, podem ser ilegais, caso em que estará criada uma situação de conflito com o subordinado, pois esse estará diante de dois deveres: o **dever de obedecer** ordens superiores e o **dever de omitir** o cumprimento de ordens ilegais.

Nessas hipóteses excepcionais de ordem ilegal, a questão decisiva gira em torno da **natureza aparente ou oculta da legalidade da ordem**. Se a ilegalidade da ordem é aparente, ou manifesta como diz a lei, o subordinado, então, não se encontrará obrigado a seu cumprimento. Caso a cumpra, estará sujeito, tal qual o emitente da ordem, à responsabilização civil, penal e administrativa.

Ao contrário, se a **ilegalidade for oculta ou duvidosa**, será obrigatório o cumprimento da ordem, se eximindo o subordinado de eventual responsabilização caso a ilegalidade da ordem seja posteriormente reconhecida, posto que, nesse caso, quem efetivamente será responsabilizado será o superior hierárquico emitente da ordem.

Nessa hipótese, do estrito cumprimento de ordens de superior hierárquico não manifestamente ilegais, o subordinado estará amparado por causa excludente de culpabilidade, não praticando infração penal.

> **Art. 22, CP** – Se o fato é cometido sob coação irresistível ou em **estrita obediência a ordem, não manifestamente ilegal**, de superior hierárquico, só é punível o autor da coação ou da ordem. *(Redação dada pela Lei nº 7.209, de 11.7.1984)*

Contudo, esse direito ao subordinado de não cumprir ordens manifestamente ilegais, lhe gera um certo **direito de crítica da legalidade da ordem**, o que não viola o princípio da autoridade ou a hierarquia. O que não pode ocorrer, sob pena de insubordinação, é o subordinado realizar juízos sobre questões materiais da ordem emitida, tais como a oportunidade, conveniência ou justiça da ordem superior. Caberá, portanto, apenas a análise da ilegalidade manifesta ou aparente da ordem, sob pena de se romper a relação hierárquica.[17]

3.1.15. Não abandonar posto

Novamente confundiu o legislador uma falta administrativa com um preceito ético-policial. O abandono do posto pelo policial antes de ser substituído, por si só, não releva qualquer comando ético, mas apenas uma falta administrativa.

16 SANTOS, Juarez Cirino dos. Direito penal – parte geral. 4ª ed. Florianópolis: Conceito Editorial, 2010, pg. 323/324.

17 KOERNER JR., Rolf. Obediência hierárquica. Del Rey, 2000, pg. 103/106.

Indiretamente, apenas pode refletir (necessário observar o caso concreto) o descompromisso do servidor policial com a prestação do serviço público. Contudo, tal conduta já estaria prevista no inciso VII, do art. 10 do EPC (probidade), ou mesmo no inciso I (servir à sociedade).

Repetimos: o Código de Ética Policial deve conter preceitos ÉTICOS e não meras obrigações administrativas.

> **Art. 10, Dec.-Lei 218/75 (EPC).** [...]
>
> **XV** – não abandonar o posto em que deva ser substituído sem a chegada do substituto;
>
> Sem embargo da crítica feita, tal comando normativo repousa no **Princípio da Continuidade dos Serviços Públicos**, consubstanciado na necessidade de que os serviços públicos não devem sofrer interrupção, devendo sua prestação ser contínua[18] Há ainda correlação com o que parte da doutrina vem chamando de **subprincípio da regularidade** para designar que não basta que a atividade prestacional seja oferecida de modo universal, isonômico, atual (modernizado), a módico preço (taxa na execução direta[19] ou tarifa e outras receitas na execução indireta)[20], devendo também incidir um **princípio de regularidade**, a informar que a atividade prestacional deve ser ofertada sem variações sensíveis de qualidade técnica.

3.1.16. Atuação mesmo fora da hora de serviço

Normalmente, todos os estatutos funcionais policiais possuem algum comando normativo obrigando o servidor policial a atuar mesmo fora de sua hora de trabalho.

---

18 Lembramos que, acerca do princípio da continuidade dos serviços públicos, o postulado da ininterrupção não é absoluto sequer no que toca aos essenciais. No atual estado de arte da coisa, doutrina e jurisprudência encontram-se pacificadas no sentido de que os serviços públicos essenciais (conceito que tem se extraído por analogia ao rol previsto no art. 10 da Lei 7.783/89) encontram-se, por exemplo, relativamente à sua continuidade, atrelados ao pagamento da contraprestação pelo consumidor. O posicionamento é temperado – como não poderia deixar de ser – por requisitos como a necessidade de prévio aviso (neste sentido o art. 6º, §3º, II, da Lei 8.987/95) à interrupção; a contemporaneidade da dívida (sob pena de utilizar-se indevidamente de modos atípicos de satisfação de direito de crédito); bem como critérios de racionalidade concreta (imagine-se, por exemplo, a hipótese já livresca do portador de um vírus raro, que necessita manter seus medicamentos refrigerados a temperaturas baixas, com o auxílio de um freezer, sob pena de danos irreversíveis à sua saúde: como regra, ainda que presentes o aviso prévio e a contemporaneidade da dívida, não será lícito ao Estado – no caso de prestação direta de serviço público – ou ao delegatário – no caso de indireta – descontinuar a prestação.

19 Na hipótese de serviço público individualizável, divisível, apto a fazer incidir o regime do tributo sinalagmático (serviços uti singuli). No caso de serviço inespecífico (uti universi) prestado de maneira direta pelo Estado, a remuneração dar-se-á de forma indireta, mediante a espécie tributária imposto, que não pressupõe a retributividade (sinalagmaticidade), diferentemente da taxa.

20 Princípios do serviço público.

> **Art. 10, Dec.-Lei 218/75 (EPC).** [...]
>
> **XVII** – prestar auxílio, ainda que não esteja em hora de serviço:
>
> **1)** a fim de prevenir ou reprimir perturbação da ordem pública;
>
> **2)** quando solicitado por qualquer pessoa carente de socorro policial, encaminhando-se à autoridade competente, quando insuficientes as providências de sua alçada.

Alguns cargos públicos, com atribuições específicas na prestação de serviços essenciais, permitem que o servidor se invista na função a qualquer momento. Como principal exemplo temos as carreiras policiais. Daí o ditado popular de que *"o policial é policial 24 horas!"*.

Isto decorre do comando administrativo contido em seu estatuto funcional que o obriga a se investir na função quando, por exemplo, presenciar a prática de um crime.

Contudo, tal afirmativa não é absoluta, e há que se verificar o binômio **obrigatoriedade / possibilidade**. Somente será imperativa a atuação do servidor se lhe for possível, faticamente, agir. Caso não se mostre tecnicamente/operacionalmente adequada sua intervenção, havendo risco para terceiros ou mesmo para o próprio servidor, deverá ele solicitar apoio policial, comunicando imediatamente o fato à autoridade competente.

Caso o servidor policial, fora de seu horário de serviço, se invista na função e venha a sofrer ferimentos ou mesmo falecer, tal fato será considerando **acidente em serviço**, sendo beneficiado o servidor, ou seus familiares diretos, com os direitos inerentes ao acidente.[21]

3.1.17. Compromisso a ser prestado

O EPC e seu regulamento preveem que o policial, ao se apresentar ao seu superior hierárquico em sua primeira lotação, prestará compromisso de desenvolver eticamente suas funções.

> **Art. 11, Dec.-Lei 218/75 (EPC).** O policial ao se apresentar ao seu chefe, em sua primeira lotação, prestará o compromisso seguinte:

---

21 Nesse sentido, transcreve-se interessante ementa do Tribunal de Justiça de São Paulo (TJ-SP 100242274-20148260604, Relatora Maria Cristina de Almeida Bacarim, data de julgamento 07/03/2018):
APELAÇÃO. AÇÃO DE COBRANÇA. AGRAVO RETIDO. INTERESSE DE AGIR EVIDENTE, ANTE A RECUSA BEM FUNDAMENTADA EXPOSTA NA CONTESTAÇÃO [...]
– Morte acidental de policial militar. Latrocínio ocorrido em período em que o segurado estava fora do horário de trabalho.
– Sindicância da Polícia Militar que concluiu ter o segurado falecido em razão da função.
– Policial Militar que não tem como desvincular-se da função, mesmo fora da escala de serviço.
– Hipótese abrangida no seguro de vida contratado.

> "Prometo observar e fazer observar rigorosa obediência às leis, desempenhar as minhas funções com desprendimento e probidade, considerando inerentes à minha pessoa a reputação e honorabilidade do órgão policial a que agora passo a servir."
>
> **Art. 12, Dec. 3.044/80 (REPC).** O policial ao se apresentar ao seu chefe, em sua primeira lotação, prestará o compromisso seguinte:
>
> "Prometo observar e fazer observar rigorosa obediência às leis, desempenhar as minhas funções com desprendimento e probidade, considerando inerentes à minha pessoa a reputação e honorabilidade do órgão policial que agora passo a servir".

Trata-se mais de uma exortação de cunho formal do que prático, tendo caído em desuso na atualidade. O descumprimento de tal formalidade arcaica não importa em qualquer nulidade ou irregularidade na investidura no cargo, muito menos em infração funcional por parte do servidor.

3.2. Âmbitos de responsabilidade do servidor

O Estatuto da Polícia Civil (EPC), no art. 12, traz comando normativo no sentido de que o **servidor público**, pelo exercício de suas atribuições, poderá **responder civil**, **penal** e **administrativamente** (O Regulamento - REPC - reproduz o mesmo texto no art. 14).

> **Art. 12, Dec.-Lei 218/75 (EPC)** - Pelo exercício irregular de suas atribuições o funcionário **policial responde civil**, **penal** e **administrativamente**.
>
> **Art. 14, Dec. 3.044/80 (REPC)** - Pelo exercício irregular de suas atribuições o **policial responde civil**, **penal** e **administrativamente**.
>
> **Art. 13, Dec. 3.044/80 (REPC)** - Cabe ao policial a **responsabilidade integral** pelas **decisões que tomar**, pelas **ordens que emitir** e pelos **atos que praticar**.

As instâncias de responsabilidade do servidor público guardam certa **autonomia**, sendo reguladas por princípios e normas próprios. Pode ocorrer que determinada conduta praticada por um servidor policial viole disposições do EPC e REPC, porém não gere qualquer repercussão penal ou civil, como, por exemplo, uma mera impontualidade habitual.[22]

Contudo, a conduta de um policial que exige, indevidamente, para si quantia em dinheiro como condição para a prática de um ato administrativo, possui repercussão tanto na esfera cível, quanto na penal e administrativa. Nesse caso, deverá o Estado ressarcir os danos sofridos ao terceiro/particular, incidindo o

22 A impontualidade habitual constitui transgressão disciplinar leve (art. 14, inciso I c/c art. 15, §1º, todos do EPC).

servidor policial na prática do crime de concussão (art. 316, caput, do Código Penal), bem como em transgressão disciplinar.

> **Art. 13, Dec.-Lei 218/75 (EPC)** - As cominações civis, penais e disciplinares **poderão cumular-se**, sendo umas e outras **independentes entre si**, bem assim as instâncias civil, penal e administrativa.
>
> **Art. 15, Dec. 3.044/80 (REPC)** - As cominações civis, penais e disciplinares **poderão acumular-se**, sendo umas e outras **independentes entre si**, bem assim as instâncias civil, penal e administrativa.

Embora todas as formas de responsabilidade encontrem, indiretamente, seu fundamento de validade na Constituição da República, essas guardam peculiaridade e princípios específicos.

A responsabilidade civil é normatizada pela Constituição da República e pelo Código Civil. Já a responsabilidade penal é regrada pelo Código Penal. A administrativa, por sua vez, é regulamentada pelos estatutos funcionais que normatizam as relações jurídicas entre a Administração Pública e seus servidores, que no nosso caso é o Decreto-Lei 218/75 (EPC) e seu Regulamento, o Decreto 3.044/40 (REPC).

O EPC e o REPC trazem, equivocadamente, algumas regras sobre responsabilização civil e penal do servidor público: isso porque a Constituição da República de 1988 expressamente reserva à União a competência privativa para legislar sobre direito civil, penal e processo penal. Tais disposições, quando contrárias aos diplomas legais específicos (Código Civil, Código Penal e Código Processual Penal), serão interpretadas como não recepcionadas pela Constituição da República de 1988.[23]

> **Art. 22, CRFB.** Compete privativamente à **União** legislar sobre:
>
> **I - direito civil**, comercial, **penal**, processual, eleitoral, agrário, marítimo, aeronáutico, espacial e do trabalho;

Nessa linha, devemos realizar o estudo conjunto entre o Estatuto e Constituição da República, observando eventuais não recepções.

3.2.1. Responsabilidade Civil

O art. 37, §6º, da CRFB traz o regramento sobre o assunto, estipulando que o **Estado responde objetivamente** pelos danos que seus agentes, nesta condição, causarem a terceiros. Quer-se com isto dizer que, para a formação de um título executivo judicial indenizatório (em outras palavras, para que se apure o

---

23 Excepcionalmente, a União poderá autorizar os Estados a legislarem sobre questões específicas, por meio de edição de Lei Complementar. (art. 22, parágrafo único, da CRFB).

"*se deve*"), mostra-se desnecessária a demonstração de vontade do agente em praticar ato ilícito com consciência da situação de fato – dolo –; ou de violação a um dever objetivo de cuidado concreto (culpa).[24]

> **Art. 37, CRFB.** [...]
>
> **§6º** – As pessoas jurídicas de direito público[25] e as de direito privado prestadoras de serviços públicos[26] responderão pelos danos que seus agentes, nessa qualidade, causarem a terceiros, assegurado o **direito de regresso contra o responsável** nos **casos de dolo ou culpa**.

Observamos, portanto, que a responsabilidade estatal perante terceiros é regrada pela própria Constituição da República, mediante a adoção expressa da **teoria da responsabilidade objetiva**, fundada nas **teorias do risco administrativo** e da **repartição social dos encargos,**[27] sendo, como regra, suficiente para justificar a pretensão indenizatória em desfavor do Estado, a demonstração de um ato-evento e de um dano, ligados por uma relação de causalidade não interrompida.

A Constituição da República, nesse ponto, inovou ao prever uma **dupla garantia**. Sob um **enfoque do particular**, prevê a **responsabilização objetiva da Administração Pública** (pessoas jurídicas de direito público e de direito privado prestadoras de serviço público) na reparação de danos a terceiros. Contudo, prevê ainda uma **garantia aos servidores estatais**, para que somente possam **responder civilmente mediante ação de regresso promovida pelo ente estatal ao qual pertençam.**[28]

---

24 Deve-se, neste momento, desconstruir um mito: a responsabilidade objetiva não é, necessariamente, a que se firma sem culpa do agente público, embora isso possa acontecer. Como deixamos entrever, a formação do título executivo judicial (an debeatur) independe da comprovação de dolo ou de culpa concreta, mas não quer-se com isto dizer que ela jamais haverá, mas apenas que a sua importância será esvaziada. Mas que isto não se confunda, ainda, com a hipótese de demonstração de culpa do agente público para que se gradue o "quanto deve" (quantum debeatur) do Estado. Para isto, mostra-se legítima e necessária a análise da violação a um dever objetivo de cuidado. Ora, se não houve nenhuma culpa, firma-se a responsabilidade objetiva do ente público ao qual pertence o servidor em patamar mínimo condizente com o evento e com o dano. Se existiu, porém, este patamar pode perfeitamente ser escalonado dada a maior ou menor gravidade da conduta omissiva ou comissiva do agente público envolvido no fato.

25 Somente a título de revisão, são pessoas de direito público aqueles entes pertencentes à federação (União, Estados, Distrito Federal e Municípios), as autarquias e fundações públicas de natureza autárquica.

26 As pessoas de direito privado prestadoras de serviço público seriam as pessoas privadas da Administração Indireta que se dediquem à prestação de serviços públicos (empresas públicas, sociedade de economia mista e fundações públicas de direito privado), bem como as concessionárias e permissionárias de serviços públicos.

27 Há hipóteses de adoção da teoria do risco integral, que mitiga ainda mais as hipóteses de exclusão de responsabilidade da Administração Pública. Apontam-se os casos de danos ambientais; nucleares e decorrentes de guerra.

28 Nesse sentido o acórdão do STF, RE 327.904-1/SP, Rel. Min. Carlos Britto, 1ª Turma, 09.09.06. Frise-se ainda que, em sede de ação regressiva do Estado contra o agente público envolvido no dano, para que dele receba o que gastou na indenização ao particular, não há que se falar em responsabilização objetiva.

Embora tal temática não seja pacífica na doutrina e jurisprudência, os Tribunais vêm se posicionando no sentido de que os servidores estatais, quando no exercício de suas funções, não possuem legitimidade para figurarem como réus em ações indenizatórias movidas por particulares, não sendo possível, dessa forma, a **responsabilidade *"per saltum"* do servidor público**. Isso se deve, pelo fato da Constituição da República expressamente ter previsto a **responsabilidade subjetiva do servidor mediante ação de regresso** a ser promovida pelo ente estatal ao qual estiver vinculado.

O disposto no art. 37, §6º, da CRFB, de certa forma foi reproduzido no Código Civil de 2002, no art. 43, e art. 77, §7º, da CERJ.

> **Art. 43, CC** – As pessoas jurídicas de direito público interno são civilmente responsáveis por atos dos seus agentes que nessa qualidade causem danos a terceiros, ressalvado **direito regressivo contra os causadores do dano**, se houver, por parte destes, culpa ou dolo.
>
> **Art. 77, CERJ.** [...]
>
> **§7º** – As pessoas jurídicas de direito público e as de direito privado prestadoras de serviços públicos responderão pelos danos que seus agentes, nessa qualidade, causarem a terceiros, assegurado o **direito de regresso contra o responsável** nos **casos de dolo ou culpa.**

O art. 13 do EPC, e o art. 15, §§ 1º, 2º e 3º do REPC trazem disposições sobre a responsabilidade civil do servidor policial.

> **Art. 13, Dec.-Lei 218/75 (EPC)** – As cominações civis, penais e disciplinares **poderão cumular-se**, sendo umas e outras **independentes entre si**, bem assim as instâncias civil, penal e administrativa.
>
> **Art. 15, Dec. 3.044/80 (REPC)** – As cominações civis, penais e disciplinares **poderão acumular-se**, sendo umas e outras **independentes entre si**, bem assim as instâncias civil, penal e administrativa.
>
> **§1º** – A **responsabilidade civil** decorre de procedimento **doloso ou culposo**, que importe em prejuízo à fazenda Estadual ou a terceiros.
>
> **§2º** – O prejuízo causado à Fazenda Estadual **poderá** ser ressarcido mediante desconto em prestações mensais **não excedentes da décima parte do vencimento ou remuneração** à falta de outros bens que respondam pela indenização.
>
> **§3º** – Tratando-se de danos causados a terceiro, **responderá o policial perante a Fazenda Estadual em ação regressiva** proposta depois de transitar em julgado a decisão que houver condenado a Fazenda a indenizar o terceiro prejudicado.

Isso porque, para que seja julgada procedente a demanda em favor da Administração Pública, deve ser comprovado que o servidor, no caso concreto, agiu com dolo ou culpa.

Basicamente, tais dispositivos normativos reafirmam a responsabilidade subjetiva do servidor policial, havendo a necessidade de se comprovar a culpa (culpa *stricto sensu* ou dolo) como um dos requisitos para se gerar o dever de reparar o dano, tanto em relação a terceiros quanto em relação à própria Administração Pública (art. 15, §1º, do Dec. 3.044/80 - REPC).

De certa forma, o §3º do art. 15 do Dec. 3.044/80 (REPC) tende a adotar o posicionamento exposado acima no que se refere à dupla garantia trazida pelo art. 37, §6º, CRFB, ao dispor que, "*tratando-se de* ***danos causados a terceiro, responderá o policial perante a Fazenda Estadual em ação regressiva*** *proposta depois de transitar em julgado a decisão que houver condenado a Fazenda a indenizar o terceiro prejudicado*", excluindo-se, portanto, a possibilidade de que o particular demande diretamente contra o servidor.

Tal disposição normativa, como repetido acima, em nada inova o direito vigente (e nem poderia, porque, como vimos, cabe à União legislar sobre Direito civil). O art. 37, §6º, da CRFB já tratou sobre o assunto e esse foi reproduzido no art. 43 do CC.

Aspecto importante a ser abordado é o §2º do art. 15 do REPC, ao prever a **possibilidade da Fazenda Estadual ser ressarcida do prejuízo (dano) causado pelo servidor policial mediante o desconto em prestações mensais que não excedam à décima parte de seu vencimento ou remuneração.**

Tal desconto em folha de pagamento só será constitucional se houver a **concordância expressa do servidor policial**. A Administração Pública não pode, *manu militare*, se apossar de bens, nem se apropriar de vencimentos de seus servidores para ressarcir-se de eventuais prejuízos, sob pena de violação ao **princípio constitucional do devido processo legal** (*due process of law*). Tal violação resta clara na medida em que o Direito vigente (neste caso o Código de Processo Civil) prevê a necessidade de propositura de ação indenizatória contra o servidor, impedindo-se o exercício da autotutela como forma de ressarcimento do prejuízo.

> **Art. 5º, CRFB.** [...]
>
> **LIV** – ninguém será privado da liberdade ou de seus bens sem o **devido processo legal**;
>
> Nessa linha já decidiu o STF[29], afirmando que
>
> a obrigação de indenizar os cofres públicos [...] advém da responsabilidade civil do servidor, e poderá até ser resolvida por desconto em folha, mas desde que haja a aquiescência do servidor. Caso contrário, como aqui ocorre, cabe à Administração, propor ação indenizatória contra o responsável.

29 STF, MS 24.182-9/DF, Pleno, Rel. Min. Maurício Corrêa, 12.02.04.

Meirelles[30] muito bem leciona que:

> [...] inclusive na hipótese prevista no §6º do art. 37 da CF, mas, em qualquer caso, é necessária a concordância do responsável, porque a Administração não pode lançar mão dos bens de seus servidores, nem gravar unilateralmente seus vencimentos, para ressarcir-se de eventuais prejuízos. Faltando-lhe esta aquiescência, deverá recorrer às vias judiciais.

3.2.2. Responsabilidade Penal

A **responsabilidade penal** do servidor policial, como de qualquer outra pessoa, decorre da prática de um **fato típico, ilícito e culpável** (adotando-se aqui a corrente tripartida do conceito analítico de crime).

O §4º do art. 15 do REPC prevê, desnecessariamente, regramento sobre a responsabilidade penal do servidor policial, ao dispor que essa abrange os crimes e as contravenções imputados ao policial nessa qualidade.

> **Art. 15, Dec. 3.044/80 (REPC).** [...]
>
> **§4º** – A **responsabilidade penal** abrange os **crimes e contravenções** imputados ao policial nessa qualidade.

Trata-se de norma esvaziada de qualquer sentido jurídico. Afirmar que o servidor policial responderá penalmente pelos crimes e contravenções a ele imputados é simplesmente reproduzir que os servidores policiais também estão sujeitos à lei, o que, por si só já é uma obviedade.

Nada de relevante acrescenta tal comando normativo, sendo certo que o tema responsabilidade penal merece ser estudado e analisado pela doutrina penal.

Discordamos de MESSEDER[31] quando afirma que:

> *A responsabilidade penal aqui tratada tem o requisito de que o autor da contravenção ou crime ostente a qualidade de servidor público. Portanto, a responsabilidade do servidor não se refere a qualquer crime, e sim àqueles (sic) crimes que exigem a qualidade de servidor para serem praticados. Sugiro a leitura dos arts. 312 a 326 do Código Penal. (grifo nosso).*

A responsabilidade penal do servidor policial não decorre, como pode parecer, da existência do art. 15, §4º, do REPC. Se assim o fosse, tal norma seria formalmente inconstitucional. Vale lembrar que a competência para legislar sobre matéria penal é privativa da União, não se admitindo que um Decreto Estadual trate sobre o tema.

30 MEIRELLES, Hely Lopes. Op. cit., pg. 403.

31 MESSEDER, Hamurabi. Op. cit., pg. 21.

Nessa linha, um servidor policial pode, mesmo que no exercício da função, praticar um crime não funcional, a exemplo do servidor que, mediante o emprego de grave ameaça, subtraí todo o dinheiro do particular em uma blitz policial. Tal conduta se subsume ao crime de roubo (art. 157 do Código Penal) e mesmo assim o policial será responsabilizado.

Na realidade, a responsabilidade penal tratada no REPC é mero discurso retórico na medida em que o fundamento legal para imputação de qualquer conduta criminosa, ou mesmo contravencional, ao servidor policial, nunca será o REPC, mas o Código Penal e a legislação especial penal, todos editados pela União.[32]

> **Art. 22, CRFB.** Compete privativamente à União legislar sobre:
>
> I – direito civil, comercial, **penal**, processual, eleitoral, agrário, marítimo, aeronáutico, espacial e do trabalho;

3.2.3. Responsabilidade Administrativa

A **responsabilidade administrativa** ocorre quando o servidor pratica o chamado **ilícito administrativo**, importando na aplicação de uma sanção específica, que não é penal ou civil. O sistema punitivo administrativo apresenta esquematização um tanto distinta da do penal. Neste, a sanção é vinculada diretamente à violação de uma conduta descrita no tipo penal, clarividente e delimitada, por imperativos de uma *tipicidade fechada dos atos normativos penais*, que decorre do *princípio da legalidade* em sua *função de garantia*. No Direito administrativo, porém, vislumbramos a ocorrência de uma *tipicidade mais aberta*, que vai permitir ao superior hierárquico maior *discricionariedade no conteúdo e na valoração* dos ilícitos administrativos.[33] É nesse contexto que temos os estatutos funcionais prevendo um rol de deveres e vedações aos servidores públicos. **O ilícito administrativo será a violação, por parte do servidor, a tais deveres e vedações.**

---

32 A possibilidade da existência de uma lei penal estadual, no contexto da delegação de competência legislativa do art. 22, parágrafo único, da Constituição, é tormentosa. Entendemos que a norma veiculada pelo Estado, em eventual exercício dessa competência extraordinária, não deve (i) dispor sobre temas estruturantes penais; nem (ii) criminalizar além da norma federal.

33 Tradicionalmente se atribui ao poder disciplinar da Administração uma natureza discricionária, mas isto deve ser analisado com cautela. Conforme dissemos, essa maior discricionariedade (não há um ato administrativo qualquer ou uma função administrativa que não seja, em medida mínima, vinculado(a), ao menos à consecução da melhor finalidade pública), que decorre de uma tipicidade aberta dos atos administrativos, relaciona-se ao conteúdo, mas nem sempre com o pressuposto para o agir administrativo. Vejamos, por exemplo, que quando determinado superior hierárquico tem ciência da prática de uma infração disciplinar por seus subordinados, não possui nenhuma discricionariedade em apurar o fato (por meio de sindicância ou PAD): deve necessariamente fazê-lo. Tem-se, pois, aqui, uma causa eficiente do agir administrativo (motivo) vinculada.

O §5º do art. 15 do REPC estende a responsabilidade administrativa não só às ações ou omissões praticadas no desempenho do cargo, mas também àquelas praticadas **fora do cargo, desde que comprometedoras da dignidade e do decoro da função pública.**

> **Art. 15, Dec. 3.044/80 (REPC).** [...]
>
> **§5º** – A **responsabilidade administrativa** resulta de atos praticados ou **omissões** ocorridas no desempenho do cargo **ou fora dele**, quando **comprometedores de dignidade e do decoro da função pública**.

Um exemplo claro é a transgressão disciplinar prevista no art. 14, inciso XXVIII, do EPC, referente ao **vício da embriaguez**. Não se trata, em especial, da embriaguez no serviço, mas o simples fato do servidor policial, mesmo que fora de seu horário de serviço, se entregar a tal vício. Caso ocorra, essa conduta constituirá transgressão grave (art. 15, §3º, do EPC), podendo acarretar, por exemplo, pena de suspensão de 41 a 90 dias (art. 20, inciso III, do EPC).

> **Art. 14, Dec.-Lei 218/75 (EPC).** São transgressões disciplinares:
>
> **XXVIII** – entregar-se à prática de jogos proibidos, ou ao **vício da embriaguez**, ou qualquer outro vício degradante;
>
> **Art. 15, Dec.-Lei 218/75 (EPC).** [...]
>
> **§3º** – São de **natureza grave as transgressões** enumeradas nos incisos XXII a XXXV do artigo anterior.
>
> **Art. 20, Dec.-Lei 218/75 (EPC)** – A pena de **suspensão**, que não poderá exceder a 90 (noventa) dias, será aplicada:
>
> [...]
>
> **III – de 41 (quarenta e um) a 90 (noventa) dias,** nos casos de **falta grave**.

Como vimos, as instâncias civil, penal e administrativas são relativamente autônomas. O §6º, do art. 15, do REPC vem reafirmar essa autonomia **ao dispor que a absolvição criminal do servidor policial não importará na vinculação da instância administrativa.**[34] Eventualmente, o servidor poderá responder pelo chamado **resíduo administrativo.**[35]

> **Art. 15, Dec. 3.044/80 (REPC).** [...]
>
> **§6º** – Mesmo absolvido criminalmente o policial responderá disciplinarmente se, na espécie, existir **falta administrativa residual**.

---

34 Por óbvio, tal regra também é temperada. As hipóteses de absolvição por negativa de autoria ou inexistência do fato vincularão as outras instâncias. Veja-se, por exemplo, o art. 126 da Lei 8.112/90.

35 Súmula 18, STF: "pela falta residual, não compreendida na absolvição pelo juízo criminal, é admissível a punição administrativa do servidor público".

3.3. Transgressões Disciplinares

As transgressões disciplinares estão previstas nos arts. 14 e 15 do EPC, sendo reproduzidas nos arts. 16 e 17 do REPC. Vejamos uma tabela relacionando e classificando as transgressões com os respectivos textos legais do EPC.

Art. 14, Dec.-Lei 218/75 (EPC) - São transgressões disciplinares:

I - falta de assiduidade ou impontualidade habituais;

II - interpor ou traficar influência alheia para solicitar acesso, remoção, transferência ou comissionamento;

III - dar informações inexatas, alterá-las ou desfigurá-las;

IV - usar indevidamente os bens do Estado ou de terceiros sob sua guarda ou não;

V - divulgar notícias sobre serviços ou tarefas em desenvolvimento ou realizadas pela repartição, ou contribuir para que sejam divulgadas ou ainda, conceder entrevista sobre as mesmas sem autorização da autoridade competente;

VI - dar, ceder insígnias ou carteira de identidade funcional;

VII - deixar habitualmente de saldar dívidas legítimas ou de pagar com regularidade pensões a que esteja obrigado por decisão judicial;

VIII - manter relações de amizade ou exibir-se em público, habitualmente, com pessoas de má reputação, exceto em razão de serviço;

IX - permutar o serviço sem expressa autorização de autoridade competente;

X - ingerir bebidas alcoólicas quando em serviço;

XI - afastar-se do município onde exerce suas atividades, sem autorização superior;

XII - deixar, sem justa causa, de submeter-se à inspeção médica determinada em lei ou por autoridade competente;

Transgressões disciplinares leves

Art. 15, Dec.-Lei 218/75 (EPC) - As transgressões disciplinares são classificadas como:

I- leves;

[...]

§ 1º- São de natureza leve as transgressões enumeradas nos incisos I a XII do artigo anterior.

XIII - valer-se do cargo com o fim ostensivo ou velado de obter proveito de natureza político-partidária, para si ou para outrem;
XIV - simular doença para esquivar-se do cumprimento do dever;
XV - agir, no exercício da função, com displicência, deslealdade ou negligências;
XVI - intitular-se funcionário ou representante de repartição ou unidade policial a que não pertença;
XVII - maltratar preso sob sua guarda ou usar de violência desnecessária no exercício da função policial;
XVIII - deixar de concluir, nos prazos legais ou regulamentares, sem motivos justos, inquéritos policiais, sindicâncias, atos ou processos administrativos;
XIX - participar de atividade comercial ou industrial exceto como acionista, quotista ou comanditário;
XX - deixar de tratar os superiores hierárquicos e os subordinados com a deferência e urbanidade devidas;
XXI - coagir ou aliciar subordinados com objetivos políticos-partidários;

<u>Transgressões disciplinares médias</u>

Art. 15, Dec.-Lei 218/75 (EPC)- As transgressões disciplinares são classificadas como:

[...]

II - médias;

[...]

§2º-São de natureza média as transgressões enumeradas nos incisos XIII a XXI do artigo anterior.

XXII - praticar usura em qualquer de suas formas;
XXIII - apresentar parte, queixa ou representação infundadas contra superiores hierárquicos;
XXIV - indispor funcionários contra seus superiores hierárquicos ou provocar, velada ou ostensivamente, animosidade entre funcionários;
XXV - insubordinar-se ou desrespeitar superior hierárquico;
XXVI - empenhar-se em atividades que prejudiquem o fiel desempenho da função policial;
XXVII - utilizar, ceder, ou permitir que outrem use objetos arrecadados, recolhidos ou apreendidos pela polícia;
XXVIII - entregar-se à prática de jogos proibidos, ou ao vício da embriaguez, ou qualquer outro vício degradante;
XXIX - portar-se de modo inconveniente em lugar público ou acessível ao público;
XXX - esquivar-se, na ausência de autoridade competente, de atender a ocorrências passíveis de intervenção policial que presencie ou de que tenha conhecimento imediato, mesmo fora de escala de serviço;
XXXI - cometer opiniões ou conceitos desfavoráveis aos superiores hierárquicos;
XXXII - cometer a pessoa estranha à Organização Policial, fora dos casos previstos em lei, o desempenho de encargos próprios ou da competência de seus subordinados;
XXXIII - desrespeitar ou procrastinar o cumprimento de decisão judicial ou criticá-la;
XXXIV - eximir-se do cumprimento de suas obrigações funcionais;
XXXV - violar o Código de Ética Policial.

<u>Transgressões disciplinares graves</u>

Art. 15, Dec.-Lei 218/75 (EPC)- As transgressões disciplinares são classificadas como:

[...]

III - graves;

[...]

§3º- São de natureza grave as transgressões enumeradas nos incisos XXII a XXXV do artigo anterior.

Vimos que as **transgressões leves** se sujeitam às penas de **advertência, repreensão** ou **suspensão de 1 a 15 dias**.

As **transgressões médias** comportam **penas de suspensão de 16 a 40 dias**.

As **transgressões graves** impõem penas de **suspensão de 41 a 90 dias, demissão** ou **cassação de aposentaria ou disponibilidade**.

Observa-se que a suspensão é a única pena que poderá incidir tanto nas transgressões leves quanto nas médias e graves.

> **Art. 16, Dec.-Lei 218/75 (EPC).** São **penas disciplinares**:
>
> I - advertência;
>
> II - repreensão;
>
> III - suspensão;
>
> IV - *(revogado pela Lei 4236/03)*;[36]
>
> V- *(revogado pela Lei 4236/03)*;[37]
>
> VI - demissão;
>
> VII - cassação de aposentadoria ou disponibilidade.

O ponto de convergência entre as penas de advertência e repreensão é que ambas são cominadas para transgressões leves. Contudo, a advertência é aplicada em particular e verbalmente (arts. 18 do EPC). A repreensão é aplicada por escrito (art. 19 do EPC). O REPC, em seu art. 21, acrescenta que a pena de repreensão será aplicada em caráter reservado, aspecto esse não citado no EPC.

> **Art. 18, Dec.-Lei 218/75 (EPC).** A pena de **advertência** será aplicada em **particular** e **verbalmente**, nos casos de **falta leve**.
>
> **Art. 19, Dec.-Lei 218/75 (EPC).** A pena de **repreensão** será aplicada, **por escrito**, nos casos de falta leve.
>
> **Art. 21, Dec. 3.044/80 (REPC).** A pena de **repreensão** será aplicada, **por escrito**, nos casos de **falta leve, em caráter reservado**.

O caráter particular da pena de advertência, ou mesmo o caráter reservado da pena de repreensão são reafirmados no art. 25 do REPC, que não prevê a divulgação em Boletim de Serviço (atualmente chamado de Boletim Interno) da aplicação das penalidades de advertência e repreensão.

> **Art. 25, Dec. 3.044/80 (REPC)** – A aplicação das penas previstas nos incisos III, IV e V do art. 18, será sempre divulgada em **Boletim de Serviço**, de circulação restrita aos órgãos da Secretaria de Estado da Polícia Civil.

---

36 Previa a pena de afastamento do serviço, do cargo ou função.

37 Previa a pena de prisão disciplinar.

A pena de suspensão poderá variar de 1 a 90 dias, podendo ser convertida em multa, na base de 50% do vencimento/remuneração do servidor policial, desde que haja conveniência para o serviço, havendo a necessidade do servidor permanecer cumprindo sua carga integral de serviço.

A suspensão é penalidade que poderá ser aplicada em faltas leves (1 a 15 dias), médias (16 a 40 dias) ou graves (41 a 90 dias).

> **Art. 20, Dec.-Lei 218/75 (EPC).** A pena de **suspensão**, que **não poderá exceder a 90 (noventa) dias**, será aplicada: *(alterado pela Lei 1.693/90)*
>
> **I** – de **1 (um) a 15 (quinze) dias**, nos casos de **falta leve**; *(alterado pela Lei 1.693/90)*
>
> **II** – de **16 (dezesseis) a 40 (quarenta) dias**, nos casos de **falta média**; *(alterado pela Lei 1.693/90)*
>
> **III** – de **41 (quarenta e um) a 90 (noventa) dias**, nos casos de **falta grave**. *(alterado pela Lei 1.693/90)*
>
> **Parágrafo único** – Quando houver conveniência para o serviço policial, a pena de **suspensão** poderá ser **convertida** em **multa**, na base de **50% (cinquenta por cento) por dia de vencimento ou remuneração**, obrigado, nesse caso, o policial a permanecer no serviço, cumprindo sua carga horária de trabalho normal. *(alterado pela Lei 1.693/90)*

O art. 21 do EPC prevê regramento sobre a pena de prisão disciplinar, que já havia sido revogada tacitamente pelo art. 5º, inciso LXI, da Constituição da República de 1988. Posteriormente, o legislador estadual, ao editar a Lei 4.236/2003, revogou expressamente o inciso V, do art. 16, do Dec.-Lei 218/75 (EPC), que previa tal tipo de pena, se adequando aos ditames constitucionais. Contudo, se esqueceu de revogar o art. 21 do EPC.

> **Art. 5º, CRFB.** [...]
>
> **LXI** – **ninguém será preso senão em flagrante delito ou por ordem escrita e fundamentada de autoridade judiciária competente**, salvo nos casos de transgressão militar ou crime propriamente militar, definidos em lei;
>
> **Art. 21, Dec.-Lei 218/75 (EPC).** A pena de prisão disciplinar até 30 (trinta) dias poderá ser aplicada nos casos de faltas médias ou graves.
>
> **Parágrafo único** – O cumprimento da pena de prisão disciplinar deverá ser efetuada em local previamente designado pelo Secretário de Segurança Pública e importa na perda de 50% dos vencimentos correspondentes aos dias de prisão.

O regramento das penas de **demissão** e **cassação de aposentadoria ou disponibilidade** são remetidos pelo art. 22 do EPC ao **Estatuto dos Funcionários Públicos Civis do Estado do Rio de Janeiro**, o Decreto-Lei 220/75 (EFP).

> **Art. 22, Dec.-Lei 218/75 (EPC)** A pena de **demissão, cassação de aposentadoria ou disponibilidade** será aplicada nos casos previstos no **Estatuto dos Funcionários Públicos Civis.**

> **Art. 22, Dec.-Lei 218/75 (EPC).** A pena de **demissão, cassação de aposentadoria ou disponibilidade** será aplicada nos casos previstos no **Estatuto dos Funcionários Públicos Civis.**

Vejamos o tratamento da demissão e cassação de aposentadoria ou disponibilidade no Decreto-Lei 220/75 (EFP), que é normatizada no art. 52 e seguintes.

> **Art. 52, Dec.-Lei 220/75 (EFP).** – A pena de demissão será aplicada nos casos de:
>
> **I** – falta relacionada no art. 40,[38] quando de natureza grave, a juízo da autoridade competente, **e** se **comprovada má fé**;
>
> **II** – incontinência pública e escandalosa; prática de jogos proibidos;

---

38 O art. 40 do EFP reproduz as proibições às quais o funcionário público encontra-se submetido. A maioria das proibições citadas já constitui transgressão disciplinar grave no Dec.-Lei 218/75 (EPC).
Art. 40, Dec.-Lei 220/75 (EFP). Ao funcionário é proibido:
I – referir-se de modo depreciativo, em informação, parecer ou despacho, às autoridades e atos da Administração Pública, ou censurá-los, pela imprensa ou qualquer outro órgão de divulgação pública, podendo, porém, em trabalho assinado, criticá-los, do ponto de vista doutrinário ou da organização do serviço;
II – retirar, modificar ou substituir livro ou documento de órgão estadual, com o fim de criar direito ou obrigação, ou de alterar a verdade dos fatos, bem como apresentar documento falso com a mesma finalidade;
III – valer-se do cargo ou função para lograr proveito pessoal em detrimento da dignidade da função pública;
IV – coagir ou aliciar subordinados com objetivo de natureza partidária;
V – participar de diretoria, gerência, administração, conselho técnico ou administrativo, de empresa ou sociedade:
1) contratante, permissionária ou concessionária de serviço público;
2) fornecedora de equipamento ou material de qualquer natureza ou espécie, a qualquer órgão estadual;
3) de consultoria técnica que execute projetos e estudos, inclusive de viabilidade, para órgãos públicos.
VI – praticar a usura, em qualquer de suas formas, no âmbito do serviço público;
VII – pleitear, como procurador ou intermediário, junto aos órgãos estaduais, salvo quando se tratar de percepção de vencimento, remuneração, provento ou vantagem de parente, consangüíneo ou afim, até o segundo grau civil;
VIII – exigir, solicitar ou receber propinas, comissões, presentes ou vantagens de qualquer espécie em razão do cargo ou função, ou aceitar promessa de tais vantagens;
IX – revelar fato ou informação de natureza sigilosa, de que tenha ciência em razão do cargo ou função, salvo quando se tratar de depoimento em processo judicial, policial ou administrativo;
X – cometer a pessoa estranha ao serviço do Estado, salvo nos casos previstos em lei, o desempenho de encargo que lhe competir ou a seus subordinados;
XI – dedicar-se, nos locais e horas de trabalho, a palestras, leituras ou quaisquer outras atividades estranhas ao serviço, inclusive ao trato de interesses de natureza particular;
XII – deixar de comparecer ao trabalho sem causa justificada;
XIII – empregar material ou quaisquer bens do Estado em serviço particular;
XIV – retirar objetos de órgãos estaduais, salvo quando autorizado por escrito pela autoridade competente;
XV – fazer cobranças ou despesas em desacordo com o estabelecido na legislação fiscal e financeira;
XVI – deixar de prestar declaração em inquérito administrativo, quando regularmente intimado;

III – embriaguez habitual ou em serviço;

IV – ofensa física em serviço, contra funcionário ou particular, salvo em legítima defesa;

V – abandono de cargo;

VI – ausência ao serviço, sem causa justificada, por (vinte) dias, interpoladamente, durante o período de 12 (doze) meses; *(alterado pela LC 85/96)*

VII – insubordinação grave em serviço;

VIII – ineficiência comprovada, com caráter de habitualidade, no desempenho dos encargos de sua competência;

IX – desídia no cumprimento dos deveres.

§1º – Para fins exclusivamente disciplinares, considera-se como abandono de cargo a que se refere o inciso V deste artigo, a ausência ao serviço, sem justa causa, por 10 (dez) dias consecutivos. *(alterado pela LC 85/96)*

§2º – Entender-se-á por ausência ao serviço com justa causa a que assim for considerada após a devida comprovação em inquérito administrativo, caso em que as faltas serão justificadas apenas para fins disciplinares.

Art. 53, Dec.-Lei 220/75 (EFP). O ato de demissão mencionará sempre a causa da penalidade.

Art. 54, Dec.-Lei 220/75 (EFP). Conforme a gravidade da falta, a demissão poderá ser aplicada com a nota a bem do serviço público.

Art. 55, Dec.-Lei 220/75 (EFP). A pena de cassação de aposentadoria ou de disponibilidade será aplicada se ficar provado, em inquérito administrativo, que o aposentado ou disponível:

I – praticou, quando ainda no exercício do cargo, falta suscetível de determinar demissão;

II – aceitou, ilegalmente, cargo ou função pública, provada a má fé;

III – perdeu a nacionalidade brasileira.

Parágrafo único – Será cassada a disponibilidade ao funcionário que não assumir, no prazo legal, o exercício do cargo ou função em que for aproveitado.

3.4. Competência para aplicação das penas

A competência para aplicação das penas administrativas prevista no EPC sofreu substancial alteração pela Lei 4.236/2003. São percebidas, mais recentemente, mudanças relevantes também a partir da Resolução SEPOL nº 055 de 24 de junho de 2019:

XVII – exercer cargo ou função pública antes de atendido os requisitos legais, ou continuar a exercê-los sabendo-o indevidamente.

RESOLUÇÃO SEPOL Nº 055 DE 24 DE JUNHO DE 2019.

Delega Competência ao Corregedor Geral de Polícia Civil para a prática dos atos que menciona, e dá outras providências.

O SECRETÁRIO DE ESTADO DE POLÍCIA CIVIL DO ESTADO DO RIO DE JANEIRO, no uso de suas atribuições legais, tendo em vista o que consta do Processo nº E-36/320/40/2019,

CONSIDERANDO a necessidade de otimizar, agilizar e regular o trâmite dos processos administrativos disciplinares no âmbito da Secretaria de Estado de Polícia Civil;

CONSIDERANDO o disposto nos artigos 25-B e 25-C do Decreto-Lei nº 218/75 com redação dada pela Lei nº 4.236 de 04 de dezembro de 2003;

CONSIDERANDO o teor dos Decretos Estaduais nº 46.544/2019 e nº 46.547/2019, com a consequente transferência das Comissões Permanentes de Inquérito Administrativo do âmbito da Corregedoria Geral Unificada da extinta Secretaria de Estado de Segurança Pública para a Corregedoria Geral de Polícia Civil da Secretaria de Estado de Polícia Civil/SEPOL;

CONSIDERANDO o teor do Decreto Estadual nº 46.601/19 que consolida a estrutura organizacional da Secretaria de Estado de Polícia Civil/SEPOL e define as competências dos órgãos;

R E S O L V E:

Art. 1º. Ficam delegadas as competências ao Corregedor Geral da Secretaria de Estado de Polícia Civil para a prática das seguintes atribuições:

I. instaurar processo administrativo disciplinar e o juízo de admissibilidade do processo de revisão, relativamente aos servidores públicos civis ocupantes de cargos de carreiras policiais;

II. conceder prorrogação e devolução de prazo;

III. conceder extensão de poderes para apurar irregularidades constatadas no curso da instrução;

IV. retificar, por apostila, o ato de instauração de processo administrativo disciplinar no que se refere ao nome, situação jurídica e categoria funcional do servidor, sua matrícula, quadro a que pertence e número do processo respectivo;

V. sobrestar processo administrativo disciplinar, por absoluta impossibilidade de prosseguimento, ou cessar os efeitos do sobrestamento, na forma da lei;

VI. determinar o reexame do processo quando verificar a necessidade de aperfeiçoamento da instrução, bem como a rerratificação do termo de ultimação;

VII. decidir pelo afastamento, como medida acautelatória, do policial civil do exercício do cargo ou da função, sem perda de vencimentos, por prazo não superior a 30 dias, nas hipóteses fixadas nos incisos do art. 25-C do Decreto-Lei nº 218/75.

> **Art. 2º.** Esta Resolução entrará em vigor na data de sua publicação.
>
> [...]

Não houve, contudo, a devida atualização do Decreto 3.044/80 – Regulamento do Estatuto da Polícia Civil (REPC), fazendo com que o REPC encontre-se claramente desatualizado, em especial o art. 27 do REPC.

Pela análise dos arts. 23 e 24 do EPC, observamos que o Governador do Estado e o "Secretário de Segurança Pública" possuem competência para aplicar qualquer pena administrativa. Atualmente, entretanto, de acordo com tudo o que já vimos até este momento, deve-se fazer a menção ao fato de que o cargo de "Secretário de Segurança Pública" não mais existe, ante a elevação administrativa da Polícia Civil do Estado do Rio de Janeiro de órgão inferior a Secretaria de Estado (Secretaria de Estado de Polícia Civil). Dessa maneira, portanto, o art. 23 do EPC, no que menciona o "Secretário de Estado de Segurança Pública", refere-se atualmente ao SEPOL – Secretário de Estado de Polícia Civil. Além disso, conforme vimos acima, a Resolução SEPOL nº 055 de 24 de junho de 2019 estabeleceu a delegação de atribuição, do Secretário de Polícia para o Corregedor Geral da Secretaria de Estado de Polícia Civil, para promover diversas das medidas de sua competência.

Isso posto, então, para se aferir a autoridade materialmente competente para aplicar determinada punição, se esta envolver o Secretário de Polícia Civil, deve-se fazer o cotejo do Estatuto com a Resolução SEPOL nº 055 para que se perceba se a atividade efetivamente praticada foi ou não delegada ao Corregedor Geral.

> **Art. 23, Dec.-Lei 218/75 (EPC).** São competentes para aplicação das penas disciplinares previstas nesse Estatuto:
>
> I – o **Governador do Estado**, em qualquer caso e privativamente nos casos dos incisos VI e VII, do artigo 16, em relação aos delegados de polícia; *(alterado pela Lei 4.236/03)*
>
> II – O **Secretário de Estado de Segurança Pública, em qualquer caso,** e, **privativamente, nos casos dos incisos VI e VII do artigo 16, em relação aos** demais servidores policiais e suspensão acima de 60 (sessenta) dias; *(alterado pela Lei 4.236/03)*

Nas hipóteses de aplicação de penalidade de **demissão e cassação de aposentadoria ou disponibilidade** teremos a competência privativa do Governador do Estado quando se tratar de Delegados de Polícia. Para os demais servidores, a competência será privativa do Secretário de Estado de Polícia Civil.

> **Art. 23, Dec.-Lei 218/75 (EPC).** São competentes para aplicação das penas disciplinares previstas nesse Estatuto:

I – O **Governador do Estado,** em qualquer caso e privativamente **nos casos dos incisos VI e VII, do artigo 16, em relação aos delegados de polícia**; *(alterado pela Lei 4.236/03)*

II – O **Secretário de Estado de Segurança Pública**, em qualquer caso, e, **privativamente, nos casos dos incisos VI e VII do artigo 16, em relação aos demais servidores policiais** e suspensão acima de 60 (sessenta) dias; *(alterado pela Lei 4.236/03)*

Na **penalidade de suspensão** será necessário observar o *quantum* de dias que foi aplicado em concreto, respeitando-se a seguinte escala: pena de suspensão **até 30 dias** podem ser aplicadas pelos próprios **dirigentes das unidades**; **até 50 dias**, pelo **Corregedor Geral da Polícia Civil**; **até 60 dias.**

De acordo com a antiga redação dos atos normativos pertinentes, as penalidades de até 60 dias estariam na competência do **Chefe de Polícia Civil**; e as **acima de 60 dias na do Secretário de Segurança Pública. De acordo com a atual estrutura da PCERJ, entretanto, essas penalidades serão de atribuição do Secretário de Estado de Polícia Civil – SEPOL.**

Art. 23, Dec.-Lei 218/75 (EPC). São competentes para aplicação das penas disciplinares previstas nesse Estatuto:

II – O **Secretário de Estado de Segurança Pública**, em qualquer caso, e, privativamente, nos casos dos incisos VI e VII do artigo 16, em relação aos demais servidores policiais e **suspensão acima de 60 (sessenta) dias**; *(alterado pela Lei 4.236/03)*

III – o **Chefe da Polícia Civil**, nos casos dos incisos I e II, do artigo 16, e **suspensão até 60 (sessenta) dias**; *(alterado pela Lei 4.236/03)*

IV – o **Corregedor da Policia Civil**, nos casos dos incisos I e II, do artigo 16, e **suspensão até 50 (cinqüenta) dias**; *(alterado pela Lei 4.236/03)*

V – os **dirigentes de unidade de polícia administrativa e judiciária da Polícia Civil**, nos casos dos incisos I a III, do artigo 16, aos servidores policiais que lhes forem subordinados, **limitada a pena de suspensão ao prazo de 30 (trinta) dias.** *(incluído pela Lei 4.236/03)*

Quanto às penalidades de advertência e repreensão, podem ser aplicadas pelos dirigentes das unidades, Corregedor da Polícia Civil, Secretário de Estado de Polícia Civil e Governador do Estado do Rio de Janeiro, ou seja, todos os legitimados.

Art. 23, Dec.-Lei 218/75 (EPC). São competentes para aplicação das penas disciplinares previstas nesse Estatuto:

I – O **Governador do Estado, em qualquer caso** e privativamente nos casos dos incisos VI e VII, do artigo 16, em relação aos delegados de polícia; *(alterado pela Lei 4.236/03)*

II – O **Secretário de Estado de Segurança Pública, em qualquer caso**, e, privativamente, nos casos dos incisos VI e VII do artigo 16, em relação aos demais servidores policiais e suspensão acima de 60 (sessenta) dias; *(alterado pela Lei 4.236/03)*

III – o **Chefe da Polícia Civil, nos casos dos incisos I e II**, do artigo 16, e **suspensão até 60 (sessenta) dias**; *(alterado pela Lei 4.236/03)*

IV – o **Corregedor da Policia Civil, nos casos dos incisos I e II**, do artigo 16, e **suspensão até 50 (cinqüenta) dias**; *(alterado pela Lei 4.236/03)*

V – os **dirigentes de unidade de polícia administrativa e judiciária da Polícia Civil, nos casos dos incisos I a III**, do artigo 16, aos servidores policiais que lhes forem subordinados, limitada a pena de suspensão ao prazo de 30 (trinta) dias. *(incluído pela Lei 4.236/03)*

Vale repetir que Governador do Estado e o Secretário de Estado de Polícia Civil - SEPOL - possuem competência plena para aplicar qualquer pena administrativa. O primeiro, pois, exerce a chefia última da estrutura do Poder Executivo; o segundo pois, logo abaixo deste, exerce a chefia da estrutura da Polícia Civil do Estado do Rio de Janeiro.

Vejamos uma tabela relacionando as transgressões disciplinares, as penas cominadas, e as respectivas autoridades competentes para aplicação das sanções.

<table>
<tr><th>Transgressão</th><th>Pena</th><th>Competência</th></tr>
<tr><td rowspan="2">Leve</td><td>– advertência
– repreensão</td><td>– Governador
– Secretário de Estado de Polícia Civil
– Corregedor
– Dirigente da Unidade</td></tr>
<tr><td>– suspensão de 1 a 15 dias</td><td rowspan="3">– Governador
– Secretário de Estado de Polícia Civil (acima)
– Corregedor (até 50 dias)
– Dirigente da Unidade (até 30 dias)</td></tr>
<tr><td>Média</td><td>– suspensão de 16 a 40 dias</td></tr>
<tr><td rowspan="2">Grave</td><td>– suspensão de 41 a 90 dias</td></tr>
<tr><td>– demissão
– cassação de aposentadoria ou disponibilidade</td><td>– Governador para todos os servidores policias, e privativamente para Delegado
– Secretário de Estado de Polícia Civil, para outros servidores policiais (não Delegados)</td></tr>
</table>

Ainda quanto ao tema, frise-se mais um ato normativo importante e o seu papel: a Resolução SEPOL nº 082 de dezembro de 2019 disciplina as rotinas administrativas necessárias ao efetivo cumprimento e acompanhamento das punições aplicadas aos servidores da Secretaria de Estado de Polícia Civil:

O SECRETÁRIO DE ESTADO DE POLÍCIA CIVIL, no uso de suas atribuições legais,

CONSIDERANDO:

- o princípio administrativo da Eficiência;

- a necessidade de aperfeiçoamento e atualização das rotinas administrativas necessárias ao efetivo cumprimento e acompanhamento das punições impostas aos servidores da Secretaria de Estado de Polícia Civil;

- que, no tocante ao efeito disciplinar, exige-se um lapso temporal suficiente para que o cumprimento da penalidade seja adequado à escala de serviço do Órgão de lotação do servidor;

- que a Secretaria de Estado de Polícia Civil subordina-se tecnicamente ao sistema de pagamento de servidores do Estado do Rio de Janeiro, e há períodos específicos para inserção de registros; e

- o que consta na Correspondência Interna SEPOL/1702/1404/2019;

R E S O L V E:

Art. 1º - A autoridade competente que concluir pela aplicação de pena de suspensão a servidor integrante dos quadros da Secretaria de Estado de Polícia Civil - SEPOL, no âmbito de procedimento administrativo disciplinar ou sindicância, deve comunicar tal decisão ao Departamento ao qual o servidor está vinculado, por meio de correspondência interna, no prazo de 2 (dois) dias úteis, contados da publicação da aplicação da punição em Boletim Informativo.

Art. 2º - O Departamento ao qual o servidor está vinculado remeterá a correspondência interna à unidade de lotação do servidor, para que esta indique o período de efetivo cumprimento da punição, que deverá ocorrer dentro do prazo máximo de 30 (trinta) dias úteis, contados da publicação da punição em Boletim Informativo, bem como providencie as anotações pertinentes no Mapa de Controle de Frequência do servidor e realize as adequações necessárias no que se refere à escala de serviço.

Parágrafo Único - Caso haja alguma circunstância que impossibilite o cumprimento da punição dentro do prazo máximo de 30 (trinta) dias úteis, contados da publicação da punição em Boletim Informativo, a unidade de lotação do servidor deverá comunicar tal fato à Corregedoria Geral de Polícia Civil, para adoção das medidas pertinentes.

Art. 3º - Cumpridos os procedimentos indicados no caput do artigo anterior, a unidade de lotação do servidor remeterá a correspondência interna, devidamente instruída, ao Departamento Geral de Administração e Finanças, a quem incumbe efetivar as demais providências administrativas decorrentes da aplicação da penalidade, no âmbito de sua atribuição.

Art. 4º - Cabe ao Departamento Geral de Gestão de Pessoas, por meio do Setor de Frequência, do Serviço de Registros Funcionais, elaborar o mapa mensal de cumprimento de punições, que será encaminhado à Corregedoria-Geral de Polícia Civil - CGPOL.

§ 1º - O mapa mensal de cumprimento de punições irá reproduzir o lançamento efetuado no Mapa de Controle de Frequência - MCF, pelo Agente de Pessoal responsável pela unidade de lotação do servidor punido.

§ 2º - As informações do mapa mensal de cumprimento de punições serão utilizadas pela CGPOL na gestão de banco de dados próprio, com finalidades pedagógicas e disciplinares.

Art. 5º - Esta Resolução entrará em vigor na data de sua publicação, revogando- se as disposições em contrário, em especial a Determinação nº 129, de 10 de janeiro de 2005.

[...]

3.5. Dosimetria da pena

A dosimetria da pena, ou seja, o processo de aplicação em concreto da sanção pelo julgador, deve respeitar critérios minimamente objetivos. O EPC estipula, no art. 17 e 23, esses *standards*.

Quando for prevista **mais de uma penalidade administrativa** para a mesma transgressão disciplinar, o julgador deverá **observar as circunstâncias de cada caso**. Tais circunstâncias, contudo, não são livremente apreciadas pela Autoridade competente, posto que estão previstas no art. 17 do EPC.

Art. 23, Dec.-Lei 218/75 (EPC). [...]

Parágrafo único – Quando para qualquer transgressão, for prevista mais de uma pena disciplinar, a autoridade competente, atenta às circunstâncias de cada caso, decidirá qual a aplicável.

Art. 17, Dec.-Lei 218/75 (EPC). Na **aplicação das penas disciplinares** serão considerados:

I – repercussão do fato;

II – danos decorrentes da transgressão ao serviço público;

III – causas de justificação;

IV – circunstâncias atenuantes;

V – circunstâncias agravantes;

VI – a classificação da gravidade estabelecida no artigo 15;

A conduta do servidor público, mesmo que seja adequada formalmente a uma transgressão disciplinar, poderá ter sido realizada sob o amparo de causa de justificação, o que se consubstancia, em Direito Penal, nos tipos permissivos, que trazem causas excludentes de ilicitude.

O art. 17, §1º, do EPC prevê duas **causas de justificação** que impedem a punição do servidor: **motivo de força maior**; e **ter sido a transgressão come-**

tida mediante prática de ação meritória, no interesse público. Nessas hipóteses, embora a conduta do servidor seja subsumida legalmente a alguma transgressão enumerada no art. 14 do EPC, afastada estará qualquer possibilidade de punição.

> **Art. 17, Dec.-Lei 218/75 (EPC).** [...]
>
> **§1º** – São **causas de justificação**:
>
> **1)** motivo de força maior plenamente comprovado;
>
> **2)** ter sido cometida a transgressão na prática de ação meritória, no interesse do serviço, da ordem ou da segurança pública.
>
> [...]
>
> **§4º** – **Não haverá punição** quando, no julgamento da transgressão, for reconhecida uma das **causas de justificação** previstas.

Outro aspecto referente à dosimetria de pena se circunscreve à existência de **circunstâncias atenuantes ou agravantes**. A boa conduta funcional, a relevância dos serviços prestados, transgressões praticadas em defesa de direito próprio ou de terceiro, ou ainda para evitar mal maior são circunstâncias que atenuam a pena, devendo obrigatoriamente serem consideradas pelo julgador. Por sua vez, a má conduta funcional ou a reincidência, por exemplo, são circunstâncias agravantes.

> **Art. 17, Dec.-Lei 218/75 (EPC).** [...]
>
> **§2º** – São **circunstâncias atenuantes**:
>
> **1)** boa conduta funcional;
>
> **2)** relevância dos serviços prestados;
>
> **3)** ter sido cometida a transgressão em defesa de direitos próprios ou de terceiros, ou para evitar mal maior.
>
> **§3º** – São **circunstâncias agravantes**:
>
> **1)** má conduta funcional;
>
> **2)** prática simultânea ou conexão de duas ou mais transgressões;
>
> **3)** reincidência;
>
> **4)** ser praticada a transgressão em conluio por duas ou mais pessoas, durante a execução do serviço, em presença de subordinados ou em público;
>
> **5)** ter sido praticada a transgressão com premeditação ou com abuso de autoridade hierárquica ou funcional.

Na aplicação da pena disciplinar (art. 16 do EPC) a autoridade competente (art. 23 do EPC) deve, *ab initio*, verificar a existência de alguma causa de justificação. Superada essa fase, passa-se a determinar a pena-base a ser aplicada ao caso concreto. Algumas vezes, o legislador comina, em abstrato, uma multiplicidade de penas para o mesmo tipo de transgressão. Como exemplo, temos a transgressão leve (o EPC comina a pena de advertência ou repreensão). Deverá, portanto, a autoridade competente, levando-se em conta as circunstâncias previstas no art. 17 do EPC, determinar qual das penas aplicará ao caso concreto.[39]

> **Art. 23, Dec.-Lei 218/75 (EPC).** [...]
>
> **Parágrafo único.** Quando para qualquer transgressão, for **prevista mais de uma pena disciplinar**, a autoridade competente, **atenta às circunstâncias de cada caso**, decidirá qual a aplicável.
>
> **Art. 27, Dec. 3.044/80 (REPC).** [...]
>
> **Parágrafo único** – Quando, para qualquer transgressão, for prevista mais de uma pena disciplinar, a autoridade competente, atenta as circunstâncias de cada caso, decidirá qual a aplicável.

Fixada a pena-base o julgador passa a considerar as circunstâncias atenuantes e agravantes, determinando concretamente a pena a ser imposta ao infrator da norma.

Durante o ato decisório de imputação da responsabilidade, a autoridade poderá, atendendo as peculiaridades e consequências do caso, agravar a classificação atribuída à transgressão (passando-a de leve para média, por exemplo). Tal possibilidade somente deixará de ocorrer caso a pena já tenha sido imposta ao transgressor, o que parece uma impossibilidade lógico-fática. Se o agressor já foi punido, não há como submetê-lo a novo processo apuratório, inclusive, para imposição de nova penalidade mais grave.

> **Art. 15, Dec.-Lei 218/75 (EPC).** [...]
>
> **§4º** – A **autoridade competente para decidir** a punição **poderá agravar a classificação** atribuída às transgressões atendendo às peculiaridades e consequências do caso concreto.
>
> **Art. 17, Dec. 3.044/80 (REPC).** [...]
>
> **§4º** – A **autoridade competente para decidir** a punição **poderá agravar a classificação** atribuída às transgressões disciplinares, atendendo às peculiaridades e conseqüências do caso concreto;

39 Em claro exercício da discricionariedade quanto ao conteúdo sobre a qual tecemos comentários em nota anterior.

§5º – O **agravamento** previsto no parágrafo anterior **não ocorrerá nos casos em que já houver sido imposta penalidade aos transgressores**, <u>salvo</u> se de mera **<u>advertência</u>** ou **<u>repreensão</u>**.

Estranhamente, o REPC, na parte final do §5º, do art. 17, abre exceção a essa regra, permitindo o agravamento, mesmo que a pena já tenha sido imposta, nos casos de advertência ou repreensão. Parece-nos claramente inconstitucional tal disposição, seja por violar o princípio constitucional que veda a dupla imputação (*non bis in idem*), ou mesmo os limites materiais da coisa julgada administrativa quando em prejuízo do servidor.

Caso, durante o processo de individualização de pena, o julgador perceba que, ao final, fixará pena que não possui competência para aplicar, deverá declinar os autos para a autoridade que o tenha. Por exemplo, o Corregedor de Polícia Civil possui competência para aplicar penas de suspensão até 50 dias. Durante a individualização de pena, verifica que a pena a ser cominada será de 60 dias, ou seja, fora de sua esfera de competência administrativa. Nesse caso, deverá declinar de sua competência, remetendo os autos, por exemplo, ao Chefe de Polícia. Esse último, em novo processo de individualização de pena (que não é vinculado ao juízo realizado pelo Corregedor, no nosso exemplo), fixará a pena a ser aplicada ao servidor.

3.6. Classificação do comportamento do policial

Como vimos no item anterior, a boa conduta do policial é circunstância atenuante de sua pena disciplinar. Por outro lado, a má conduta é circunstância agravante.

A conduta ou o comportamento funcional do servidor policial não repercute apenas na dosimetria de sua pena nos casos de transgressões disciplinares. Mas, também, importa na possibilidade de concessão de recompensas[40] que é o produto do reconhecimento aos bons serviços prestados pelo policial. Repercutirá, ainda, na pontuação para a classificação e promoção por merecimento.[41]

O comportamento do policial pode ser classificado como: **excepcional**, **ótimo**, **bom**, **regular** ou **ruim**. **Ao entrar no serviço público** seu comportamento é **automaticamente avaliado como bom**.

40 As recompensas são tratadas no art. 38 do EPC. Não se as devem confundir com a "recompensa" trazida pela Lei 8.320/2019, no âmbito do Estado do Rio de Janeiro. C.f., o seu art. 1º: "fica garantido, na forma desta Lei, a Policiais Militares e a Policiais Civis, o direito ao recebimento da recompensa estipulada pelo Disque-Denúncia, na hipótese destes efetuarem a prisão e/ou captura de procurados pela Justiça com recompensa estipulada".

41 A promoção por merecimento é tratada no art. 193 e seguintes do REPC.

Penalidades de suspensão superior a 10 dias importam na avaliação regular ou má do comportamento do servidor policial. Para que seja avaliado em excepcional ou ótimo, o servidor não poderá possuir qualquer tipo de penalidade disciplinar em sua vida funcional, respectivamente nos últimos 10 e 5 anos.

Transcorrido o prazo de 10 anos sem novas anotações de penas, poderá o policial pleitear a exclusão das anotações anteriores.

> **Art. 26, Dec.-Lei 218/75 (EPC).** Para as **recompensas** e **punições**, o policial terá seu **comportamento** classificado em:
>
> **I** - excepcional;
>
> **II** - ótimo;
>
> **III** - bom;
>
> **IV** - regular;
>
> **V** - mau.
>
> **§1º** - Ao ingressar no serviço público o servidor terá o conceito bom.
>
> **§2º** - Os policiais que tiverem anotação de suspensão superior a 10 (dez) dias no período anterior à elaboração do Boletim de Merecimento, serão incluídos no conceito do inciso V e no inciso IV, se tais fatos se registraram no período de 02 (dois) anos.
>
> **§3º** - O servidor policial somente será incluído nos incisos I e II se não tiver sofrido pena disciplinar de qualquer espécie, nos períodos, respectivamente, de 10 (dez) e 05 (cinco) anos que antecederem a elaboração dos respectivos Boletins de Merecimento.
>
> **§4º** - decorrido o prazo de 10 (dez) anos sem anotação de penas disciplinares, o policial poderá requerer o cancelamento das anotações anteriores, o que será concedido a critério do Secretário de Segurança Pública.

3.7. Prescrição

A prescrição é uma causa de extinção da punibilidade pelo decurso do tempo. É muito comum encontrarmos afirmativas genéricas de que "a pena prescreveu" ou "a infração prescreveu". Contudo, tecnicamente, o que prescreve é a pretensão do Estado em punir o infrator (prescrição da pretensão punitiva) ou de executar a pena (prescrição da pretensão executória).

O tema prescrição foi substancialmente reformado no EPC pela Lei 4.236/2003. Não houve, contudo, a devida atualização do Decreto 3.044/80 – Regulamento do Estado da Polícia Civil (REPC), fazendo com que esse se encontre desatualizado, em especial no art 28 do REPC.

As transgressões sujeitas às penas de **advertência, repreensão ou suspensão** prescrevem no **prazo de 2 anos**. Já as sujeitas às penas de **demissão e cas-**

sação de aposentaria ou disponibilidade prescrevem em **5 anos**. Contudo, nas hipóteses em que a transgressão disciplinar **também for prevista como infração penal,** ter-se-á a prescrição no **prazo estipulado para o crime.**[42]

O **termo inicial** para a contagem do prazo prescricional inicia-se na **data em que a Administração Pública tomou conhecimento do fato.**

Interrompe-se a contagem do prazo prescricional com a **instauração de sindicância ou processo administrativo disciplinar**, iniciando-se nova contagem de prazo.[43]

Permanece **suspensa** a contagem do prazo prescricional estando **sobrestado o procedimento apuratório administrativo** no aguardo de eventual decisão judicial, ou durante o **período em que o vínculo funcional** entre a Administração Pública e o servidor **não mais existir**, vindo esse a ser posteriormente reestabelecido.

> **Art. 24, Dec.-Lei 218/75 (EPC).** Extingue-se a punibilidade pela prescrição: *(alterado pela Lei 4.236/03)*
>
> I – da transgressão disciplinar sujeita à pena de advertência, repreensão ou suspensão no prazo de 02 (dois) anos; *(alterado pela Lei 4.236/03)*
>
> II – da transgressão disciplinar sujeita à pena de demissão, cassação de aposentadoria ou de disponibilidade no prazo de 05 (cinco) anos; *(alterado pela Lei 4.236/03)*
>
> III – da transgressão disciplinar prevista na Lei como infração penal, juntamente com o crime; *(incluído pela Lei 4.236/03)*
>
> §1º – O curso do prazo prescricional começa a correr da data em que o fato se tornou conhecido pela Administração Pública. *(alterado pela Lei 4.236/03)*
>
> §2º – O curso do prazo prescricional interrompe-se com a instauração da sindicância ou do processo administrativo disciplinar, até decisão final proferida por autoridade competente. *(alterado pela Lei 4.236/03)*
>
> §3º – O curso do prazo prescricional não corre: *(incluído pela Lei 4.236/03)*

---

42 Art. 109, CP. A prescrição, antes de transitar em julgado a sentença final, salvo o disposto no § 1º do art. 110 deste Código, regula-se pelo máximo da pena privativa de liberdade cominada ao crime, verificando-se: (Redação dada pela Lei nº 12.234, de 2010).
I – em vinte anos, se o máximo da pena é superior a doze;
II – em dezesseis anos, se o máximo da pena é superior a oito anos e não excede a doze;
III – em doze anos, se o máximo da pena é superior a quatro anos e não excede a oito;
IV – em oito anos, se o máximo da pena é superior a dois anos e não excede a quatro;
V – em quatro anos, se o máximo da pena é igual a um ano ou, sendo superior, não excede a dois;
VI – em 3 (três) anos, se o máximo da pena é inferior a 1 (um) ano. (Redação dada pela Lei nº 12.234/10).

43 Não confundir hipóteses de interrupção da prescrição com as hipóteses de suspensão. Na primeira circunstância, o prazo reinicia-se do zero. Já na segunda, há uma mera paralisação no tempo da contagem. Assim que superada a causa suspensiva, tem-se o cômputo do tempo iniciado novamente a partir do marco no qual havia estagnado.

> I - enquanto sobrestados a sindicância ou o processo administrativo disciplinar para aguardar decisão judicial; *(incluído pela Lei 4.236/03)*
>
> II - enquanto insubsistente o vinculo funcional que venha a ser restabelecido. *(incluído pela Lei 4.236/03)*

3.8. Apuração das transgressões

A Constituição da República, em seu art. 5º, inciso LIV, prevê o **princípio do devido processo legal,** também aplicável aos procedimentos administrativos. A Administração Pública deve respeitar as formalidades previstas em lei para apurar as transgressões de seus servidores. Precisa, portanto, respeitar o **devido processo legal** garantindo-se, sempre, a **ampla defesa e o contraditório.**

> **Art. 5º, CRFB.** [...]
>
> **LIV** - ninguém será privado da liberdade ou de seus bens sem o **devido processo legal**;
>
> **LV** - aos litigantes, em processo judicial ou administrativo, e aos acusados em geral são assegurados o **contraditório e ampla defesa**, com os meios e recursos a ela inerentes;

O EPC, nessa parte, novamente foi substancialmente alterado pela Lei 4.236/2003, no que toca à apuração das transgressões disciplinares. O REPC, portanto, encontra-se desatualizado.

O EPC prevê duas **formas ou modalidades procedimentais** para apuração de transgressões disciplinares: a **Sindicância Administrativa Disciplinar (SAD)**, ou o **Processo Administrativo Disciplinar (PAD)**. Ambos são instrumentos utilizados para apuração de transgressões disciplinares. Se diferenciam, contudo, no tipo de penalidade que buscam, ao final, aplicar.

Na **Sindicância Administrativa Disciplinar** (SAD) busca-se aplicar as seguintes penalidades: **advertência, repreensão, suspensão até 60 dias.**

> **Art. 25-A, Dec.-Lei 218/75 (EPC).** A apuração das infrações, cuja natureza autoriza a aplicação das **penalidades previstas nos incisos I a III, do art. 16**, será feita mediante **sindicância administrativa disciplinar**, limitada a penalidade de **suspensão a 60 (sessenta) dias.** *(incluído pela Lei 4.236/03)*

Nos casos da transgressão cominar **pena de suspensão superior a 60 dias, demissão** ou **cassação de aposentadoria ou disponibilidade** o instrumento apuratório será o **Processo Administrativo Disciplinar** (PAD), distribuído em uma das Comissões Permanentes de Inquérito Administrativo - CPIAs.

> **Art. 25-B, Dec.-Lei 218/75 (EPC).** Quando à transgressão disciplinar for cominada pena **superior a 60 (sessenta) dias de suspensão, demissão, cassação de aposentadoria ou de disponibilidade**, os autos serão encaminhados ao Chefe

da Polícia Civil, que os remeterá ao Secretário de Estado de Segurança Pública para instauração de **processo administrativo disciplinar**, por distribuição a uma das Comissões Permanentes de Inquérito Administrativo — CPIAs. *(incluído pela Lei 4.236/03)*

Vale ressaltar que há inúmeros atos normativos internos da PCERJ que se encontram claramente defasados na nomenclatura, muitas vezes citando a expressão **Sindicância Sumária** como a forma procedimental hábil para apurar transgressões disciplinares. Tal afirmativa encontra-se equivocada. **Com as alterações implementadas pela Lei 4.236/03 não mais se utiliza a Sindicância Sumária para apurar transgressões.**

Atualmente, a **Sindicância Sumária**, ou somente **Sindicância**, é destinada a **apurar fatos administrativos da vida funcional do servidor que possam ter repercussões jurídicas.** Como exemplo, citamos o extravio de bens patrimoniais (arma de fogo patrimoniada, distintivo policial); danos à bens do Estado, como a colisão envolvendo viatura oficial; promoções por bravura e *post mortem*; constatação de acidente de serviço. Observa-se que, a princípio, tais eventos não constituem transgressão disciplinar, porém, claramente repercutem juridicamente na vida funcional do servidor.

A Sindicância Sumária para apuração de extravio de bens patrimoniais é regulamentada na **Resolução SEPC nº 671, de 26 de setembro de 1994**. Tal Sindicância é instaurada na Delegacia da circunscrição em que ocorreu o fato e objetiva unicamente apurar a necessidade de ressarcimento ao erário pelo servidor.

Nesses casos, havendo indícios de que o servidor policial negligenciou na cautela do bem patrimonial, o fato será comunicado à Unidade na qual o servidor encontra-se lotado, para a devida instauração de Sindicância Administrativa Disciplinar, apurando-se, nesse novo procedimento, a transgressão disciplinar.

Observa-se, claramente, **que a Sindicância Sumária não é instrumento hábil para apurar transgressão disciplinar.**

Resolução SEPC nº 671/94

Art. 1º – O **extravio de bem patrimonial** da Secretaria de Estado da Polícia Civil, entregue sob cautela a servidor lotado em qualquer dependência de sua estrutura, ainda que a disposição de outros órgãos, implica em registro e instauração de **Sindicância Sumária** na Delegacia Policial da circunscrição onde ocorreu o extravio.

§1º – Ocorrendo o extravio fora do território do Estado do Rio de Janeiro ou em lugar incerto, a providência deste artigo será adotada pela Delegacia Policial em cuja circunscrição reside o servidor envolvido.

Art. 2º – A autoridade que registrar perda, extravio, roubo, furto ou apreensão de bem patrimonial deverá encaminhar cópia do RO à DFAE para as devidas anotações do fato e esta, em seguida, informará àquela autoridade qual ou quais os materiais acautelados com o servidor.

Parágrafo único – No mesmo expediente, a DFAE informará se o servidor sindicado já teve outros bens patrimoniais extraviados.

Art. 3º – A sindicância de que trata esta Resolução é obrigatória, não importando as causas ou circunstâncias do extravio.

§1º – Será dispensado a sindicância, quando houver morte de policial e em conseqüência desse fato, for subtraída a arma que portava, bastando que a Delegacia Policial onde ocorreu o evento forme expediente, contendo cópia da ocorrência, cópia do auto de exame cadavérico e informação obtida no DFAE no prazo de 48 (quarenta e oito) horas, sobre a arma subtraída.

§2º – O Subsecretário proferirá despacho decisório munido dos elementos mencionados no parágrafo anterior, conforme o disposto no artigo 7º, alínea b desta Resolução combinado com o artigo 1º da Resolução 459/91.

Art. 4º – Quando da recuperação do bem patrimonial extraviado, as unidades policiais em que tal fato ocorreu deverão comunicá-lo, de imediato, ao Departamento Geral de Administração para adoção das providências decorrentes daquela recuperação, inclusive no tocante à restituição de quantias possivelmente descontadas da remuneração do servidor, responsabilizado civilmente pelo extravio.

Art. 5º – A sindicância deverá ser concluída no prazo de 30 (trinta) dias e encaminhada, devidamente instruída e relatada, ao Diretor do Departamento Geral ao qual se subordina a Delegacia Policial onde foi instaurada, a fim de ser submetida, nos três dias subsequentes ao titular da Pasta.

Parágrafo único – Será encaminhada cópia da sindicância à unidade de lotação do servidor para as providências disciplinares cabíveis, caso as circunstâncias do fato indiquem ter havido negligência na guarda do bem patrimonial extraviado.

Art. 6º – O Diretor Geral do Departamento Geral acima referido, com base na sindicância sumária ou em qualquer outro procedimento complementar, julgado necessário, decidirá sobre o ressarcimento ou não ao erário pelo servidor envolvido no extravio e em seguida remeterá os autos ao Diretor Geral do Departamento Geral de Administração.

Art. 7º – Recebidos os autos o Diretor Geral do DGA procederá da seguinte maneira:

a) Havendo proposta para ressarcimento ao erário pelo valor do bem extraviado, providenciará de imediato que seja recolhida a importância devida em favor do Fundo Especial de Polícia Civil – FUNESPOL;

b) Havendo proposta para que seja imputado ao erário o prejuízo verificado os autos, serão encaminhados ao subsecretário – SEPC – para homologação ou não desta providência.

Parágrafo único – Não homologada pelo Secretário a proposta de não indenização ao erário a sindicância será restituída ao DGA, para a providência constante da letra "a" deste artigo.

Art. 8º – Após concluído todos os atos pertinentes ao fato, o expediente deverá ser encaminhado ao SAP/DFAE para anotações imprescindíveis aos controles e ao final ser encaminhado para arquivamento na origem.

Art. 9º – Periodicamente e sempre que necessário o Diretor Geral do DGA corrigirá o valor dos bens patrimoniais entregues a servidores sob cautela considerando-se seu preço de mercado ou, sendo o caso, seu custo de confecção.

Art. 10 – Esta Resolução entrará em vigor na data de sua publicação, revogadas as disposições em contrário, especialmente as Resoluções SEPC n.º 0376, de 09 de abril de 1990 e SEPC n.º 0607, de 19 de agosto de 1993.

3.9. Competência para instauração

O art. 25 do EPC traz a **regra,** dispondo que a **autoridade que tiver ciência da irregularidade no serviço público instaurará a SAD ou o PAD**. Contudo, o EPC é extremamente vago ao não delimitar qual autoridade teria essa competência ou atribuição. Será a autoridade do lugar onde a transgressão disciplinar for praticada? Ou a autoridade que tiver competência para aplicar a sanção? Ou a autoridade que for hierarquicamente superior ao servidor transgressor?

> **Art. 25, Dec.-Lei 218/75 (EPC).** A **autoridade que tiver ciência de irregularidade** no serviço público **é obrigada a promover sua apuração imediata**, mediante sindicância ou processo administrativo disciplinar, assegurados ao acusado o contraditório e a ampla defesa. *(alterado pela Lei 4.236/03)*

Tais questões somente vêm a ser esclarecidas pelo REPC. Embora esteja desatualizado em relação às alterações implementadas pela Lei 4.236/03, ele melhor regulamenta tal temática. O art. 30 estipula a regra para fixação de competência para instauração do procedimento apuratório administrativo pelo **Chefe imediato do transgressor.** Logo, não cabe a qualquer Autoridade a instauração do procedimento apuratório, nem mesmo à que primeiro tomar conhecimento do fato. O procedimento apuratório somente poderá/deverá ser instaurado pela **Autoridade a qual o servidor estiver hierarquicamente vinculado** (chefe imediato).

> **Art. 30, Dec. 3.044/80 (REPC).** A investigação a que se refere o artigo anterior será ultimada no prazo de dez dias pelo **chefe imediato do transgressor**, que em seu relatório fará consignar:

Apurado no transcurso do procedimento que o chefe imediato não possui competência para a aplicação da pena disciplinar cabível, os autos deverão ser remetidos à autoridade superior.

Art. 31, Dec. 3.044/80 (REPC). Na hipótese de o chefe imediato do transgressor ser incompetente para aplicação da pena disciplinar cabível, os autos serão imediatamente remetidos à autoridade superior, dentro de quarenta e oito horas, sob pena de conivência.

A Resolução SEPC nº 605, de 27 de julho de 1993, que aprovou o **Manual de Procedimentos de Polícia Judiciária**, embora com nomenclatura desatualizada em relação à Lei 4.236/03, traz um capítulo específico sobre a competência nas sindicâncias[44] (Título III, Capítulo I). Os arts. 131 e seguintes trazem

Manual de Procedimentos de Polícia Judiciária

Resolução SEPC nº 605/93

Art. 131 – A competência para apuração de conduta tipificada no R.E.P.C. – aprovado pelo Decreto 3.044/80 – como transgressão disciplinar, é do **chefe imediato** do servidor ou servidores envolvidos.

Art. 132 – Se envolvidos servidores de duas ou mais UPAJ's a competência, no interior, é das DRPC's (Resolução 210/88) na área dos Departamentos Gerais de Polícia Especializada, da Capital e da Baixada, dos respectivos Departamentos Gerais, ressalvada a competência do DGPTC, DGA e DGTEL, referente aos seus servidores.

Art. 133 – Se os envolvidos estiverem subordinados a duas ou mais DRPC's, a competência será do DGPI.

Art. 134 – Em se tratando de **servidores de mais de um departamento**, a competência será da **Corregedoria Geral da Polícia.**

Art. 135 – A competência originária das UPAJ' s, DRPC' s e Departamento Gerais não afasta a da Corregedoria Geral da Polícia.

Art. 136 – **Eventuais conflitos de atribuições** serão resolvidos, sempre, pelo **Titular da Pasta.**

Art. 137 – **Tomando conhecimento** da prática de ato tipificado em legislação própria como transgressão disciplinar, **a Autoridade Policial imediatamente instaurará sindicância** sumária.

§1º – Se, de imediato, ou no curso da sindicância, ficar evidenciada a prática de ilícito penal a autoridade instaurará inquérito policial, devendo a sindicância sumária ser instruída com cópias das peças produzidas no inquérito.

Art. 138 – **Não sendo competente**, encaminhará a notícia dos fatos a seu **superior imediato.**

44 Nesse ponto a Resolução se utiliza de nomenclatura já superada pela Lei 4.236/03, ao citar a Sindicância Sumária como procedimento apuratório. Atualmente, leia-se Sindicância Administrativa Disciplinar.

A Resolução SEPC nº 605/93, com as devidas reservas de nomenclatura, reafirma a **regra** do **chefe imediato** do servidor como sendo a autoridade competente para instauração do procedimento apuratório.

Se tivermos **mais de um servidor** e esses forem de **Delegacias ou Unidades distintas**, passa-se para o regramento da Resolução, afirmando que será **competente** o **Diretor do Departamento ao qual os servidores estiverem vinculados.** Se, por exemplo, dois policiais, de delegacias distintas da Capital, praticam transgressão disciplinar juntos, a competência para instauração da Sindicância Administrativa será do Diretor do DGPC (Departamento Geral de Polícia da Capital), que é o departamento ao qual ambos os policias estão vinculados.

Se os servidores forem vinculados a **Departamentos distintos**, a **competência** será da **Corregedoria Interna da Polícia Civil.**

Questão mais sensível se refere à competência para instauração de Sindicância Administrativa – com a consequente aplicação de pena – quando o **servidor já tiver sido removido para outra Unidade de Polícia Judiciária** (UPJ). Nesse caso, qual seria a autoridade competente para instaurar o procedimento apuratório? E para aplicar a pena disciplinar?

O tema já foi objeto de questionamento na antiga Secretaria de Segurança Pública, tendo sido lavrado parecer.[45] Na ocasião, firmou-se seguinte entendimento: **a transgressão ocorrida quando o servidor estivesse lotado em determinada unidade, cuja autoria recaia em policial lotado em tal repartição à época, será de competência da autoridade da unidade de origem.** A **instauração, apuração e julgamento do procedimento apuratório caberá à autoridade originária.** Dito de outra forma, **se no curso da apuração, o policial for removido para outra unidade não haverá necessidade de remessa do procedimento apuratório, cabendo ao atual chefe imediato do policial apenas aplicar a punição já determinada.**

3.10. Prazos

O **prazo** geral para a conclusão de **Sindicância Administrativa Disciplinar (SAD)** é de **60 dias.** Não sendo possível o respeito ao termo, deverá a autoridade sindicante apresentar relatório circunstanciado (no prazo de 10 dias) indicando as diligências faltantes e solicitando a concessão de **novo prazo**, que nesse caso, não poderá exceder **30 dias**.

Novamente, não sendo concluída a apuração disciplinar, novo relatório será realizado (também no prazo de 10 dias), e conclusos os autos ao chefe imediato, que abrirá vistas ao **Chefe de Polícia**, para concessão de **novo prazo** para conclusão.

---

45 Parecer nº 020/FKR/ASSEJUR/SESEG/2007.

Art. 25-A, Dec.-Lei 218/75 (EPC). [...]

§3º - Não sendo possível a conclusão da **sindicância administrativa disciplinar**, no prazo de **60 (sessenta) dias**, a autoridade sindicante encaminhará, sob pena de responsabilidade funcional, no prazo de 10 (dez) dias, ao chefe imediato, relatório circunstanciado indicando as diligências faltantes e solicitando prazo para a sua conclusão, que não poderá exceder a **30 (trinta) dias**. *(incluído pela Lei 4.236/03)*

§4º - **Excepcionalmente**, não sendo concluída a sindicância administrativa disciplinar no prazo total de 90 (noventa) dias, a autoridade sindicante, no prazo de 10 (dez) dias, justificadamente, sob pena de responsabilidade funcional, encaminhará relatório circunstanciado ao chefe imediato que, em igual prazo abrirá vista ao **Chefe da Policia Civil** com a indicação das diligências faltantes e a solicitação do **prazo necessário à sua conclusão**. *(incluído pela Lei 4.236/03)*

Para os **Processos Administrativos Disciplinares (PADs)**, o prazo inicial será de **90 dias**. Não sendo concluído o procedimento neste lapso, a comissão encaminhará (no prazo de 10 dias) relatório circunstanciado ao órgão supervisor, que poderá conceder **novo prazo de até 90 dias** para conclusão. Excepcionalmente, não sendo concluído o procedimento, novo relatório circunstanciado será realizado, decidindo o **Secretário de Segurança Pública** sobre a **concessão de novo prazo necessário para a conclusão.**

Art. 25-B, Dec.-Lei 218/75 (EPC). [...]

§1º - O **processo administrativo disciplinar** deverá ser ultimado pela Comissão respectiva, presidida por delegado de polícia, no **prazo de 90 (noventa) dias**, contados a partir da sua instauração.

§2º - Não sendo possível a conclusão do processo administrativo disciplinar no prazo de 90 (noventa) dias, as comissões encaminharão, sob pena de responsabilidade funcional, no prazo de 10 (dez) dias, ao órgão de supervisão, relatório indicando as diligências faltantes e **solicitando prazo** para sua conclusão, que **não poderá exceder a 90 (noventa) dias**.

[...]

§4º - **Excepcionalmente**, não concluído o processo administrativo disciplinar no prazo total de 180 (cento e oitenta) dias, o órgão de supervisão encaminhará, sob pena de responsabilidade funcional, no prazo de 10 (dez) dias, ao **Secretário de Estado de Segurança Pública** relatório circunstanciado elaborado pelas comissões, indicando as diligências faltantes e solicitando o **prazo necessário á sua conclusão.**

Art. 25-D, Dec.-Lei 218/75 (EPC). As autoridades competentes terão 10 (dez) dias, após recebidas as conclusões das Comissões de Sindicâncias e Processos Administrativos, para proferir a decisão referente ao servidor, sob pena de responsabilidade.

O **afastamento** do servidor policial do cargo ou função é previsto no EPC como **forma de garantir a instrução probatória do procedimento apuratório disciplinar**. Não constitui, portanto, pena disciplinar, conforme expressamente é previsto no parágrafo único do art. 25-C do EPC, e possui nítida **natureza jurídica de medida cautelar**, a ser determinada pelo **Secretário de Segurança Pública**. Afastando qualquer possibilidade punitiva, a lei prevê expressamente que tal afastamento será sem perda de vencimentos, não podendo ser superior a 30 dias. O afastamento deverá ainda, como mandam os princípios relativos à cautelaridade, ser justificado *in concreto* pela *necessidade* da medida.

> **Art. 25-C, Dec.-Lei 218/75 (EPC).** O servidor integrante do Quadro de Pessoal da Polícia Civil poderá ser **afastado do exercício do cargo ou da função**, sem perda de vencimentos, **por prazo não superior a 30 (trinta) dias**, a critério do **Secretário de Estado de Segurança Pública**, nas seguintes hipóteses:
>
> I – quando existam indícios suficientes da prática de transgressão disciplinar grave;
>
> II – quando a medida se impuser no interesse da ordem pública;
>
> III – quando houver necessidade do afastamento para que o servidor não venha a influir na apuração da falta.
>
> **Parágrafo único** – O **afastamento** de que trata esse artigo é **medida acautelatória** e **não constitui pena.**

Questão tormentosa são os **requisitos** previstos para o afastamento do cargo ou função. **Seriam as hipóteses enumeradas nos incisos do art. 25-C do EPC cumulativas, ou bastaria a presença de apenas um inciso para que fosse possível o afastamento?**

Dois posicionamentos surgem como possíveis. O primeiro, produto da interpretação literal do texto legal, no sentido de que bastaria a presença de qualquer um dos incisos, de forma isolada, para que fosse possível o afastamento cautelar do servidor. Ou seja, **havendo indício suficiente de transgressão grave, OU interesse de ordem pública, OU possibilidade de que o servidor venha a influir na apuração da falta,** afigura-se, em tese, possível a decretação da medida. As hipóteses seriam, portanto, **alternativas.**

Uma segunda interpretação, a qual nos filiamos, também se mostra possível. **A exigência do pressuposto descrito no inciso I, cumulado com as hipóteses alternativas dos incisos II ou III** será fundamental para a validade do ato.

Dessa forma, **somente seria possível o afastamento do servidor policial do cargo quando existissem indícios suficientes de transgressão grave, somado ao interesse de ordem pública OU a efetiva possibilidade de que o servidor pudesse influir na apuração da falta.** Exclui-se, com isso, a possibilidade de que o afastamento do servidor, medida de extrema exceção, fosse utilizado em transgressões leves ou médias. Tal medida cautelar não se coaduna com infrações dessa natureza.

Acrescente-se, ainda, que o inciso II traz um conceito jurídico muito criticado pela doutrina processual moderna: **interesse da ordem pública**. Dada a sua subjetividade, o que pode levar à arbitrariedade, o sentido a ser atribuído ao *"interesse da ordem pública"* deve se revestir de caráter minimamente objetivo e não do livre entendimento ou convencimento da autoridade sindicante. Nessa linha, o clamor popular ou a repercussão social negativa de proporções maiores não são critérios objetivos que possam legitimar o afastamento cautelar do servidor do serviço ou função pública.

Somente se legitimaria tal afastamento quando, por critérios objetivos, pudéssemos aferir que o servidor policial, caso permanecesse exercendo suas funções, continuaria transgredindo disciplinarmente. Ou seja, somente uma projeção hipotético-objetiva de sua provável reiteração na prática de outras transgressões é que legitimaria seu afastamento.

3.11. Jurisprudência

No que toca à controvérsia acerca dos conceitos *elástico* ou *inelástico* de improbidade administrativa, trazemos a lume, para estudo, o REsp 1.177.910/SE (informativo 577) do STJ.

> DIREITO ADMINISTRATIVO. CARACTERIZAÇÃO DE TORTURA COMO ATO DE IMPROBIDADE ADMINISTRATIVA. A tortura de preso custodiado em delegacia praticada por policial constitui ato de improbidade administrativa que atenta contra os princípios da administração pública. O legislador estabeleceu premissa que deve orientar o agente público em toda a sua atividade, a saber: "Art. 4° Os agentes públicos de qualquer nível ou hierarquia são obrigados a velar pela estrita observância dos princípios de legalidade, impessoalidade, moralidade e publicidade no trato dos assuntos que lhe são afetos". Em reforço, o art. 11, I, da mesma lei, reitera que configura improbidade a violação a quaisquer princípios da administração, bem como a deslealdade às instituições, notadamente a prática de ato visando a fim proibido em lei ou regulamento. Tais disposições evidenciam que o legislador teve preocupação redobrada em estabelecer que a grave desobediência – por parte de agentes públicos – ao sistema normativo em vigor pode significar ato de improbidade. Com base nessas premissas, a Segunda Turma já teve oportunidade de decidir que "A Lei 8.429/1992 objetiva coibir, punir e afastar da atividade pública todos os agentes que demonstraram pouco apreço pelo princípio da juridicidade, denotando uma degeneração de caráter incompatível com a natureza da atividade desenvolvida" (REsp 1.297.021-PR, DJe 20/11/2013). É certo que o STJ, em alguns momentos, mitiga a rigidez da interpretação literal dos dispositivos acima, porque "não se pode confundir improbidade com simples ilegalidade. A improbidade é ilegalidade tipificada e qualificada pelo elemento subjetivo da conduta do agente. Por isso mesmo, a juris-

prudência do STJ considera indispensável, para a caracterização de improbidade, que a conduta do agente seja dolosa, para a tipificação das condutas descritas nos artigos 9º e 11 da Lei 8.429/92, ou pelo menos eivada de culpa grave, nas do artigo 10" (AIA 30-AM, Corte Especial, DJe 28/9/2011). A referida mitigação, entretanto, ocorre apenas naqueles casos sem gravidade, sem densidade jurídica relevante e sem demonstração do elemento subjetivo. De qualquer maneira, a detida análise da Lei n. 8.429/1992 demonstra que o legislador, ao dispor sobre o assunto, não determinou expressamente quais seriam as vítimas mediatas ou imediatas da atividade desonesta para fins de configuração do ato como ímprobo. Impôs, sim, que o agente público respeite o sistema jurídico em vigor e o bem comum, que é o fim último da Administração Pública. Essa ausência de menção explícita certamente decorre da compreensão de que o ato ímprobo é, muitas vezes, um fenômeno pluriofensivo, ou seja, ele pode atingir bens jurídicos diversos. Ocorre que o ato que apenas atingir bem privado e individual jamais terá a qualificação de ímprobo, nos termos do ordenamento em vigor. O mesmo não ocorre, entretanto, com o ato que atingir bem/interesse privado e público ao mesmo tempo. Aqui, sim, haverá potencial ocorrência de ato de improbidade. Por isso, o primordial é verificar se, dentre todos os bens atingidos pela postura do agente, existe algum que seja vinculado ao interesse e ao bem público. Se assim for, como consequência imediata, a Administração Pública será vulnerada de forma concomitante. No caso em análise, trata-se de discussão sobre séria arbitrariedade praticada por policial, que, em tese, pode ter significado gravíssimo atentado contra direitos humanos. Com efeito, o respeito aos direitos fundamentais, para além de mera acepção individual, é fundamento da nossa República, conforme o art. 1º, III, da CF, e é objeto de preocupação permanente da Administração Pública, de maneira geral. De tão importante, a prevalência dos direitos humanos, na forma em que disposta no inciso II do art. 4º da CF, é vetor de regência da República Federativa do Brasil nas suas relações internacionais. Não por outra razão, inúmeros são os tratados e convenções assinados pelo nosso Estado a respeito do tema. Dentre vários, lembra-se a Convenção Americana de Direito Humanos (promulgada pelo Decreto n. 678/1992), que já no seu art. 1º, dispõe explicitamente que os Estados signatários são obrigados a respeitar as liberdades públicas. E, de forma mais eloquente, os arts. 5º e 7º da referida convenção reforçam as suas disposições introdutórias ao prever, respectivamente, o "Direito à integridade pessoal" e o "Direito à liberdade pessoal". A essas previsões, é oportuno ressaltar que o art. 144 da CF é taxativo sobre as atribuições gerais das forças de segurança na missão de proteger os direitos e garantias acima citados. Além do mais, é injustificável pretender que os atos mais gravosos à dignidade da pessoa humana e aos direitos humanos, entre os quais a tortura, praticados por servidores públicos, mormente policiais armados, sejam punidos apenas no âmbito disciplinar, civil e penal, afastando-se a aplicação da Lei da Improbidade Administrativa. Essas práticas ofendem diretamente a Administração Pública, porque o Estado brasileiro tem a obrigação de garantir a integridade física, psíquica e moral de todos, sob pena de inúmeros reflexos jurídicos, inclusive na ordem internacional. Pondere-se que o agente público incumbido da missão de garantir o respeito à ordem pública, como é o caso do policial, ao descumprir com suas obrigações legais e constitucionais de forma frontal, mais que atentar apenas contra um indivíduo, atinge toda a coletividade e a própria corporação a que pertence de forma imediata. Ademais, pertinente reforçar que o legislador, ao prever que constitui ato de improbidade administrativa que atenta contra os princípios da administração pública qualquer ação ou omissão que viole os deveres de lealdade às instituições, findou por tornar de interesse público, e da própria Administração em si, a proteção da imagem e das atribuições dos entes/entidades públicas. Disso resulta que qualquer atividade atentatória a esse bem por parte de agentes públicos tem a potencialidade de ser considerada como improbidade administrativa. Afora isso, a tortura perpetrada por policiais contra presos mantidos sob a sua custódia tem outro reflexo jurídico imediato. Ao agir de tal forma, o agente público cria, de maneira praticamente automática, obrigação ao Estado, que é o dever de indenizar, nos termos do art. 37, § 6º, da CF. Na hipótese em análise, o ato ímprobo caracteriza-se quando se constata que a vítima foi torturada em instalação pública, ou melhor, em delegacia de polícia. Por fim, violência policial arbitrária não é ato apenas contra o particular-vítima, mas sim contra a própria Administração Pública, ferindo suas bases de legitimidade e respeitabilidade. Tanto é assim que essas condutas são tipificadas, entre outros estatutos, no art. 322 do CP, que integra o Capítulo I ("Dos Crimes Praticados por Funcionário Público contra a Administração Pública"), que por sua vez está inserido no Título XI ("Dos Crimes contra a Administração Pública"), e também nos arts. 3º e 4º da Lei n. 4.898/1965, que trata do abuso de autoridade. Em síntese, atentado à vida e à liberdade individual de particulares, praticado por agentes públicos armados – incluindo tortura, prisão ilegal e "justiciamento" –, afora repercussões nas esferas penal, civil e disciplinar, pode configurar improbidade administrativa, porque, além de atingir a pessoa-vítima, alcança, simultaneamente, interesses caros à Administração em geral, às instituições de segurança pública em especial, e ao próprio Estado Democrático de Direito. Precedente citado: REsp 1.081.743-MG, Segunda Turma, julgado em 24/3/2015.REsp 1.177.910-SE, Rel. Ministro Herman Benjamin, julgado em 26/8/2015, DJe 17/2/2016. 1ª Seção.

3.12. Síntese do capítulo

- Código de Ética Policial → deveres éticos → princípio da moralidade / dever de probidade;
  - Violação ao Código de Ética → transgressão disciplinar grave;
    - » Servir à sociedade;
    - » Proteção de bens e pessoas;
    - » Defesa do inocente e do fraco;
    - » Preservação da ordem pública;
    - » Respeito aos direitos individuais;
    - » Não revelar tibieza;

  - » Dever de probidade;
  - » Atos impessoais;
  - » Justeza;
  - » Respeito à dignidade da pessoa humana;
  - » Conduta irrepreensível;
  - » Aprimoramento técnico-profissional;
  - » Verdade e responsabilidade;
  - » Respeitar a hierarquia;
  - » Não abandonar o posto;
  - » Prestar auxílio, ainda que fora do serviço;

- ► Âmbitos de responsabilidade do servidor → civil / penal / administrativa;
- ► Características das instâncias de responsabilidade → autonomia / independência entre si / possibilidade de cumularem-se;
  - Mesmo absolvido criminalmente o policial responderá disciplinarmente se, na espécie, existir falta administrativa residual.
- ► Responsabilidade Civil:
  - A Administração Pública responde objetivamente perante o terceiro/particular, pelos danos que seus agentes causarem nessa qualidade;
    - » Responsabilidade objetiva → independe da prova de dolo ou culpa;
  - O servidor público responderá em ação de regresso promovida pelo Estado, quando atuar com dolo ou culpa → responsabilidade subjetiva;
  - Possibilidade, caso haja concordância do servidor, de descontar o prejuízo apurado em folha de pagamento, não excedendo da décima parte do vencimento ou remuneração;
- ► Responsabilidade administrativa → ilícito administrativo → transgressão disciplinar → penalidade administrativa;
  - Ilícito administrativo → de atos praticados ou **omissões** ocorridas no desempenho do cargo **ou fora dele**, quando **comprometedores de dignidade e do decoro da função pública**;
  - Classificação das transgressões disciplinares / penalidade cominada:

- » Transgressão leve → advertência; repreensão; suspensão até 15 dias;
- » Transgressão média → suspensão de 16 a 40 dias;
- » Transgressão grave → suspensão de 41 a 90 dias; demissão; cassação de aposentadoria ou disponibilidade.

- Competência para aplicação das penas:
  - » Governador / Secretário de Segurança Pública → competência plena para aplicar qualquer penalidade;
  - » Penas de demissão ou cassação de aposentadoria → privativamente o Governador do Estado, no caso de Delegado de Polícia; privativamente o Secretário de Segurança Pública no caso de qualquer outro servidor;
  - » Pena de suspensão:
    - – até 30 dias → dirigente da unidade;
    - – até 50 dias → Corregedor da Polícia Civil;
    - – acima → Secretário de Estado de Polícia Civil;
  - » Pena de advertência e repreensão → qualquer dos legitimados.
- Prescrição
  - » Prazos
    - – 2 anos → transgressões cuja pena cominada for advertência, repreensão ou suspensão;
    - – 5 anos → transgressões cuja pena cominada for demissão ou cassação de aposentadoria ou disponibilidade;
    - – Prazo prescricional da infração penal → caso a transgressão disciplinar também seja tipificada como infração penal;
  - » Termo inicial para contagem do prazo → data em que a Administração Pública tomou conhecimento do fato;
  - » Causas interruptivas → instauração da sindicância ou do processo administrativo disciplinar;
  - » Causas suspensivas:
    - – enquanto sobrestados a sindicância ou o processo administrativo disciplinar para aguardar decisão judicial;

- enquanto insubsistente o vínculo funcional que venha a ser restabelecido;

- Apuração das transgressões
  - » Sindicância Administrativa Disciplinar - SAD → advertência, repreensão, suspensão até 60 dias;
    - Prazo → 60 dias, prorrogável por 30 dias, prorrogável, excepcionalmente, por avaliação do Secretário de Estado de Polícia Civil, pelo prazo necessário para a conclusão;
  - » Processo Administrativo Disciplinar - PAD → suspensão superior a 60 dias; demissão; cassação da aposentadoria ou disponibilidade;
    - Prazo → 90 dias, prorrogável por 90 dias, prorrogável, excepcionalmente, por avaliação do Secretário de Estado de Polícia Civil, pelo prazo necessário para a conclusão;
  - » Competência para instauração → regra geral → do chefe imediato do servidor.

3.13. Questões comentadas

1. (IBFC - 2013 - PCERJ - Oficial de Cartório) Acerca da responsabilidade administrativo-funcional, assinale a alternativa que está em perfeita consonância com o regime jurídico peculiar aos funcionários civis do serviço policial do Poder Executivo do Estado do Rio de Janeiro (Decreto-Lei nº 218/75) e com o Regulamento do Estatuto dos Policiais Civis do Estado do Rio de Janeiro (aprovado pelo Decreto nº 3.044/80):

a) O prejuízo causado à Fazenda Estadual poderá ser ressarcido mediante desconto em prestações mensais não excedentes da décima parte do vencimento ou remuneração à falta de outros bens que respondam pela indenização;

b) Cabe ao policial e ao seu superior imediato a responsabilidade integral pelas decisões que tomar, pelas ordens que emitir e pelos atos que praticar;

c) A responsabilidade penal abrange os crimes e contravenções imputados ao policial nessa qualidade, independendo de culpa a sua responsabilização;

d) A responsabilidade administrativa resulta de atos praticados ou omissões ocorridas no desempenho do cargo quando comprometedores de dignidade e do decoro da função pública, não se estendendo tal responsabilidade aos atos praticados fora do cargo;

e) Caso o policial venha a ser absolvido criminalmente, será ele automaticamente absolvido por qualquer falta administrativa residual que guardar relação com o fato criminoso julgado.

COMENTÁRIOS

Resposta: Letra A

Alternativa A – Correta. A questão reproduz o texto do art. 15, §2º, Decreto 3.044/80 (REPC), tratando sobre a responsabilidade civil do servidor público diante da Administração Pública.

Art. 15, Dec. 3.044/80 (REPC). [...]

§2º – O prejuízo causado à Fazenda Estadual poderá ser ressarcido mediante desconto em prestações mensais não excedentes da décima parte do vencimento ou remuneração à falta de outros bens que respondam pela indenização.

Alternativa B – Errada. Verifica-se o equívoco da afirmativa pela leitura do art. 13 do Decreto 3.044/80 (REPC). A responsabilidade administrativa somente pode ser imputada a quem praticou a conduta comissiva ou omissiva, não alcançando o superior hierárquico caso esse também não tenha praticado uma transgressão disciplinar.

Art. 13, Dec. 3.044/80 (REPC) – Cabe ao policial a responsabilidade integral pelas decisões que tomar, pelas ordens que emitir e pelos atos que praticar.

Alternativa C – Errada. Trata-se de transcrição equivocada do art. 15 do Decreto 3.044/80 (REPC). O erro da questão se resume na parte final da afirmativa *"independendo de culpa a sua responsabilização"*, prevendo hipótese responsabilidade penal objetiva, o que é vedada pela Constituição da República de 1988 devido ao princípio da culpabilidade (art. 5º, inciso LVII, da CRFB).

Art. 15, Dec. 3.044/80 (REPC). [...]

§4º – A responsabilidade penal abrange os crimes e contravenções imputados ao policial nessa qualidade.

Alternativa D – Errada. O erro da afirmativa repousa no fato de afastar a responsabilidade administrativa para os atos praticados fora do cargo (*"não se estendendo tal responsabilidade aos atos praticados fora do cargo"*). Tal comando normativo pode ser visto no art. 15, §5º, do Decreto 3.044/80 (REPC)

Art. 15, Dec. 3.044/80 (REPC). [...]

§5º – A responsabilidade administrativa resulta de atos praticados ou omissões ocorridas no desempenho do cargo ou fora dele, quando comprometedores de dignidade e do decoro da função pública.

Alternativa E – Errada. A afirmativa trata sobre a independência das instâncias civil, penal e administrativa, em especial do chamado resíduo administrativo reproduzido no art. 15, §6º, Decreto 3.044/80 (REPC).

Art. 15, Dec. 3.044/80 (REPC). [...]

§6º – Mesmo absolvido criminalmente o policial responderá disciplinarmente se, na espécie, existir falta administrativa residual.

2. (CESGRANRIO - 2006 - PCERJ - Investigador Policial) A pena aplicável verbalmente ao Policial Civil do Estado do Rio de Janeiro, em casos de falta leve, é a(o):

a) advertência.

b) repreensão.

c) multa.

d) suspensão.

e) afastamento do serviço.

COMENTÁRIOS

Resposta: Letra A

Alternativa A – Correta. A questão exige do candidato o conhecimento da classificação das transgressões disciplinares ora descritas no art. 14 e 15 do Dec.-Lei 218/75 (EPC) e sua consequente penalidade disciplinar. As penas aplicadas às transgressões leves podem ser a advertência, a repreensão ou a suspensão de 1 a 15 dias. A única pena aplicável verbalmente é a advertência, nos termos do art. 18 do Dec.-Lei 218/75 (EPC).

Art. 18, Dec.-Lei 218/75 (EPC). A pena de advertência será aplicada em particular e verbalmente, nos casos de falta leve.

Alternativa B – Errada. A pena de repreensão, embora seja aplicada às transgressões disciplinares de natureza leve, se reveste necessariamente da forma escrita.

Art. 19, Dec.-Lei 218/75 (EPC). A pena de repreensão será aplicada, por escrito, nos casos de falta leve.

Alternativa C – Errada. A multa não constitui penalidade administrativa a ser aplicada de forma isolada em decorrência de transgressão disciplinar, conforme se depreende da leitura do art. 16 do Dec. Lei 218/75 (EPC). Contudo, há a possibilidade, havendo conveniência para o serviço policial, da pena de suspensão ser convertida em multa.

Art. 16, Dec.-Lei 218/75 (EPC). São penas disciplinares:

I – advertência;

II – repreensão;

III – suspensão;

IV – *(revogado pela Lei 4236/03)*;

V– *(revogado pela Lei 4236/03)*;

VI – demissão;

VII – cassação de aposentadoria ou disponibilidade.

Art. 20, Dec.-Lei 218/75 (EPC). [...]

Parágrafo único – Quando houver conveniência para o serviço policial, a pena de suspensão poderá ser convertida em multa, na base de 50% (cinquenta por cento) por dia de vencimento ou remuneração, obrigado, nesse caso, o policial a permanecer no serviço, cumprindo sua carga horária de trabalho normal. *(alterado pela Lei 1.693/90)*

Alternativa D – Errada. Para as transgressões leves a suspensão será aplicada na escala de 1 a 15 dias, não comportando a forma verbal.

Art. 20, Dec.-Lei 218/75 (EPC). A pena de suspensão, que não poderá exceder a 90 (noventa) dias, será aplicada: *(alterado pela Lei 1.693/90)*

I – de 1 (um) a 15 (quinze) dias, nos casos de falta leve; *(alterado pela Lei 1.693/90)*

Alternativa E – Errada. O afastamento do serviço não constitui penalidade disciplinar, mas medida cautelar que objetiva garantir a instrução probatória do procedimento apuratório disciplinar, conforme dispõe o art. 25-C do Dec.-Lei 218/75 (EPC).

Art. 25-C, Dec.-Lei 218/75 (EPC). O servidor integrante do Quadro de Pessoal da Polícia Civil poderá ser afastado do exercício do cargo ou da função, sem perda de vencimentos, por prazo não superior a 30 (trinta) dias, a critério do Secretário de Estado de Segurança Pública, nas seguintes hipóteses:

I – quando existam indícios suficientes da prática de transgressão disciplinar grave;

II – quando a medida se impuser no interesse da ordem pública;

III – quando houver necessidade do afastamento para que o servidor não venha a influir na apuração da falta.

Parágrafo único – O afastamento de que trata esse artigo é medida acautelatória e não constitui pena.

3. (UFF - 2012 - PCERJ - Inspetor de Polícia) De acordo com o Regime Jurídico Peculiar aos Funcionários Civis do Serviço Policial do Poder Executivo do Estado do Rio de Janeiro (Decreto-Lei nº 218/1975), são transgressões de natureza média:

a) apresentar parte, queixa ou representação infundadas contra superiores hierárquicos; maltratar preso sob sua guarda ou usar de violência desnecessária no exercício da função policial.

b) simular doença para esquivar-se do cumprimento do dever; coagir ou aliciar subordinados com objetivos político-partidários.

c) utilizar, ceder, ou permitir que outrem use objetos arrecadados, recolhidos ou apreendidos pela polícia; manter relações de amizade ou exibir-se em público, habitualmente, com pessoas de má reputação, exceto em razão de serviço.

d) dar, ceder insígnias ou carteira de identidade funcional; deixar habitualmente de saldar dívidas legítimas ou de pagar com regularidade pensões a que esteja obrigado por decisão judicial.

e) deixar de concluir, nos prazos legais ou regulamentares, sem motivos justos, inquéritos policiais, sindicâncias, atos ou processos administrativos; interpor ou traficar influência alheia para solicitar acesso, remoção, transferência ou comissionamento.

COMENTÁRIOS

Resposta: Letra B.

É muito comum a existência de questões que exigem apenas o conhecimento da classificação das transgressões disciplinares. Para respondê-las basta que o candidato memorize os arts. 14 e 15 do Dec.-Lei 218/75 (EPC). A presente questão indaga sobre quais transgressões seriam de natureza média. São médias as transgressões descritas nos incisos XIII a XXI do art. 14 do EPC.

Art. 15, Dec.-Lei 218/75 (EPC) – As transgressões disciplinares são classificadas como:

[...]

II – médias;

[...]

§2º – São de natureza média as transgressões enumeradas nos incisos XIII a XXI do artigo anterior.

Alternativa A – Errada. A primeira parte da afirmativa prevê transgressão de natureza média (Art. 14, incisos XXIII, do EPC). Contudo, a segunda parte descreve transgressões de natureza grave. Art. 14, inciso XVII do EPC).

Art. 14, Dec.-Lei 218/75 (EPC) – São transgressões disciplinares:

[...]

XVII – maltratar preso sob sua guarda ou usar de violência desnecessária no exercício da função policial;

[...]

XXIII – apresentar parte, queixa ou representação infundadas contra superiores hierárquicos;

Alternativa B – Correta. Tanto a primeira parte da afirmativa quanto a parte final são transgressões de natureza média (Art. 14, incisos XIV e XXI, do EPC).

Art. 14, Dec.-Lei 218/75 (EPC) – São transgressões disciplinares:

[...]

XIV – simular doença para esquivar-se do cumprimento do dever;

[...]

XXI – coagir ou aliciar subordinados com objetivos político-partidários;

Alternativa C – Errada. A primeira parte da afirmativa descreve hipótese transgressão de natureza grave (Art. 14, incisos XXVII, do EPC). Já a segunda parte cita transgressões de natureza leve (Art. 14, inciso VIII do EPC).

Art. 14, Dec.-Lei 218/75 (EPC) – São transgressões disciplinares:

[...]

XXVII – utilizar, ceder, ou permitir que outrem use objetos arrecadados, recolhidos ou apreendidos pela polícia;

[...]

VIII – manter relações de amizade ou exibir-se em público, habitualmente, com pessoas de má reputação, exceto em razão de serviço;

Alternativa D – Errada. Tanto a primeira parte da afirmativa quanto a parte final são transgressões de natureza média (Art. 14, incisos VI e VII do EPC).

Art. 14, Dec.-Lei 218/75 (EPC) – São transgressões disciplinares:

[...]

VI – dar, ceder insígnias ou carteira de identidade funcional;

[...]

VII – deixar habitualmente de saldar dívidas legítimas ou de pagar com regularidade pensões a que esteja obrigado por decisão judicial;

Alternativa E – Errada. A primeira parte da afirmativa descreve hipótese transgressão de natureza média (Art. 14, incisos XXVII, do EPC). Contudo, a segunda parte cita transgressões de natureza leve (Art. 14, inciso II do EPC).

Art. 14, Dec.-Lei 218/75 (EPC) – São transgressões disciplinares:

[...]

II – interpor ou traficar influência alheia para solicitar acesso, remoção, transferência ou comissionamento;

[...]

XVIII – deixar de concluir, nos prazos legais ou regulamentares, sem motivos justos, inquéritos policiais, sindicâncias, atos ou processos administrativos;

4. (IBFC – 2013 – PCERJ – Oficial de Cartório) São consideradas transgressões disciplinares de natureza grave, pelo regime jurídico peculiar dos funcionários civis do serviço policial do Poder Executivo do Rio de Janeiro (Decreto-lei nº 218/75), exceto:

a) Emprenhar-se em atividades que prejudiquem o fiel desempenho da função policial;

b) Maltratar preso sob sua guarda ou usar de violência desnecessária no exercício da função policial;

c) Entregar-se à prática de jogos proibidos, ou ao vício da embriaguez, ou qualquer outro vício degradante;

d) Portar-se de modo inconveniente em lugar público ou acessível ao público;

e) Desrespeitar ou procrastinar o cumprimento de decisão judicial ou criticá-la.

COMENTÁRIOS

Resposta: Letra B.

Alternativa A – Errada, pois descreve transgressão de natureza grave (art. 14, inciso XXVI, do EPC)

Art. 14, Dec.-Lei 218/75 (EPC). São transgressões disciplinares:

[...]

XXVI – empenhar-se em atividades que prejudiquem o fiel desempenho da função policial;

Alternativa B – Correta, pois enumera transgressão de natureza média.

Art. 14, Dec.-Lei 218/75 (EPC). São transgressões disciplinares:

[...]

XVII – maltratar preso sob sua guarda ou usar de violência desnecessária no exercício da função policial;

Alternativa C – Errada, pois enumera hipótese de transgressão grave.

Art. 14, Dec.-Lei 218/75 (EPC). São transgressões disciplinares:

[...]

XXVIII – entregar-se à prática de jogos proibidos, ou ao vício da embriaguez, ou qualquer outro vício degradante;

Alternativa D – Errada, pois cita hipótese de transgressão grave.

Art. 14, Dec.-Lei 218/75 (EPC). São transgressões disciplinares:

[...]

XXIX – portar-se de modo inconveniente em lugar público ou acessível ao público;

Alternativa E – Errada, pois cita hipótese de transgressão grave.

Art. 14, Dec.-Lei 218/75 (EPC). São transgressões disciplinares:

[...]

XXXIII – desrespeitar ou procrastinar o cumprimento de decisão judicial ou criticá-la;

5. (CESGRANRIO - 2006 - PCERJ - Investigador Policial) De acordo com o Estatuto dos Policiais Civis do Estado do Rio de Janeiro, o Policial Civil que ingerir bebidas alcoólicas quando em serviço, sem que reste caracterizada embriaguez, terá praticado transgressão disciplinar?

a) Não.

b) Sim, de natureza leve.

c) Sim, de natureza média.

d) Sim, de natureza grave.

e) Sim, de natureza gravíssima.

COMENTÁRIOS

Resposta: Letra B

A questão exige do candidato que tipifique administrativamente a conduta de *"ingerir bebidas alcoólica quando em serviço, sem que reste caracterizada embriaguez"*, que encontra-se descrita no art. 14, inciso X, do EPC, constituindo, portanto, transgressão disciplinar de natureza leve.

Art. 14, Dec.-Lei 218/75 (EPC). São transgressões disciplinares:

[...]

X – ingerir bebidas alcoólicas quando em serviço;

6. (UFF – 2012 – PCERJ – Inspetor de Polícia) Na aplicação de pena disciplinar, o motivo de força maior, plenamente comprovado, constitui-se em:

a) causa de justificação.

b) circunstância atenuante.

c) causa de diminuição de pena.

d) causa de conversão de pena.

e) circunstância suspensiva de execução de pena.

COMENTÁRIOS

Resposta: Letra A

Alternativa A – Correta. A questão aborda aspectos de causa de justificação prevista no art. 17, §1º, item 1, do EPC, excluindo a possibilidade de punição da transgressão.

Art. 17, Dec.-Lei 218/75 (EPC). [...]

§1º – São causas de justificação:

1) motivo de força maior plenamente comprovado;

2) ter sido cometida a transgressão na prática de ação meritória, no interesse do serviço, da ordem ou da segurança pública.

[...]

§4º – Não haverá punição quando, no julgamento da transgressão, for reconhecida uma das causas de justificação previstas.

Alternativa B – Errada. As circunstâncias atenuantes encontram-se enumeradas no art. 17, §2º, do EPC como sendo a boa conduta funcional, relevância dos serviços prestados, e ter cometido a infração em defesa de direito próprio, de terceiro ou para evitar mal maior, não abrangendo, portanto, a hipótese de força maior.

Art. 17, Dec.-Lei 218/75 (EPC). [...]

§2º – São circunstâncias atenuantes:

1) boa conduta funcional;

2) relevância dos serviços prestados;

3) ter sido cometida a transgressão em defesa de direitos próprios ou de terceiros, ou para evitar mal maior.

Alternativa C – Errada. Não há previsão no EPC de causas de diminuição de pena.

Alternativa D – Errada. A única hipótese de conversão de pena prevista na lei ocorrerá na hipótese de aplicação da penalidade de suspensão. Nesse caso, havendo conveniência para o serviço policial, a suspensão poderá ser convertida em multa, na base de 50% por dia de vencimento ou remuneração.

Art. 20, Dec.-Lei 218/75 (EPC). [...]

Parágrafo único – Quando houver conveniência para o serviço policial, a pena de suspensão poderá ser convertida em multa, na base de 50% (cinquenta por cento) por dia de vencimento ou remuneração, obrigado, nesse caso, o policial a permanecer no serviço, cumprindo sua carga horária de trabalho normal. *(alterado pela Lei 1.693/90)*

Alternativa E – Errada.

7. (CEPERJ - 2009 - PCERJ - Delegado de Polícia Civil) Aponte o excesso ou ilegalidade na aplicação da sanção disciplinar a um Policial Civil:

a) Suspensão por 10 (dez) dias para o Policial que empresta sua carteira funcional para a utilização por parte de seu parente.

b) Suspensão por 60 (sessenta) dias para o Policial que desobedece à ordem de seu superior hierárquico.

c) Repreensão para o Policial que se serve de copo de cerveja dentro de Delegacia de Polícia.

d) Suspensão por 90 (noventa) dias para o Policial que ostensivamente molesta verbalmente mulheres que passem em frente ao prédio público em que trabalha.

e) Suspensão por 120 (cento e vinte) dias para o Policial que usar indevidamente os bens do Estado.

COMENTÁRIOS

Resposta: Letra E

Alternativa A – Errada. A conduta de *"empresta sua carteira funcional para a utilização por parte de seu parente"* é descrita no EPC como transgressão de natureza leve (art. 14, inciso VI, c/c art. 15, §1º, do EPC), cominando-se, portanto, em abstrato as penalidades de advertência (art. 18 do EPC), repreensão (art. 19 do EPC) ou suspensão de 1 a 15 dias (art. 20, §1º, do EPC). Não há, dessa forma, qualquer ilegalidade na alternativa, já que prevê aplicação de pena de suspensão de 10 dias.

Art. 14, Dec.-Lei 218/75 (EPC) – São transgressões disciplinares:

[...]

VI – dar, ceder insígnias ou carteira de identidade funcional;

Art. 15, Dec.-Lei 218/75 (EPC) – As transgressões disciplinares são classificadas como:

I – leves;

[...]

§ 1º – São de natureza leve as transgressões enumeradas nos incisos I a XII do artigo anterior.

Art. 18, Dec.-Lei 218/75 (EPC). A pena de advertência será aplicada em particular e verbalmente, nos casos de falta leve.

Art. 19, Dec.-Lei 218/75 (EPC). A pena de repreensão será aplicada, por escrito, nos casos de falta leve.

Art. 20, Dec.-Lei 218/75 (EPC). A pena de suspensão, que não poderá exceder a 90 (noventa) dias, será aplicada: *(alterado pela Lei 1.693/90)*

Art. 20, Dec.-Lei 218/75 (EPC). [...]

I – de 1 (um) a 15 (quinze) dias, nos casos de falta leve; *(alterado pela Lei 1.693/90)*

Alternativa B – Errada. A conduta de *"desobedece à ordem de seu superior hierárquico"* se subsume à transgressão disciplinar de natureza grave (art. 14, inciso VI c/c art. 15, §3º, do EPC), podendo ser aplicado no caso as penas de suspensão de 41 a 90 dias (art. 20, inciso III, do EPC), demissão (art. 22 do EPC c/c art. 55, inciso I, do EFP) ou cassação de aposentadoria ou disponibilidade (art. 22 do EPC c/c art. 52, inciso I, do EFP). Logo, não há qualquer ilegalidade na afirmativa

Art. 14, Dec.-Lei 218/75 (EPC). São transgressões disciplinares:

[...]

VI – dar, ceder insígnias ou carteira de identidade funcional;

Art. 15, Dec.-Lei 218/75 (EPC). As transgressões disciplinares são classificadas como:

III – graves;

[...]

§2º – São de natureza grave as transgressões enumeradas nos incisos XXII a XXXV do artigo anterior.

Art. 20, Dec.-Lei 218/75 (EPC). [...]

III – de 41 (quarenta e um) a 90 (noventa) dias, nos casos de falta grave. *(alterado pela Lei 1.693/90)*

Art. 22, Dec.-Lei 218/75 (EPC). A pena de demissão, cassação de aposentadoria ou disponibilidade será aplicada nos casos previstos no Estatuto dos Funcionários Públicos Civis.

Art. 55, Dec.-Lei 220/75 (EFP). A pena de cassação de aposentadoria ou de disponibilidade será aplicada se ficar provado, em inquérito administrativo, que o aposentado ou disponível:

I – praticou, quando ainda no exercício do cargo, falta suscetível de determinar demissão;

Art. 52, Dec.-Lei 220/75 (EFP). A pena de demissão será aplicada nos casos de:

I – falta relacionada no art. 40, quando de natureza grave, a juízo da autoridade competente e se comprovada má fé;

Alternativa C – Errada. A conduta do policial que *"se serve de copo de cerveja dentro de Delegacia de Polícia"* se adequa à transgressão de natureza leve (art. 14, inciso X, c/c art. 15, §1º, do EPC), cominando-se, portanto, em abstrato as penalidades de advertência (art. 18 do EPC), repreensão (art. 19 do EPC) ou suspensão de 1 a 15 dias (art. 20, §1º, do EPC). Não há, dessa forma, qualquer ilegalidade na alternativa.

Art. 14, Dec.-Lei 218/75 (EPC). São transgressões disciplinares:

[...]

X – ingerir bebidas alcoólicas quando em serviço;

Alternativa D – Errada. A conduta de "ostensivamente molesta verbalmente mulheres que passem em frente ao prédio público em que trabalha" se adequa à transgressão disciplinar de natureza grave (art. 14, inciso XXIX, c/c art. 15, §3º, do EPC), podendo ser aplicado no caso as penas de suspensão de 41 a 90 dias (art. 20, inciso III, do EPC), demissão (art. 22 do EPC c/c art. 55, inciso I, do EFP) ou cassação de aposentadoria ou disponibilidade (art. 22 do EPC c/c art. 52, inciso I, do EFP).

Art. 14, Dec.-Lei 218/75 (EPC). São transgressões disciplinares:

[...]

XXIX – portar-se de modo inconveniente em lugar público ou acessível ao público;

Alternativa E – Correta. A conduta de *"utilizar indevidamente bens do Estado"*, constitui transgressão de natureza leve (art. 14, inciso IV, c/c art. 15, §1º, do EPC), cominando-se, portanto, em abstrato as penalidades de advertência (art. 18 do EPC), repreensão (art. 19 do EPC) ou suspensão de 1 a 15 dias (art. 20, §1º, do EPC). Não há, dessa forma, qualquer ilegalidade na alternativa, já que prevê aplicação de pena de suspensão de 10 dias. Ademais, a pena de suspensão não pode exceder o prazo máximo de 90 dias, constituindo uma ilegalidade ou excesso a afirmativa prevista na alternativa.

Art. 14, Dec.-Lei 218/75 (EPC). São transgressões disciplinares:

[...]

IV – usar indevidamente os bens do Estado ou de terceiros sob sua guarda ou não;

Art. 20, Dec.-Lei 218/75 (EPC). A pena de suspensão, que não poderá exceder a 90 (noventa) dias, será aplicada: *(alterado pela Lei 1.693/90)*

8. (2006 – PCERJ – Delegado de Polícia Civil) Os servidores públicos policiais estão sujeitos ao regime disciplinar estabelecido na legislação de cada ente estatal. Sobre o tema, assinale a alternativa correta: *(adaptada)*

a) a sindicância, na legislação do Estado do Rio de Janeiro, não pode ser usada para aplicar punições a servidores públicos;

b) a exoneração é uma das punições que pode ser aplicada aos servidores públicos;

c) a Administração Pública pode cassar a aposentadoria de um servidor em razão da prática de infração disciplinar grave antes do ato de aposentadoria;

d) o servidor público estadual pode ser punido com a remoção compulsória para outro local de trabalho;

e) a verdade sabida é uma das modalidades sumárias de apuração da possível prática de infrações disciplinares por servidores públicos.

COMENTÁRIOS

Resposta: Letra C

Alternativa A – Errada. As transgressões disciplinares são apuradas mediante a instauração de Sindicância Administrativa Disciplinar – SAD, nas hipóteses cuja transgressão comine pena de advertência, repreensão ou suspensão. Nos casos de penalidades de demissão e cassação de aposentadoria ou disponibilidade, ou a forma procedimental a ser adotada deverá ser o PAD – Procedimento Administrativo Disciplinar. A Sindicância Sumária, também chamada de Sindicância, não se presta para a apuração de transgressões, mas somente para a constatação de fatos administrativos da vida funcional do servidor.

Art. 25-A, Dec.-Lei 218/75 (EPC). A apuração das infrações, cuja natureza autoriza a aplicação das penalidades previstas nos incisos 1 a III, do art. 16, será feita mediante sindicância administrativa disciplinar, limitada a penalidade de suspensão a 60 (sessenta) dias. *(incluído pela Lei 4.236/03)*

Art. 25-B, Dec.-Lei 218/75 (EPC). Quando à transgressão disciplinar for cominada pena superior a 60 (sessenta) dias de suspensão, demissão, cassação de aposentadoria ou de disponibilidade, os autos serão encaminhados ao Chefe da Polícia Civil, que os remeterá ao Secretário de Estado de Segurança Pública para instauração de processo administrativo disciplinar, por distribuição a uma das Comissões Permanentes de Inquérito Administrativo — CPIAs. *(incluído pela Lei 4.236/03)*

Alternativa B – Errada. A exoneração não consta no rol de penalidades disciplinares cominadas pelo art. 16 do EPC. A exoneração é instituto vinculado aos cargos de provimento em comissão. Esses possuem a característica da temporariedade de seus ocupantes, que são nomeados ao cargo pela relação de confiança que possuem. Os cargos em comissão não gozam da prerrogativa da estabilidade, pois são de livre nomeação e exoneração. Verifica-se, portanto, que a exoneração não é penalidade administrativa imposta devido à transgressão disciplinar, mas apenas forma de destituição do cargo em comissão.

Art. 16, Dec.-Lei 218/75 (EPC). São penas disciplinares:

I – advertência;

II – repreensão;

III – suspensão;

IV – *(revogado pela Lei 4236/03)*;

V– *(revogado pela Lei 4236/03)*;

VI – demissão;

VII – cassação de aposentadoria ou disponibilidade.

Art. 37, CRFB. [...]

[...]

II – a investidura em cargo ou emprego público depende de aprovação prévia em concurso público de provas ou de provas e títulos, de acordo com a natureza e a complexidade do cargo ou emprego, na forma prevista em lei, ressalvadas as nomeações para cargo em comissão declarado em lei de livre nomeação e exoneração; (Redação dada pela Emenda Constitucional nº 19, de 1998)

Alternativa C – Correta. A afirmativa reproduz o disposto no art. 22 do EPC c/c art. 55 do EFP.

Art. 22, Dec.-Lei 218/75 (EPC). A pena de demissão, cassação de aposentadoria ou disponibilidade será aplicada nos casos previstos no Estatuto dos Funcionários Públicos Civis.

Art. 55, Dec.-Lei 220/75 (EFP). A pena de cassação de aposentadoria ou de disponibilidade será aplicada se ficar provado, em inquérito administrativo, que o aposentado ou disponível:

I – praticou, quando ainda no exercício do cargo, falta suscetível de determinar demissão;

Alternativa D – Errada. A remoção compulsória, ou seja, de ofício não é modalidade de pena disciplinar, conforme se depreende da leitura do art. 16 do EPC.

Art. 16, Dec.-Lei 218/75 (EPC). São penas disciplinares:

I – advertência;

II – repreensão;

III – suspensão;

IV – *(revogado pela Lei 4236/03)*;

V– *(revogado pela Lei 4236/03)*;

VI – demissão;

VII – cassação de aposentadoria ou disponibilidade.

Alternativa E – Errada. A verdade sabida é modalidade de apuração sumária que independe de procedimento administrativo, podendo a Autoridade Competente aplicar a penalidade diretamente ao servidor quando presenciar a prática da transgressão disciplinar. A verdade sabida não é adotada no sistema positivo vigente, tendo em vista a garantia constitucional do devido processo legal.

Art. 5º, CRFB. [...]

LIV – ninguém será privado da liberdade ou de seus bens sem o devido processo legal;

9. (FAEPOL – 2002 – PCERJ – Delegado de Polícia) De acordo com o Estatuto da Polícia Civil do Estado do Rio de Janeiro, o prazo de prescrição para a punição de advertência será de: ***(adaptado)***

a) 90 dias

b) 120 dias

c) 150 dias

d) 180 dias

e) 2 anos

COMENTÁRIOS

Resposta: Letra E

Prescrevem em dois anos a pretensão punitiva estatal no caso de transgressões disciplinares sujeitas à penalidade de advertência, repreensão ou suspensão.

Art. 24, Dec.-Lei 218/75 (EPC). Extingue-se a punibilidade pela prescrição: *(alterado pela Lei 4.236/03)*

I – da transgressão disciplinar sujeita à pena de advertência, repreensão ou suspensão no prazo de 02 (dois) anos; *(alterado pela Lei 4.236/03)*

3.14. Questões

1. (FAEPOL – 2002 – PCERJ – Papiloscopista Policial) De acordo com o que estatui o Decreto-lei n.º 218/75 (Estatuto da Polícia Civil do Estado do Rio de Janeiro) e legislação correlata, é correto afirmar que: ***(adaptado)***

a) a pena disciplinar de repreensão será aplicada verbalmente nos casos de negligência e comunicada ao órgão de pessoal;

b) a pena de demissão será aplicada no caso de o servidor violar proibição contida no Estatuto, quando, a juízo da autoridade designada em concreto para apreciação do caso, for considerada de natureza grave e desde que haja indício de má-fé;

c) a pena de suspensão será aplicada em caso de falta grave, não podendo exceder a 200 dias;

d) o funcionário suspenso perderá todas as vantagens e direitos decorrentes do exercício do cargo;

e) está sujeito à pena de demissão o servidor público que praticar ofensa física em serviço, contra funcionário ou particular, salvo em legítima defesa, caso em que estará sujeito à pena de advertência.

2. (FAEPOL – 2002 – PCERJ – Papiloscopista Policial) O Decreto-lei n.º 218/75 veicula o Estatuto dos Policiais Civis do Estado do Rio de Janeiro. Tendo em conta o disposto no referido diploma, aprecie as seguintes proposições:

I – De acordo com o estatuto, empenhar-se em atividades que prejudiquem o fiel desempenho da função policial constitui transgressão disciplinar classificada como "média".

II – Na aplicação de penalidade serão levados em conta a repercussão do fato e os danos decorrentes da transgressão ao serviço público.

III – Serão consideradas circunstâncias agravantes, sopesadas na aplicação de penalidade, o fato de a transgressão ter sido praticada com premeditação ou com abuso de autoridade hierárquica ou funcional, ou ainda quando for verificada má conduta funcional.

IV – Constitui transgressão disciplinar classificada como "média" dar informações inexatas, alterá-las ou desfigurá-las.

V – Constitui transgressão disciplinar classificada como "média" portar-se de modo inconveniente em lugar público ou acessível ao público.

Julgando as assertivas acima, assinale:

a) se uma estiver correta;

b) se duas estiverem corretas;

c) se três estiverem corretas;

d) se quatro estiverem corretas;

e) se cinco estiverem corretas.

3. (FAEPOL - 2002 - PCERJ - Delegado de Polícia) Com relação ao processo administrativo disciplinar adotado no Estado do Rio de Janeiro, no Estatuto da Polícia Civil do Estado do Rio de Janeiro, analise as afirmativas a seguir: *(adaptada)*

I – É possível a aplicação da punição suspensão por até trinta dias nos autos de sindicância administrativa disciplinar.

II – A exoneração será aplicada nas faltas graves superiores as que ensejam a punição de suspensão.

III – A aplicação da punição de advertência dispensa a instauração formal de sindicância ou processo administrativo.

A(s) afirmativa(s) verdadeira(s) é/são somente:

a) I

b) II

c) III

d) I e II

e) I e III

4. (FAEPOL - 2001 - PCERJ - Inspetor de Polícia) A falta passível de aplicação da punição de repreensão, de acordo com o Estatuto dos Funcionários Públicos Civis do Estado do Rio de Janeiro, prescreverá em:

a) 120 dias;

b) 180 dias;

c) 02 anos;

d) 03 anos;

e) 05 anos.

5. (FAEPOL - 2001 - PCERJ - Delegado de Polícia) De acordo com o Estatuto da Polícia Civil do Estado do Rio de Janeiro, a punição de suspensão NÃO poderá exceder o prazo de:

a) 60 dias;

b) 90 dias;

c) 120 dias;

d) 150 dias;

e) 180 dias.

6. Com base no Código de Ética Policial, marque a alternativa correta:

a) O Código de Ética Policial desempenha dupla função: primeiro, com relação à sociedade, garantindo-lhe segurança jurídica no sentido de que os servidores policiais pautar-se-ão por padrões elevados de probidade; segundo, com relação aos próprios policiais, estabelecendo um limite mínimo de tipicidade de condutas ilícitas.

b) O Código de Ética Policial reflete a aplicação do princípio da moralidade, tendo em vista a moral ser um valor subjetivo de cada indivíduo. Dessa forma, cada policial pode pautar sua conduta pelos seus próprios valores morais, desde que motive seus atos administrativos.

c) O policial deverá observar os preceitos éticos previstos no Código de Ética sob pena de praticar transgressão disciplinar de natureza leve;

d) O policial deverá observar os preceitos éticos previstos no Código de Ética sob pena de praticar transgressão disciplinar de natureza grave;

e) O princípio ou dever de probidade não possui relação com os deveres éticos previstos no Código de Ética, sendo aplicáveis unicamente nas hipóteses de improbidade administrativa;

7. Com base no texto previsto no Decreto Lei 218/75, referente ao Código de Ética Policial, marque a alternativa correta:

a) Constitui preceito ético-policial defender, preservar a ordem, utilizando a violência quando julgar necessário, sem observar, necessariamente, critérios de proporcionalidade no caso concreto.

b) Não abandonar o posto em que deva ser substituído, sem a chegada do substituto, a não ser que o serviço público não se mostre complexo no momento.

c) Ser flexível e justo no trato com os delinquentes;

d) Preservar a confiança e apreço de seus concidadãos, pelo exemplo de conduta repreensível apenas na vida particular;

e) Obedecer às ordens superiores, exceto quando manifestamente ilegais, hipótese em que se obriga, ainda, a relatar a ilegalidade da ordem às instâncias superiores cabíveis.

8. Com base no Código de Ética Policial e direito positivo vigente, marque a alternativa incorreta:

a) A conduta na vida privada do servidor policial possui repercussão ética em sua vida funcional, embora se deva proceder com cautela na análise do caso concreto.

b) A previsão de preceitos éticos no Código de Ética Policial objetiva fazer com que o servidor policial, de forma mediata, respeite e aplique os princípios da Administração Pública, constitucionalmente previstos.

c) É preceito ético a defesa de qualquer pessoa do engano e da opressão, e não somente o fraco ou inocente;

d) É preceito ético a preservação da ordem pública;

e) O policial deverá manter observância, tanto mais rigorosa quanto menos elevado for seu grau hierárquico dos preceitos éticos previstos no Código de Ética Policial, isso porque, quanto maior o grau de hierarquia, mais autonomia tem o servidor público para decidir, de acordo com sua própria moralidade, como agirá em cada caso concreto, independentemente do Código de Ética.

• **Gabarito**

1. D 2. D 3. A 4. C 5. B 6. A 7. E 8. E

3.15. Legislação Aplicável

Constituição da República de 1988 (CRFB)

Art. 5º. [...]

LIV – ninguém será privado da liberdade ou de seus bens sem o **devido processo legal**;

LV - aos litigantes, em processo judicial ou administrativo, e aos acusados em geral são assegurados o **contraditório e ampla defesa**, com os meios e recursos a ela inerentes;

LXI - ninguém será preso senão em flagrante delito ou por ordem escrita e fundamentada de autoridade judiciária competente, salvo nos casos de transgressão militar ou crime propriamente militar, definidos em lei;

[...]

Art. 22. Compete privativamente à **União** legislar sobre:

I - **direito civil**, comercial, **penal**, processual, eleitoral, agrário, marítimo, aeronáutico, espacial e do trabalho;

[...]

Art. 37. A administração pública direta e indireta de qualquer dos Poderes da União, dos Estados, do Distrito Federal e dos Municípios obedecerá aos **princípios de legalidade**, **impessoalidade**, **moralidade**, publicidade e **eficiência** e, também, ao seguinte: *(Redação dada pela Emenda Constitucional nº 19, de 1998)*

[...]

§6º - As pessoas jurídicas de direito público e as de direito privado prestadoras de serviços públicos responderão pelos danos que seus agentes, nessa qualidade, causarem a terceiros, assegurado o **direito de regresso contra o responsável** nos **casos de dolo ou culpa**.

Constituição do Estado do Rio de Janeiro (CERJ)

Art. 77. A administração pública direta, indireta ou fundacional, de qualquer dos Poderes do Estado e dos Municípios, obedecerá aos **princípios da legalidade**, **impessoalidade**, **moralidade**, publicidade, **interesse coletivo** e, também, ao seguinte:

[...]

§7º - As pessoas jurídicas de direito público e as de direito privado prestadoras de serviços públicos responderão pelos danos que seus agentes, nessa qualidade, causarem a terceiros, assegurado o **direito de regresso contra o responsável** nos **casos de dolo ou culpa**.

Código Civil (CC)

Art. 43 - As pessoas jurídicas de direito público interno são civilmente responsáveis por atos dos seus agentes que nessa qualidade causem danos a terceiros, ressalvado **direito regressivo contra os causadores do dano**, se houver, por parte destes, culpa ou dolo.

Lei 8.429/92 (LIA)

Art. 9° - Constitui ato de improbidade administrativa importando enriquecimento ilícito auferir qualquer tipo de vantagem patrimonial indevida em razão do exercício de cargo, mandato, função, emprego ou atividade nas entidades mencionadas no art. 1° desta lei, e notadamente:

I - receber, para si ou para outrem, dinheiro, bem móvel ou imóvel, ou qualquer outra vantagem econômica, direta ou indireta, a título de comissão, percentagem, gratificação ou presente de quem tenha interesse, direto ou indireto, que possa ser atingido ou amparado por ação ou omissão decorrente das atribuições do agente público;

II – perceber vantagem econômica, direta ou indireta, para facilitar a aquisição, permuta ou locação de bem móvel ou imóvel, ou a contratação de serviços pelas entidades referidas no art. 1° por preço superior ao valor de mercado;

III – perceber vantagem econômica, direta ou indireta, para facilitar a alienação, permuta ou locação de bem público ou o fornecimento de serviço por ente estatal por preço inferior ao valor de mercado;

IV – utilizar, em obra ou serviço particular, veículos, máquinas, equipamentos ou material de qualquer natureza, de propriedade ou à disposição de qualquer das entidades mencionadas no art. 1° desta lei, bem como o trabalho de servidores públicos, empregados ou terceiros contratados por essas entidades;

V – receber vantagem econômica de qualquer natureza, direta ou indireta, para tolerar a exploração ou a prática de jogos de azar, de lenocínio, de narcotráfico, de contrabando, de usura ou de qualquer outra atividade ilícita, ou aceitar promessa de tal vantagem;

VI – receber vantagem econômica de qualquer natureza, direta ou indireta, para fazer declaração falsa sobre medição ou avaliação em obras públicas ou qualquer outro serviço, ou sobre quantidade, peso, medida, qualidade ou característica de mercadorias ou bens fornecidos a qualquer das entidades mencionadas no art. 1º desta lei;

VII – adquirir, para si ou para outrem, no exercício de mandato, cargo, emprego ou função pública, bens de qualquer natureza cujo valor seja desproporcional à evolução do patrimônio ou à renda do agente público;

VIII – aceitar emprego, comissão ou exercer atividade de consultoria ou assessoramento para pessoa física ou jurídica que tenha interesse suscetível de ser atingido ou amparado por ação ou omissão decorrente das atribuições do agente público, durante a atividade;

IX – perceber vantagem econômica para intermediar a liberação ou aplicação de verba pública de qualquer natureza;

X – receber vantagem econômica de qualquer natureza, direta ou indiretamente, para omitir ato de ofício, providência ou declaração a que esteja obrigado;

XI – incorporar, por qualquer forma, ao seu patrimônio bens, rendas, verbas ou valores integrantes do acervo patrimonial das entidades mencionadas no art. 1° desta lei;

XII – usar, em proveito próprio, bens, rendas, verbas ou valores integrantes do acervo patrimonial das entidades mencionadas no art. 1° desta lei.

Art. 10 – Constitui ato de improbidade administrativa que causa lesão ao erário qualquer ação ou omissão, dolosa ou culposa, que enseje perda patrimonial, desvio, apropriação, malbaratamento ou dilapidação dos bens ou haveres das entidades referidas no art. 1º desta lei, e notadamente:

I – facilitar ou concorrer por qualquer forma para a incorporação ao patrimônio particular, de pessoa física ou jurídica, de bens, rendas, verbas ou valores integrantes do acervo patrimonial das entidades mencionadas no art. 1º desta lei;

II – permitir ou concorrer para que pessoa física ou jurídica privada utilize bens, rendas, verbas ou valores integrantes do acervo patrimonial das entidades mencionadas no art. 1º desta lei, sem a observância das formalidades legais ou regulamentares aplicáveis à espécie;

III – doar à pessoa física ou jurídica bem como ao ente despersonalizado, ainda que de fins educativos ou assistências, bens, rendas, verbas ou valores do patrimônio de qualquer das entidades mencionadas no art. 1º desta lei, sem observância das formalidades legais e regulamentares aplicáveis à espécie;

IV – permitir ou facilitar a alienação, permuta ou locação de bem integrante do patrimônio de qualquer das entidades referidas no art. 1º desta lei, ou ainda a prestação de serviço por parte delas, por preço inferior ao de mercado;

V – permitir ou facilitar a aquisição, permuta ou locação de bem ou serviço por preço superior ao de mercado;

VI – realizar operação financeira sem observância das normas legais e regulamentares ou aceitar garantia insuficiente ou inidônea;

VII – conceder benefício administrativo ou fiscal sem a observância das formalidades legais ou regulamentares aplicáveis à espécie;

VIII – frustrar a licitude de processo licitatório ou de processo seletivo para celebração de parcerias com entidades sem fins lucrativos, ou dispensá-los indevidamente;

IX – ordenar ou permitir a realização de despesas não autorizadas em lei ou regulamento;

X – agir negligentemente na arrecadação de tributo ou renda, bem como no que diz respeito à conservação do patrimônio público;

XI – liberar verba pública sem a estrita observância das normas pertinentes ou influir de qualquer forma para a sua aplicação irregular;

XII– permitir, facilitar ou concorrer para que terceiro se enriqueça ilicitamente;

XIII – permitir que se utilize, em obra ou serviço particular, veículos, máquinas, equipamentos ou material de qualquer natureza, de propriedade ou à disposição de qualquer das entidades mencionadas no art. 1° desta lei, bem como o trabalho de servidor público, empregados ou terceiros contratados por essas entidades.

XIV – celebrar contrato ou outro instrumento que tenha por objeto a prestação de serviços públicos por meio da gestão associada sem observar as formalidades previstas na lei;

XV – celebrar contrato de rateio de consórcio público sem suficiente e prévia dotação orçamentária, ou sem observar as formalidades previstas na lei.

XVI – facilitar ou concorrer, por qualquer forma, para a incorporação, ao patrimônio particular de pessoa física ou jurídica, de bens, rendas, verbas ou valores públicos transferidos pela administração pública a entidades privadas mediante celebração de parcerias, sem a observância das formalidades legais ou regulamentares aplicáveis à espécie;

XVII – permitir ou concorrer para que pessoa física ou jurídica privada utilize bens, rendas, verbas ou valores públicos transferidos pela administração pública a entidade privada mediante celebração de parcerias, sem a observância das formalidades legais ou regulamentares aplicáveis à espécie;

XVIII – celebrar parcerias da administração pública com entidades privadas sem a observância das formalidades legais ou regulamentares aplicáveis à espécie;

XIX – agir negligentemente na celebração, fiscalização e análise das prestações de contas de parcerias firmadas pela administração pública com entidades privadas;

XX -liberar recursos de parcerias firmadas pela administração pública com entidades privadas sem a estrita observância das normas pertinentes ou influir de qualquer forma para a sua aplicação irregular.

XXI – liberar recursos de parcerias firmadas pela administração pública com entidades privadas sem a estrita observância das normas pertinentes ou influir de qualquer forma para a sua aplicação irregular.

Art. 10-A – Constitui ato de improbidade administrativa qualquer ação ou omissão para conceder, aplicar ou manter benefício financeiro ou tributário contrário ao que dispõem o caput e o § 1º do art. 8º-A da Lei Complementar nº 116, de 31 de julho de 2003.

Art. 11 – Constitui ato de improbidade administrativa que atenta contra os princípios da administração pública qualquer ação ou omissão que viole os deveres de honestidade, imparcialidade, legalidade, e lealdade às instituições, e notadamente:

I – praticar ato visando fim proibido em lei ou regulamento ou diverso daquele previsto, na regra de competência;

II – retardar ou deixar de praticar, indevidamente, ato de ofício;

III – revelar fato ou circunstância de que tem ciência em razão das atribuições e que deva permanecer em segredo;

IV – negar publicidade aos atos oficiais;

V – frustrar a licitude de concurso público;

VI – deixar de prestar contas quando esteja obrigado a fazê-lo;

VII – revelar ou permitir que chegue ao conhecimento de terceiro, antes da respectiva divulgação oficial, teor de medida política ou econômica capaz de afetar o preço de mercadoria, bem ou serviço.

VIII – descumprir as normas relativas à celebração, fiscalização e aprovação de contas de parcerias firmadas pela administração pública com entidades privadas.

IX – deixar de cumprir a exigência de requisitos de acessibilidade previstos na legislação.

X – transferir recurso a entidade privada, em razão da prestação de serviços na área de saúde sem a prévia celebração de contrato, convênio ou instrumento congênere, nos termos do parágrafo único do art. 24 da Lei nº 8.080, de 19 de setembro de 1990.

Lei 8.320/2019 (RJ)

Art. 1º – Fica garantido, na forma desta Lei, aos Policias Militares e Policiais Civis, o direito ao recebimento da recompensa estipulada pelo Disque-Denúncia, na hipótese destes efetuarem a prisão e/ou captura de procurados pela justiça com recompensa estipulada.

Decreto-Lei nº 218/75 (EPC)

Título II

Capítulo Único

DO CÓDIGO DE ÉTICA POLICIAL

Art. 10. O policial manterá observância, tanto mais rigorosa quanto mais elevado for o grau hierárquico, dos seguintes preceitos de ética:

I – servir à sociedade como obrigação fundamental;

II – proteger vidas e bens;

III – defender o inocente e o fraco contra o engano e a opressão;

IV – preservar a ordem, repelindo a violência;

V – respeitar os direitos e garantias individuais;

VI – jamais revelar tibieza ante o perigo e o abuso;

VII – exercer a função policial com probidade, discrição e moderação, fazendo observar as leis com lhaneza;

VIII – não permitir que sentimentos ou animosidades pessoais possam influir em suas decisões;

IX – ser inflexível, porém justo, no trato com os delinqüentes;

X – respeitar a dignidade da pessoa humana;

XI – preservar a confiança e o apreço de seus concidadãos pelo exemplo de uma conduta irrepreensível na vida pública e na particular;

XII – cultuar o aprimoramento técnico profissional;

XIII – amar a verdade e a responsabilidade como fundamentos da ética do serviço policial;

XIV – obedecer às ordens superiores, exceto quando manifestamente ilegais;

XV – não abandonar o posto em que deva ser substituído sem a chegada do substituto;

XVI – respeitar e fazer respeitar a hierarquia do serviço policial;

XVII – prestar auxílio, ainda que não esteja em hora de serviço:

1 – a fim de prevenir ou reprimir perturbação da ordem pública;

2 – quando solicitado por qualquer pessoa carente de socorro policial, encaminhando-a à autoridade competente, quando insuficientes as providências de sua alçada.

Art. 11. O policial ao se apresentar ao seu chefe, em sua primeira lotação, prestará o compromisso seguinte:

"Prometo observar e fazer observar rigorosa obediência às leis, desempenhar as minhas funções com desprendimento e probidade, considerando inerentes à minha pessoa a reputação e honorabilidade do órgão policial a que agora passo a servir."

Título III

DA VIOLAÇÃO DAS OBRIGAÇÕES

Capítulo I

DA RESPONSABILIDADE

Art. 12 – Pelo exercício irregular de suas atribuições o funcionário **policial responde civil**, **penal** e **administrativamente**.

Art. 13 – As cominações civis, penais e disciplinares **poderão cumular-se**, sendo umas e outras **independentes entre si**, bem assim as instâncias civil, penal e administrativa.

Art. 14 – São **transgressões disciplinares**:

I – falta de assiduidade ou impontualidade habituais;

II – interpor ou traficar influência alheia para solicitar acesso, remoção, transferência ou comissionamento;

III – dar informações inexatas, alterá-las ou desfigurá-las;

IV – usar indevidamente os bens do Estado ou de terceiros sob sua guarda ou não;

V – divulgar notícias sobre serviços ou tarefas em desenvolvimento ou realizadas pela repartição, ou contribuir para que sejam divulgadas ou ainda, conceder entrevista sobre as mesmas sem autorização da autoridade competente;

VI – dar, ceder insígnias ou carteira de identidade funcional;

VII – deixar habitualmente de saldar dívidas legítimas ou de pagar com regularidade pensões a que esteja obrigado por decisão judicial;

VIII – manter relações de amizade ou exibir-se em público, habitualmente, com pessoas de má reputação, exceto em razão de serviço;

IX – permutar o serviço sem expressa autorização de autoridade competente;

X – ingerir bebidas alcoólicas quando em serviço;

XI – afastar-se do município onde exerce suas atividades, sem autorização superior;

XII – deixar, sem justa causa, de submeter-se à inspeção médica determinada em lei ou por autoridade competente;

XVIII – deixar de concluir, nos prazos legais ou regulamentares, sem motivos justos, inquéritos policiais, sindicâncias, atos ou processos administrativos;

XIX – participar de atividade comercial ou industrial exceto como acionista, quotista ou comanditário;

XX – deixar de tratar os superiores hierárquicos e os subordinados com a deferência e urbanidade devidas;

XXI – coagir ou aliciar subordinados com objetivos políticos-partidários;

XXII – praticar usura em qualquer de suas formas;

XXIII – apresentar parte, queixa ou representação infundadas contra superiores hierárquicos;

XXIV – indispor funcionários contra seus superiores hierárquicos ou provocar, velada ou ostensivamente, animosidade entre funcionários;

XXV – insubordinar-se ou desrespeitar superior hierárquico;

XXVI – empenhar-se em atividades que prejudiquem o fiel desempenho da função policial;

XXVII – utilizar, ceder, ou permitir que outrem use objetos arrecadados, recolhidos ou apreendidos pela polícia;

XXVIII – entregar-se à prática de jogos proibidos, ou ao vício da embriaguez, ou qualquer outro vício degradante;

XXIX – portar-se de modo inconveniente em lugar público ou acessível ao público;

XXX – esquivar-se, na ausência de autoridade competente, de atender a ocorrências passíveis de intervenção policial que presencie ou de que tenha conhecimento imediato, mesmo fora de escala de serviço;

XXXI – cometer opiniões ou conceitos desfavoráveis aos superiores hierárquicos;

XXXII – cometer a pessoa estranha à Organização Policial, fora dos casos previstos em lei, o desempenho de encargos próprios ou da competência de seus subordinados;

XXXIII – desrespeitar ou procrastinar o cumprimento de decisão judicial ou criticá-la;

XXXIV – eximir-se do cumprimento de suas obrigações funcionais;

XXXV – violar o Código de Ética Policial.

Art. 15 – As **transgressões disciplinares** são **classificadas** como:

I – leves;

II – médias;

III – graves.

§1º – São de natureza **leve** as transgressões enumeradas nos **incisos I a XII** do artigo anterior.

§2º – São de natureza **média** as transgressões enumeradas nos **incisos XIII a XXI** do artigo anterior.

§3º – São de natureza **grave** as transgressões enumeradas **nos incisos XXII a XXXV** do artigo anterior.

§4º – A **autoridade competente para decidir** a punição **poderá agravar a classificação** atribuída às transgressões atendendo às peculiaridades e consequências do caso concreto.

Capítulo III

DAS PENAS DISCIPLINARES

Art. 16 – São **penas disciplinares**:

I – advertência;

II – repreensão;

III – suspensão;

IV – *(revogado pela Lei 4236/03)*;

V– *(revogado pela Lei 4236/03)*;

VI – demissão;

VII – cassação de aposentadoria ou disponibilidade.

Art. 17 – Na aplicação das penas disciplinares serão considerados:

I – repercussão do fato;

II – danos decorrentes da transgressão ao serviço público;

III – causas de justificação;

IV – circunstâncias atenuantes;

V – circunstâncias agravantes;

VI – a classificação da gravidade estabelecida no artigo 15;

§1º – São **causas de justificação**:

1) motivo de força maior plenamente comprovado;

2) ter sido cometida a transgressão na prática de ação meritória, no interesse do serviço, da ordem ou da segurança pública.

§2º – São **circunstâncias atenuantes**:

1) boa conduta funcional;

2) relevância dos serviços prestados;

3) ter sido cometida a transgressão em defesa de direitos próprios ou de terceiros, ou para evitar mal maior.

§3º – São **circunstâncias agravantes**:

1) má conduta funcional;

2) prática simultânea ou conexão de duas ou mais transgressões;

3) reincidência;

4) ser praticada a transgressão em conluio por duas ou mais pessoas, durante a execução do serviço, em presença de subordinados ou em público;

5) ter sido praticada a transgressão com premeditação ou com abuso de autoridade hierárquica ou funcional.

§4º – **Não haverá punição** quando, no julgamento da transgressão, for **reconhecida uma das causas de justificação** previstas.

Art. 18 – A pena de **advertência** será aplicada **em particular** e **verbalmente**, nos casos de **falta leve**.

Art. 19 – A pena de **repreensão** será aplicada, **por escrito**, nos casos de **falta leve**.

Art. 20 – A pena de **suspensão**, que **não poderá exceder a 90 (noventa) dias**, será aplicada: *(alterado pela Lei 1.693/90)*

I – de **1 (um) a 15 (quinze) dias**, nos casos de **falta leve**; *(alterado pela Lei 1.693/90)*

II – de **16 (dezesseis) a 40 (quarenta) dias**, nos casos de **falta média**; *(alterado pela Lei 1.693/90)*

III – de **41 (quarenta e um) a 90 (noventa) dias**, nos casos de **falta grave**. *(alterado pela Lei 1.693/90)*

Parágrafo único – Quando houver **conveniência** para o serviço policial, **a pena de suspensão poderá ser convertida em multa, na base de 50% (cinquenta por cento) por dia de vencimento ou remuneração**, obrigado, nesse caso, o policial a permanecer no serviço, cumprindo sua carga horária de trabalho normal. *(alterado pela Lei 1.693/90)*

Art. 21 – A pena de prisão disciplinar até 30 (trinta) dias poderá ser aplicada nos casos de faltas médias ou graves. *(revogado tacitamente pelo art. 5º, inciso LXI, CRFB)*

Parágrafo único – O cumprimento da pena de prisão disciplinar deverá ser efetuada em local previamente designado pelo Secretário de Segurança Pública e importa na perda de 50% dos vencimentos correspondentes aos dias de prisão. *(revogado tacitamente pelo art. 5º, inciso LXI, CRFB)*

Art. 22 – A pena de demissão, cassação de aposentadoria ou disponibilidade será aplicada nos casos previstos no Estatuto dos Funcionários Públicos Civis.

Art. 23 – São **competentes** para **aplicação das penas disciplinares** previstas nesse Estatuto:

I - o **Governador do Estado**, em qualquer caso e privativamente nos casos dos incisos VI e VII, do artigo 16, em relação aos delegados de polícia; *(alterado pela Lei 4.236/03)*

II - O **Secretário de Estado de Segurança Pública**, em qualquer caso, e, privativamente, nos casos dos incisos VI e VII do artigo 16, em relação aos demais servidores policiais e suspensão acima de 60 (sessenta) dias; *(alterado pela Lei 4.236/03)*

III - o **Chefe da Polícia Civil**, nos casos dos incisos I e II, do artigo 16, e suspensão até 60 (sessenta) dias; *(alterado pela Lei 4.236/03)*

IV - o **Corregedor da Policia Civil**, nos casos dos incisos I e II, do artigo 16, e suspensão até 50 (cinqüenta) dias; *(alterado pela Lei 4.236/03)*

V - os **dirigentes de unidade de polícia administrativa e judiciária da Policia Civil**, nos casos dos incisos I a III, do artigo 16, aos servidores policiais que lhes forem subordinados, limitada a pena de suspensão ao prazo de 30 (trinta) dias. *(incluído pela Lei 4.236/03)*

Parágrafo único - Quando para qualquer transgressão, for prevista mais de uma pena disciplinar, a autoridade competente, atenta às circunstâncias de cada caso, decidirá qual a aplicável

Art. 24 - Extingue-se a punibilidade pela **prescrição**: *(alterado pela Lei 4.236/03)*

I - da transgressão disciplinar sujeita à pena de **advertência, repreensão ou suspensão** no prazo de **02 (dois) anos**; *(alterado pela Lei 4.236/03)*

II - da transgressão disciplinar sujeita à pena de **demissão, cassação de aposentadoria ou de disponibilidade** no prazo de **05 (cinco) anos**; *(alterado pela Lei 4.236/03)*

III - da **transgressão disciplinar prevista na Lei como infração penal**, **juntamente com o crime**; *(incluído pela Lei 4.236/03)*

§1º - O curso do **prazo** prescricional **começa a correr** da **data em que o fato se tornou conhecido pela Administração Pública**. *(alterado pela Lei 4.236/03)*

§2º - O curso do prazo prescricional **interrompe-se** com a **instauração da sindicância ou do processo administrativo disciplinar**, até decisão final proferida por autoridade competente. *(alterado pela Lei 4.236/03)*

§3º - O curso do prazo prescricional **não corre**: *(incluído pela Lei 4.236/03)*

I - enquanto **sobrestados a sindicância ou o processo administrativo disciplinar** para aguardar decisão judicial; *(incluído pela Lei 4.236/03)*

II - enquanto **insubsistente o vinculo funcional** que venha a ser restabelecido. *(incluído pela Lei 4.236/03)*

Capítulo IV
DA APURAÇÃO DAS TRANSGRESSÕES DISCIPLINARES

Art. 25 - A **autoridade que tiver ciência de irregularidade** no serviço público **é obrigada** a promover sua **apuração imediata**, mediante **sindicância ou processo administrativo disciplinar**, assegurados ao acusado o **contraditório** e **a ampla defesa**. *(alterado pela Lei 4.236/03)*

Art. 25-A - A apuração das infrações, cuja natureza autoriza a aplicação das penalidades previstas nos incisos I a III, do ad. 16, será feita mediante **sindicância administra-**

tiva disciplinar, limitada a penalidade de suspensão a 60 (sessenta) dias. *(incluído pela Lei 4.236/03)*

§1º - A **sindicância administrativa disciplinar** será **concluída** no **prazo de 60 (sessenta) dias**, contados a partir de sua instauração. *(incluído pela Lei 4.236/03)*

§2º - Após concluída a sindicância administrativa disciplinar deverá ser encaminhada á autoridade competente para decisão. *(incluído pela Lei 4.236/03)*

§3º - Não sendo possível a conclusão da **sindicância administrativa disciplinar**, no prazo de 60 (sessenta) dias, a autoridade sindicante encaminhará, sob pena de responsabilidade funcional, no prazo de 10 (dez) dias, ao chefe imediato, relatório circunstanciado indicando as diligências faltantes e solicitando prazo para a sua conclusão, que não poderá exceder a **30 (trinta) dias**. *(incluído pela Lei 4.236/03)*

§4º - Excepcionalmente, não sendo concluída a sindicância administrativa disciplinar no prazo total de 90 (noventa) dias, a autoridade sindicante, no prazo de 10 (dez) dias, justificadamente, sob pena de responsabilidade funcional, encaminhará relatório circunstanciado ao chefe imediato que, em igual prazo abrirá vista ao **Chefe da Policia Civil** com a indicação das diligências faltantes e a **solicitação do prazo necessário à sua conclusão.** *(incluído pela Lei 4.236/03)*

Art. 25-B - Quando à transgressão disciplinar for cominada pena superior a 60 (sessenta) dias de suspensão, demissão, cassação de aposentadoria ou de disponibilidade, os autos serão encaminhados ao Chefe da Polícia Civil, que os remeterá ao Secretário de Estado de Segurança Pública para instauração de **processo administrativo disciplinar**, por **distribuição** a uma **das Comissões Permanentes de Inquérito Administrativo — CPIAs.** *(incluído pela Lei 4.236/03)*

§1º - O **processo administrativo disciplinar** deverá ser ultimado pela Comissão respectiva, **presidida por delegado de polícia**, no **prazo de 90 (noventa) dias**, contados a partir da sua instauração. *(incluído pela Lei 4.236/03)*

§2º - Não sendo possível a conclusão do **processo administrativo disciplinar** no prazo de 90 (noventa) dias, as comissões encaminharão, sob pena de responsabilidade funcional, no prazo de 10 (dez) dias, ao órgão de supervisão, relatório indicando as diligências faltantes e **solicitando prazo** para sua conclusão, que **não poderá exceder a 90 (noventa) dias**. *(incluído pela Lei 4.236/03)*

§3º - Na hipótese de o indiciado ser delegado de polícia, o processo administrativo disciplinar será presidido obrigatoriamente por outro de nível igual ou superior. *(incluído pela Lei 4.236/03)*

§4º - **Excepcionalmente**, não concluído o processo administrativo disciplinar no prazo total de 180 (cento e oitenta) dias, o órgão de supervisão encaminhará, sob pena de responsabilidade funcional, no prazo de 10 (dez) dias, ao **Secretário de Estado de Segurança Pública** relatório circunstanciado elaborado pelas comissões, indicando as diligências faltantes e solicitando o **prazo necessário á sua conclusão**. *(incluído pela Lei 4.236/03)*

Art. 25-C - O servidor integrante do Quadro de Pessoal da Polícia Civil poderá ser **afastado do exercício do cargo ou da função**, sem perda de vencimentos**, por prazo não superior a 30 (trinta) dias**, a critério do **Secretário de Estado de Segurança Pública**, nas seguintes hipóteses: *(incluído pela Lei 4.236/03)*

I - quando existam indícios suficientes da prática de transgressão disciplinar grave; *(incluído pela Lei 4.236/03)*

II - quando a medida se impuser no interesse da ordem pública; *(incluído pela Lei 4.236/03)*

III - quando houver necessidade do afastamento para que o servidor não venha a influir na apuração da falta. *(incluído pela Lei 4.236/03)*

Parágrafo único - O **afastamento** de que trata este artigo é **medida acautelatória** e **não constitui pena**. *(incluído pela Lei 4.236/03)*

Art. 25-D - As autoridades competentes terão 10 (dez) dias, após recebidas as conclusões das Comissões de Sindicâncias e Processos Administrativos, para proferir a decisão referente ao servidor, sob pena de responsabilidade. *(incluído pela Lei 4.236/03)*

Art. 26 - Para as **recompensas** e **punições**, o policial terá seu **comportamento** classificado em:

I - excepcional;

II - ótimo;

III - bom;

IV - regular;

V - mau.

§1º - **Ao ingressar no serviço público o servidor terá o conceito bom**.

§2º - Os policiais que tiverem anotação de suspensão superior a 10 (dez) dias no período anterior à elaboração do Boletim de Merecimento, serão incluídos no conceito do inciso V e no inciso IV, se tais fatos se registraram no período de 02 (dois) anos.

§3º - O servidor policial somente será incluído nos incisos I e II se não tiver sofrido pena disciplinar de qualquer espécie, nos períodos, respectivamente, de 10 (dez) e 05 (cinco) anos que antecederem a elaboração dos respectivos Boletins de Merecimento.

§4º - decorrido o prazo de 10 (dez) anos sem anotação de penas disciplinares, o policial poderá requerer o cancelamento das anotações anteriores, o que será concedido a critério do Secretário de Segurança Pública.

Decreto nº 3.044/80 (REPC)

Título II

Capítulo Único

DO CÓDIGO DE ÉTICA POLICIAL

Art. 11 - O policial manterá observância, tanto mais rigorosa quanto mais elevado for o grau hierárquico, dos seguintes preceito de ética:

I - servir à sociedade como obrigação fundamental;

II - proteger vidas e bens;

III - defender o inocente e o fraco contra o engano e a opressão;

IV - preservar a ordem, repelindo a violência;

V - respeitar os direitos e as garantias individuais;

VI – jamais revelar tibieza ante o perigo e o abuso;

VII – exercer a função policial com probidade, discrição e moderação, fazendo observar as leis com clareza;

VIII – não permitir que sentimentos ou animosidades pessoais possa influir em suas decisões;

IX – ser inflexível, porém justo, no trato com os delinqüentes;

X – respeitar a dignidade de pessoa humana;

XI – preservar a confiança e o apreço de seus concidadãos pelo exemplo de uma conduta irrepreensível na vida pública e na particular;

XII – cultuar o aprimoramento técnico-profissional;

XIII – amar a verdade e a responsabilidade, como fundamentos da ética do serviço policial;

XIV – obedecer às ordens superiores, exceto quando manifestamente ilegais;

XV – não abandonar o posto em que deva ser substituído sem a chegada do substituto;

XVI – respeitar e fazer respeitar a hierarquia do serviço policial;

XVII – prestar auxílio, ainda que não esteja em hora de serviço:

1) a fim de prevenir ou reprimir perturbação da ordem pública;

2) quando solicitado por qualquer pessoa carente de socorro policial, encaminhando-se à autoridade competente, quando insuficientes as providências de sua alçada.

Art. 12. O policial ao se apresentar ao seu chefe, em sua primeira lotação, prestará o compromisso seguinte:

"Prometo observar e fazer observar rigorosa obediência às leis, desempenhar as minhas funções com desprendimento e probidade, considerando inerentes à minha pessoa a reputação e honorabilidade do órgão policial que agora passo a servir".

Título III

DA VIOLAÇÃO DAS OBRIGAÇÕES

Capítulo I

DA RESPONSABILIDADE

Art. 13 – Cabe ao **policial** a **responsabilidade integral** pelas **decisões que tomar**, pelas ordens **que emitir** e pelos **atos que praticar**.

Art. 14 – Pelo exercício irregular de suas atribuições o **policial responde civil**, **penal** e **administrativamente**.

Art. 15 – As cominações civis, penais e disciplinares **poderão acumular-se**, sendo umas e outras **independentes entre si**, bem assim as instâncias civil, penal e administrativa.

§1° – A **responsabilidade civil** decorre de procedimento **doloso ou culposo**, que importe em prejuízo à fazenda Estadual ou a terceiros.

§2° – O prejuízo causado à Fazenda Estadual **poderá** ser ressarcido mediante desconto em prestações mensais **não excedentes da décima parte do vencimento ou remuneração** à falta de outros bens que respondam pela indenização.

§3º – Tratando-se de danos causados a terceiro, **responderá o policial perante a Fazenda Estadual em ação regressiva** proposta depois de transitar em julgado a decisão que houver condenado a Fazenda a indenizar o terceiro prejudicado.

§4º – A **responsabilidade penal** abrange os **crimes e contravenções** imputados ao policial nessa qualidade.

§5º – A **responsabilidade administrativa** resulta de **atos praticados** ou **omissões** ocorridas no desempenho do cargo **ou fora dele**, quando **comprometedores de dignidade e do decoro da função pública**.

§6º – Mesmo absolvido criminalmente o policial responderá disciplinarmente se, na espécie, existir **falta administrativa residual**.

Capítulo II

DA TRANSGRESSÕES DISCIPLINARES

Art. 16 – São transgressões disciplinares:

I – falta de assiduidade ou impontualidade habituais;

II – interpor ou traficar influência alheia para solicitar ascensão, remoção, transferência ou comissionamento;

III – dar informações inexatas, alterá-las ou desfigurá-las;

IV – usar indevidamente os bens do Estado ou de terceiro, sob sua guarda ou vigilância;

V – divulgar notícia sobre serviços ou tarefas em desenvolvimento realizadas pela repartição, ou contribuir para que sejam divulgadas, ou ainda, conceder entrevistas sobre as mesmas sem autorização da autoridade competente;

VI – dar, ceder ou emprestar arma, insígnias ou carteira de identidade funcional;

VII – deixar habitualmente de saldar dívidas legítimas ou de pagar regularmente pensões a que esteja obrigado por decisão judicial;

VIII – manter relações de amizade ou exibir-se em público, habitualmente, com pessoas de má reputação, exceto em razão de serviço;

IX – permutar o serviço sem expressa autorização competente;

X – ingerir bebidas alcoólicas quando em serviço;

XI – afastar-se do município onde exerce suas atividade, sem autorização superior;

XII – deixar, sem justa causa, de submeter-se à inspeção médica determinada em lei ou por autoridade competente;

XIII – valer-se do cargo com o fim ostensivo ou velado de obter proveito de natureza político partidária, para si ou para outrem;

XIV – simular doença para esquivar-se ao cumprimento do dever;

XV – agir, no exercício da função, com displicência, deslealdade ou negligência;

XVI – intitular-se funcionário ou representante de repartição ou unidade policial a que não pertença;

XVII – maltratar preso sob sua guarda ou usar de violência desnecessária no exercício da função policial;

XVIII – deixar de concluir, nos prazos legais ou regulamentares, sem motivos justos, inquéritos policiais, sindicâncias ou processo administrativos;

XIX – participar de atividade comercial ou industrial exceto como acionista, quotista ou comanditário;

XX – deixar de tratar os superiores hierárquicos e os subordinados com a deferência e a urbanidade devida;

XXI – coagir ou aliciar subordinados com objetivos político-partidários;

XXII – praticar usura em qualquer de suas formas;

XXIII – apresentar parte, queixa ou representação infundada contra superiores hierárquicos;

XXIV – indispor funcionários contra seus superiores hierárquicos ou provocar, velada ou ostensivamente, animosidade entre funcionários;

XXV – insubordinar-se ou desrespeitar superior hierárquico;

XXVI – empenhar-se em atividades que prejudiquem o fiel desempenho da função policial;

XXVII – utilizar, ceder ou permitir que outrem use objetos arrecadados, recolhidos ou apreendidos pela polícia;

XXVIII – entregar-se a prática de jogos proibidos ou ao vício da embriagues, ou qualquer outro vício degradante;

XXIX – portar-se de modo inconveniente em lugar público ou acessível ao público;

XXX – esquivar-se, na ausência da autoridade competente, de atender a ocorrências passíveis de intervenção policial que presencie ou de que tenha conhecimento imediato, mesmo fora da escala de serviço;

XXXI – emitir opiniões ou conceitos desfavoráveis aos superiores hierárquicos;

XXXII – cometer a pessoa estranha à organização policial, fora dos casos previstos em lei, o desempenho de encargos próprios ou da competência de seus subordinados;

XXXIII – desrespeitar ou procrastinar o cumprimento de decisão judicial ou criticá-la depreciativamente;

XXXIV – eximir-se do cumprimento de suas obrigações funcionais;

XXXV – violar o código de ética policial.

Art. 17 – As **transgressões disciplinares** são **classificadas** como:

I – leves;

II – médias;

III – graves.

§1º – São de natureza **leve** as transgressões enumeradas nos **incisos I e XII** do artigo anterior;

§2º – São de natureza **média** as transgressões enumeradas nos **incisos XIII e XXI** do artigo anterior;

§3º – São de natureza **grave** as transgressões enumeradas nos **incisos XXII e XXXV** do artigo anterior;

§4º – A **autoridade competente para decidir** a punição **poderá agravar a classificação** atribuída às transgressões disciplinares, atendendo às peculiaridades e conseqüências do caso concreto;

§5º – O **agravamento** previsto no parágrafo anterior **não ocorrerá nos casos em que já houver sido imposta penalidade** aos transgressores, **salvo** se de mera **advertência** ou **repreensão**.

Capítulo III

DAS PENAS DISCIPLINARES

Art. 18 – São penas disciplinares:

I - advertência;

II - repreensão;

III - suspensão;

IV - afastamento do serviço, do cargo ou função;

V - prisão disciplinar.

VI - demissão;

VII - cassação de aposentadoria ou disponibilidade.

Art. 19 – Na aplicação das penas disciplinares serão considerados:

I - repercussão do fato;

II - danos decorrentes da transgressão ao serviço público;

III - causas de justificação;

IV - circunstâncias atenuantes;

V - circunstâncias agravantes;

VI - a classificação da gravidade estabelecida no artigo 17.

§1º - São **causas de justificação**:

1) motivo de força maior, plenamente comprovado;

2) ter sido cometida a transgressão na prática de ação meritória, no interesse do serviço, da ordem ou da segurança pública.

§2º - São **circunstâncias atenuantes**:

1) boa conduta funcional;

2) relevância de serviços prestados;

3) ter sido cometida a transgressão em defesa de direitos próprios ou de terceiros ou para evitar mal maior.

§3º - São **circunstâncias agravantes**:

1) má conduta funcional;

2) prática simultânea de duas ou mais transgressões;

3) reincidência;

4) ser praticada a transgressão, em conluio, por duas ou mais pessoas, durante a execução de serviço, em presença de subordinados ou em público;

5) ter sido praticada a transgressão com premeditação ou abuso de autoridade hierárquica ou funcional.

§4º – **Não haverá punição**, quando, na apreciação da falta, for **reconhecida uma das causas de justificação** prevista no §1º.

Art. 20 – A pena de **advertência** será aplicada **em particular** e **verbalmente**, nos casos de **falta leve**.

Art. 21 – A pena de **repreensão** será aplicada, **por escrito**, nos casos de **falta leve, em caráter reservado**.

Art. 22 – A pena de **suspensão não excederá de noventa dias**, implicando em **perda total dos vencimentos correspondentes aos dias** e será aplicada:

I – de **um a quinze dias**, nos casos de **faltas leves**;

II – de **dezesseis a quarenta dias**, nos casos de **faltas médias**;

III – de **quarenta e um a noventa dias**, nos casos de **faltas graves**.

Art. 23 – O policial poderá ser afastado do serviço ou do exercício do cargo ou de função, sem perda de vencimentos, por prazo não superior e trinta dias, a critério do Secretário de Estado de Polícia Civil, desde que tenha cometido infração disciplinar ou criminal, cuja natureza ou circunstância do fato gerador se constitua em motivo de desonra para a Secretaria de Estado da Polícia Civil ou quando a medida se impuser no interesse de ordem pública.

Parágrafo único – O policial, ainda, será afastado do exercício de seu cargo, nas seguintes situações:

I – preso preventivamente, pronunciado, denunciado por crime funcional, ou condenado por crime inafiançável em processo no qual não haja pronúncia, até decisão transitada em julgado;

II – condenado por sentença definitiva à pena que não determine demissão, enquanto durar seu cumprimento.

(art. 23 e parágrafo único do REPC encontram-se desatualizado frente ao EPC, tendo em vista as alterações implementadas pela Lei. 4.236/03)

Art. 24 – *(Revogado tacitamente pelo o artigo 5º, inciso LXI da CRFB).*

Parágrafo único – *(Revogado tacitamente pelo o artigo 5º, inciso LXI da CRFB)*

Art. 25 – A aplicação das penas previstas nos incisos III, IV e V do art. 18, será sempre divulgada em **Boletim de Serviço**, de circulação restrita aos órgãos da Secretaria de Estado da Polícia Civil.

Parágrafo único – Qualquer que seja o resultado do procedimento disciplinar instaurado, será obrigatoriamente comunicado à Corregedoria Geral de Polícia e à Divisão de Pessoal para fins de registro e anotação na pasta de assentamentos funcionais do servidor.

Art. 26 – A pena de demissão, cassação de aposentadoria ou disponibilidade será aplicada nos casos previstos no Estatuto dos Funcionários Públicos Civis.

Art. 27– São competentes para aplicação das penas disciplinares previstas neste Decreto.

I - O Governador do Estado, em qualquer caso e, privativamente, nos casos de demissão, cassação da aposentadoria ou disponibilidade;

II - O Secretário de Estado da Polícia Civil, nos casos dos incisos III a V do artigo 18;

III - Os dirigentes de unidades administrativas diretamente subordinadas ao Secretário, nos casos dos incisos I a III do artigo 18, aos policiais que lhes forem subordinados e desde que a pena de suspensão não ultrapassasse cinqüenta dias.

IV - Os dirigentes de departamentos não subordinados diretamente ao Secretário, diretores de divisão e titulares de delegacia policial, nos casos dos incisos I a III do artigo 18, aos policiais que lhes forem subordinados desde que a pena de suspensão não ultrapasse a vinte dias.

(art. 27 incisos do REPC encontram-se desatualizado frente ao EPC, tendo em vista as alterações implementadas pela Lei. 4.236/03)

Parágrafo único - Quando, para qualquer transgressão, for prevista mais de uma pena disciplinar, a autoridade competente, atenta as circunstâncias de cada caso, decidirá qual a aplicável.

Art. 28 - Prescrevem:

I - Em dois anos as faltas sujeitas às penas de advertência, repreensão, suspensão, afastamento do serviço, do cargo ou função e prisão disciplinar;

II - Em cinco anos, as faltas sujeitas às penas de demissão, cassação de aposentadoria ou disponibilidade.

§1º - A falta prevista como crime na lei penal prescreverá juntamente com este.

§2º - Prescrita a punição, se ainda houver prejuízo material decorrente do ato punível, o infrator ficará sujeito a reparação do dano, na forma da legislação civil vigente.

§3º - O curso da prescrição começa a fluir da data da prática do evento punível disciplinarmente e interrompe-se pela abertura de sindicância, apuração sumária ou inquérito administrativo.

(art. 28 e parágrafos do REPC encontram-se desatualizado frente ao EPC, tendo em vista as alterações implementadas pela Lei. 4.236/03)

Capítulo IV

DA APURAÇÃO DAS TRANSGRESSÕES DISCIPLINARES

Art. 29 - A aplicação das penas disciplinares de suspensão, afastamento do serviço, do cargo ou função e prisão disciplinar será sempre antecedida de sindicância ou apuração sumária da transgressão cometida pelo policial, ressalvado o preceituado no artigo 32. *(art. 29 do REPC encontra-se desatualizado frente ao EPC, tendo em vista as alterações implementadas pela Lei. 4.236/03)*

Art. 30 - A investigação a que se refere o artigo anterior será ultimada no prazo de dez dias pelo **chefe imediato do transgressor**, que em seu relatório fará consignar:

1 - data, modo e circunstâncias em que teve notícia ou ciência do fato;

2 - versão do fato na forma por que teve conhecimento;

3 – elemento de prova ou indício colhido ou constatado e informação das testemunhas;

4 – defesa do acusado;

5 – conclusão;

6 – decisão, quando for o caso;

Parágrafo único – Ocorrerá o arquivamento da investigação quando:

a) existir causa de justificação;

b) existir dúvida ou prova insuficiente sobre a autoria;

c) ter fluído o prazo prescricional;

d) não restar provada a existência do fato;

e) não ter o sindicado concorrido para a irregularidade administrativa;

f) não haver na forma típica adequação para a irregularidade.

Art. 31 – Na hipótese de o **chefe imediato do transgressor** ser **incompetente para aplicação da pena** disciplinar cabível, os **autos serão imediatamente remetidos à autoridade superior**, dentro de quarenta e oito horas, sob pena de conivência.

Art. 32 – Ocorrendo tratar-se de infração prevista neste Regulamento e no Estatuto dos Funcionários Públicos Civis do Poder Executivo do Estado do Rio de Janeiro, instituído pelo Decreto-Lei nº220, de 18 de julho de 1975, a que seja cominada pena disciplinar superior a cinqüenta dias de suspensão ou demissão, ou cassação de aposentadoria ou disponibilidade, os autos da sindicância serão conclusos ao Secretário de Estado da Polícia Civil com proposição de instauração de inquérito administrativo a ser distribuído a uma das comissões permanentes de inquérito administrativo, da Secretaria Estadual de Administração. *(art. 32 do REPC encontra-se desatualizado frente ao EPC, tendo em vista as alterações implementadas pela Lei. 4.236/03)*

Art. 33 – Para as recompensas e punições, o policial terá o seu comportamento classificado em:

I – excepcional

II – ótimo;

III – bom;

IV – regular;

V – mau.

Art. 34 – **O policial terá conceito bom ao ingressar no serviço público**;

§1º – Os policiais que tiverem anotação de suspensão superior a dez dias, no período de um ano, anterior ao calendário das promoções, serão classificados no conceito "mau"; e no conceito "regular", se tais faltas se registrarem no período de dois anos.

§2º – O policial somente será classificado nos conceitos "excepcional" e "ótimo", se não tiver sofrido pena disciplinar de qualquer espécie, nos períodos, respectivamente, de dez a cinco anos que antecedam o calendário das promoções.

Art. 35 – Decorrido o prazo de dez anos sem anotação de penas disciplinares, o policial poderá requerer o cancelamento das anotações anteriores, que será concedido a critério do Secretário de Estado de Polícia Civil.

Decreto-Lei nº220/75 (EFP)

Art. 52 – A pena de demissão será aplicada nos casos de:

I – falta relacionada no art. 40, quando de natureza grave, a juízo da autoridade competente, e se comprovada má fé;

II – incontinência pública e escandalosa; prática de jogos proibidos;

III – embriaguez habitual ou em serviço;

IV – ofensa física em serviço, contra funcionário ou particular, salvo em legítima defesa;

V – abandono de cargo;

VI – ausência ao serviço, sem causa justificada, por (vinte) dias, interpoladamente, durante o período de 12 (doze) meses; *(alterado pela LC 85/96)*

VII – insubordinação grave em serviço;

VIII – ineficiência comprovada, com caráter de habitualidade, no desempenho dos encargos de sua competência;

IX – desídia no cumprimento dos deveres.

§1º – Para fins exclusivamente disciplinares, considera-se como abandono de cargo a que se refere o inciso V deste artigo, a ausência ao serviço, sem justa causa, por 10 (dez) dias consecutivos. *(alterado pela LC 85/96)*

§2º – Entender-se-á por ausência ao serviço com justa causa a que assim for considerada após a devida comprovação em inquérito administrativo, caso em que as faltas serão justificadas apenas para fins disciplinares.

Art. 53 – O ato de demissão mencionará sempre a causa da penalidade.

Art. 54, – Conforme a gravidade da falta, a demissão poderá ser aplicada com a nota a bem do serviço público.

Art. 55, – A pena de cassação de aposentadoria ou de disponibilidade será aplicada se ficar provado, em inquérito administrativo, que o aposentado ou disponível:

I – praticou, quando ainda no exercício do cargo, falta suscetível de determinar demissão;

II – aceitou, ilegalmente, cargo ou função pública, provada a má fé;

III – perdeu a nacionalidade brasileira.

Parágrafo único – Será cassada a disponibilidade ao funcionário que não assumir, no prazo legal, o exercício do cargo ou função em que for aproveitado.

Resolução SEPC nº 671/94

Art. 1º – O **extravio de bem patrimonial** da Secretaria de Estado da Polícia Civil, entregue sob cautela a servidor lotado em qualquer dependência de sua estrutura, ainda que a disposição de outros órgãos, implica em registro e instauração de **Sindicância Sumária** na Delegacia Policial da circunscrição onde ocorreu o extravio.

§1º – Ocorrendo o extravio fora do território do Estado do Rio de Janeiro ou em lugar incerto, a providência deste artigo será adotada pela Delegacia Policial em cuja circunscrição reside o servidor envolvido.

Art. 2º – A autoridade que registrar perda, extravio, roubo, furto ou apreensão de bem patrimonial deverá encaminhar cópia do RO à DFAE para as devidas anotações do fato e esta, em seguida, informará àquela autoridade qual ou quais os materiais acautelados com o servidor.

Parágrafo único – No mesmo expediente, a DFAE informará se o servidor sindicado já teve outros bens patrimoniais extraviados.

Art. 3º – A sindicância de que trata esta Resolução é obrigatória, não importando as causas ou circunstâncias do extravio.

§1º – Será dispensado a sindicância, quando houver morte de policial e em conseqüência desse fato, for subtraída a arma que portava, bastando que a Delegacia Policial onde ocorreu o evento forme expediente, contendo cópia da ocorrência, cópia do auto de exame cadavérico e informação obtida no DFAE no prazo de 48 (quarenta e oito) horas, sobre a arma subtraída.

§2º – O Subsecretário proferirá despacho decisório munido dos elementos mencionados no parágrafo anterior, conforme o disposto no artigo 7º, alínea b desta Resolução combinado com o artigo 1º da Resolução 459/91.

Art. 4º – Quando da recuperação do bem patrimonial extraviado, as unidades policiais em que tal fato ocorreu deverão comunicá-lo, de imediato, ao Departamento Geral de Administração para adoção das providências decorrentes daquela recuperação, inclusive no tocante à restituição de quantias possivelmente descontadas da remuneração do servidor, responsabilizado civilmente pelo extravio.

Art. 5º – A sindicância deverá ser concluída no prazo de 30 (trinta) dias e encaminhada, devidamente instruída e relatada, ao Diretor do Departamento Geral ao qual se subordina a Delegacia Policial onde foi instaurada, a fim de ser submetida, nos três dias subsequentes ao titular da Pasta.

Parágrafo único – Será encaminhada cópia da sindicância à unidade de lotação do servidor para as providência disciplinares cabíveis, caso as circunstâncias do fato indiquem ter havido negligência na guarda do bem patrimonial extraviado.

Art. 6º – O Diretor Geral do Departamento Geral acima referido, com base na sindicância sumária ou em qualquer outro procedimento complementar, julgado necessário, decidirá sobre o ressarcimento ou não ao erário pelo servidor envolvido no extravio e em seguida remeterá os autos ao Diretor Geral do Departamento Geral de Administração.

Art. 7º – Recebidos os autos o Diretor Geral do DGA procederá da seguinte maneira:

a) Havendo proposta para ressarcimento ao erário pelo valor do bem extraviado providenciará de imediato que seja recolhida a importância devida em favor do Fundo Especial de Polícia Civil – FUNESPOL;

b) Havendo proposta para que seja imputado ao erário o prejuízo verificado os autos serão encaminhados ao subsecretário – SEPC – para homologação ou não desta providência.

Parágrafo único – Não homologada pelo Secretário a proposta de não indenização ao erário a sindicância será restituída ao DGA, para a providência constante da letra "a" deste artigo.

Art. 8º – Após concluído todos os atos pertinentes ao fato, o expediente deverá ser encaminhado ao SAP/DFAE para anotações imprescindíveis aos controles e ao final ser encaminhado para arquivamento na origem.

Art. 9º – Periodicamente e sempre que necessário o Diretor Geral do DGA corrigirá o valor dos bens patrimoniais entregues a servidores sob cautela considerando-se seu preço de mercado ou, sendo o caso, seu custo de confecção.

Art. 10 – Esta Resolução entrará em vigor na data de sua publicação, revogadas as disposições em contrário, especialmente as Resoluções SEPC n.º 0376, de 09 de abril de 1990 e SEPC n.º 0607, de 19 de agosto de 1993.

Manual de Procedimentos de Polícia Judiciária

Resolução SEPC nº 605/93

Art. 131 – A competência para apuração de conduta tipificada no R.E.P.C. – aprovado pelo Decreto 3.044/80 – como transgressão disciplinar, é do **chefe imediato** do servidor ou servidores envolvidos.

Art. 132 – Se envolvidos servidores de duas ou mais UPAJ's a competência, no interior, é das DRPC's (Resolução 210/88) na área dos Departamentos Gerais de Polícia Especializada, da Capital e da Baixada, dos respectivos Departamentos Gerais, ressalvada a competência do DGPTC, DGA e DGTEL, referente aos seus servidores.

Art. 133 – Se os envolvidos estiverem subordinados a duas ou mais DRPC' s, a competência será do DGPI.

Art. 134 – Em se tratando de **servidores de mais de um departamento**, a competência será da **Corregedoria Geral da Polícia.**

Art. 135 – A competência originária das UPAJ's, DRPC's e Departamento Gerais não afasta a da Corregedoria Geral da Polícia.

Art. 136 – **Eventuais conflitos de atribuições** serão resolvidos, sempre, pelo **Titular da Pasta**.

Art. 137 – **Tomando conhecimento** da prática de ato tipificado em legislação própria como transgressão disciplinar, **a Autoridade Policial imediatamente instaurará sindicância** sumária.

§1º – Se, de imediato, ou no curso da sindicância, ficar evidenciada a prática de ilícito penal a autoridade instaurará inquérito policial, devendo a sindicância sumária ser instruída com cópias das peças produzidas no inquérito.

Art. 138 – **Não sendo competente**, encaminhará a notícia dos fatos a seu **superior imediato**.

Resolução SEPOL nº 055 de 24 de junho de 2019

Delega Competência ao Corregedor Geral de Polícia Civil para a prática dos atos que menciona, e dá outras providências.

O SECRETÁRIO DE ESTADO DE POLÍCIA CIVIL DO ESTADO DO RIO DE JANEIRO, no uso de suas atribuições legais, tendo em vista o que consta do Processo nº E-36/320/40/2019,

CONSIDERANDO a necessidade de otimizar, agilizar e regular o trâmite dos processos administrativos disciplinares no âmbito da Secretaria de Estado de Polícia Civil;

CONSIDERANDO o disposto nos artigos 25-B e 25-C do Decreto-Lei nº 218/75 com redação dada pela Lei nº 4.236 de 04 de dezembro de 2003;

CONSIDERANDO o teor dos Decretos Estaduais nº 46.544/2019 e nº 46.547/2019, com a consequente transferência das Comissões Permanentes de Inquérito Administrativo do âmbito da Corregedoria Geral Unificada da extinta Secretaria de Estado de Segurança Pública para a Corregedoria Geral de Polícia Civil da Secretaria de Estado de Polícia Civil/ SEPOL;

CONSIDERANDO o teor do Decreto Estadual nº 46.601/19 que consolida a estrutura organizacional da Secretaria de Estado de Polícia Civil/SEPOL e define as competências dos órgãos;

R E S O L V E:

Art. 1º. Ficam delegadas as competências ao Corregedor Geral da Secretaria de Estado de Polícia Civil para a prática das seguintes atribuições:

I. instaurar processo administrativo disciplinar e o juízo de admissibilidade do processo de revisão, relativamente aos servidores públicos civis ocupantes de cargos de carreiras policiais;

II. conceder prorrogação e devolução de prazo;

III. conceder extensão de poderes para apurar irregularidades constatadas no curso da instrução;

IV. retificar, por apostila, o ato de instauração de processo administrativo disciplinar no que se refere ao nome, situação jurídica e categoria funcional do servidor, sua matrícula, quadro a que pertence e número do processo respectivo;

V. sobrestar processo administrativo disciplinar, por absoluta impossibilidade de prosseguimento, ou cessar os efeitos do sobrestamento, na forma da lei;

VI. determinar o reexame do processo quando verificar a necessidade de aperfeiçoamento da instrução, bem como a rerratificação do termo de ultimação;

VII. decidir pelo afastamento, como medida acautelatória, do policial civil do exercício do cargo ou da função, sem perda de vencimentos, por prazo não superior a 30 dias, nas hipóteses fixadas nos incisos do art. 25-C do Decreto-Lei nº 218/75.

Art. 2º. Esta Resolução entrará em vigor na data de sua publicação.

[...]

Resolução SEPOL nº 082 de 02 de dezembro de 2019

O SECRETÁRIO DE ESTADO DE POLÍCIA CIVIL, no uso de suas atribuições legais,

CONSIDERANDO:

- o princípio administrativo da Eficiência;

- a necessidade de aperfeiçoamento e atualização das rotinas administrativas necessárias ao efetivo cumprimento e acompanhamento das punições impostas aos servidores da Secretaria de Estado de Polícia Civil;

- que, no tocante ao efeito disciplinar, exige-se um lapso temporal suficiente para que o cumprimento da penalidade seja adequado à escala de serviço do Órgão de lotação do servidor;

- que a Secretaria de Estado de Polícia Civil subordina-se tecnicamente ao sistema de pagamento de servidores do Estado do Rio de Janeiro, e há períodos específicos para inserção de registros; e

- o que consta na Correspondência Interna SEPOL/1702/1404/2019;

R E S O L V E:

Art. 1º - A autoridade competente que concluir pela aplicação de pena de suspensão a servidor integrante dos quadros da Secretaria de Estado de Polícia Civil - SEPOL, no âmbito de procedimento administrativo disciplinar ou sindicância, deve comunicar tal decisão ao Departamento ao qual o servidor está vinculado, por meio de correspondência interna, no prazo de 2 (dois) dias úteis, contados da publicação da aplicação da punição em Boletim Informativo.

Art. 2º - O Departamento ao qual o servidor está vinculado remeterá a correspondência interna à unidade de lotação do servidor, para que esta indique o período de efetivo cumprimento da punição, que deverá ocorrer dentro do prazo máximo de 30 (trinta) dias úteis, contados da publicação da punição em Boletim Informativo, bem como providencie as anotações pertinentes no Mapa de Controle de Frequência do servidor e realize as adequações necessárias no que se refere à escala de serviço.

Parágrafo Único - Caso haja alguma circunstância que impossibilite o cumprimento da punição dentro do prazo máximo de 30 (trinta) dias úteis, contados da publicação da punição em Boletim Informativo, a unidade de lotação do servidor deverá comunicar tal fato à Corregedoria Geral de Polícia Civil, para adoção das medidas pertinentes.

Art. 3º - Cumpridos os procedimentos indicados no caput do artigo anterior, a unidade de lotação do servidor remeterá a correspondência interna, devidamente instruída, ao Departamento Geral de Administração e Finanças, a quem incumbe efetivar as demais providências administrativas decorrentes da aplicação da penalidade, no âmbito de sua atribuição.

Art. 4º - Cabe ao Departamento Geral de Gestão de Pessoas, por meio do Setor de Frequência, do Serviço de Registros Funcionais, elaborar o mapa mensal de cumprimento de punições, que será encaminhado à Corregedoria-Geral de Polícia Civil - CGPOL.

§ 1º - O mapa mensal de cumprimento de punições irá reproduzir o lançamento efetuado no Mapa de Controle de Frequência - MCF, pelo Agente de Pessoal responsável pela unidade de lotação do servidor punido.

§ 2º - As informações do mapa mensal de cumprimento de punições serão utilizadas pela CGPOL na gestão de banco de dados próprio, com finalidades pedagógicas e disciplinares.

Art. 5º - Esta Resolução entrará em vigor na data de sua publicação, revogando- se as disposições em contrário, em especial a Determinação nº 129, de 10 de janeiro de 2005.

[...]

3.16. Exercício de Fixação do texto legal

1. O policial manterá observância, tanto ________ rigorosa quanto mais elevado for o grau hierárquico, dos seguintes preceitos de_____:

2. I – servir à _________como obrigação fundamental;

3. II – proteger _____ e_____;

4. III – defender o ______ e o ______contra o engano e a opressão;

5. IV – preservar a _______, repelindo a__________;

6. V – respeitar os ___________e as _________ individuais;

7. VI – jamais revelar ________ ante o perigo e o abuso;

8. VII – exercer a função policial com_________, ________ e________, fazendo observar as leis com___________;

9. VIII – não permitir que ___________ou _________ pessoais possa influir em suas decisões;

10. IX – ser________, porém________, no trato com os delinquentes;

11. X – respeitar a _________ de pessoa humana;

12. XI – preservar a confiança e o apreço de seus concidadãos pelo exemplo de uma conduta _________na vida pública e na particular;

13. XII – cultuar o aprimoramento __________;

14. XIII – amar a __________ e a___________, como fundamentos da ética do serviço policial;

15. XIV – obedecer às ordens superiores, exceto quando manifestamente_________;

16. XV não ____________ o posto em que deva ser substituído sem a chegada do substituto;

17. XVI – respeitar e fazer respeitar a ____________do serviço policial;

18. XVII – prestar auxílio, ainda que não esteja em_____________:

19. 1) a fim de prevenir ou reprimir perturbação da _____________;

20. 2) quando solicitado por qualquer pessoa _______de socorro policial, encaminhando-se à autoridade competente, quando insuficientes as providências de sua alçada.

21. Art. 12, Dec.-Lei 218/75 (EPC). Pelo exercício ________ de suas atribuições o funcionário policial responde _________, __________e ____________.

22. Art. 13, Dec.-Lei 218/75 (EPC). As cominações __________________ poderão cumular-se, sendo umas e outras ________________ entre si, bem assim as instâncias civil, penal e administrativa.

23. Art. 15, Dec.-Lei 218/75 (EPC). As transgressões disciplinares são classificadas como: _____________________________.

24. São de natureza leve as transgressões enumeradas nos incisos ______ do artigo anterior; de natureza média as transgressões enumeradas nos incisos ___________do artigo anterior; e graves as enumeradas nos incisos _____________.

25. A autoridade competente para decidir a punição poderá __________ a classificação atribuída às transgressões atendendo às peculiaridades e consequências do caso concreto.

26. Art. 16, Dec.-Lei 218/75 (EPC). São penas disciplinares: __________, ____________, __________; __________; e____.

27. Art. 16, §1º, Dec.-Lei 218/75 (EPC). São causas de______________: motivo de __________ plenamente comprovado; e ter sido cometida a transgressão na prática de____________, no interesse do serviço, da ordem ou da segurança pública.

28. Art. 16, §4º, Dec.-Lei 218/75 (EPC). Não haverá punição quando, no julgamento da transgressão, for reconhecida uma das __________ previstas.

29. Art. 18, Dec.-Lei 218/75 (EPC) A pena de advertência será aplicada ______________ e ___________, nos casos de falta_______.

30. Art. 19, Dec.-Lei 218/75 (EPC) A pena de repreensão será aplicada, ____________, nos casos de falta________.

31. Art. 20, Dec.-Lei 218/75 (EPC) A pena de suspensão, que não poderá exceder a_______, será aplicada: de___________, nos casos de falta leve; de__________, nos casos de falta média;____________, nos casos de falta grave.

32. Quando houver _____________ para o serviço policial, a pena de suspensão poderá ser convertida em_______, na base de _______________ por dia de vencimento ou remuneração, obrigado, nesse caso, o policial a permanecer no serviço, cumprindo sua carga horária de trabalho normal.

33. Art. 22, Dec.-Lei 218/75 (EPC) A pena de demissão, cassação de aposentadoria ou disponibilidade será aplicada nos casos previstos no___________________________.

34. Art. 24, Dec.-Lei 218/75 (EPC) Extingue-se a punibilidade pela______________: da transgressão disciplinar sujeita à pena de advertência, repreensão ou suspensão no prazo de____________; e da transgressão disciplinar sujeita à pena de demissão, cassação de aposentadoria ou de disponibilidade no prazo de ______________;

35. O curso do prazo prescricional começa a correr da data em que______________.

36. O curso do prazo prescricional _______________ com a ____________ da sindicância ou do processo administrativo disciplinar, até decisão final proferida por autoridade competente.

37. O curso do prazo prescricional _______ enquanto sobrestados a sindicância ou o processo administrativo disciplinar para aguardar decisão judicial; e enquanto insubsistente o vínculo funcional que venha a ser restabelecido.

38. A apuração das infrações, cuja natureza autoriza a aplicação das penalidades de__________, ______________ e _________________será feita mediante sindicância administrativa disciplinar.

39. Quando à transgressão disciplinar for cominada pena_________________, ____________, ____.

40. A sindicância administrativa disciplinar será concluída no prazo de__________, contados a partir de sua instauração. Não sendo possível a conclusão da sindicância administrativa disciplinar, no prazo____________, a autoridade sindicante encaminhará, sob

pena de responsabilidade funcional, no prazo de__________, ao chefe imediato, relatório circunstanciado indicando as diligências faltantes e solicitando prazo para a sua conclusão, que não poderá exceder a _________.

41. Excepcionalmente, não sendo concluída a sindicância administrativa disciplinar no prazo total de____________, a autoridade sindicante, no prazo_________.

42. O processo administrativo disciplinar deverá ser ultimado pela Comissão respectiva, presidida por delegado de polícia, no prazo de__________, contados a partir da sua instauração. Não sendo possível a conclusão do processo administrativo disciplinar no prazo de____________, as comissões encaminharão, sob pena de responsabilidade funcional, no prazo de___________, ao órgão de supervisão, relatório indicando as diligências faltantes e solicitando prazo para sua conclusão, que não poderá exceder a____________.

43. Na hipótese de o indiciado ser______________, o processo administrativo disciplinar será presidido obrigatoriamente por outro de nível igual ou superior.

44. Art. 25-C – O servidor integrante do Quadro de Pessoal da Polícia Civil poderá ser afastado do exercício do cargo ou da função, sem perda de vencimentos, por prazo não superior a_________, a critério do Secretário de Estado de Segurança Pública, nas seguintes hipóteses:

45. §1º – Ao ingressar no serviço público o servidor terá o conceito_______.

Gabarito:

1. mais / ética;
2. sociedade;
3. vidas / bens;
4. inocente / fraco;
5. ordem / violência;
6. direitos / garantias;
7. tibieza;
8. probidade / discrição / moderação / lhaneza;
9. sentimentos / animosidades;
10. inflexível / justo;
11. dignidade;
12. irrepreensível;
13. técnico-profissional;
14. verdade / responsabilidade;
15. ilegais;
16. abandonar;
17. hierarquia;

18. hora de serviço;
19. ordem pública;
20. carente.
21. irregular / civil / penal / administrativamente;
22. civis, penais e disciplinares / independentes;
23. leves, médias e graves;
24. I a XII / XIII a XXI / XXII a XXXV;
25. agravar;
26. advertência / repreensão / suspensão / demissão / cassação de aposentadoria ou disponibilidade;
27. justificação / força maior / ação meritória;
28. causas de justificação;
29. em particular / verbalmente / leve;
30. por escrito / leve;
31. 90 dias / 1 a 15 dias / 16 a 40 dias / de 41 a 90 dias;
32. conveniência / multa / 50% (cinquenta por cento)
33. Estatuto dos Funcionários Públicos Civis;
34. prescrição / 02 (dois) anos / 05 (cinco) anos;
35. o fato se tornou conhecido pela Administração Pública;
36. interrompe-se / instauração;
37. não corre;
38. advertência / repreensão / suspensão até 60 dias;
39. superior a 60 dias de suspensão / demissão / cassação de aposentadoria ou de disponibilidade;
40. 60 (sessenta) dias / de 60 (sessenta) dias / 10 (dez) dias / 30 (trinta) dias;
41. 90 (noventa) dias / de 10 (dez) dias;
42. 90 (noventa) dias / 90 (noventa) dias / 10 (dez) dias / 90 (noventa) dias;
43. delegado de polícia;
44. 30 (trinta) dias;
45. Bom.

4

DIREITOS E VANTAGENS

O ingresso no setor público, ainda hoje, atrai grande parte dos profissionais do mercado de trabalho. Porém, o que tornaria o cargo público mais vantajoso em relação à iniciativa privada? A resposta a tal questionamento repousa nos **direitos e vantagens** trazidos ao titular. Estabilidade no cargo, licenças remuneradas, abonos, adicionais, gratificações, aposentadorias especiais são, muitas vezes, atrativos não encontrados na relação trabalhista do direito privado. Estudemos, portanto.

4.1. Direitos Pessoais

O art. 27 do EPC inicia o Capítulo I, intitulado *"DOS DIREITOS"*. Contudo, a rigor, realiza verdadeira confusão citando como *"direitos"* algumas *"vantagens pecuniárias"*.

Podemos conceituar *"direitos" (sic)* do servidor policial como os **benefícios pessoais inerentes ao cargo público concedidos ao agente nele investido.** Os direitos pessoais não possuem cunho pecuniário contraprestacional pelo exercício da função pública. Não representam o pagamento de uma remuneração pelo desempenho de atribuições, gerais ou mesmo específicas. São, ao contrário, benefícios pessoais (não remuneratórios) ínsitos ao próprio cargo, seja **objetivando tornar atrativa a investidura**, seja **trazendo garantias mínimas para o desenvolvimento adequado das vezes de Estado.**

Nesse sentido, o art. 27 do EPC enuncia *"direitos pessoais decorrentes do exercício da função pública"*. Contudo, melhor seria se o EPC se referisse a **direitos pessoais <u>inerentes</u> ao exercício da função pública**, na medida em que tais direitos não decorrem da função, mas lhe são inerentes, ou seja, garantem o efetivo e eficaz exercício da função.

Título IV

DOS DIREITOS E VANTAGENS

Capítulo I

DOS DIREITOS

Art. 27, Dec.-Lei 218/75 (EPC). São **direitos pessoais** decorrentes do exercício da função policial:

O art. 27, inciso I, do EPC prevê como direito pessoal a *"garantia do uso do título (sic) em toda a sua plenitude, com as vantagens e prerrogativas a ele inerentes"*. De forma arcaica e imprópria, o EPC equipara o cargo público a uma forma de título, tal qual pudesse ser ostentado publicamente, como se fosse uma condecoração de nobreza da época feudal. Na parte final do inciso, cita de forma indevida *"vantagens"* (pecuniárias), que, como afirmado acima, não são direitos pessoais do servidor, dado seu cunho contraprestacional. Visto sob um novo prisma, democrático e constitucional, tal inciso **confere ao servidor policial o direito de exercer todas as prerrogativas inerentes ao seu cargo.**

Art. 27, Dec.-Lei 218/75 (EPC). [...]:

I – **garantia do uso** do título **em toda a sua plenitude**, com as vantagens e **prerrogativas a ele inerentes**;

A estabilidade, vista como direito pessoal do servidor policial, encontra-se elencada no inciso II, do art. 27 do EPC. Como citado em capítulos anteriores, a **estabilidade é a garantia constitucional que o servidor público, investido em cargo efetivo, possui de permanecer no serviço público após o período de três anos de efetivo exercício** (art. 41, CRFB). Após adquirida a estabilidade, o servidor somente poderá perder seu cargo mediante sentença judicial transitada em julgado; processo administrativo disciplinar; ou mediante procedimento de avaliação periódica. (§1º, art. 41, CRFB). Tal direito pessoal objetiva claramente dificultar ingerências políticas indevidas no exercício da função pública. Trata-se de verdadeira prerrogativa do servidor, se vista sob o viés objetivo, constituindo-se em posição individual exigível do Estado, mas também se consubstancia numa instituição de *per si*, de cariz objetivo, relativa à necessidade de se garantir à gestão da coisa pública (em sentido *lato)* a sua blindagem às ingerências não republicanas.

Art. 27, Dec.-Lei 218/75 (EPC). [...]:

II – **estabilidade**, nos termos da legislação em vigor;

Art. 41, CRFB. São **estáveis após três anos de efetivo exercício** os servidores nomeados para cargo de provimento efetivo em virtude de concurso público. *(Redação dada pela Emenda Constitucional nº 19, de 1998)*

§1º – O servidor público estável só perderá o cargo: (Redação dada pela Emenda Constitucional nº 19, de 1998)

I – em virtude de sentença judicial transitada em julgado; (Incluído pela Emenda Constitucional nº 19, de 1998)

II – mediante processo administrativo em que lhe seja assegurada ampla defesa; (Incluído pela Emenda Constitucional nº 19, de 1998)

III – mediante procedimento de avaliação periódica de desempenho, na forma de lei complementar, assegurada ampla defesa. (Incluído pela Emenda Constitucional nº 19, de 1998)

O EPC, no inciso III do art. 27, prevê o *"uso de designações hierárquicas"* como direito pessoal do servidor. De nenhuma utilidade prática ou funcional na atualidade, esse direito pessoal reforçava a característica de *"título"* daqueles agentes investidos em cargo público, muitas vezes a ser ostentado dentro da própria Administração Pública, como também perante a sociedade. Nos tempos atuais, tal disposição visa unicamente a **preservar o princípio da hierarquia dentro do quadro funcional da Administração**, no contexto das relações verticalizadas criadas pelo fenômeno da desconcentração nos órgãos públicos, relativa à distribuição funcional interna de competências dentro de uma mesma pessoa jurídica, tudo do quanto derivará, por exemplo, o *poder disciplinar.*

Art. 27, Dec.-Lei 218/75 (EPC). [...]:

III – uso das **designações hierárquicas**;

"O desempenho de cargos ou funções correspondentes à condição hierárquica" é direito previsto expressamente no EPC, no art. 27, inciso IV. Embora, muitas vezes, tal enunciado seja simplesmente desprezado pela Administração Pública, tal inciso prevê direito que visa preservar a própria hierarquia funcional dentro da instituição. Embora a Administração Pública possua certa discricionariedade para alocar os servidores policiais nas inúmeras funções existentes, deverá fazê-lo respeitando o princípio da impessoalidade. Caso um servidor de condição hierárquica superior seja preterido, injustificadamente, por outro de condição hierárquica inferior, tal ato administrativo, além de estar viciado por desvio de finalidade, violará frontalmente o direito pessoal do servidor. Infelizmente, contudo, a grande carência de servidores policiais na instituição e, muitas vezes, a ausência de policiais qualificados/especializados em determinada função (um *sniper*, por exemplo) dificulta – isso quando não impossibilita – uma equânime e eficaz divisão de funções com base no grau hierárquico.

Art. 27, Dec.-Lei 218/75 (EPC). [...]:

IV – desempenho de cargos e funções correspondentes à condição hierárquica;

Acrescenta o EPC, no inciso VII do mesmo artigo, a concessão ao servidor policial de *"carteira funcional"*. Tal disposição preserva grande importância para o eficaz desempenho da função. Como o servidor policial civil não usa, como regra, fardamento ou uniforme identificador, se utilizará de sua carteira funcional como instrumento hábil para se identificar tanto interna quanto externamente.

Acrescenta, ainda, o art. 36, inciso VII, do REPC o uso de insígnia. A insígnia nada mais é do que um sinal ou marca que identifica uma instituição, cargo ou função. No caso do policial civil, sua insígnia será o distintivo policial. Ademais, o uso indevido, por pessoa estranha às funções policiais, do distintivo policial poderá constituir contravenção penal prevista no art. 46 do Decreto-Lei nº 3.688/41 (LCP), caso não constitua outro crime mais grave.[1]

> **Art. 27, Dec.-Lei 218/75 (EPC).** [...]:
>
> VII – carteira funcional;
>
> **Art. 36, Dec. 3.044/80 (REPC).** [...]:
>
> **VII** – Carteira funcional e **insígnia** na forma estabelecida em legislação própria;
>
> **Art. 46, Dec.-Lei 3.688/41 (LCP).** Usar, publicamente, de uniforme, ou distintivo de função pública que não exerce; usar, indevidamente, de sinal, distintivo ou denominação cujo emprego seja regulado por lei. *(Redação dada pelo Decreto-Lei nº 6.916, de 2.10.1944)*
>
> **Pena** – multa, de duzentos a dois mil cruzeiros, se o fato não constitui infração penal mais grave. *(Redação dada pelo Decreto-Lei nº 6.916, de 2.10.1944)*

A parte inicial do inciso VIII, art. 27, do EPC estipula ao servidor policial o direito pessoal de progressão funcional dentro da carreira, mediante promoções regulares, entre as quais a promoção por bravura, inclusive *post mortem*. Na realidade, a possibilidade de promoções regulares é característica ínsita dos cargos em carreira, em contraposição aos cargos isolados no quadro funcio-

1 Relembramos ao leitor que, na hipótese de usurpação de função pública, não há nenhum ato administrativo existente, por faltarem, principalmente, os pressupostos da competência (elemento caracterizador do sujeito ativo legalmente instituída) e da finalidade (pública). Assim, se determinado cidadão ilegalmente adquire a insígnia (distintivo policial) e, sem qualquer título – regular ou irregular – para com a administração pública, faz as vezes de policial civil, seus atos não se poderão convalidar, mas serão julgados inexistentes, e o sujeito será submetido à persecução criminal. O agente usurpador que descrevemos não se confunde com o agente de fato putativo. Este último possui título de investidura para com os quadros da Administração, mas de cariz irregular. A boa fé, neste caso, do agente – e nisto há a diferença mais pronunciada quanto ao agente usurpador – permite se considerem hígidos os seus atos, que terão a feição própria de atos administrativos, meramente carentes de convalidação por ratificação. Também não é de se confundir o agente usurpador com o agente de fato necessário, que se vislumbra, como regra, nas hipóteses de estado de necessidade administrativo. Seus atos, tais como os do agente de fato putativo, se poderão ratificar pela autoridade competente, se ausente qualquer vício de finalidade.

nal. Contudo, nem todos os cargos do quadro funcional da Polícia Civil são de carreira. O cargo de Piloto Policial, por exemplo, é cargo isolado no quadro funcional, não havendo progressão.

A parte final do inciso VIII, bem como o inciso XVIII, não foi recepcionada pela Constituição da República de 1988, na medida em que preveem as extintas figuras da ascensão e da transferência como formas de provimento em novo cargo público. O tema já foi pacificado, não se admitindo mais a ascensão, nem mesmo a transferência, sem prévia aprovação em concurso público, conforme Súmula 685 do STF, posteriormente transformada na Súmula Vinculante 43.

> **Art. 27, Dec.-Lei 218/75 (EPC).** [...]:
>
> **VIII** – promoções regulares e por bravura, inclusive *post mortem*, ascensões regulares, inclusive post mortem;
>
> **XVII** – acesso e transferência regulamentares;
>
> Súmula 685 do STF.

É inconstitucional toda modalidade de provimento que propicie ao servidor investir-se, sem prévia aprovação em concurso público destinado ao seu provimento, em cargo que não integra a carreira na qual anteriormente investido.

Outro direito pessoal enumerado pelo EPC é o recebimento de medalhas ou condecorações, em especial a medalha Mérito Policial e Mérito Especial, que a rigor são recompensas concedidas ao servidor policial pelo reconhecimento dos bons serviços prestados.

> **Art. 27, Dec.-Lei 218/75 (EPC).** [...]:
>
> **IX** – medalhas Mérito Policial e Mérito Especial e outras condecorações previstas em lei;
>
> **Art. 37, Dec.-Lei 218/75 (EPC).** Recompensa é o reconhecimento dos bons serviços prestados pelo servidor policial.
>
> **Art. 38, Dec.-Lei 218/75 (EPC).** São recompensas:
>
> **IX** – agraciamento com as Medalhas "Mérito Policial" e "Mérito Especial", na forma instituída em lei;

A assistência médica, hospitalar, e social também é garantida ao policial, conforme art. 27, inciso X, do EPC. O REPC, no art. 36, inciso X, acrescenta a assistência judiciária ao servidor policial. Infelizmente, na prática, tais direitos resultam letra morta no EPC. A sobrecarga de serviço, as condições precárias de trabalho, os salários defasados, fazem com que o policial adoeça e permaneça sem qualquer assistência da Administração Pública.

Art. 27, Dec.-Lei 218/75 (EPC). [...]:

X – assistência médica, hospitalar, social e quando ferido, ou acidentado em serviço, ou em razão da função, submetido a processo em decorrência do estrito cumprimento do dever legal.

Art. 36, Dec. 3.044/80 (REPC). [...]:

X – Assistência médico-hospitalar, social e **judiciária**, quando ferido ou acidentado em serviço ou em razão da função, submetido a processo em decorrência do estrito cumprimento do dever legal;

É direito do servidor, quando removido de uma unidade para outra de município diverso, gozar do período chamado de **trânsito,** previsto no inciso XII, do art. 27 do EPC. O **afastamento** do serviço é garantido ao servidor pelo **prazo de 5 dias**, devendo este se apresentar em até 24 horas após o trânsito à unidade policial para a qual fora designado.

Art. 27, Dec.-Lei 218/75 (EPC). [...]:

XII – trânsito quando desligado de uma sede para assumir exercício em outra, situada em município diferente;

Art. 36, Dec. 3.044/80 (REPC). [...]:

XII – Trânsito: o período correspondente a cinco dias de afastamento total do serviço, concedido ao policial civil, quando desligado de uma sede para assumir exercício em outra situada em município diferente e se destina a preparativos e à realização de viagem;

[...]

Parágrafo único – O policial, vinte e quatro hora após o último dia do período de trânsito, deverá apresentar-se à unidade policial para a qual foi designado.

A figura da "prisão domiciliar por tempo de serviço", prevista no art. 26, inciso XIV, do EPC foi revogada tacitamente pela Constituição da República, conforme art. 5º, inciso LXI.

Art. 27, Dec.-Lei 218/75 (EPC). [...]:

XIV – prisão domiciliar por tempo de serviço;

Art. 5º, CRFB. [...]

LXI – ninguém será preso senão em flagrante delito ou por ordem escrita e fundamentada de autoridade judiciária competente, salvo nos casos de transgressão militar ou crime propriamente militar, definidos em lei;

O inciso XVIII do art. 27 do EPC prevê norma que garante ao policial, quando condenado a cumprir pena privativa de liberdade, que sejam empreendidas as medidas necessárias para o resguardo de sua integridade física. Embora o conteúdo da norma seja importante, ela em nada inova ou altera a legislação específica federal sobre a execução de penas (Lei 7.210/84), tendo em vista ser de competência privativa da União legislar sobre direito penal e processual penal.

A rigor, trata-se também de letra legal desnecessária. O respeito à incolumidade de quaisquer pessoas submetidos ao poder punitivo decorre diretamente da Constituição Federal. Podemos reler o dispositivo no sentido de que, com o policial, deve a Administração Penitenciária, por exemplo, tomar a cautela de separá-lo dos demais presos. Em diversas localidades do país, não é de todo raro se vislumbrar a hipótese abstrata da possibilidade de o policial dividir cela com quem outrora prendeu. Esse fato deve ser evitado.

> **Art. 27, Dec.-Lei 218/75 (EPC).** [...]:
>
> **XVIII** – garantias devidas ao resguardo da integridade física do policial em caso de cumprimento de pena em estabelecimento penal, conquanto sujeito ao sistema disciplinar penitenciário;

Por fim, prevê o EPC a manutenção do porte de arma de fogo ao policial aposentado. Chamamos a atenção do leitor para um precedente do Superior Tribunal de Justiça[2] que entendeu que "o *porte de arma de fogo a que têm direito os policiais civis não se estende aos policiais aposentados. Isso porque, de acordo com o art. 33 do Decreto 5.123/2004, que regulamentou o art. 6º da Lei 10.826/2003, o porte de arma de fogo está condicionado ao efetivo exercício das funções institucionais por parte dos policiais, motivo pelo qual não se estende aos aposentados*", estatuindo que "*de acordo com o artigo 33 do Decreto Federal 5.123/2004, que regulamentou o artigo 6º da Lei 10.826/2003, o porte de arma de fogo está condicionado ao efetivo exercício das funções institucionais por parte dos policiais, motivo pelo qual não se estende aos aposentados*". Contudo, vejamos o art. 27, XIX, do EPC:

> **Art. 27, Dec.-Lei 218/75 (EPC).** [...]:
>
> **XIX** – quando aposentado, porte de arma.

A Constituição da República, prevê no art. 21, inciso VI, a competência da União para autorizar e fiscalizar aspectos relacionados a material bélico, incluindo-se, nesses casos a concessão de porte de arma de fogo. O Regulamento do Estatuto do Desarmamento, Decreto Federal 5.123/04, em seu art. 37, dispõe expressamente sobre os requisitos para manutenção do porte de arma quando

2 STJ. 5ª Turma. HC 267.058-SP, Rel. Min. Jorge Mussi, 04.12.2014.

aposentado o servidor policial. Este será, portanto, o fundamento jurídico para a manutenção do porte de arma do policial aposentado, frente a competência da constitucional da União para tratar sobre o tema.

> **Art. 21, CRFB.** Compete à União:
>
> [...]
>
> **VI** – autorizar e fiscalizar a produção e o comércio de material bélico;
>
> **Art. 6º, Lei 10.826/03.** É proibido o porte de arma de fogo em todo o território nacional, salvo para os casos previstos em legislação própria e para:
>
> [...]
>
> **II** – os integrantes de órgãos referidos nos incisos I, II, III, IV e V do caput do art. 144 da Constituição Federal e os da Força Nacional de Segurança Pública (FNSP); (Redação dada pela Lei nº 13.500, de 2017)

O precedente que ora trabalhamos, do STJ, não analisou o art. 37 do Decreto 5.123/04, e isto porque não se discutia, à época, esse dispositivo. Fato é que a Corte Cidadã, corretamente, decidiu que o porte como policial da ativa não se estende à condição de aposentado. Assim, por exemplo, quando de sua aposentadoria, o policial civil deve devolver a arma de fogo da corporação. Todavia, esse fato não interfere na possibilidade da qual dispõe de portar sua própria arma de fogo, desde que cumpra os requisitos específicos das normas pertinentes.

O art. 27 do EPC, em vários incisos, prevê o direito do servidor policial a receber vencimento e vantagens pecuniárias. Se equivocou o legislador ao prever tais vantagens como *"direitos" (sic)*. Embora seja direito subjetivo do servidor policial perceber seu vencimento, bem como outras vantagens pecuniárias como contraprestação pelo serviço prestado, tais *"direitos" (sic)* não se adequam ao conceito jurídico de direitos pessoais, mas sim à própria **remuneração do servidor policial.**

> **Art. 27, Dec.-Lei 218/75 (EPC).** [...]
>
> **V** – percepção de vencimento correspondente ao padrão fixado em lei e de vantagens pecuniárias;
>
> **VI** – percepção de salário família, diárias e ajuda de custo;
>
> **XI** – aposentadoria nos termos da lei, com proventos integrais, independente de tempo de serviço, quando for reconhecida a invalidez permanente por motivo de acidente em serviço ou em conseqüência dele.
>
> **XIII** – auxílio funeral;
>
> **XV** – férias e licenças previstas em lei;
>
> **XVI** – gratificação adicional por tempo de serviço;

4.2. Férias

Cuida-se de direito individual constitucionalmente garantido, ao servidor público. Com previsão expressa para todos os trabalhadores em geral, o direito às férias[3] foi previsto no art. 7º, inciso XVII, CRFB e estendido aos servidores públicos por força do art. 39, §3º, CRFB, podendo cada estatuto funcional especificar requisitos específicos devido a natureza do cargo.

> **Art. 7º, CRFB.** São **direitos** dos trabalhadores urbanos e rurais, além de outros que visem à melhoria de sua condição social:
>
> [...]
>
> **XVII** – gozo de **férias anuais remuneradas com, pelo menos, um terço a mais do que o salário normal**;
>
> **Art. 39, CRFB.** [...]
>
> **§ 3º** – Aplica-se aos **servidores ocupantes de cargo público** o disposto no **art. 7º**, IV, VII, VIII, IX, **XII**, XIII, XV, XVI, XVII, XVIII, XIX, XX, XXII e XXX, **podendo a lei estabelecer requisitos diferenciados** de admissão quando a natureza do cargo o exigir. *(Incluído pela Emenda Constitucional nº 19, de 1998)*

O EPC prevê o período de 30 dias de férias, seguindo a regra dos trabalhadores da iniciativa privada, estipulando, contudo, ser vedada a acumulação de férias, salvo por necessidade da Administração, em no máximo dois períodos. Não é permitido, portanto, que sejam acumulados períodos de férias no interesse exclusivo do servidor policial.

Quando do gozo de férias, há a necessidade do servidor policial informar seu endereço eventual para seu chefe imediato, tendo em vista ser facultado ao Secretário de Segurança Pública interromper o período de férias dos servidores caso haja situação emergencial, necessitando esse ser prontamente localizado.

Em caso de interrupção, é assegurado ao servidor renovar o gozo do período interrompido, em momento escolhido pela Administração.

Questão sensível repousa na situação fática de grande carência de servidores no quadro funcional, o que acaba por impedir o gozo de férias eventualmente acumuladas no interesse da Administração Pública.

Observa-se, muitas vezes, policiais que trabalham cinco, dez, quinze anos sem que tenham gozado sequer um único período de férias em sua vida funcional, sempre sob o argumento da *"necessidade do serviço público"*. As férias

---

3 Tradicionalmente concebido como direito social, ou direito de 2ª geração, o direito às férias tem um cariz ambivalente muito pronunciado. A um momento, de fato, impõe uma prestação positiva por parte do Estado no sentido de garantir ao seu servidor a situação jurídica de gozo das férias. Todavia, também possui uma faceta negativa, própria dos direitos de defesa ou de 1ª geração, no sentido de que deve se abster de embaraçar-lhe o desfrute, com a ressalva das situações excepcionais devidamente justificadas *in concreto*.

não são prêmios ou concessões discricionárias ao servidor policial, mas **direito subjetivo** deste, quando satisfeito o **requisito** necessário para sua **aquisição**, que será unicamente o transcurso de **um ano de efetivo exercício das funções**. Satisfeita essa condição fática, é direito subjetivo do servidor o gozo de 30 dias de férias em escala estipulada pela própria Administração. Não lhe é dado escolher unilateralmente, por exemplo, o mês em que deseja gozar suas férias, mas lhe é assegurado o direito de tê-las.

Nessas hipóteses, de **acúmulo de férias e da impossibilidade de gozá-las**, tem sido suscitada questão sobre a **possibilidade de indenização**. Anteriormente, era possível o computo em dobro, para efeitos de tempo de aposentadoria, do período de férias não gozado. Com o advento do §10, do art. 40, da CRFB, houve vedação expressa para contagens de tempo fictos de contribuição, fazendo com que os Tribunais passassem a conceder indenizações por férias, ou mesmo licenças não gozadas, sob pena de ocorrer o locupletamento da Administração em virtude de sua própria torpeza e às custas de um direito subjetivo violado do servidor policial. Nesse sentido é tranquila a jurisprudência do Tribunal de Justiça do Estado do Rio de Janeiro.[4]

Art. 40, CRFB. [...].

§10 – A lei **não poderá** estabelecer qualquer **forma de contagem de tempo de contribuição fictício**. *(Incluído pela Emenda Constitucional nº 20, de 15/12/98)*

O inciso XVII, do art. 77 da CERJ, que previa a possibilidade do servidor público dispor do período de férias ou licença especial para que fossem contados em dobro para aposentadoria ou pecúnia indenizatória, foi declarado inconstitucional.[5]

Art. 77, CERJ. [...]

XVII – o servidor público estadual, civil ou militar, poderá gozar licença especial e férias na forma da lei ou de ambas dispor, sob a forma de direito de contagem em dobro para efeito de aposentadoria ou tê-las transformadas em pecúnia indenizatória, segundo sua opção;

Capítulo II

DAS FÉRIAS

Art. 29, Dec.-Lei 218/75 (EPC). O funcionário gozará, obrigatoriamente, 30 (trinta) dias de férias por ano, concedidas de acordo com escala organizada pelo chefe imediato.

---

4 TJRJ, Recurso Inominado nº 0297167-45.2011.8.19.0001, Rel. Luiz Fernando de Andrade Pinto1ª Turma Recursal Fazendária, 17.01.04.

5 STF, ADI 227-9/RJ, Rel. Min. Maurício Corrêa, Pleno, 19/11/97.

Art. 30, Dec.-Lei 218/75 (EPC). É proibida a acumulação de férias, salvo por imperiosa necessidade de serviço e pelo máximo de 02 (dois) períodos.

Art. 31, Dec.-Lei 218/75 (EPC). O funcionário ao entrar em férias, participará ao chefe imediato seu endereço eventual.

Art. 32, Dec.-Lei 218/75 (EPC). Mediante convocação do Secretário de Segurança Pública, o funcionário policial será obrigado a interromper suas férias em situação de emergente necessidade da segurança nacional ou para manutenção da ordem pública.

Parágrafo único – O funcionário terá direito a renovar o gozo do período assim interrompido, em época oportuna, sempre a critério da administração.

Capítulo II

DOS DIREITOS

Seção I

DAS FÉRIAS

Art. 38, Dec. 3.044/80 (REPC) O policial gozará, obrigatoriamente, 30 (trinta) dias consecutivos de férias remuneradas por ano civil, de acordo com a escala respectiva.

Art. 39, Dec. 3.044/80 (REPC) É proibida a acumulação de férias, salvo imperiosa necessidade de serviço, não podendo a acumulação, neste caso, abranger mais de dois período.

Art. 40, Dec. 3.044/80 (REPC) O policial, ao entrar em férias, participará ao chefe imediato seu endereço eventual.

Art. 41, Dec. 3.044/80 (REPC) Mediante convocação do Secretário de Estado da Polícia Civil, o policial será obrigado a interromper sua férias, em situação de emergente necessidade de segurança nacional ou para manutenção de ordem pública.

Parágrafo único – O policial terá direito a retornar às férias interrompidas, em época oportuna, sempre a critério da administração.

Art. 42, Dec. 3.044/80 (REPC) A escala de férias poderá ser alterada, de acordo com as necessidades do serviço, por iniciativa do superior ao qual estiver imediatamente subordinado, comunicada a alteração ao órgão competente, inclusive para efeito de acumulação de períodos.

Art. 43, Dec. 3.044/80 (REPC) Somente depois do primeiro ano de efetivo exercício, adquirirá o policial direito a férias, as quais corresponderão ao ano em que se completar esse período.

Art. 44, Dec. 3.044/80 (REPC) É vedado levar à conta de férias qualquer falta ao trabalho.

Art. 45, Dec. 3.044/80 (REPC) Excepcionalmente, em razão da natureza do serviço, serão concedidas férias, com início em um exercício e término no seguinte, bem como parceladas em períodos de dez e quinze dias.

Art. 46, Dec. 3.044/80 (REPC) Obrigatoriamente, quando ocorrer movimentação do servidor, deverá ser comunicada a seu novo chefe a sua situação sobre o período de férias.

4.3. Remuneração

O sistema remuneratório do servidor público em geral encontra fundamento de validade tanto na Constituição da República quanto em seus estatutos funcionais. Diversos são os institutos jurídicos relacionados ao tema, com nomenclaturas distintas.

Remuneração pode ser conceituada como o **montante recebido pelo servidor público composto por <u>vencimento</u> e <u>vantagens pecuniárias</u>.**

O **vencimento**, também chamado de vencimento-base ou vencimento-padrão, consistirá na **contraprestação recebida pelo exercício das funções inerentes ao cargo.**

Já as **vantagens pecuniárias** consistem nas parcelas acrescidas ao vencimento devido a **situação fática específica** previamente definida em lei. As vantagens pecuniárias se dividem em **adicionais** ou **gratificações.** Como exemplo, podemos citar o adicional por tempo de serviço, que incidirá quando determinada situação específica funcional ocorrer, que nesse caso é o transcurso de determinado período de tempo no efetivo exercício funcional. Os estatutos funcionais podem prever outras formas de vantagens pecuniárias, tais como abonos, prêmios, verbas de representação, etc.

Importante destacar, contudo, que **a remuneração do servidor será o somatório de seu vencimento com as vantagens pecuniárias.**

No caso dos servidores policiais, a Emenda Constitucional nº 19/98, que implementou a reforma administrativa do Estado, passou a denominar de subsídio a forma de se remunerar o servidor policial, vedando o acréscimo de qualquer tipo de vantagem pecuniária. O **subsídio**, portanto, representa a **única parcela da remuneração do servidor policial.**

Art. 39, CRFB. [...]

§4º – O membro de Poder, o detentor de mandato eletivo, os Ministros de Estado e os Secretários Estaduais e Municipais serão remunerados exclusivamente por **subsídio** fixado em **parcela única**, vedado o acréscimo de qualquer gratificação, adicional, abono, prêmio, verba de representação ou outra espécie remuneratória, obedecido, em qualquer caso, o disposto no art. 37, X e XI. *(Incluído pela Emenda Constitucional nº 19, de 1998)*

Art. 144, CRFB. [...].

§9º – A remuneração dos servidores policiais integrantes dos órgãos relacionados neste artigo será fixada na forma do §4º do art. 39. *(Incluído pela Emenda Constitucional nº 19, de 1998)*

Sem embargos das implementações constitucionais, dada a irredutibilidade salarial (art. 7º, VI, da CRFB), também aplicada ao servidor público (art. 37, XV, da CRFB), permanecem válidos os Estatutos Funcionais anteriores à EC 19/98, que ainda não tenham alterado o sistema remuneratório (vencimento e vantagens pecuniárias) para subsídio, que é o caso do EPC.

A remuneração dos servidores públicos deve ser fixada por lei específica, conforme art. 37, inciso X, da CRFB. No caso do policial do Estado do Rio de Janeiro, a iniciativa da lei será do Governador do Estado, limitado, nesse caso, ao teto constitucional estabelecido no art. 37, inciso XI, da CRFB, que será o subsídio mensal do Governador do Estado. Contudo, a própria Constituição da República, no seu §12 do mesmo artigo, faculta ao Estado, mediante emenda à CERJ, a fixação de limite único como sendo o subsídio dos Desembargadores do Tribunal de Justiça.[6]

Art. 37, CRFB. [...].

X – a **remuneração** dos servidores públicos e o **subsídio** de que trata o § 4º do art. 39 somente poderão ser **fixados ou alterados por lei específica**, observada a **iniciativa privativa** em cada caso, assegurada revisão geral anual, sempre na mesma data e sem distinção de índices; *(Redação dada pela Emenda Constitucional nº 19, de 1998)*

Art. 61, CRFB. [...]

§1º – São de **iniciativa privativa** do Presidente da República as leis que:

II – disponham sobre:

6 No Estado do Rio de Janeiro ainda não foi editada Emenda à Constituição do Estado, alterando o limite remuneratório. Até a edição deste livro, segue tramitação na ALERJ da Proposta de Emenda Constitucional nº 75/2014, que objetiva alterar o teto remuneratório do funcionalismo público estadual, alterando o art. 77 da CERJ, que passaria a ter a seguinte redação:

Art. 77, CERJ. [...]

XIII – a remuneração e o subsídio dos ocupantes de cargos, funções e empregos públicos da administração direta, autárquica e fundacional, dos Poderes do Estado do Rio de Janeiro, do Ministério Público, do tribunal de Contas do Estado, da procuradoria Geral do Estado e da Defensoria Pública e os proventos, pensões ou outra espécie remuneratória, percebidos cumulativamente ou não, incluídas as vantagens pessoais ou de qualquer outra natureza, não poderão exceder o subsídio mensal, em espécie, dos Desembargadores do Tribunal de Justiça, nos termos do §12 do art. 37 da Constituição da República Federativa do Brasil.

c) servidores públicos da União e Territórios, seu regime jurídico, provimento de cargos, estabilidade e aposentadoria; *(Redação dada pela Emenda Constitucional nº 18, de 1998)*

Art. 37, CRFB. [...]

XI – a **remuneração** e o **subsídio** dos **ocupantes de cargos, funções e empregos públicos da administração direta**, autárquica e fundacional, dos membros de qualquer dos Poderes da União, **dos Estados**, do Distrito Federal e dos Municípios, dos detentores de mandato eletivo e dos demais agentes políticos e os **proventos, pensões ou outra espécie remuneratória**, percebidos cumulativamente ou não, **incluídas as vantagens pessoais ou de qualquer outra natureza**, **não poderão exceder o subsídio mensal, em espécie**, dos Ministros do Supremo Tribunal Federal, **aplicando-se como limite**, nos Municípios, o subsídio do Prefeito, e **nos Estados e no Distrito Federal, o subsídio mensal do Governador no âmbito do Poder Executivo**, o subsídio dos Deputados Estaduais e Distritais no âmbito do Poder Legislativo e o subsídio dos Desembargadores do Tribunal de Justiça, limitado a noventa inteiros e vinte e cinco centésimos por cento do subsídio mensal, em espécie, dos Ministros do Supremo Tribunal Federal, no âmbito do Poder Judiciário, aplicável este limite aos membros do Ministério Público, aos Procuradores e aos Defensores Públicos; *(Redação dada pela Emenda Constitucional nº 41, 19.12.2003)*

[...]

§12 – Para os fins do disposto no inciso XI do caput deste artigo, fica **facultado aos Estados** e ao Distrito Federal fixar, em seu âmbito, **mediante emenda às respectivas Constituições** e Lei Orgânica, como **limite único**, o **subsídio mensal dos Desembargadores do respectivo Tribunal de Justiça**, limitado a noventa inteiros e vinte e cinco centésimos por cento do subsídio mensal dos Ministros do Supremo Tribunal Federal, não se aplicando o disposto neste parágrafo aos subsídios dos Deputados Estaduais e Distritais e dos Vereadores. *(Incluído pela Emenda Constitucional nº 47, de 2005)*

4.4. Vantagens pecuniárias

As vantagens pecuniárias são efetivamente tratadas no REPC, em seu art. 89 e seguintes, dividindo-se em **adicional por tempo de serviço, gratificações**, e **ajuda de custo e transporte.**

Art. 89, Dec. 3.044/80 (REPC). Além do vencimento, poderá o policial perceber as seguintes vantagens pecuniárias:

I – adicional por tempo de serviço;

II – gratificações;

III – ajuda de custo e transporte ao policial mandado servir em nova sede;

IV – diárias àquele que, em objeto de serviço, se deslocar eventualmente da sede.

4.4.1. Adicional por tempo de serviço

O adicional por tempo de serviço era previsto no art. 90 do REPC. Contudo, foi derrogado pelo art. 2º da Lei RJ 1.522/89, que passou a prever o **triênio** como **adicional por tempo de serviço para todo funcionalismo civil do Estado do Rio de Janeiro**.

> **Art. 90, Dec. 3.044/80 (REPC).** O adicional por tempo de serviço é o percentual calculado sobre o vencimento-base de cargo efetivo, a que faz jus o policial, por quinquênio de efetivo exercício, decorrente de antigüidade no serviço público, apurado na forma do título IX.
>
> **§1º** – A cada qüinqüênio de efetivo exercício, corresponderá um grau de progressão horizontal até o limite de sete graus.
>
> **§2º** – O regime de qüinqüênio prevalecerá somente para o ingresso de novos servidores na carreira policial.
>
> **§3º** – Ficam assegurados os direitos adquiridos pelos policiais ao recebimento de triênios ou de qüinqüênio, segundo o Estado de origem, quando ainda percebidos na data da entrada em vigor do novo regime de adicional de tempo de serviço.
>
> **§4º** – A cada triênio de efetivo exercício corresponderá um grau de progressão horizontal até o limite de nove graus.
>
> **§5º** – O percentual correspondente a cada qüinqüênio ou triênio será de 5% do vencimento-base do policial até o limite máximo de 35% ou 50%, respectivamente, de conformidade com o §§ 2º e 3º deste artigo.
>
> **§6º** –A progressão horizontal é devida a partir do dia imediato àquele em que o policial completar o triênio ou qüinqüênio e será concedido independentemente de requerimento do interessado.
>
> **Art. 2º, Lei RJ 1.522/89** – O regime de **adicional por tempo de serviço** para todo o funcionalismo civil do Estado do Rio de Janeiro, ativo ou inativo, será o de **triênio**, sendo o primeiro deles equivalente a 10% (dez por cento) e os demais a 5% (cinco por cento), limitados a um máximo de 9 (nove) triênios.
>
> **Parágrafo único** – O valor da vantagem prevista no caput acompanhará as majorações remuneratórias na proporção da referida base de cálculo.

Restou fixado, então, o valor inicial de 10% sobre o vencimento para o primeiro triênio. Posteriormente, 5% para os triênios subsequentes, respeitado o limite máximo de 60% (correspondente ao máximo de 9 triênios).

4.4.2. Gratificações

As gratificações são classificadas no REPC conforme relação abaixo.

A gratificação de função é a vantagem pecuniária a que se refere o art. 9º, parágrafo único, do REPC, quando o policial for nomeado para exercer cargo de **direção ou assistência intermediária** (DAI).

> **Art. 9º, Dec. 3.044/80 (REPC).** [...]
>
> Parágrafo único – O policial poderá ser nomeado para exercer o **cargo em comissão de direção e assistência intermediárias (DAI)**, pelo exercício do qual lhe será concedida vantagem cumulativa, acessória ao vencimento.

Especificações sobre o regramento da gratificação de função podem ser observadas nos arts. 92 *usque* 94 do REPC (transcrição no final do capítulo).

A gratificação pelo exercício de cargo em comissão é devida nos casos de exercício de cargo em comissão, conforme disposto no art. 7º do REPC, ou seja, encargos de **direção e assessoramento superior.** O art. 95 do REPC trata sobre a gratificação pelo exercício de cargo em comissão (transcrição no final do capítulo).

> **Art. 7º, Dec. 3.044/80 (REPC).** Os **cargos em comissão** destinam-se a atender a **encargos de direção e assessoramento superiores** e serão providos, através de livre escolha do Governador, por indicação do Secretário de Estado da Polícia Civil, dentre os policiais e pessoas que possuam aptidões técnicas e reúnem as condições necessárias à investidura no serviço público.

A gratificação de representação em gabinete é concedida aos policiais em exercícios no gabinete da Chefia de Polícia, no exercício de funções específicas (art. 96 *usque* 98 do REPC).

A gratificação de participação em órgão de deliberação coletiva encontra-se regulamentada nos arts. 99 *usque* 101 do REPC.

Por fim, a gratificação de participação em banca examinadora de concurso ou professor em curso oficialmente instituído encontra-se regrada nos art. 102 *usque* 108 do REPC.

4.4.3. Ajuda de Custo e Transporte

A ajuda de custo e transporte é vantagem pecuniária com natureza indenizatória,[7] prevista nos arts. 109 *usque* 121 do REPC, que tem por finalidade compensar o servidor policial por despesas de viagem, mudança e instalação em razão de sua remoção de Unidade de Polícia, havendo necessidade de deslocamento de sua residência.

Considera-se necessária a transferência de residência do policial quando sua remoção for para unidade distante mais de 100 km de sua residência.

4.4.4. Diária

Havendo necessidade do policial se deslocar, **temporariamente**, em decorrência do serviço, da localidade onde estiver sediada sua unidade, lhe será pago, a título indenizatório, diária, no sentido de compensar as despesas de alimentação e/ou pousada, além de lhe ser garantido o transporte (*art. 122 usque 127 do REPC*).

4.5. Licenças

As licenças são direitos pessoais do servidor policial que se adquirem pela intercorrência de determinado fato administrativo. Estão previstas no REPC, arts. 47 *usque* 88.

Vejamos as espécies de licença.

7 E, dada a sua natureza, não atrai o limite do teto remuneratório constitucional. A indenização não é remuneração, e visa somente recompor um déficit patrimonial do servidor, dado em virtude do serviço público.

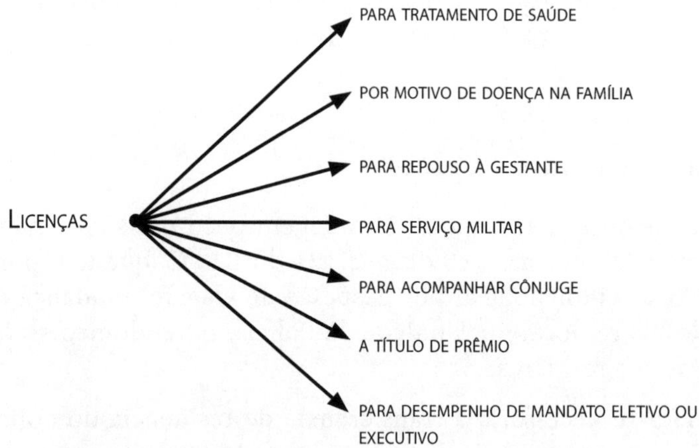

Art. 47, Dec. 3.044/80 (REPC). Conceder-se-á licença:

I – Para tratamento de saúde;

II – Por motivo de doença em pessoa da família;

III – Para repousa à gestante;

IV – Para serviço militar;

V – Para acompanhar o cônjuge;

VI – A título de prêmio;

VII – Para desempenho de mandato legislativo ou executivo.

Art. 48, Dec. 3.044/80 (REPC). Salvo os casos previstos nos incisos IV, V, e VII do artigo anterior, o policial não poderá permanecer em licença por prazo superior a vinte quatro meses;

§1º – Excetua-se do prazo estabelecido neste artigo, a licença para tratamento de saúde, quando o policial for considerado recuperável a juízo da junta médica.

§2º – Nas licenças dependentes de inspeção médica, expirado o prazo deste artigo e ressalvada a hipótese referida no parágrafo anterior, o policial será submetido a nova inspeção, que concluirá pela sua volta ao serviço, pela sua readaptação, ou pela aposentadoria, se for julgado definitivamente inválido para o serviço público policial.

Art. 49, Dec. 3.044/80 (REPC). As licenças previstas nos incisos I, II, e III do artigo 47 serão concedidas pelo órgão médico oficial ou por outros, aos quais aquele transferir ou delegar atribuições, e pelo prazo indicado nos respectivos laudos.

§1º – Estando o policial ou pessoa de sua família absolutamente impossibilitado de locomover-se e não havendo na localidade qualquer dos órgãos referidos neste artigo, poderá ser admitido laudo expedido por órgão médico de outra entidade pública e, na falta, atestado passado por médico particular com firma reconhecida.

§2º - Nas hipóteses referidas no parágrafo anterior, o laudo ou atestado deverá ser encaminhado ao órgão médico competente, no prazo máximo de três dias contados da primeira falta ao serviço médico; a licença respectiva somente será considerada concedida com a homologação do laudo ou atestado, a qual será sempre publicada.

§3º - Será facultado ao órgão competente, em caso de dúvida razoável, exigir nova inspeção por outro médico ou junta oficial.

§4º - No caso de o laudo ou atestado não ser homologado, o policial será obrigado a reassumir o exercício do cargo, dentro de três dias contados de publicação do despacho ou ciência nos autos, sendo considerados como de efetivo exercício os dias em que deixou de comparecer ao serviço por esse motivo.

§5º - Se, na hipótese do parágrafo anterior, a não homologação decorrer de falsa afirmativa por parte do médico atestante, os dias de ausência do funcionário serão tidos como falta ao serviço, sujeitos, um e outro, a processo administrativo disciplinar, que apurará e definirá responsabilidade; caso o médico atestante não esteja vinculado ao Estado, para fins disciplinares este comunicará o fato ao Ministério Público ou ao Conselho Regional de Medicina em que seja inscrito.

Art. 50, Dec. 3.044/80 (REPC). A licença poderá ser prorrogada *"ex-officio"* ou a pedido.

§1º - O pedido de prorrogação deverá ser apresentado antes de findo o prazo de licença; se indeferido, contar-se-á como de licença o período compreendido entre a data do término e a da publicação do despacho.

§2º - A licença concedida dentro de sessenta dias, contados do término da anterior, será, a critério médico, considerada como sua prorrogação.

Art. 51, Dec. 3.044/80 (REPC). Ressalvada a hipótese de faltas por motivo de doença comprovada, inclusive em pessoa da família, até o máximo de três, durante o mês, o tempo necessário à inspeção médica será considerado como de licença.

§1º - Considerando apto o policial ou pessoa de sua família, reassumirá ele o exercício, sob pena de serem computados como faltas os dias de ausência ao serviço.

§2º - Se da inspeção ficar constatada simulação do policial, as ausências serão havidas como faltas ao serviço e o fato será comunicado ao órgão de pessoal, para as providências disciplinares cabíveis.

Art. 52, Dec. 3.044/80 (REPC). Ao policial provido em comissão, ou designado para função gratificada, não se concederão, nesta qualidade, as licenças referidas nos incisos IV, V, VI e VII do artigo 47.

Art. 53, Dec. 3.044/80 (REPC). No processamento das licenças dependentes de inspeção médica, será observado o devido sigilo sobre os respectivos laudos e atestados.

Art. 54, Dec. 3.044/80 (REPC). A licença superior a noventa dias, para tratamento de saúde e por motivo de doença em pessoa da família, dependerá a inspeção por junta médica.

§1º - No curso das licenças a que se refere este artigo o policial abster-se-á de qualquer atividade remunerada, sob pena de interrupção de licença, com perda total do vencimento e demais vantagens, até que reassuma o exercício do cargo.

§2º - Os dias correspondentes à perda de vencimento, de que trata o parágrafo anterior, serão considerados como faltas ao serviço.

Art. 55, Dec. 3.044/80 (REPC). O policial licenciado comunicará ao chefe imediato o local onde pode ser encontrado.

4.5.1. Licenças para tratamento de saúde

A licença para tratamento de saúde do servidor será concedida sempre com remuneração integral, mas a inspeção médica é condição sem a qual não se a pode conceder.

A licença para tratamento de saúde pode ser concedida a pedido, ou *ex officio*. Nesse último caso, caberá à chefia imediata promover a apresentação do policial à inspeção médica. O policial que eventualmente se recusar a passar por inspeção médica ficará impedido de exercer o cargo, contando como falta esse período, sem prejuízo de eventual persecução administrativa por infração disciplinar, a depender das circunstâncias do caso concreto.

Como regra, a licença para tratamento de saúde, não poderá exceder 24 meses. Excepcionalmente, caso a junta médica constate a possibilidade de recuperação, tal prazo poderá ser ultrapassado. Verificando-se irrecuperável o policial, em decorrência de doença grave que necessite de cuidados permanentes, uma junta médica, composta de, pelo menos, três médicos, realizará a inspeção recomendando a imediata aposentadoria - por invalidez - do servidor.

Subseção II

LICENÇA PARA TRATAMENTO DE SAÚDE

Art. 56, Dec. 3.044/80 (REPC). A licença para tratamento de saúde será concedida, ou prorrogada, "*ex-officio*" ou a pedido do policial ou de seu representante, quando não possa ele fazê-lo.

§1º - Em qualquer dos casos é indispensável a inspeção médica que será realizada, sempre que necessária, no local onde se encontrar o policial.

§2º - Incumbe à chefia imediata promover a apresentação do policial à inspeção médica, sempre que este a solicitar.

Art. 57 – O policial não reassumirá o exercício do cargo, sem nova inspeção médica, quando a licença concedida assim o tiver exigido; realizada esta nova inspeção, o respectivo atestado ou laudo médico concluirá pela volta ao serviço, pela prorrogação da licença, pela readaptação do policial ou pela sua aposentadoria.

Art. 58, Dec. 3.044/80 (REPC). Em caso de doença grave, contagiosa ou não, que imponha cuidados permanentes, poderá a junta médica, se considerar o doente irrecuperável, determinar, como resultado da inspeção, sua imediata aposentadoria.

Parágrafo único – A inspeção, para os efeitos deste artigo, será realizado obrigatoriamente por uma junta composta de pelo menos três médicos.

Art. 59, Dec. 3.044/80 (REPC). O policial que se recusar à inspeção médica ficará impedido do exercício de seu cargo, até que se verifique a inspeção.

Parágrafo único – Os dias em que o policial, por força do disposto neste artigo, ficar impedido do exercício do cargo, serão tidos como faltas ao serviço.

Art. 60, Dec. 3.044/80 (REPC). No curso da licença, poderá o policial requerer inspeção médica, caso se julgue em condições de reassumir o exercício ou de ser aposentado.

Art. 61, Dec. 3.044/80 (REPC). Quando a licença para tratamento de saúde for concedido em decorrência de acidente em serviço ou de doença profissional, esta circunstância se fará expressamente consignada.

Art. 62, Dec. 3.044/80 (REPC). Considera-se acidente em serviço, para os efeitos deste Regulamento, aquele que ocorra com policial civil da ativa, quando:

I – No exercício de suas atribuições policiais, durante o expediente normal, ou quando determinado por autoridade competente, em sua prorrogação ou antecipação;

II – No decurso de viagens em objeto de serviço, previsto em regulamentos, programas de cursos ou autorizadas por autoridade competente;

III – No cumprimento de ordem emanada de autoridade competente;

IV – No decurso de viagens impostas por remoções;

V – No deslocamento entre a sua residência e o órgão em que estiver lotado ou local de trabalho, ou naquele em que sua missão deva ter início ou prosseguimento e vice-versa; bem como o dano resultante da agressão não provocada, sofrida pelo policial no desempenho do cargo ou em razão dele;

VI – Em ocorrência policial, na defesa e manutenção da ordem pública mesmo sem determinação explícita.;

VII – No exercício dos deveres previstos em leis, regulamentos ou instruções baixadas por autoridade competente.

§1º – Aplica-se o disposto neste artigo ao policial que, embora aguardando a aposentadoria, esteja, comprovadamente, transmitindo o exercício de suas funções ao seu substituto, bem como ao policial inativo, quando retorne à atividade.

§2º – Considera-se também acidente em serviço, para os fins estabelecidos na legislação vigente, os ocorridos nas situações do §1º, ainda quando não sejam eles a causa única e exclusiva da morte ou da perda ou redução da capacidade do policial, desde que, entre o acidente e a morte ou incapacidade para os serviço policial, haja relação de causa e efeito.

§3º – Considera-se acidente em serviço todo aquele que se verifique pelo exercício das atribuições do cargo, provocando, direta ou indiretamente lesão corporal, perturbações funcional ou doença que determine a morte; a perda total ou parcial permanente ou temporária, da capacidade física ou mental para o trabalho.

§4º – Não se aplica o disposto no presente Regulamento quando o acidente for resultado de transgressão disciplinar, imprudência ou desídia do policial acidentado ou de subordinado seu, com sua aquiescência.

§5º – A autoridade policial competente, nos casos previstos neste artigo, fará registro minucioso do fato, no qual deverá consignar todas as provas colhidas, encaminhando expediente relativo ao apurado do órgão de pessoal da Secretaria, para fim de instauração de sindicância, a ser concluída no prazo de oito dias, prorrogável por igual período, quando as circunstâncias o exigirem.

§6º – Ao policial ocupante de cargo em comissão ou função gratificada aplicar-se-á o disposto neste artigo.

Art. 63, Dec. 3.044/80 (REPC). A licença para tratamento de saúde será concedida sempre com vencimentos e vantagens integrais.

4.5.2. Licenças por motivo de doença na família

Terá direito o policial à concessão de licença para tratamento de saúde de pessoa de sua família, abrangendo o ascendente, descendente, colateral, consanguíneo ou afins, até o 2º grau, bem como o cônjuge, desde que não esteja legalmente separado, ou pessoa que viva às suas expensas e conste como dependente em seu assentamento individual.

Essa licença também não poderá exceder o prazo de 24 meses. Nos primeiros 12 meses o policial perceberá integralmente sua remuneração. Nos 12 meses subsequentes, receberá apenas dois terços.

Subseção III

LICENÇA POR MOTIVO DE DOENÇA EM PESSOA DA FAMÍLIA

Art. 64, Dec. 3.044/80 (REPC). O policial poderá requerer licença por motivo de doença na pessoa de ascendente, descendente, colateral, consangüíneo ou afins, até o 2º grau civil, cônjuge do qual não esteja legalmente separado, ou pessoa que viva às suas expensas e conste do respectivo assentamento individual, desde que prove ser indispensável sua assistência pessoal e esta não possa ser prestada simultaneamente com o exercício do cargo.

Art. 65, Dec. 3.044/80 (REPC). A licença referida no artigo anterior poderá ser prorrogada, a pedido do policial.

Art. 66, Dec. 3.044/80 (REPC). A licença de que trata esta subseção não poderá exceder de vinte e quatro meses e será concedida com vencimentos e vantagens integrais nos primeiros doze meses e com dois terços nos outros doze meses subseqüentes.

4.5.3. Licenças para repouso à gestante

A licença para repouso à gestante, ou somente licença à gestante, é direito social constitucionalmente previsto para todos os trabalhadores, tendo sido estendido para os servidores públicos em geral, conforme art. 7º, inciso XVIII, c/c §3º, do art. 39, todos da CRFB. Os estatutos funcionais, portanto, não podem restringir o lapso temporal constitucionalmente previsto para a licença à gestante, que é de 120 dias, podendo, porém, estender tal prazo.

Art. 7º, CRFB. São direitos dos trabalhadores urbanos e rurais, além de outros que visem à melhoria de sua condição social:

[...]

XVIII – licença à gestante, sem prejuízo do emprego e do salário, com a duração de **cento e vinte dias**;

Art. 39, CRFB. [...]

3º – Aplica-se aos servidores ocupantes de cargo público o disposto no art. 7º, IV, VII, VIII, IX, XII, XIII, XV, XVI, XVII, **XVIII**, XIX, XX, XXII e XXX, podendo a lei estabelecer requisitos diferenciados de admissão quando a natureza do cargo o exigir. *(Incluído pela Emenda Constitucional nº 19, de 1998)*

O REPC prevê que a licença – com a remuneração integral – será concedida pelo prazo de 4 (quatro) meses, iniciando-se, salvo ordem médica em contrário, no oitavo mês de gestação. Contudo, a CERJ, no art. 83, inciso XII, com redação dada pela EC nº 41/09, estendeu tal a licença à gestante para cento e oitenta dias, prorrogável, no caso de aleitamento materno, por no mínimo, 30 dias, até o máximo de 90 dias.

Subseção IV

LICENÇA PARA REPOUSO GESTANTE

Art. 67, Dec. 3.044/80 (REPC). À policial gestante será concedida licença pelo prazo de quatro meses.

Parágrafo único – Salvo prescrição médica em contrário, a licença será concedida a partir do oitavo mês de gestação.

Art. 68, Dec. 3.044/80 (REPC). À policial gestante, quando em serviço incompatível com seu estado, serão cometidos encargos diversos daqueles que estiver exercendo, respeitadas as atribuições da série de classes e que pertencer.

Art. 69, Dec. 3.044/80 (REPC). A licença de que trata esta subseção será concedida com vencimentos e vantagens integrais.

Art. 83, CERJ. [...]

XII – licença à gestante, sem prejuízo do emprego e do salário, com a duração de cento e oitenta dias, prorrogável no caso de aleitamento materno, por no mínimo, mais 30 (trinta) dias, estendendo-se, no máximo, até 90 (noventa) dias. *(Alterado pela EC 41/09)*

4.5.4. Licenças para serviço militar

O REPC prevê hipótese de concessão de licença para prestação de serviço militar, quando o servidor policial for convocado para tal finalidade, ou para encargo de segurança nacional. O período da licença perdurará pelo prazo de incorporação ou convocação para o serviço militar, percebendo o servidor seus rendimentos, descontada a importância recebida a título de incorporação pelo serviço militar. Não há, portanto, possibilidade de se cumular os rendimentos, havendo unicamente a perspectiva do servidor policial optar, caso lhe seja mais vantajoso, pelos rendimentos do serviço militar.

Subseção V

LICENÇA PARA SERVIÇO MILITAR

Art. 70, Dec. 3.044/80 (REPC). Ao policial que for convocado para serviço militar ou outro encargo de segurança nacional, será concedida licença pelo prazo que durar a sua incorporação ou convocação.

§1º – A licença será concedida à vista de documento oficial que comprove a incorporação ou convocação.

§2º – Do vencimento descontar-se-á a importância que o policial percebe na qualidade de incorporado, salvo se optar pelas vantagens do serviço militar.

§3º – Ao policial desincorporado ou desconvocado conceder-se-á prazo, não excedente de trinta dias para que reassuma o exercício, sem perda de vencimento.

Art. 71, Dec. 3.044/80 (REPC). Ao policial oficial da reserva das Forças Armadas será também concedida a licença referida no artigo anterior durante os estágios previstos pelos regulamentos militares.

Parágrafo único – Quando o estágio for remunerado, assegurar-se-lhe-á o direito de opção.

4.5.5. Licenças para acompanhar o cônjuge

A licença para acompanhar o cônjuge é prevista nos casos em que haja policial casado, quando o cônjuge for exercer mandato eletivo, ou, nas hipóteses do art. 72 do REPC, for mandado servir, *ex officio*, em outro ponto do território estadual, nacional ou exterior.

Caso a remoção do cônjuge seja dentro do próprio Estado do Rio de Janeiro, o policial poderá ser removido para nova Unidade de Polícia, caso exista claro na lotação. Não o havendo, poderá exercer temporariamente suas funções no local, enquanto ali durar sua permanência.

A remoção perdurará por dois anos, podendo ser renovada caso conservem-se seus requisitos de admissibilidade. Caso o policial deseje reassumir suas funções, poderá fazê-lo voluntariamente, não sendo permitido, contudo, renovar o pedido de licença antes do período de dois anos, salvo se o cônjuge for removido para nova localidade.

O próprio REPC estende a aplicação dessa licença para as hipóteses de união estável. Trata-se, a rigor, de equiparação legal desnecessária, sobretudo após a viragem jurisprudencial e doutrinária, no Direito Privado, no sentido de equiparar, para todos os efeitos, o casamento e a união estável. Para aprofundar o tema, *vide,* sobretudo, no Supremo Tribunal Federal, a *ratio* dos Recursos Extraordinários 646721 e 878694.

Subseção VI

LICENÇA PARA ACOMPANHAR O CÔNJUGE

Art. 72, Dec. 3.044/80 (REPC). O policial casado terá direito à licença sem vencimento, quando seu cônjuge for exercer mandato eletivo ou, sendo militar ou servidor da administração direta, de autarquia, de empresa pública, de sociedade de economia mista ou de fundação instituída pelo Poder Público, for mandado servir, "ex-offício", em outro ponto do território estadual, nacional ou no exterior.

Parágrafo único – Existindo no novo local de residência órgão estadual, o policial nele será lotado, havendo claro, ou não havendo poderá ser-lhe concedida, em caso de interesse de administração, permissão de exercício, enquanto ali durar sua permanência.

Art. 73, Dec. 3.044/80 (REPC). A licença dependerá de pedido devidamente instruído, que deverá ser renovada de dois em dois anos; finda a sua causa, o policial deverá reassumir o exercício, dentro de trinta dias, a partir dos quais a sua ausência será computada como falta ao trabalho.

Art. 74, Dec. 3.044/80 (REPC). Independentemente do regresso do cônjuge, o policial poderá reassumir o exercício a qualquer tempo, não podendo, neste caso, renovar o pedido de licença senão depois de dois anos da data da reassunção, salvo se o cônjuge for transferido novamente.

Art. 75, Dec. 3.044/80 (REPC). As normas desta subseção aplicam-se aos policiais que vivam maritalmente, desde que haja impedimento legal ao casamento e convivência por mais de cinco anos.

4.5.6. Licença a título de prêmio

Licença a título de prêmio, ou somente licença a prêmio, é o benefício concedido ao policial, após 5 anos de efetivo exercício no cargo, consistente na possibilidade de permanecer 3 meses sem trabalhar, com todos seus direitos e vantagens.

Perde o direito de licença prêmio o policial que, durante o período aquisitivo de 5 anos, sofrer pena de suspensão ou conversão para multa; se houver faltado, não sendo abonada a ausência; se tiver gozado licença para tratamento de saúde, por motivo de doença na família, ou para afastamento do cônjuge, por prazo superior à 90 dias em cada caso.

O direito à licença a prêmio não decai, ou seja, não possui prazo para seu efetivo exercício, podendo ser gozada de uma só vez, ou em períodos de um a dois meses, respeitando-se, nesse caso, intervalo obrigatório de um ano entre os períodos.

Questão tormentosa que vem sendo observada na prática é a possibilidade de concessão de licença a prêmio quando existir carência de servidores na Administração. Visto sobre outro enfoque, **é faculdade da Administração a escolha do período para concessão da licença a prêmio, ou, uma vez cumprido o período aquisitivo para tal benefício, encontra-se a Administração obrigada a conceder tal direito pessoal ao servidor?**

Entendemos que, uma vez cumpridos os requisitos para a aquisição do direito de licença a prêmio ficam a critério discricionário do servidor a escolha do período de gozo, não podendo a Administração Pública impor restrições.[8]

Não há no REPC, arts. 76 *usque* 84, qualquer disposição facultando à Administração a possibilidade de escolha do período de maior conveniência para a concessão do benefício. Muito pelo contrário, o art. 77 do REPC, dispõe, em favor do servidor, que *o direito à licença-prêmio não tem prazo para ser* ***exercitado***. A conveniência e oportunidade para o exercício do direito à licença prêmio é do servidor, ou seja, do titular do direito subjetivo. Caso o legislador desejasse de forma diversa, teria disposto a licença prêmio não ter prazo para ser "concedida", mas assim não o fez, preferindo o uso do vocábulo "exercitado".

---

8 Tal posicionamento não é acolhido pela Administração Pública, prevalecendo o entendimento de ser ato discricionário da Administração o momento da concessão da licença.

Ratificando tal raciocínio, temos o tratamento diverso que o legislador desejou dar ao direito às férias. Esse sim com regramento expresso sobre a possibilidade de o Administrador escolher, dentro de certos limites, o momento para sua concessão. Quando desejou criar requisitos específicos para o exercício do direito, o legislador expressamente assim o fez. O art. 38 do REPC, prevendo o direito às férias, estipula que seu gozo será realizado em **escala organizada pelo dirigente da Unidade** a que estiver subordinado. Não é o caso da licença a prêmio, que não seguiu a mesma fórmula das férias. Infelizmente, contudo, tal posicionalmente ainda é minoritário.

Caso o servidor tenha indeferido pedido de gozo de licença a prêmio por razões de necessidade do serviço público, entendemos ser cabível o remédio constitucional do Mandado de Segurança, regulamentado pela Lei 12.016/09, tendo em vista haver, em favor do agente público, direito líquido e certo atribuído pelo EPC e pelo REPC. Outra opção será o servidor demandar judicialmente indenização pelo período não gozado da licença a prêmio. Nesse último caso, eventual conversão da licença em verba indenizatória não poderá ser realizada administrativamente, frente a ausência de norma expressa nesse sentido, bem como pelo fato do art. 77, inciso XVII, da CERJ ter sido declarado inconstitucional pelo STF.

O que não pode ocorrer é o servidor ter seu direito violado por clara inabilidade, senão incompetência, do Administrador Público, que não realiza concursos públicos para acabar com os claros de lotação, nem equaciona as escalas de licenças a serem cumpridas. Resumindo, a Administração se beneficia de sua própria torpeza, retroalimentando um ciclo vicioso em que o maior prejudicado é o servidor público.

> **Art. 77, CERJ.** [...]
>
> **XVII** – o servidor público estadual, civil ou militar, poderá gozar licença especial e férias na forma da lei ou de ambas dispor, *sob a forma de direito de contagem em dobro para efeito de aposentadoria ou tê-las transformadas em pecúnia indenizatória, segundo sua opção*; *(parte final declarada inconstitucional pelo STF na ADIn 227-9/600.)*

LICENÇA A TÍTULO DE PRÊMIO

> **Art. 76, Dec. 3.044/80 (REPC).** Após cada qüinqüênio de efetivo exercício prestado ao Estado, ao policial que a requerer, conceder-se-á licença-prêmio de três meses com todos os direitos e vantagens de seu cargo efetivo.
>
> **§1º** – Não será concedida licença-prêmio se houver policial, no qüinqüênio correspondente:
>
> **1** – sofrido pena de suspensão ou de multa;
>
> **2** – faltado ao serviço, salvo se abonada a falta;

3 – gozado as licenças para tratamento de saúde, por motivo de doença em pessoa da família e por motivo de afastamento do cônjuge, por prazo superior a noventa dias, em cada caso.

§2º – Suspender-se-á, até o limite de noventa dias, em cada uma das licenças referidas no item 3 do parágrafo anterior, a contagem do tempo de serviço para efeito de licença-prêmio.

§3º – O gozo da licença para repouso à gestante não prejudicará contagem do tempo de serviço para efeito da licença-prêmio.

§4º – Para apuração do qüinqüênio, computar-se-á, também, o tempo de serviço prestado anteriormente em outro cargo estadual, desde que entre um e outro não haja interrupção do exercício.

Art. 77, Dec. 3.044/80 (REPC). O direito à licença-prêmio não tem prazo para ser **exercitado.**

Art. 78, Dec. 3.044/80 (REPC). A competência para a concessão de licença-prêmio é do Diretor do Departamento de Administração da Secretaria de Estado da Polícia Civil.

Art. 79, Dec. 3.044/80 (REPC). O policial investido em cargo de provimento em comissão ou função gratificada será licenciado com o vencimento e vantagens do cargo de que seja ocupante efetivo.

Art. 80, Dec. 3.044/80 (REPC). Quando o policial ocupar em comissão ou função gratificada por mais de cinco anos, apurados na forma do art. 76, assegurar-se-lhe-á, no gozo da licença, importância igual à que venha percebendo pelo exercício no cargo em comissão ou da função gratificada.

Parágrafo único – Adquirido o direito à licença-prêmio, de acordo com o estabelecido neste artigo, a ulterior exoneração do cargo em comissão ou dispensa da função gratificada, não prejudicará a forma de remuneração nele adotada, quando do efetivo gozo da licença pelo policial.

Art. 81, Dec. 3.044/80 (REPC). Em caso de acumulação de cargos, a licença-prêmio será concedida em relação a cada um deles, simultânea ou separadamente.

Parágrafo único – Será independente o cômputo do qüinqüênio em relação a cada um dos cargos acumulados.

Art. 82, Dec. 3.044/80 (REPC). A licença-prêmio poderá ser gozada integralmente, ou em períodos de um a dois meses.

Parágrafo único – Se a licença for gozada em períodos parcelados, deve ser observado intervalo obrigatório de um ano entre o término de um período e o início de outro.

Art. 83, Dec. 3.044/80 (REPC). O policial poderá, a qualquer tempo, reassumir o exercício do seu cargo, condicionado o gozo dos dias restantes da licença à regra contida no artigo anterior.

Parágrafo único – Se, na interrupção da licença, se verificar que o policial gozou período não conforme o disposto no artigo 82, o prazo restante da licença, referente ao mesmo quinquênio, qualquer que seja ele, ficará insuscetível de gozo, sendo computável em dobro apenas para efeito de aposentadoria.

Art. 84, Dec. 3.044/80 (REPC). É vedado descontar de licença-prêmio, faltas ao serviço ou qualquer licença concedida ao policial.

4.5.7. Licenças para desempenho de mandato legislativo ou executivo

A licença para desempenho de mandato é aquela concedida ao servidor policial em decorrência de diplomação para exercício de mandato eletivo, ora prevista nos arts. 85 *usque* 88 do REPC.

Trata-se de licença, em regra, sem vencimentos ou vantagens, com exceção do mandato de vereador, hipótese na qual, em havendo compatibilidade de horários, poderá o servidor policial cumular ambas as funções, possibilitando a percepção de ambas as remunerações. Caso eleito para o cargo de Prefeito, o servidor policial poderá optar por qual remuneração receber.

A licença para desempenho de mandato diverge do afastamento anterior às eleições para desincompatibilização do servidor que deseje ser candidato em pleito eleitoral, previsto no art. 14, §9º, da CRFB c/c Lei Complementar 64/90. O art. 1º, inciso II, item I, da LC 64/90 reza que o afastamento do servidor se dará de forma remunerada, variando, conforme o caso, entre 3 a 6 meses antes da eleição.

Subscção VIII

LICENÇA PARA DESEMPENHO DE MANDATO LEGISLATIVO OU EXECUTIVO

Art. 85, Dec. 3.044/80 (REPC). O policial será licenciado sem vencimentos ou vantagens de seu cargo efetivo, para desempenho de mandato eletivo, federal ou estadual.

Parágrafo único – A licença a que se refere este artigo será concedida a partir da diplomação do eleito, pela Justiça Federal e perdurará pelo prazo do mandato.

Art. 86, Dec. 3.044/80 (REPC). O policial investido no mandato eletivo de prefeito ficará licenciado desde a diplomação pela Justiça Eleitoral até o término do mandato, sendo-lhe facultado optar pela percepção do vencimento e vantagens de seu cargo efetivo.

Art. 87, Dec. 3.044/80 (REPC). Quando o policial for nomeado governador de território federal, interventor ou prefeito de Capital ou Município de área de Segurança Nacional ou estância hidromineral, ficará, desde a posse, licenciado sem vencimento e vantagens do seu cargo efetivo, ressalvado, para âmbito Municipal, o direito de opção pela remuneração do cargo efetivo.

Art. 88, Dec. 3.044/80 (REPC). Investido o policial no mandato de vereador e havendo compatibilidade de horários, perceberá o vencimento e as vantagens de seu cargo, sem prejuízo dos subsídios a que faz jus; inexistindo compatibilidade, ficará afastado do exercício de seu cargo, sem percepção do vencimento e vantagens.

Art. 14, CRFB. [...]

§9º - Lei complementar estabelecerá **outros casos de inelegibilidade e os prazos de sua cessação**, a fim de proteger a probidade administrativa, a moralidade para exercício de mandato considerada vida pregressa do candidato, e a normalidade e legitimidade das eleições contra a influência do poder econômico ou o abuso do exercício de função, cargo ou emprego na administração direta ou indireta. *(Redação dada pela Emenda Constitucional de Revisão nº 4, de 1994)*

Art. 1º, LC 64/90. São inelegíveis:

II – para Presidente e Vice-Presidente da República:

[...]

I) os que, **servidores públicos, estatutários** ou não, dos órgãos ou entidades da Administração direta ou indireta da União, **dos Estados**, do Distrito Federal, dos Municípios e dos Territórios, inclusive das fundações mantidas pelo Poder Público, **não se afastarem até 3 (três) meses anteriores ao pleito, garantido o direito à percepção dos seus vencimentos integrais**;

[...]

III – para Governador e Vice-Governador de Estado e do Distrito Federal;

a) **os inelegíveis para os cargos de Presidente e Vice-Presidente da República especificados na alínea a do inciso II** deste artigo e, no tocante às demais alíneas, quando se tratar de repartição pública, associação ou empresas que operem no território do Estado ou do Distrito Federal, observados os mesmos prazos;

[...]

IV – para Prefeito e Vice-Prefeito:

a) no que lhes for aplicável, por identidade de situações, os inelegíveis para os cargos de Presidente e Vice-Presidente da República, Governador e Vice-Governador de Estado e do Distrito Federal, observado o **prazo de 4 (quatro) meses para a desincompatibilização**;

[...]

c) as **autoridades policiais**, civis ou militares, **com exercício no Município**, nos **4 (quatro) meses anteriores ao pleito**;

V – para o Senado Federal:

a) os inelegíveis para os cargos de Presidente e Vice-Presidente da República especificados na alínea a do inciso II deste artigo e, no tocante às demais alíneas, quando se tratar de repartição pública, associação ou empresa que opere no território do Estado, observados os mesmos prazos;

b) em cada Estado e no Distrito Federal, os inelegíveis para os cargos de Governador e Vice-Governador, nas mesmas condições estabelecidas, observados os mesmos prazos;

VI – para a Câmara dos Deputados, Assembléia Legislativa e Câmara Legislativa, no que lhes for aplicável, por identidade de situações, os inelegíveis para o Senado Federal, nas mesmas condições estabelecidas, observados os mesmos prazos;

VII – para a Câmara Municipal:

a) no que lhes for aplicável, por identidade de situações, os inelegíveis para o Senado Federal e para a Câmara dos Deputados, observado o **prazo de 6 (seis) meses para a desincompatibilização**;

É importante frisar que, de acordo com o art. 38, IV, da CF, no tempo em que o servidor público estiver afastado para o exercício de mandato eletivo, seu tempo de serviço será contado para todos os efeitos legais, exceto para fins de promoção por merecimento. A previsão constitucional se justifica a partir do raciocínio lógico no sentido de que esta distingue-se clarividentemente de outras modalidades, tendo em vista que, nela, não há apenas um requisito temporal para alcançar o citado *provimento derivado vertical em cargo público vago integrante da mesma carreira*, mas sim a necessidade de desempenho de atividades que legitimem, de maneira excepcional, a benesse ao agente.

A promoção por antiguidade é autoexplicativa, e dá-se quando implementados os **requisitos objetos** da longevidade da relação funcional travada entre o agente público e o Estado. A por merecimento, todavia, depende, para que ocorra, de **critérios subjetivos e/ou critérios objetivos** dos mais diversos. Dentro dos subjetivos, cite-se, por exemplo, um excelente trabalho intelectual realizado pelo Delegado de Polícia na condução de determinado inquérito policial altamente complexo; quanto aos objetivos – que aqui serão eventuais –, cite-se a possibilidade de se conferir a promoção àquele que alcance metas de produtividade previamente delineadas pela Administração.

De tudo quanto exposto, percebe-se que quando o agente policial se encontrar afastado de suas funções típicas para o desempenho regular e válido de mandato eletivo, conservará hígida sua relação jurídica para com o ente político ao qual se vincula, e, logo, preencherá, quando implementados os requisitos temporais, as condições necessárias para que seja, *v.g.*, **promovido por antiguidade,** dada a natureza meramente objetiva desse instituto. Porém, como não exercerá as atribuições funcionais próprias, encontrar-se-á em situação de inviabilidade de preenchimento dos requisitos de merecimento.

4.6. Outras Concessões

O REPC reúne no título V inúmeros benefícios pessoais ao servidor policial, chamados de "concessões". Vejamos a relação:

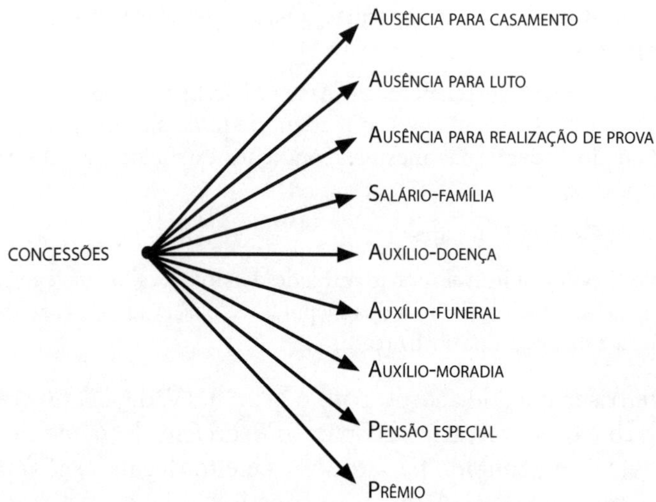

O primeiro deles é o direito pessoal do servidor faltar ao serviço, em até 8 dias, sem prejuízo de sua remuneração, por motivo de casamento, conforme previsto no art. 128, inciso I, do REPC. Embora seja comumente conhecida como **licença por motivo de casamento**, ou mesmo **licença-gala**, o REPC a tratou como uma **espécie de concessão** da Administração Pública ao servidor policial.

> **Art. 128, Dec. 3.044/80 (REPC).** Sem prejuízo do vencimento, direitos e vantagens, **o policial poderá faltar ao serviço até oito dias consecutivos**, por motivo de:
>
> **I - casamento**;

O mesmo ocorre nos casos de **falecimento do cônjuge, pais, filhos ou irmãos**. Possui o servidor policial, nesse caso, **direito a se ausentar** do serviço em até 8 dias. Tal ausência é conhecida como **licença-luto**, ou **licença-nojo.**

> **Art. 128, Dec. 3.044/80 (REPC).** [...]
>
> **II** - falecimento do cônjuge, pais, filhos ou irmãos;

A contagem do prazo de 8 dias não se suspende pelo transcurso de sábados, domingos ou feriados, conforme parágrafo único, do art. 128 do REPC.

Art. 128, Dec. 3.044/80 (REPC). [...]

Parágrafo único – Computar-se-ão, para efeitos deste artigo, os sábados, domingos e feriados compreendidos no período.

Outro direito garantido ao policial se refere à sua ausência do serviço, sem prejuízo de sua remuneração, nos dias de provas ou exames em instituições de ensino.

Art. 130, Dec. 3.044/80 (REPC). Ao policial estudante matriculado em estabelecimento de ensino de qualquer grau, oficial ou reconhecido, será permitido **faltar ao serviço**, sem prejuízo de seu vencimento ou de quaisquer direitos e vantagens, **nos dias de provas ou de exames**, mediante apresentação de atestado fornecido pelo respectivo estabelecimento.

Ao policial estudante são garantidas algumas concessões no sentido de que o serviço prejudique o menos possível seus estudos. Eventual remoção de unidade, que ocasione a mudança de domicílio do policial, importará na transferência do estabelecimento de ensino em que o policial estiver matriculado, caso esse seja público estadual. No caso de estabelecimentos em que não haja período noturno, a Administração Pública, sempre que possível, aproveitará o policial em horário que não prejudique os estudos.[9]

Art. 131, Dec. 3.044/80 (REPC). Ao estudante que necessitar mudar de domicílio para passar a exercer o cargo ou função pública, será assegurada transferência do estabelecimento de ensino que estiver cursando, para outro de sua nova residência onde será matriculado em qualquer época, independentemente de vaga, se integrante do sistema estadual de ensino.

9 Saliente-se que, para os servidores públicos federais, extrai-se dos arts. 49 e 1º, respectivamente, das Leis 9.394/96 e 9.536/97, que na hipótese de transferência ex officio o agente público terá assegurada sua matrícula em instituição de ensino, independentemente da época do ano e da existência de vagas. Apesar do arquétipo normativo em tela circunscrever o direito aos servidores federais (incluídos ai os da administração indireta da União – vide, v.g., STJ. 2ª Turma. AgRg no REsp 1218810/RS, Rel. Min. Humberto Martins,15.02.2011), é entendimento jurisprudencial que tal prerrogativa deve também ser estendidas aos agentes públicos dos outros entes federativos (Estados, Municípios e DF), desde que, por óbvio, a remoção ou transferência se dê ex officio por império da Administração, e não a pedido (STJ. 2ª Turma. AgRg no REsp 1267223/RS, Rel. Min. Humberto Martins, 13.09.2011). Nesse contexto, porém, faz-se necessário relembrar que "a constitucionalidade do artigo 1º da Lei nº 9.536/97, viabilizador da transferência de alunos, pressupõe a observância da natureza jurídica do estabelecimento educacional de origem, a congeneridade das instituições envolvidas – de privada para privada, de pública para pública –, mostrando-se inconstitucional interpretação que resulte na mesclagem – de privada para pública" (STF. Plenário. ADI 3324, Rel. Min. Marco Aurélio, julgado em 16/12/2004). Entretanto, a regra fixada na ADI 3324 pode ser excepcionada na hipótese de não existir, em unidade de ensino congênere, o curso realizado pelo servidor em seu domicílio primevo (ex: direito; arquitetura e urbanismo; engenharia), havendo, neste caso, a possibilidade de se assegurar a matrícula do agente público em universidade pública – se no seu domicílio cursava particular, e vice-versa (STF. Plenário. RE 601580/RS, Rel. Min. Edson Fachin, 19.9.2018).

Art. 132, Dec. 3.044/80 (REPC). Os atos que deslocarem *"ex-officio"* os policiais estudantes de uma para outra cidade ficarão suspensos se, na nova sede ou em localidade próxima, não existir estabelecimento congênere, oficial, reconhecido ou equiparado àquele em que o interessado esteja matriculado.

§1º – Efetivar-se-á o deslocamento se o policial concluir o curso, for reprovado, ou deixar de renovar sua matrícula.

§2º – Anualmente o interessado deverá fazer prova, perante o órgão setorial de pessoa a que esteja subordinado, de que está matriculado.

Art. 133, Dec. 3.044/80 (REPC). O policial estudante matriculado em estabelecimento de ensino que não possua curso noturno, poderá, sempre que possível, ser aproveitado em serviços cujo horário não colida com o relativo ao período das aulas.

O **salário-família**, previsto nos arts. 136 *usque* 147 do REPC, pode ser conceituado como um auxílio pecuniário concedido pelo Estado para custeio das despesas de manutenção da família do servidor. Calculado com base em uma cota de salário-família para cada dependente, tal verba é concedida independente da frequência do policial ao serviço, o que denota sua natureza não contraprestacional.

O **auxílio-doença** é a concessão dada pelo Estado ao policial que permanecer licenciado para tratamento de saúde por período superior a 12 meses. Nessa hipótese, terá direito a um mês de vencimento a título de auxílio, art. 148 *usque* 151 do REPC.

O **auxílio-funeral** é concedido por ocasião do falecimento de policial ativo ou inativo, pago à família ou a quem efetivamente houver arcado com as despesas do funeral, art. 152 *usque* 153 do REPC.

Terá direito à **auxílio-moradia,** conforme art. 154 *usque* 158 do REPC, o servidor que for designado *"ex officio"* para exercer suas atividades em nova sede e nessa não passar a residir em imóvel do Poder Público.

Havendo falecimento do policial em decorrência de acidente em serviço ou doença nele adquirida, seus beneficiários terão direito à **pensão especial**. Mesmo no caso do policial aposentado, seus beneficiários também farão jus a pensão especial caso o falecimento for em decorrência direta de acidente em serviço ou doença profissional, nos termos do art. 159 *usque* 162 do REPC.

Há a previsão ainda da concessão de **prêmio por sugestão de interesse da Administração** nas hipóteses em que o policial apresentar sugestões ou trabalhos que objetivem o aumento de produtividade no serviço ou de cunho técnico/jurídico.

4.7. Aposentadoria

Podemos conceituar aposentadoria como o direito pessoal do servidor público de perceber determinada remuneração na inatividade, em decorrência de certos fatos administrativos. A aposentadoria é um dos principais benefícios trazidos pelo sistema previdenciário, tendo sofrido substanciais alterações com as Emendas Constitucionais 20/98 e 41/03, conhecidas como reforma da previdência, e fruto de inúmeros debates no cenário político hodierno, sobretudo com o recebimento, pela Câmara dos Deputados, em 2019, da Proposta de Emenda à Constituição de iniciativa do Presidente da República que visa, novamente – porém, desta vez, com maior agressividade –, alterar pontos estruturantes do direito previdenciário.[10] A referida PEC foi transformada na Emenda Constitucional nº 103/2019.

Embora o instituto da aposentadoria esteja previsto em praticamente todos os estatutos funcionais, as principais regras de tal regime jurídico são encontradas na própria Constituição da República.[11]

A aposentaria do regime especial, ou seja, do regime específico para o servidor público, pode ser esquematizada da seguinte forma:

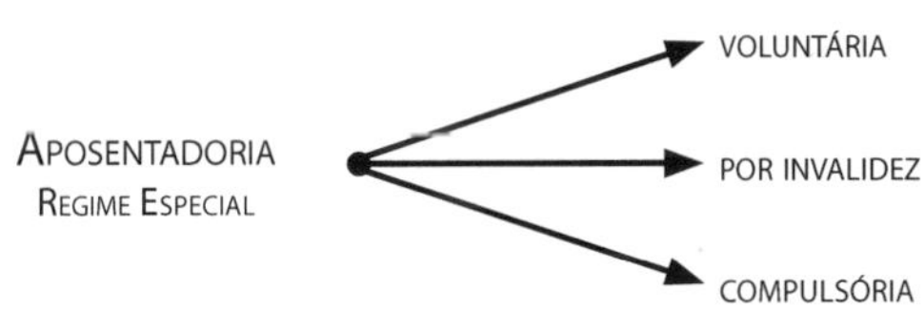

As regras de aposentadora pelo regime especial aplicam-se aos servidores públicos estatutários, titulares de cargos de provimento efetivo, ora previstas no

10 PEC 06/2019.

11 Frise-se que, com a PEC 06/2019, ganha força o movimento pela desconstitucionalização da previdência, alteração na arquitetura jurídica desse complexo de Justiça Social tendente a retirar do regime restrito e rígido de modificação constitucional (emenda à Constituição) diversas regras relativas aos regimes previdenciários e relegá-las ao procedimento, sobretudo quanto ao quórum, mais flexível da legislação infraconstitucional. Os defensores da medida alegam, em síntese, uma impossibilidade de se "engessar" a previdência, tornando inviável a sua mutação rápida para alcançar as modificações fáticas. Há, porém, quem adote um olhar de desconfiança sobre a proposta – ao menos neste particular –, entendendo que, no contexto de uma Constituição preocupada com a implementação de um princípio de igualdade material e voltada à tutela dos socialmente necessitados através de prestações sociais positivas, a retirada da liberdade de conformação do legislador, em algum nível, é procedente. Lembremos que a legitimação do Direito a partir da vontade da maioria não é democracia senão em sentido formal, e despida de substância se tornará se não se a conferir, ainda, a função de promover o bem-estar das minorias. Atentemos, ainda, no contexto da teoria dos direitos fundamentais, que não somente os direitos de defesa são exigíveis do Estado, mas também os positivos, e estes, uma vez garantidos, encontram-se, ao menos em seu núcleo fundamental, gravados com a cláusula de vedação ao retrocesso.

art. 40 da CRFB. Algumas carreiras possuem, por expressa previsão constitucional, requisitos diferenciados para aposentadoria, entre elas os policiais civis. Contudo, inicialmente, veremos os critérios gerais para aposentadoria do servidor titular de cargo efetivo. Em um segundo momento, passaremos à análise da aposentadoria do servidor policial.

A **aposentadoria por invalidez** decorre da **permanente impossibilidade fisiológica** do servidor exercer as funções inerentes ao cargo, gerando, por consequência o direito à inatividade remunerada. A depender, contudo, do fato que gerou à invalidez, a aposentadoria poderá ser com proventos integrais ou proporcionais. Como regra, o servidor perceberá proventos proporcionais ao tempo de contribuição. Excepcionalmente, nos casos de **acidente de serviço, moléstia profissional ou doença grave, contagiosa ou incurável**, a aposentadoria será com **proventos integrais.**

> **Art. 40, CRFB.** [...]
>
> **§1º** – O servidor abrangido por regime próprio de previdência social será aposentado: (Redação dada pela Emenda Constitucional nº 103, de 2019)
>
> **I** – por incapacidade permanente para o trabalho, no cargo em que estiver investido, quando insuscetível de readaptação, hipótese em que será obrigatória a realização de avaliações periódicas para verificação da continuidade das condições que ensejaram a concessão da aposentadoria, na forma de lei do respectivo ente federativo; (Redação dada pela Emenda Constitucional nº 103, de 2019)

O servidor será **aposentado compulsoriamente**, hodiernamente, aos 75 anos, com **proventos proporcionais** ao tempo de contribuição. Anteriormente à edição da LC 152/15, no contexto da nova redação dada ao art. 40, II, CF, por meio da EC 88/2015, que alterou a idade máxima com a qual poderá o cidadão tutelar um cargo público efetivo, porém, a jocosamente denominada *expulsória* dava-se aos 70 anos. O dispositivo constitucional pertinente de regência, hoje, assim dispõe:

> **Art. 40, CRFB.** [...]
>
> **§1º** – Os servidores abrangidos pelo regime de previdência de que trata este artigo serão aposentados, calculados os seus proventos a partir dos valores fixados na forma dos §§ 3º e 17: *(Redação dada pela Emenda Constitucional nº 41, 19.12.2003)*
>
> [...]
>
> **II** – **compulsoriamente**, com proventos proporcionais ao tempo de contribuição, aos 70 (setenta) anos de idade, ou aos 75 (setenta e cinco) anos de idade, na forma da lei complementar *(Redação dada pela Emenda Constitucional nº 88, de 2015)*

Na **aposentadoria voluntária** temos como requisito a **manifestação de vontade do servidor** no sentido de passar para a inatividade. São de dois tipos a aposentadoria voluntária: **por tempo de contribuição**; e **por idade**.

Abaixo temos os requisitos para aposentadoria voluntária por tempo de contribuição, para os **servidores em geral**:

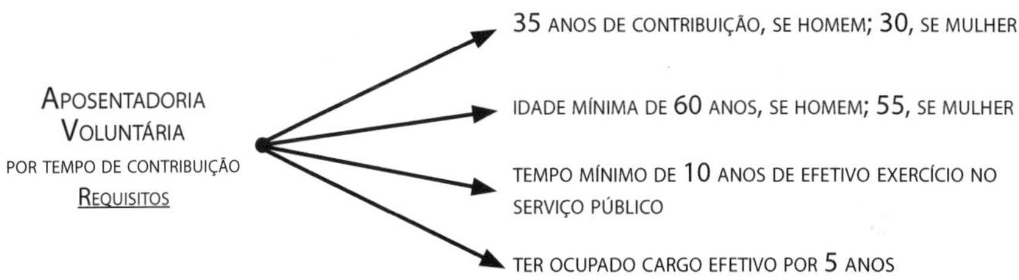

Para a **aposentadoria voluntária por idade**, o servidor perceberá **proventos proporcionais**, bastando alcançar **65 anos, se homem**; e **60, se mulher.**

> **Art. 40, CRFB.** [...]
>
> **§1º** – Os servidores abrangidos pelo regime de previdência de que trata este artigo serão aposentados, calculados os seus proventos a partir dos valores fixados na forma dos §§ 3º e 17: *(Redação dada pela Emenda Constitucional nº 41, 19.12.2003)*
>
> [...]
>
> **III** – no âmbito da União, aos 62 (sessenta e dois) anos de idade, se mulher, e aos 65 (sessenta e cinco) anos de idade, se homem, e, no âmbito dos Estados, do Distrito Federal e dos Municípios, na idade mínima estabelecida mediante emenda às respectivas Constituições e Leis Orgânicas, observados o tempo de contribuição e os demais requisitos estabelecidos em lei complementar do respectivo ente federativo. (Redação dada pela Emenda Constitucional nº 103, de 2019)
>
> **a)** sessenta anos de idade e trinta e cinco de contribuição, se homem, e cinqüenta e cinco anos de idade e trinta de contribuição, se mulher; *(Redação dada pela Emenda Constitucional nº 20, de 1998)*
>
> **b)** sessenta e cinco anos de idade, se homem, e sessenta anos de idade, se mulher, com proventos proporcionais ao tempo de contribuição. *(Redação dada pela Emenda Constitucional nº 20, de 1998)*
>
> [...]
>
> § 3º As regras para cálculo de proventos de aposentadoria serão disciplinadas em lei do respectivo ente federativo. (Redação dada pela Emenda Constitucional nº 103, de 2019)
>
> **[...]**

> **§17** – Todos os valores de remuneração considerados para o cálculo do benefício previsto no §3° serão devidamente atualizados, na forma da lei. *(Incluído pela Emenda Constitucional nº 41, 19.12.2003)*

A Emenda Constitucional 41/03 praticamente afastou a possibilidade de que o **servidor público em geral** percebesse proventos integrais com paridade, por ocasião de sua aposentadoria voluntária. O cálculo dos proventos é fixado na forma dos §§ 3º e 17 do art. 40 da CRFB. Diante de tal quadro constitucional, verificamos, genericamente, que se o servidor público se aposentar na forma do art. 40, §3º, perceberá proventos integrais e sem paridade, decorrentes da média das remunerações anteriores, que por consequência não será igual à remuneração do cargo quando em atividade.

Contudo, as regras gerais para concessão de aposentadoria aos servidores públicos titulares de cargos efetivos comportam **situações excepcionais**, ora previstas no §4º, do art. 40, da CRFB. Chamadas de **aposentadoria especial**, estas são concedidas para determinado grupo de servidores públicos: **aos portadores de deficiência**; aos que **exercem atividades de risco**; e, por fim, aos servidores cujas **atividades** sejam exercidas em condições especiais que **prejudiquem a saúde ou integridade física**. Nessas hipóteses, poderá o legislador infraconstitucional estipular **critérios diferentes para a concessão de aposentadoria.**

> **Art. 40, CRFB.** [...]
>
> **§4º** – § 4º É vedada a adoção de requisitos ou critérios diferenciados para concessão de benefícios em regime próprio de previdência social, ressalvado o disposto nos §§ 4º-A, 4º-B, 4º-C e 5º. (Redação dada pela Emenda Constitucional nº 103, de 2019)
>
> **I** – portadores de deficiência; *(Incluído pela Emenda Constitucional nº 47, de 2005)*
>
> **II** – que exerçam **atividades de risco**; *(Incluído pela Emenda Constitucional nº 47, de 2005)*
>
> **III** – cujas atividades sejam exercidas sob condições especiais que prejudiquem a saúde ou a integridade física. *(Incluído pela Emenda Constitucional nº 47, de 2005)*

De início, observa-se que o **servidor policial** se enquadra perfeitamente na hipótese de concessão de **aposentadoria especial**, frente a **atividade de risco** que exerce.

Ponto sensível a ser enfrentado será determinar o alcance da aposentadoria especial concedida com tais critérios diferenciadores. Dito de outra forma, **tal aposentadoria especial abrange apenas a modalidade de aposentadoria vo-**

luntária, ou permite que o legislador estabeleça critérios diferenciados mais benéficos para todas as modalidades de aposentadoria?

Entendemos que a Constituição da República delegou à Lei Complementar a possibilidade de criar critérios diferenciadores mais benéficos (aposentadoria especial) para **qualquer modalidade de aposentadoria**, e não somente para a aposentadoria voluntária.[12]

Tal afirmativa decorre claramente de interpretação do texto constitucional, na medida em que **o §4º, do art. 40, da CRFB em nenhum momento restringiu a aposentadoria especial às hipóteses de aposentadoria voluntária**. O já referido §4º, ao dispor ser *"[...] vedada a adoção de requisitos e critérios diferenciados para a concessão de aposentadoria aos abrangidos pelo regime* ***de que trata este artigo****"*, remete o intérprete para o próprio artigo 40 da CRFB, que trata de todas as modalidades de aposentadoria pelo regime especial.

Ademais, somente aos professores a Constituição restringiu tais critérios diferenciadores à aposentadoria volutária, reduzindo em 5 anos o tempo de contribuição. Ou seja, o Constituinte quando desejou restringir a aposentadoria especial, o fez expressamente, como no caso dos professores.

> **Art. 40, CRFB.** [...]
>
> §7º – Observado o disposto no § 2º do art. 201, quando se tratar da única fonte de renda formal auferida pelo dependente, o benefício de pensão por morte será concedido nos termos de lei do respectivo ente federativo, a qual tratará de forma diferenciada a hipótese de morte dos servidores de que trata o § 4º-B decorrente de agressão sofrida no exercício ou em razão da função. (Redação dada pela Emenda Constitucional nº 103, de 2019)
>
> I – trinta e cinco anos de contribuição, se homem, e trinta anos de contribuição, se mulher; *(Incluído dada pela Emenda Constitucional nº 20, de 1998)*
>
> II – sessenta e cinco anos de idade, se homem, e sessenta anos de idade, se mulher, reduzido em cinco anos o limite para os trabalhadores rurais de ambos os sexos e para os que exerçam suas atividades em regime de economia familiar, nestes incluídos o produtor rural, o garimpeiro e o pescador artesanal. *(Incluído dada pela Emenda Constitucional nº 20, de 1998)*
>
> **§8º – É assegurado o reajustamento dos benefícios para preservar-lhes, em caráter permanente, o valor real, conforme critérios estabelecidos em lei. (Redação dada pela Emenda Constitucional nº 41, 19.12.2003)**

A aposentadoria especial exige a edição de Lei Complementar, não se tratando de norma de aplicação imediata. CARVALHO FILHO,[13] embora criti-

12 Tal posicionamento não é unânime na doutrina e na jurisprudência.

13 CARVALHO FILHO, José dos Santos. Op. cit., pg. 715.

que a exigência de Lei Complementar, afirma que *"o art. 40, §4º, da CF, não é autoaplicável, classificando-se como norma de eficácia limitada, na conhecida teoria de JOSÉ AFONSO DA SILVA: sua eficácia depende da edição de lei complementar mencionada no dispositivo."*

Como não houve edição de Lei Complementar posterior à Constituição de 1988, passou-se a discutir se a Lei Complementar nº 51, de 20 de dezembro de 1985 teria sido recepcionada. A LC 51/85 garantia o benefício da aposentadoria especial voluntária ao servidor policial, com **proventos integrais** e **paridade**, tendo como requisito o transcurso de **30 anos de serviço público, desde que 20 anos seja em cargo de natureza estritamente policial** (isso em sua redação original). Previa, também, regramento específico para **aposentadoria compulsória**, impondo **limite etário de 65 anos**. No que se refere à aposentadoria especial voluntária prevista na LC 51/85, o tema foi enfrentado pelo plenário do STF que decidiu por sua recepção.[14] Contudo, a aposentadoria especial compulsória não foi objeto de análise pelo STF.

Redação Original da LC 51/85

> Dispõe sobre a aposentadoria do funcionário policial, nos termos do art. 103, da Constituição Federal.
>
> O PRESIDENTE DA REPÚBLICA, faço saber que o Congresso Nacional decreta e eu sanciono a seguinte Lei Complementar:
>
> **Art. 1º, LC 51/85.** O funcionário policial será aposentado:
>
> I - **voluntariamente**, com **proveitos integrais**, após 30 (trinta) anos de serviço, desde que conte, pelo menos 20 (vinte) anos de exercício em cargo de natureza estritamente policial;
>
> II - **compulsoriamente**, com proventos proporcionais ao tempo de serviço, aos **65 anos (sessenta e cinco) anos de idade**, qualquer que seja a natureza dos serviços prestados.

No âmbito do Estado do Rio de Janeiro, enfrentou-se alguma resistência na aplicação da aposentadoria especial voluntária com proventos integrais e paritários aos policiais, tendo a Procuradoria-Geral do Estado editado parecer contrário a aplicação.[15]

Por fim, a controvérsia foi finalmente sepultada pelo Tribunal de Contas do Estado, admitindo-se a aposentadoria com proventos integrais e paridade.[16]

---

14 STF, ADI 3.817-6/DF, Rel. Min. Carmen Lúcia, Pleno, 13.11.08; e RE 567.110/AC, Rel. Min. Carmen Lúcia, Pleno, 13/10/10.

15 Parecer nº 01/2011-GW da PGE-RJ.

16 Ver voto do Conselheiro-Relator José Gomes Graciosa, no Processo TCE-RJ nº 108.168-2/11.

Na **redação originária** do dispositivo, tínhamos os seguintes requisitos para concessão da aposentadoria voluntária:

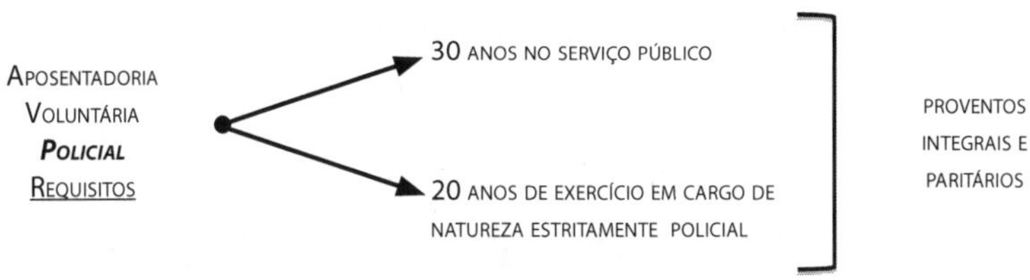

Recentemente, contudo, a discussão ressurgiu, frente à edição da **Lei Complementar nº 144, de 15 de maio de 2014**, ao alterar a LC 51/85, nos seguintes termos.

> Lei Complementar nº 144, de 15 de maio de 2014
>
> **Art. 1º** – A ementa da Lei Complementar nº 51, de 20 de dezembro de 1985, passa a vigorar com a seguinte redação:
>
> "Dispõe sobre a aposentadoria do servidor público policial, nos termos do § 4º do art. 40 da Constituição Federal."
>
> **Art. 2º** – O art. 1º da Lei Complementar no 51, de 20 de dezembro de 1985, passa a vigorar com a seguinte redação:
>
> *"Art. 1º – O servidor público policial será aposentado:*
>
> *I – compulsoriamente, com proventos proporcionais ao tempo de contribuição, aos 65 (sessenta e cinco) anos de idade, qualquer que seja a natureza dos serviços prestados;*
>
> *II – voluntariamente, com proventos integrais, independentemente da idade:*
>
> *a) após 30 (trinta) anos de contribuição, desde que conte, pelo menos, 20 (vinte) anos de exercício em cargo de natureza estritamente policial, se homem;*
>
> *b) após 25 (vinte e cinco) anos de contribuição, desde que conte, pelo menos, 15 (quinze) anos de exercício em cargo de natureza estritamente policial, se mulher."* (NR)
>
> **Art. 3º** – Esta Lei Complementar entra em vigor na data de sua publicação.
>
> Brasília, 15 de maio de 2014; 193 da Independência e 126 da República.

Inicialmente, a LC 144/14 acolhe o entendimento do STF, ao reafirmar a recepção pela CRFB da aposentadoria voluntária especial prevista na LC 51/85. Chega-se a tal conclusão pela retificação realizada na ementa da LC 51/85, que faz passar a constar expressamente a referência ao § 4º do art. 40 da CRFB. Vale ressaltar que a remissão anterior remetia ao artigo 103 da revogada Constituição de 1967 (com redação implementada pela EC 1/69).

O art. 1º da LC 51/83 é renumerado, passando o inciso II a prever a aposentadoria especial voluntária do servidor policial. A LC 144/14 abandona o critério de "tempo de serviço", adequando o texto da LC 51/85 ao atual tratamento constitucional, ao prever o "tempo de contribuição" (por uma interpretação conforme a Constituição o tempo de contribuição já era utilizada desde a EC 20/98). Passa-se, também, a prever critérios distintos entre homens e mulheres policiais, buscando-se uma isonomia material entre os sexos.

Vejamos como ficaram os requisitos para a concessão de aposentadoria voluntária especial, frente as alterações trazidas pela LC 144/14.

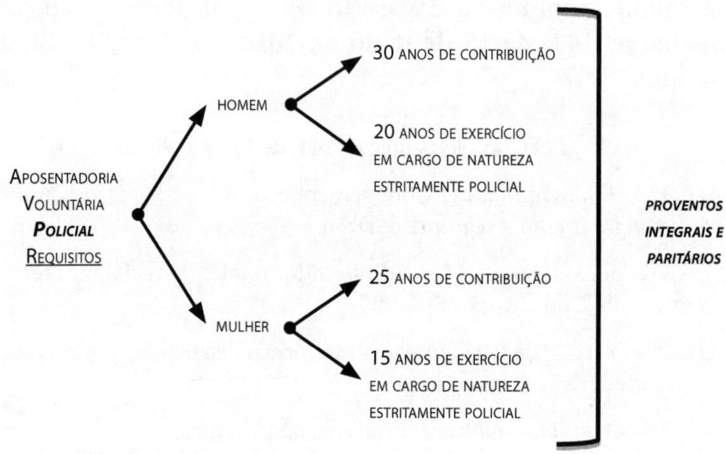

O problema veio com a renumeração do inciso I (antes previsto no inciso II), que passa a tratar da aposentadoria compulsória especial do servidor policial, mantendo-se o requisito de 65 anos. Leituras apressadas podem induzir o intérprete à conclusão de que nenhuma alteração substancial ocorreu, mas apenas uma alteração do número do inciso (de II para I). Contudo, tal conclusão se mostra equivocada como se verá a seguir.

Inúmeros questionamentos surgiram no meio policial, culminando com a impetração, pelo Partido Social Democrata Cristão – PSDC, da **ADIn nº 5.129-DF no STF**, suscitando a inconstitucionalidade do art. 1º, inciso I, da LC 51/85, com a redação implementada pela LC144/14, ou seja, **pleiteando o reconhecimento da inconstitucionalidade da aposentadoria compulsória de servidores policiais aos 65 anos de idade**. A ADI foi, no ano de 2016, julgada prejudicada por perda superveniente de objeto, tendo em vista que o art, 2º da LC 152/2015 revogou expressamente o dispositivo questionado.[17]

17 Nos termos da jurisprudência do Supremo Tribunal Federal, a regra nas ações de controle concentrado de constitucionalidade é no sentido de que se o ato normativo do poder público que é questionado é substancialmente alterado ou revogado (deixa de existir no mundo jurídico) antes do julgamento da ação

Lei Complementar nº 152, de 03 de dezembro de 2015

> **Art. 1º** – Esta Lei Complementar dispõe sobre a aposentadoria compulsória por idade, com proventos proporcionais, no âmbito da União, dos Estados, do Distrito Federal e dos Municípios, dos agentes públicos aos quais se aplica o inciso II do §1º do art. 40 da Constituição Federal
>
> **Art. 2º** – Serão aposentados compulsoriamente, com proventos proporcionais ao tempo de contribuição, aos 75 (setenta e cinco) anos de idade:
>
> I – os servidores titulares de cargos efetivos da União, dos Estados, do Distrito Federal e dos Municípios, incluídas suas autarquias e fundações

No Distrito Federal, um agente de Polícia Legislativa da Câmara dos Deputados obteve decisão liminar no Supremo Tribunal Federal[18] para que pudesse permanecer em serviço.

No Estado do Rio de Janeiro, a ADEPOL – Associação de Delegados de Polícia Civil, impetrou **Mandado de Segurança Coletivo nº 0024506-50.2014.8.19.0000**, em que o **Tribunal de Justiça do Rio de Janeiro** concedeu medida cautelar mantendo-se os servidores policiais em seus cargos até a decisão final.

Sem embargo dos pronunciamentos do Tribunal de Justiça do Rio de Janeiro e do Supremo Tribunal Federal, bem como da revogação expressa do dispositivo ora analisado, teçamos breves comentários acerca da constitucionalidade, a nosso sentir, da qual era dotada a norma, à época de sua vigência.

Faremos uma breve exposição histórica sobre o tema.

A LC 51/85, em sua redação original, regulava o art. 103 da Constituição Federal de 1967, com redação dada pela EMC nº 1/69. Na ocasião, a CF/67 previa regra de aposentadoria para o servidor aos 70 anos de idade, remetendo à Lei Complementar a criação de exceções devidas à natureza do serviço.

> **Art. 100, CF/67** – O funcionário será aposentado:
>
> [...]

respectiva, cabe ao autor (i) editar a inicial, demonstrando a ausência de prejudicialidade externa; ou (ii), à Corte, reputá-la não conhecida pela perda superveniente do seu objeto (respectivamente, confiram-se os precedentes nas ADIs 2595 AgR e 1203). Por via de exceção, não haverá prejudicialidade, sendo lícito ao Tribunal que proceda à continuidade do julgamento na hipótese de evidenciar-se o intento fraudador no ato de revogação do ato normativo, apto a, em tese, subtrair jurisdição do Supremo (ADI 3306); bem como se o conteúdo do ato questionado tiver sido repetido em outro Diploma, dada a natureza objetiva do controle concentrado de constitucionalidade (ADI 2418).

18 MS 33656/DF.

II – compulsoriamente, aos setenta anos de idade;

[...]

Art. 103, CF/67 – Lei complementar, de iniciativa exclusiva do Presidente da República, indicará quais as exceções às regras estabelecidas, quanto ao tempo e natureza de serviço, para aposentadoria, reforma, transferência para a inatividade e disponibilidade.

Nesse sentido, a LC 51/85 foi editada, passando a prever critérios específicos para a aposentadoria de polícias civis, a semelhança do que a atual Constituição determina. Com o advento da nova ordem constitucional, a redação original do §1º, do art. 40, da CRFB passa a autorizar, apenas, a adoção de critérios especiais para a aposentadoria voluntária.

Redação Original de 1988

Art. 40, CRFB. [...]

II – compulsoriamente, aos setenta anos de idade, com proventos proporcionais ao tempo de serviço;

III – voluntariamente:

a) aos trinta e cinco anos de serviço, se homem, e aos trinta, se mulher, com proventos integrais;

b) aos trinta anos de efetivo exercício em funções de magistério, se professor, e vinte e cinco, se professora, com proventos integrais;

c) aos trinta anos de serviço, se homem, e aos vinte e cinco, se mulher, com proventos proporcionais a esse tempo;

d) aos sessenta e cinco anos de idade, se homem, e aos sessenta, se mulher, com proventos proporcionais ao tempo de serviço.

§1º – Lei complementar poderá estabelecer exceções ao disposto no inciso III, "a" e "c", no caso de exercício de atividades consideradas penosas, insalubres ou perigosas.

Dessa forma, o Constituinte Originário considerou como não recepcionados critérios diferenciados de aposentadorias especiais compulsórias, passando tais casos a serem regidos pela regra ora prevista no inciso II, do art. 40 da CRFB (70 anos de idade). Dito de outra forma, a aposentadoria especial compulsória prevista na redação original do inciso II, do art. 1º, da LC 51/85 foi revogada/não-recepcionada pela redação original do §1º, do art.40, da CRFB de 1988.

Em 1998, contudo, tivemos a Emenda Constitucional nº 20, trazendo a primeira reforma previdenciária. O então §1º do art. 40, da CRFB, é renumerado para o §4º, ganhando nova redação, não mais restringindo a aposentadoria especial às hipóteses de aposentadoria voluntária. Contudo, não houve a repristinação da aposentadoria especial compulsória prevista na LC 51/85, por ausência de previsão expressa em lei.[19] Permanecia esta revogada.

Redação implementada pela EC 20/98

Art. 40, CRFB. [...]

§4º – É vedada a adoção de requisitos e critérios diferenciados para a **concessão de aposentadoria** aos abrangidos pelo regime de que trata este artigo, **ressalvados os casos** de atividades exercidas exclusivamente sob condições especiais que prejudiquem a saúde ou a integridade física, definidos em lei complementar. *(Redação dada pela Emenda Constitucional nº 20, de 15/12/98)*

Por fim, com a Emenda Constitucional nº 47, de 2005, o §4º do art. 40 da CRFB novamente é alterado, não havendo o retorno de qualquer restrição a adoção de critérios diferenciadores por modalidade de aposentadoria.

Art. 40, CRFB. [...]

§4º – É vedada a adoção de requisitos e critérios diferenciados para a concessão de aposentadoria aos abrangidos pelo regime de que trata este artigo, ressalvados, nos termos definidos em **leis complementares**, os casos de servidores: *(Redação dada pela Emenda Constitucional nº 47, de 2005)*

I – portadores de deficiência; *(Incluído pela Emenda Constitucional nº 47, de 2005)*

II – que exerçam **atividades de risco**; *(Incluído pela Emenda Constitucional nº 47, de 2005)*

III – cujas atividades sejam exercidas sob condições especiais que prejudiquem a saúde ou a integridade física. *(Incluído pela Emenda Constitucional nº 47, de 2005)*

Mais recentemente uma nova alteração normativa nesse esquadro teve lugar, e a Emenda Constitucional 103/2019 promove uma alteração redacional importante:

Art. 201, CRFB. [...]

§ 1º É vedada a adoção de requisitos ou critérios diferenciados para concessão de benefícios, ressalvada, nos termos de lei complementar, a possibilidade de previsão de idade e tempo de contribuição distintos da regra geral para concessão de aposentadoria exclusivamente em favor dos segurados: (Redação dada pela Emenda Constitucional nº 103, de 2019)

19 Vale considerar que a repristinação (instituto jurídico pelo qual a norma revogadora de uma lei, quando revogada, traz de volta a vigência daquela que revogara originariamente) somente é possível quando prevista expressamente em lei, conforme art. 2º, §3º, da LINDB – Lei de Introdução às Normas do Direito Brasileiro: Decreto-Lei nº4.657/42.

Ab initio, afastamos qualquer impedimento constitucional para que Lei Complementar estipule critérios diferenciados para aposentadoria compulsória especial. A Constituição de 1967 assim o previa, frente a regramento semelhante, e era plenamente constitucional. A atual Constituição também o prevê, não havendo, portanto, qualquer inconstitucionalidade material a ser suscitada.

Pelos argumentos constitucionais apresentados, observamos que a aposentadoria especial compulsória foi extirpada do ordenamento jurídico em 1988, com a redação original do art. 40, § 1º, da CRFB. Somente em 1998, com a alteração implementada pela EC nº 20 que deu nova redação ao §4º do art. 40 da CRFB, é que surge a possibilidade de Lei Complementar novamente prever a aposentadoria compulsória especial. Contudo, não havendo a repristinação do finado inciso II, do art. 1º, da LC 51/85, permaneceram os servidores policiais sujeitos à aposentadoria compulsória geral, ou seja, aos 70 anos de idade. Somente com a edição da Lei Complementar nº 144/14 é que renasce efetivamente a aposentadoria compulsória especial do servidor policial, prevendo-se novamente tal figura, agora no inciso I, do art. 1º, da LC 51/85 (já renumerado).

Acrescente-se, ainda, que embora o processo legislativo que culminou com a Lei Complementar nº 144/14 não tenha sido iniciado pelo Chefe do Executivo (no caso o Presidente da República), não há que se falar em vício de inciativa e consequente inconstitucionalidade formal. Isto porque a Lei Complementar nº 144/14 possui natureza de Lei nacional, e não federal, não havendo que se falar da incidência do art. 61, §1º, inciso II, alínea "c", da CRFB.

Por fim, restaria o argumento de que a aposentadoria compulsória especial não é uma punição ao servidor policial, mas sim um benefício conferido em decorrência da natureza do cargo que exerce (atividade de risco). Fugiria ao razoável que a atividade de risco fosse argumento para concessão de aposentadoria voluntária especial, mas não o fosse para a compulsória. Ademais, nada impede que o servidor policial aposentado compulsoriamente venha novamente a integrar o quadro funcional da Polícia, colaborando com seu *know-how* em cargos comissionados, por exemplo.[20]

Por tais razões, entendemos plenamente válida e constitucional a aposentadoria compulsória especial prevista, antes de sua revogação expressa pelo art.

20 Neste particular, é firme a jurisprudência do Supremo Tribunal Federal no sentido de que o instituto da aposentadoria compulsória só se aplica aos titulares de cargos efetivos na Administração Pública, não alcançando os cargos comissionados. Em suma, (i) se determinado sujeito com, por exemplo, 70 anos, é nomeado para exercer, nesses termos jurídicos, funções de direção, chefia e assessoramento e, no curso de sua relação jurídico-funcional travada com a pessoa jurídica atinge os 75 (idade da compulsória), não há nenhuma exigência de que seja desligado; e (ii) no nosso caso, se determinado sujeito que titularizava cargo efetivo encerra seu vínculo funcional com o Estado em virtude da compulsória, nenhum impedimento há para que, mediante nova nomeação (desta vez em comissão), inaugure outra relação, esta, baseada na confiabilidade e na tecnicidade, e não sujeita a marco temporal final baseado na idade do agente público. Nesse sentido, c.f., v.f., STF. Plenário. RE 786540, Rel. Min. Dias Toffoli, 15.12.2016.

2º da LCP 152/2015, no art. 1º, inciso I, da LC 51/85, com redação dada pela LC 144/14.

Vejamos um quadro sobre a evolução de tratamento da aposentadoria compulsória especial para os policias civis:

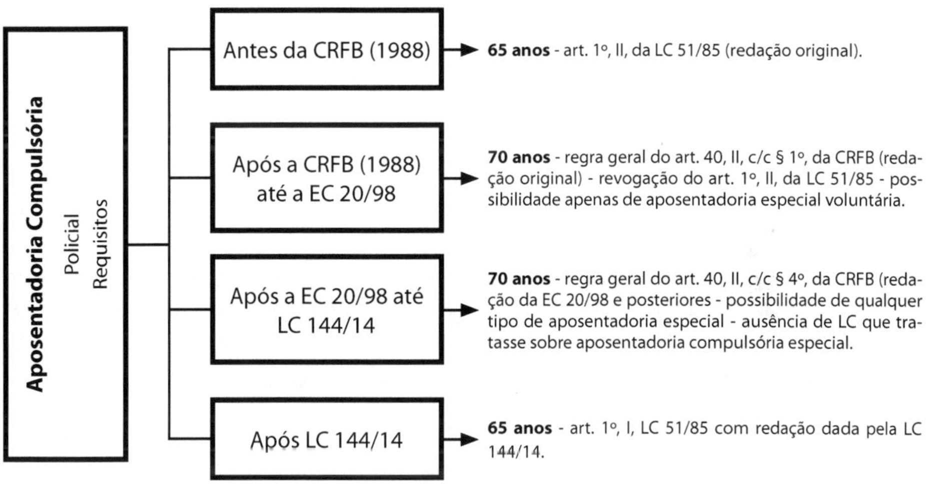

Ressalte-se, ainda, que as disposições do EPC e REPC sobre aposentadoria do servidor policial não podem contrariar as regras gerais previstas no art. 40 da CRFB, bem como na Lei Complementar nº 51/85, tendo em vista a previdência social ser tema de competência concorrente entre os entes federados, devendo a União legislar sobre normas gerais.

> **Art. 24, CRFB.** Compete à União, aos Estados e ao Distrito Federal legislar **concorrentemente** sobre:
>
> [...]
>
> **XII** – previdência social, proteção e defesa da saúde;
>
> **§1º** – No âmbito da legislação concorrente, a competência da União limitar-se-á a estabelecer normas gerais.
>
> **§2º** – A competência da União para legislar sobre normas gerais não exclui a competência suplementar dos Estados.
>
> **§3º** – Inexistindo lei federal sobre normas gerais, os Estados exercerão a competência legislativa plena, para atender a suas peculiaridades.
>
> **§4º** – A superveniência de lei federal sobre normas gerais suspende a eficácia da lei estadual, no que lhe for contrário.

Portanto, normas do EPC ou REPC que ampliam as hipóteses de aposentadoria, ou mesmo criam requisitos específicos não previstos na CRFB ou na LC 51/85 são inconstitucionais.

Título V

DAS DISPOSIÇÕES DIVERSAS

Capítulo I

DA APOSENTADORIA

Art. 33, Dec.-Lei 218/75 (EPC). O servidor policial será aposentado:

I - compulsoriamente;

II - voluntariamente;

III - por invalidez.

§1º - O policial será aposentado com limites de idade e tempo de serviço que vierem a ser fixados em lei.

§2º - A aposentadoria por invalidez será sempre procedida de licença por período não inferior a 24 meses, salvo quando o laudo médico concluir, anteriormente àquele prazo, pela incapacidade definitiva para o serviço policial.

Art. 34, Dec.-Lei 218/75 (EPC). O aposentado receberá provento integral:

I - no caso do incido II do artigo anterior;

II - quando a invalidez for em conseqüência de acidente no exercício de suas atribuições ou em virtude de doença profissional;

III - quando acometido de tuberculose ativa, alienação mental, neoplasia maligna, cegueira, lepra, paralisia irreversível e incapacitante, cardiopatia grave, estados adiantados de Paget (osteíte deformante), com base nas conclusões da medicina especializada.

§1º - Considera-se acidente o evento que causar mediata ou imediatamente, ao policial, dano decorrente do exercício das atribuições inerentes ao cargo ou função.

§2º - A autoridade policial competente fará registro circunstanciado do fato, no qual deverá consignar as provas colhidas, em caso de acidente de serviço.

§3º - Ao servidor ocupante de cargo policial em comissão, aplicar-se-á o disposto neste artigo, quando enquadrado nos termos do inciso II.

Art. 35, Dec.-Lei 218/75 (EPC). A aposentadoria voluntária mantém o funcionário em exercício até a publicação do respectivo ato, salvo quando já afastado do cargo.

Art. 36, Dec.-Lei 218/75 (EPC). O aumento de vencimento que for concedido ao servidor policial da ativa será dado na mesma proporção ao inativo.

Título X

DA APOSENTADORIA

Art. 263, Dec. 3.044/80 (REPC). O policial será aposentado:

I - compulsoriamente;

II – voluntariamente

III – por invalidez;

§1º – O policial será aposentado com limites de idade e tempo de serviço fixados em lei.

§2º – A aposentadoria por invalidez será sempre precedida de licença por um período contínuo, não inferior a vinte e quatro meses, salvo quando o laudo médico concluir, anteriormente aquele prazo, pela incapacidade definitiva do policial para o serviço.

Art. 264, Dec. 3.044/80 (REPC). O aposentado receberá provento integral:

I – no caso do inciso II do artigo anterior;

II – quando a invalidez for conseqüência de acidente no exercício de suas atribuições ou em virtude de doença profissional;

III – quando acometido de tuberculose ativa, alienação mental, neoplasia maligna, cegueira, lepra, paralisia irreversível e incapacitante, cardiopatia grave, estados adiantados de Paget (osteíte deformante), com base nas conclusões de medicina especializada;

IV – na inatividade, se acometido de qualquer das doenças especificadas no inciso anterior e decorrente de acidente no exercício de suas atribuições quando na atividade.

Art. 265, Dec. 3.044/80 (REPC). A aposentadoria voluntária mantém o policial em exercício até a publicação do respectivo ato, salvo quando já afastado do cargo.

Art. 266, Dec. 3.044/80 (REPC). O policial que foi ou venha a ser aposentado por incapacidade definitiva e considerado inválido, impossibilitado total ou permanentemente para qualquer trabalho, não podendo provar os meios de sua subsistência, fará jus a auxílio-invalidez no valor de 25% calculado sobre o vencimento do cargo efetivo e demais vantagens, incorporadas ou não, desde que satisfaça uma das condições abaixo especificadas, devidamente declarada por junta médica;

I – necessitar de internação em instituição hospitalar apropriada, pública ou particular, de tratamento especializado;

II – necessitar de assistência médica ou de cuidados permanentes de enfermagem.

§1º – Quando por deficiência hospitalar ou prescrição médica comprovada por junta médica, o policial nas condições acima, receber tratamento médico na própria residência, também fará jus ao auxílio-invalidez.

§2º – Para a continuidade do direito ao recebimento do auxílio-invalidez, o policial ficará sujeito a apresentar anualmente declaração de que não exerce nenhuma atividade remunerada, pública ou privada, e a critério da administração submeter-se, periodicamente, à inspeção de saúde de controle, sendo que no caso de policial mentalmente enfermo aquela declaração deverá ser firmada por dois policiais em atividade.

§3º - O auxílio-invalidez será suspenso, automaticamente, se for verificado que o policial beneficiado exerce ou tenha exercido, após recebimento do auxílio, qualquer atividade remunerada, sem prejuízo de outras sanções cabíveis, bem como se, em inspeção de saúde, for constatado não se encontrar nas condições previstas neste artigo.

4.8. Há o direito de greve?

Previsto constitucionalmente, o direito de greve (arts. 9º e 37, VII, ambos da CF) é motivo de grande controvérsia quando se perquire sua exigibilidade por parte de agentes públicos ligados à atividade da Segurança Pública.[21] Inicialmente, destaque-se que o tema é menos controverso no que toca aos policias militares, aos bombeiros militares e aos integrantes das Forças Armadas, porquanto a Carta Política clarividentemente e, de forma expressa, os exclui do âmbito de abrangência desse direito (arts. 42, §1º e 142, §3º, IV, ambos da CF).[22] Tal comando justifica-se, sobretudo, a nosso ver, pelas funções relativas à proteção territorial externa da soberania nacional exercida pelas Forças Armadas.

No que toca, porém, aos servidores civis da segurança pública (*v.g.*, os policiais civis dos Estados), o tema não é tão simples. Iniciamos a discussão do tema apresentando julgado do Supremo Tribunal Federal que decidiu pela incompatibilidade da titularidade de cargo público relativo às funções de *segurança* com o direito de greve. O precedente vem nos seguintes termos:

21 De maneira geral, o Supremo Tribunal Federal, ante a mora do Congresso Nacional no dever constitucional de legislar relativo à edição de lei específica dispondo sobre o movimento paradista dos servidores públicos – como um todo –, valendo-se das concreções pertinentes que o permitem as teorias da decisão no controle de constitucionalidade da omissão normativa dos poderes políticos – sobretudo o legiferante –, estabeleceu a possibilidade de aplicação analógica da Lei de Greve (Lei 7.783/89, aplicável aos trabalhadores da iniciativa privada) aos agentes do Estado, no que couber (c.f., v.g., os Mandados de Injunção 670, 708 e 712). Algumas parametrizações da analogia ora citada foram também dados pelos Tribunais Superiores: (i) a Administração Pública deverá realizar os descontos pertinentes aos dias de trabalho não laborados, salvo no caso da interrupção da atividade ter sido motivada por ato arbitrário e ilegal do próprio Estado, sendo preferível, todavia, a compensação (STF. Plenário. RE 693456/RJ, Rel. Min. Dias Toffoli, 27.10.2016; no âmbito do Tribunal Superior do Trabalho, estendendo o entendimento do STF também aos agentes públicos celetistas, estatuindo ainda o entendimento no sentido de que "a greve suspende o contrato de trabalho" e determinando não a compensação, mas o desconto integral dos dias parados no caso concreto, c.f., TST, RO – 1001809-70.2016.5.02.0000, Rel. Min. Ives Gandra Filho 19.02.2019); (ii) o desconto ao qual se referiu prescinde, para seu implemento, da instauração de processo administrativo, e pode se dar de forma parcelada, sobretudo em razão da natureza alimentar das verbas em discussão, sendo ilegal ato normativo que assim o proíba (STJ, RMS 49.339/SP, Rel. Ministro Francisco Falcão, Segunda Turma, 06.10.2016); (iii) embora de edição em tempo anterior, entendemos aplicável ao servidor público a Súmula 316 do STF, orientando que "A simples participação em greve não constitui falta grave".

22 A menos que se entenda que a correta interpretação do art. 142, § 3º, IV, da CF, impõe reconhecer que, para o fim dessa arquitetura normativa – e dos seus respectivos efeitos –, "militar" é somente aquele servidor público integrante das Forças Armadas – Exército; Marinha; Aeronáutica.

> CONSTITUCIONAL. GARANTIA DA SEGURANÇA INTERNA, ORDEM PÚBLICA E PAZ SOCIAL. INTERPRETAÇÃO TELEOLÓGICA DOS ART. 9º, § 1º, ART. 37, VII, E ART. 144, DA CF. VEDAÇÃO ABSOLUTA AO EXERCÍCIO DO DIREITO DE GREVE AOS SERVIDORES PÚBLICOS INTEGRANTES DAS CARREIRAS DE SEGURANÇA PÚBLICA.
>
> 1. A atividade policial é carreira de Estado imprescindível a manutenção da normalidade democrática, sendo impossível sua complementação ou substituição pela atividade privada. A carreira policial é o braço armado do Estado, responsável pela garantia da segurança interna, ordem pública e paz social. E o Estado não faz greve. O Estado em greve é anárquico. A Constituição Federal não permite.
>
> 2. Aparente colisão de direitos. Prevalência do interesse público e social na manutenção da segurança interna, da ordem pública e da paz social sobre o interesse individual de determinada categoria de servidores públicos. Impossibilidade absoluta do exercício do direito de greve às carreiras policiais. Interpretação teleológica do texto constitucional, em especial dos artigos 9º, § 1º, 37, VII e 144.
>
> 3. Recurso provido, com afirmação de tese de repercussão geral: "1 – O exercício do direito de greve, sob qualquer forma ou modalidade, é vedado aos policiais civis e a todos os servidores públicos que atuem diretamente na área de segurança pública. 2 – É obrigatória a participação do Poder Público em mediação instaurada pelos órgãos classistas das carreiras de segurança pública, nos termos do art. 165 do Código de Processo Civil, para vocalização dos interesses da categoria. (ARE 654432, Relator(a): Min. EDSON FACHIN, Relator(a) p/ Acórdão: Min. ALEXANDRE DE MORAES, Tribunal Pleno, julgado em 05/04/2017, PROCESSO ELETRÔNICO DJe-114 DIVULG 08-06-2018 PUBLIC 11-06-2018)

Temos dúvidas sobre a adequação do precedente à ordem constitucional. Em que pese expressamente constar da decisão da Corte Suprema entendimento no sentido de não se tratar de uma analogia com o art. 142, § 3º, IV, da Carta Constitucional, mas, sim, uma decorrência de toda a arquitetura do Estado concebida no pós-88, a vedação em absoluto do direito de greve aos policiais civis nos parece uma restrição indevida, ao menos em nível dogmático.

Ora, percebamos: se realmente não se tratasse de uma analogia restritiva de direitos – o que se mostraria, no contexto de uma teoria forte dos direitos sociais, que os conceba (sobretudo aqueles de cariz negativo, como os relativos ao exercício de greve, que, apesar de veicularem princípios de implementação de justiça social material, impõem aos Poderes Políticos não uma prestação positiva, mas uma abstenção de embaraçar o gozo livre) como limitações materiais ao poder de reforma constitucional (formal – com alteração de texto – ou informal – com alteração de norma), manifestamente indevido –, nos parece que a *vedação relativa* impor-se-ia. A *vedação absoluta*, como se disse, justifica-se para os militares das Forças Armadas em virtude das funções de *defesa externa* que exercem. Já quanto aos policiais civis, tal função é inexistente.

Assim, nos parece que deveria se garantir um núcleo de proteção mínimo a esse direito fundamental social em favor dos policiais civis. Isso porque, se é verdade que a restrição imposta (*teoria externa dos direitos fundamentais*) pelo Supremo Tribunal Federal não é decorrente de uma analogia indevida, mas, sim, resultante de um processo dialético de consideração de interesses e normativizações distintas, *mister* se faz que, como em todo conflito de direitos fundamentais, garanta-se um âmbito de proteção – mínimo que seja – ao direito, sob pena de excluí-lo por completo da ordem jurídica, o que só se poderia fazer, nos parece, no exercício de um *Poder Constituinte Originário*.

De toda forma, nos parece que o tema seria assunto de autoridades legiferantes, e não judicantes. O quadro é patognomônico de uma situação fática de desvalorização do Poder Legislativo, que se mantém inerte diante de temas reais calamitosos que, para que disponham de adequada solução jurídica, requerem sua intervenção – em um sentido ou em outro.

Pelos limites de abrangência desta obra, optamos por declinar, quanto ao tema, apenas das linhas gerais, não descendo às profundezas – em sede de *teoria dos direitos fundamentais* e *teoria da decisão judicial*, sem prejuízo do conselho de verticalização pelo leitor.[23]

4.9. Jurisprudência

Sobre a inconstitucionalidade do art. 77, inciso XVII, da CERJ, trazemos precedente representativo de jurisprudência firmada pelo STF, consubstanciado na ementa da Ação Direta de Inconstitucionalidade nº 227-9/RJ:

EMENTA: AÇÃO DIRETA DE INCONSTITUCIONALIDADE. ART. 77, XVII, DA CONSTITUIÇÃO DO ESTADO DO RIO DE JANEIRO. FACULDADE DO SERVIDOR DE TRANSFORMAR EM PECÚNIA INDENIZATÓRIA A LICENÇA ESPECIAL E FÉRIAS NÃO GOZADAS. AFRONTA AOS ARTS. 61, §1º, II, "A" E 1269 DA CONSTITUIÇÃO FEDERAL.

1. A Constituição Federal, ao conferir aos Estados a capacidade de auto-organização e de autogoverno, impõe a obrigatória observância aos seus princípios, entre os quais o pertinente ao processo legislativo, de modo que o legislador constituinte estadual não pode validamente dispor sobre as matérias reservadas

2. O princípio da iniciativa reservada implica limitação ao poder do Estado-Membro de criar como ao de revisar sua Constituição e, quando no trato da reformulação constitucional local, o legislador não pode se investir da competência para matéria que a Carta da República tenha reservado à exclusiva iniciativa do Governador.

23 Para aprofundamento em direitos fundamentais, c.f., v.g., SARLET; Ingo Wolfgang; MARINONI, Luiz Guiherme; MITIDIERO, Daniel. Curso de direito constitucional. 6ª ed. rev. e atual. São Paulo: Saraiva, 2017.

3. Constituição do Estado do Rio de Janiro. Faculdade do servidor de transformar em pecúnia indenizatória a licença especial e férias não gozadas. Concessão de vantagens. Matéria estranha à Carta Estadual. Conversão que implica aumento de despesa.

Ação direta de inconstitucionalidade procedente.

(STF, ADI 227-9/RJ, Rel. Min. Maurício Corrêa, Pleno, 19/11/97)

Tratando sobre a possibilidade de indenização por cumulação de férias não gozadas no interesse da Administração Pública, trazemos julgado do TJRJ, Recurso Inominado nº 0297167-45.2011.8.19.0001.

EMENTA: Servidor público. Fracionamento em quantas demandas forem os períodos de férias não gozadas. Possibilidade. Prova. Pecúnia indenizatória.

Se o servidor fez prova de que não usufruiu férias por vontade da Administração pública, impõe-se o pagamento da indenização. Direito amparado no Art. 7º inciso XVII c/c art. 39 § 3º da CRFB e no princípio geral do direito que veda o enriquecimento ilícito. Não incidência de imposto de renda nem desconto previdenciário. Averbação em dobro do período não gozado. Inconstitucionalidade. Inteligência do artigo 40, §10º da Constituição Federal. Férias não gozadas a critério da Administração. Ajuizamento de ação indenizatória que revela manifestação de vontade no sentido de ver o período convertido em pecúnia e não utilizado para fins previdenciários. Conhecimento de ambos os recursos, desprovido o do Estado, mas provido o do autor.

(Recurso Inominado nº 0297167-45.2011.8.19.0001, Rel. Luiz Fernando de Andrade Pinto, 1ª Turma Recursal Fazendária, 17.01.04.)

No que toca à inexistência de direito ao porte de arma de fogo por policial civil aposentado (relembramos ao leitor os temperamentos que fizemos a esse precedente ao longo do presente capítulo), trazemos para estudo o precedente abaixo:

[...]

POLICIAL CIVIL APOSENTADO. INEXISTÊNCIA DE DIREITO AO PORTE DE ARMA.

INTELIGÊNCIA DO ARTIGO 36 DO DECRETO FEDERAL 5.123/2004. AUSÊNCIA DE PROVAS DE QUE O PACIENTE ESTARIA AUTORIZADO A PORTAR ARMAMENTO FORA DO ESTADO DO RIO GRANDE DO SUL. COAÇÃO ILEGAL NÃO EVIDENCIADA.

1. De acordo com o artigo 33 do Decreto Federal 5.123/2004, que regulamentou o artigo 6º da Lei 10.826/2003, o porte de arma de fogo está condicionado ao efetivo exercício das funções institucionais por parte dos policiais, motivo pelo qual não se estende aos aposentados.

2. Habeas corpus não conhecido.

> (HC 267.058/SP, Rel. Ministro JORGE MUSSI, QUINTA TURMA, julgado em 04/12/2014, DJe 15/12/2014)

No que se refere à problemática relativa à *transferência ex officio* (sic) de agente público e reserva de vaga em instituição de ensino, trazemos para debate o seguinte precedente, que representa bem o núcleo central da discussão que trouxemos:

> ADMINISTRATIVO. AGRAVO REGIMENTAL NO RECURSO ESPECIAL. MILITAR. TRANSFERÊNCIA DE OFÍCIO. INSTITUIÇÃO DE ENSINO NÃO CONGÊNERE.
>
> EXCEÇÃO. DECISÃO EM CONFORMIDADE COM O ENTENDIMENTO DO SUPERIOR TRIBUNAL DE JUSTIÇA. SÚMULA 83/STJ. AGRAVO NÃO PROVIDO.
>
> 1. Servidores públicos, civis ou militares, transferidos de ofício, têm direito a matrícula em instituição de ensino superior do local de destino, observado, todavia, o requisito da congeneridade em relação à instituição de origem. No presente caso, entretanto, por não haver curso correspondente em estabelecimento congênere, deve ser assegurada a matrícula em instituição não congênere. Precedentes do STJ.
>
> 2. Agravo regimental não provido.
>
> (AgRg no REsp 1335562/RS, Rel. Ministro ARNALDO ESTEVES LIMA, PRIMEIRA TURMA, julgado em 06/11/2012, DJe 14/11/2012)

Sobre a inaplicabilidade do instituto da aposentadoria compulsória aos titulares de cargos em comissão:

> DIREITO CONSTITUCIONAL E PREVIDENCIÁRIO. SERVIDOR PÚBLICO OCUPANTE EXCLUSIVAMENTE DE CARGO EM COMISSÃO. NÃO SUBMISSÃO À APOSENTADORIA COMPULSÓRIA PREVISTA NO ART. 40, § 1º, INCISO II, DA CONSTITUIÇÃO FEDERAL. COMPULSORIEDADE QUE SE IMPÕE APENAS AOS SERVIDORES EFETIVOS. NOMEAÇÃO DE SERVIDOR EFETIVO APOSENTADO COMPULSORIAMENTE PARA EXERCÍCIO DE CARGO EM COMISSÃO. POSSIBILIDADE. RECURSO EXTRAORDINÁRIO A QUE SE NEGA PROVIMENTO.
>
> 1. Sujeitam-se à aposentadoria compulsória apenas os servidores públicos efetivos. Inteligência do art. 40, caput e § 1º, inciso II, da Constituição Federal.
>
> 2. Os servidores ocupantes exclusivamente de cargo em comissão, em virtude do disposto no art. 40, § 13 da Lei Maior, não estão obrigados a passar à inatividade ao atingirem a idade limite, tampouco encontram-se proibidos de assumir cargo em comissão em razão de terem ultrapassado essa idade.
>
> 3. Reafirmada a jurisprudência da Corte e fixadas as seguintes teses jurídicas: 1) Os servidores ocupantes de cargo exclusivamente em comissão não se submetem à regra da aposentadoria compulsória prevista no art. 40, § 1º, inciso II, da Cons-

tituição Federal, a qual atinge apenas os ocupantes de cargo de provimento efetivo, inexistindo, também, qualquer idade limite para fins de nomeação a cargo em comissão. 2) Ressalvados impedimentos de ordem infraconstitucional, inexiste óbice constitucional a que o servidor efetivo aposentado compulsoriamente permaneça no cargo comissionado que já desempenhava ou a que seja nomeado para outro cargo de livre nomeação e exoneração, uma vez que não se trata de continuidade ou criação de vínculo efetivo com a Administração.

4. Recurso extraordinário a que se nega provimento.

(RE 786540, Relator(a): Min. DIAS TOFFOLI, Tribunal Pleno, julgado em 15/12/2016, PROCESSO ELETRÔNICO DJe-289 DIVULG 14-12-2017 PUBLIC 15-12-2017)

Sobre o controvertido tema da aposentadoria integral e com paridade de policiais civis, trazemos a transcrição do voto Conselheiro-Relator José Gomes Graciosa do TCE-RJ, nos autos do Processo nº 108.168-2/11, em que tratou integralmente da matéria, expondo de forma clara a tese vencedora.

Inicialmente, verifico tratar-se de aposentadoria, com validade a contar de 11/11/2010, fundamentada na Lei Complementar n. 51/1985, que regula a aposentadoria do policial civil, a respeito da qual o Egrégio Plenário dirmou entendimento pacífico, consentâneo com a jurisprudência dominante, no sentido de admitir a receptação da referida norma pela Constituição da República e Emendas Constitucionais n. 20/98, 41/2003 e 47/2005, enquanto não revogada ou modificada por outra lei complementar, subsistindo, assim, a regra da aposentadoria especial ali prevista.

A par disso, identifico nos autos controvérsia, a respeito da qual os aplicadores do direito vêm travando notáveis embates, acerca da forma de cálculo dos proventos aplicáveis aos beneficiários da norma em voga.

[...] Nesse mister, inicio meu relato esclarecendo que, baseado em entendimento pacífico da Suprema Corte, que consagrou interpretação segundo a qual a aposentadoria dos policiais civis está devidamente regulamentada pela Lei Complementar n. 51/1985, recepcionada pela Constituição da República, passou-se a se perquirir se tal benefício deveria configurar exceção à regra geral prevista no §3º do artigo 40 da CRFB, já emendado e regulamentado pela Lei 10.887/2004.

Equivale dizer, questionou-se se a dita norma complementar teria o condão de disciplinar a hipótese de incidência da exceção constitucional prevista no §4º do artigo 40, assegurando aos policiais civis a integralidade e a paridade nos proventos da aposentadoria especial.

Como sói acontecer em casos que tais, logo surgiram duas correntes interpretativas, buscando o deslinde do impasse.

A primeira, a qual me filio e busco defender neste voto, sustenta a especialidade da norma e que ela é, sim, instrumento hábil a disciplinar a hipótese de incidência da exceção constitucional. Ou seja, os policiais civis beneficiários da LC n.

51/1985 têm direito a proventos integrais regidos pela garantia da paridade plena. A fixação de seus proventos não se submeteria aos critérios estabelecidos na norma regulamentadora – Lei 10.887/2004, isto é, à média aritmética, devendo guardar correspondência com a remuneração do servidor no cargo efetivo em que se der a aposentadoria.

É o comando que se extrai do inciso I do art. 1° da LC n. 51/1985, que prevê a aposentadoria voluntária do servidor policial, com proventos integrais, após 30 (trinta) anos de serviço, desde que conte pelo menos 20 (vinte) anos de exercício em cargo de natureza estritamente policial.

Assim não fosse, estar-se-ia negando a própria eficácia que o Supremo Tribunal Federal, e, posteriormente, o Plenário desta Corte de Controle em sua esfera de competência, reconheceu à LC n. 51/1985, pois não é admissível que uma norma – §4° do artigo 40 da CRFB – autoriza determinado direito e outra de igual hierarquia – §3° do mesmo artigo 40 – venha a inviabilizar o exercício desse mesmo direito. Cabe ao aplicador do direito harmonizar tais comandos, ponderando os valores e preservando o perfeito alcance da norma.

[...] Imbuído desse espírito, entendo que o sentido lógico para essa aparente antinomia não é outro senão admitir-se que o atual ordenamento jurídico prevê dois sistemas de aposentadoria para os servidores públicos: o regime geral, previsto no §1° do art. 40, cujo cálculo dos proventos está definido no §3° também do art. 40, e o regime especial, de regras próprias, disposto no §4° do mesmo artigo.

Sendo assim, pelo critério da especialidade, entendido como a norma específica prevalecendo sobre a geral, não cabe a aplicação do preceito de maior abrangência (§3° do art. 40) e de sua regulamentação (Lei n° 10.887/2004) aos policiais civis. Ainda mais porque, sendo esta última uma lei ordinária, não poderia ela dispor sobre matéria reservada à lei complementar, sob pena de incidir em vício de constitucionalidade. Logo, o cálculo das aposentadorias especiais de que trata o §4° está mesmo a cargo de leis complementares exclusivas

(TCE-RJ, Processo n° 108.168-2/11, voto GC-2 50729/2013 do Conselheiro-Relator José Gomes Graciosa)

Em sentido contrário, transcrevemos Parecer n° 01/2011-GW, da doutra Procuradoria-Geral do Estado do Rio de Janeiro, sustentando a tese vencida no sentido que a Lei Complementar n. 51/85 não garantiria a integralidade dos proventos aos policiais civis, sem embargo de ter sido reconhecida pelo STF como recepcionada pelo ordenamento jurídico. Ressalte-se, que a tese em questão foi rechaçada pelo TCE, não sendo acolhida pelo Governo do Estado do Rio de Janeiro.

APOSENTADORIA ESPECIAL

Aposentadoria especial. Servidor policial. Recepção do art. 10, I, da Lei Complementar n° 51/1985 pela Constituição da República de 1988. A Emenda Constitucional n° 20/98 e a expressão "exclusivamente" inserida no § 4° do art. 40

da Constituição. Jurisprudência do Supremo Tribunal Federal. ADI nº 3.817-6 e Boletim Informativo PGE – nº 222 – MARÇO/2012 Procuradoria Geral do Estado do Rio de Janeiro 8 RE 567.110. Tempo de serviço. Aplicação do art. 4° da Emenda Constitucional n° 20/1998 para admitir como tempo de contribuição o tempo de serviço anterior à edição da Emenda. Conceito de aposentadoria integral. Parâmetro. Data do preenchimento dos requisitos para a aposentação. Impossibilidade de ser computado o tempo de afastamento disciplinar para a caracterização de atividade "estritamente policial".

Precedentes: Parecer n° 06/99 – RGB,

Parecer n° 01/00 – CTDC, Parecer n° 03/03 – EMT

Parecer nº 01, GW, de 12.08.2011

VISTO: PG (LLGT) de, 07.03.2012

Aprovo o Parecer n° 01/2011 – GW, de fls. 105/127, da lavra da Procuradora do Estado GISELLE WEBER MARTINS ALVES, chancelado pela Procuradora-Chefe da Procuradoria Previdenciária, ANA PAULA SERAPIÃO, concluindo que: (i) a Lei complementar n° 51/85 foi recepcionada pela Constituição da República de 1988 e pelas emendas que lhe seguiram; (ii) a expressão "tempo de serviço" prevista no inciso I do art. 1º da LC nº 51/85 deve ser lida, a partir da entrada em vigor da EC n° 20/98, como "tempo de contribuição"; (iii) aos servidores policiais que preencheram ou vierem a preencher os requisitos para a aposentadoria especial em data posterior à entrada em vigor da EC n° 41/03, aplicam-se os §§ 3° e 17 do art. 40 CF e da Lei 10.887/04 (nova redação), não sendo o caso de cogitar-se de regra de transição (a natureza dos requisitos da aposentadoria especial do servidor policial, na qual não se cogita de idade mínima, inviabiliza a aplicação dos regimes transitórios); (iv) não se pode afirmar, a priori, que qualquer atividade desenvolvida por policial deve ser tida como "estritamente policial", devendo-se avaliar as circunstâncias específicas de cada caso, segundo critérios de razoabilidade. À Secretaria de Estado da Casa Civil, com vistas à Secretaria de Segurança e ao RIOPREVIDÊNCIA. Proc.E-09/1499/1702/2010.

4.10. Síntese do capítulo

- Direitos pessoais → direitos subjetivos concedidos ao agente investido no cargo público → garantias pessoais mínimas para o exercício das funções;
  - Uso de prerrogativas do cargo;
  - Estabilidade;
  - Uso de designações hierárquicas;
  - Desempenho de cargos/funções correspondentes à condição hierárquica;
  - Uso de carteira funcional;

- Promoções regulares;
- Medalhas Mérito Policial e Mérito Especial;
- Assistência médica, hospitalar, social e judiciária;
- Trânsito, quando desligado de uma sede para outra, situada em município diferente;
- Férias.

► Remuneração → vencimento e vantagens X subsídio

- Vantagens pecuniárias
  - » Adicional por tempo de serviço
  - » Gratificações
    - de função;
    - pelo exercício de cargo em comissão;
    - de representação de gabinete;
    - de participação em órgão de deliberação coletiva;
    - de participação em banca de concurso ou curso oficial.
  - » Ajuda de custo e transporte
  - » Diárias
- Licenças
  - » para tratamento de saúde
  - » por motivo de doença na família
  - » para repouso à gestante
  - » para serviço militar
  - » para acompanhar cônjuge
  - » a título de prêmio
  - » para desempenho de mandato eletivo ou executivo
- Concessões
  - » Ausência para casamento;
  - » Ausência para luto
  - » Ausência para realização de prova
  - » Salário-família

  - » Auxílio-doença
  - » Auxílio-funeral
  - » Auxílio-moradia
  - » Pensão especial
  - » Prêmio
- Aposentadoria
- voluntária
- por invalidez
- compulsória

LC 51/85 ⟶ aposentadoria voluntária com proventos integrais e paridade ⟶ homem = 30 anos de serviço público, sendo 20 anos de exercício em cargo de natureza estritamente policial ⟶ mulher = 25 anos de serviço público, sendo 15 anos de exercício em cargo de natureza estritamente policial.

4.11. Questões comentadas

1. (CESPE – 2018 – PC-SE – Delegado de Polícia – *QUESTÃO ADAPTADA):* Acerca da carreira e do sistema remuneratório dos delegados da Polícia Civil e do regime jurídico dos servidores ocupantes de cargos efetivos das carreiras policiais civis, julgue o item subsecutivo.

"Situação hipotética: Um delegado de polícia, por força de mandato eletivo em entidade de classe, esteve afastado da atividade policial pelo período ininterrupto de oito anos. Assertiva: Nessa situação, ao retornar para a função, o delegado terá computado como de efetivo exercício e para fins de promoção os oito anos durante os quais esteve afastado."

COMENTÁRIOS

Resposta: Certo. A questão nos remete à disciplina do art. 38, IV, da Constituição Federal, estudada neste capítulo de nossa obra. Na hipótese de afastamento do agente público para desempenho de mandato eletivo, todos os efeitos legais continuar-se-ão a produzir com a contagem natural de tempo, salvo aqueles relativos à contagem de lapso funcional apto a produzir efeitos no instituto da promoção por merecimento, tendo em vista a natureza eminentemente subjetiva – no que difere da eminentemente objetiva da promoção por antiguidade, por exemplo – desta modalidade de *provimento derivado em cargo público vago integrante da mesma carreira.* A assertiva da questão, ao generalizar todas as hipóteses, incorre em equívoco e, assim, deve ser julgada como errada.

2. (UFF – 2012 – PCERJ – Inspetor de Polícia) A dispensa total do serviço até dez dias e o cancelamento de pena disciplinar, de acordo com o Regulamento do Estatuto dos Policiais Civis do Estado do Rio de Janeiro:

a) ambos se caracterizam como recompensas.

b) ambos não se caracterizam como recompensas.

c) a primeira se caracteriza como recompensa; o segundo, não.

d) o segundo se caracteriza como recompensa; a primeira, não.

e) ambos se caracterizam parcialmente como recompensas.

COMENTÁRIOS

Resposta: Letra A.

O artigo 268 do REPC enumera as recompensas, prevendo no inciso III a dispensa total do serviço até 10 dias, sendo competente para a concessão os Titulares das Unidades (até 2 dias); os órgãos subordinados diretamente à Chefia de Polícia Civil (até 5 dias) e a Chefia de Polícia Civil (até 10 dias). Outra recompensa prevista no inciso IV do mesmo artigo é o cancelamento de penalidade disciplinar, que será da competência da Chefia de Polícia Civil.

3. (UFF – 2012 – PCERJ – Inspetor de Polícia) De acordo com o Decreto-lei 218/1975 e seu Regulamento, são hipóteses de licença sem vencimento *(adaptado)*:

I. para acompanhar o cônjuge eleito para o Congresso Nacional; ou mandado servir em outras localidades se militar, servidor público ou com vínculo empregatício em empresa estadual ou particular.

II. para desempenho de mandato eletivo.

III. a título de prêmio, pelo prazo de 3 (três) meses.

Dos itens acima, apenas:

a) II está correto.

b) I e III estão corretos.

c) I e II estão corretos.

d) III está correto.

e) II e III estão corretos.

COMENTÁRIOS

Resposta: Letra C.

As licenças são tratadas no REPC, nos arts. 47 *usque* 88. A licença para acompanhar o cônjuge expressamente ressalta a ausência de vencimentos no art. 72 do REPC, estando o item I correto. A licença para desempenho de mandato eletivo é sem vencimentos, conforme dispõe o art. 85 do REPC, fazendo com que o item II esteja correto. A licença a título de prêmio, por sua própria natureza, é com vencimento e vantagens integrais, conforme art. 76 do REPC, estando errado o item III.

4. (CESGRANRIO – 2006 – PCERJ – Investigador Policial) De acordo com o Estatuto da Polícia Civil do Estado do Rio de Janeiro e seu Regulamento, o pagamento de diária é assegurado:

a) Durante o período de trânsito;

b) Sempre que houver deslocamentos do servidor superior a 100km de distância da sede;

c) Nas hipóteses em que o deslocamento se constitui em exigência permanente do exercício do cargo ou da função;

d) de alimentação e pousada, nos deslocamentos superiores a 100 km de distância da sede, desde que o pernoite se realize por exigência do serviço;

e) Sempre que houver deslocamentos do servidor superior a 40km de distância da sede;

COMENTÁRIOS

Resposta: Letra D.

As diárias são vantagens pecuniárias que o servidor policial tem direito quando o policial se deslocar, temporariamente, em objeto de serviço, da localidade onde estiver sediada sua unidade administrativa, com a finalidade de compensar despesas de alimentação e/ou pousada.

A alternativa "a" encontra-se errada, tendo em vista que reproduz vedação expressa no art. 125, inciso I, do REPC, dispondo que não será concedida diárias durante o período de trânsito do policial para uma nova sede.

A alternativa "b" e "e" estão erradas, porque utilizavam a palavra "sempre". Terá direito o servidor policial à diária de alimentação e pousada, nos deslocamentos superiores a 100 km de distância da sede, *desde que o pernoite se realize por exigência do serviço*. (art. 123, inciso I, do REPC). Também terá direito à diária de alimentação nos deslocamentos inferiores a 100 km e superiores a 50 km de distância da sede. (art. 123, inciso II, do REPC);

A alternativa "c" encontra-se errada porque a diária só poderá ser concedida em deslocamentos temporários, conforme art. 122 do REPC. Nas hipóteses de deslocamento definitivo, mediante remoção *ex officio*, terá direito ao auxílio-moradia, nos termos do art. 154 *usque* 158 do REPC.

A alternativa correta, portanto, é letra "d", que reflete o texto do art. 123, inciso I, do REPC.

5. (FAEPOL - 2001 - PCERJ - Inspetor de Polícia) Por motivo de casamento, o funcionário poderá deixar de comparecer ao serviço sem prejuízo de sua remuneração por:

a) 05 dias;

b) 06 dias;

c) 07 dias;

d) 08 dias;

e) 10 dias.

COMENTÁRIOS

Resposta: Letra D.

A ausência para casamento, conhecida pelo senso comum como "licença para casamento" ou "licença gala", possui natureza jurídica de concessão da Administração Pública, prevista no art. 128 do REPC, com prazo de 8 dias.

4.12. Questões

1. De acordo com o Estatuto da Polícia Civil e seu Regulamento, marque a alternativa correta:

a) A gratificação de função de chefia, assistência intermediária e secretariado corresponde ao exercício de função gratificada de Delegado Titular;

b) Será concedida ajuda de custo, a título de compensação das despesas de viagens, mudanças e instalação, ao policial quando for removido de sua lotação;

c) Sem prejuízo do vencimento, direitos e vantagens, o policial poderá faltar ao serviço até 6 dias consecutivos, por motivo de falecimento do cônjuge, pais, filhos ou irmãos;

d) Ao policial estudante matriculado em estabelecimento de ensino de qualquer grau, oficial ou reconhecido, será permitido faltar ao serviço, sem prejuízo de seu vencimento ou de quaisquer direitos e vantagens, nos dias de prova;

e) Salário-família é o auxílio pecuniário concedido pelo Estado somente ao policial na ativa, como contribuição ao custeio das despesas de manutenção de sua família.

2. De acordo com o Estatuto da Polícia Civil e seu Regulamento, a licença para desempenho de cargo eletivo será concedida a partir da data:

a) que o servidor policial formular o pedido, sendo que o prazo no qual estiver afastado será computado para todos os fins legais, inclusive para os relativos a promoções por merecimento

b) estabelecida discricionariamente pela Administração Pública
c) da proclamação do resultado da eleição pela Justiça Eleitoral;
d) do início da legislatura;
e) da diplomação do eleito pela Justiça Eleitoral, sendo que o prazo no qual estiver afastado será computado para todos os fins legais, salvo para os relativos a promoções por merecimento

3. De acordo com o Estatuto da Polícia Civil e seu Regulamento, a licença para tratamento de saúde será concedida:

a) com vencimentos proporcionais a dois terços do tempo de serviço;
b) sempre com vencimentos e vantagens integrais;
c) com vencimentos integrais nos primeiros seis meses, e com dois terços por outros doze meses, até o máximo de dezoito meses;
d) com vencimentos integrais até no máximo vinte e quatro meses;
e) com vencimentos e vantagens integrais nos primeiros seis meses, e com dois terços por outros doze meses, até o máximo de dezoito meses;

4. De acordo com o Estatuto da Polícia Civil e seu Regulamento, o servidor policial poderá cumular seus vencimentos e vantagens com o subsídio, caso haja compatibilidade de horários com o cargo eletivo de:

a) Vereador;
b) Prefeito;
c) Deputado Estadual;
d) Deputado Federal;
e) Senador.

5. São vantagens previstas no Estatuto da Polícia Civil e seu Regulamento:

a) Férias; adicional por tempo de serviço; e gratificações;
b) Auxílio-moradia; licença a gestante; ajuda de custo e transporte;
c) Aposentadoria; diárias; ajuda de custo e transporte;
d) Gratificação de representação de gabinete; diárias; adicional por tempo de serviço
e) Adicional por tempo de serviço; gratificações; e diárias

- **Gabarito**

1. D 2. E 3. B 4. A 5. E

4.13. Legislação Aplicável

Constituição da República de 1988 (CRFB)

Art. 5º - [...]

LXI - **ninguém será preso senão em flagrante delito ou por ordem escrita e fundamentada de autoridade judiciária competente**, salvo nos casos de transgressão militar ou crime propriamente militar, definidos em lei;

[...]

Art. 7º - São **direitos** dos trabalhadores urbanos e rurais, além de outros que visem à melhoria de sua condição social:

[...]

XVII - gozo de **férias anuais remuneradas com, pelo menos, um terço a mais do que o salário normal**;

XVIII - **licença à gestante**, sem prejuízo do emprego e do salário, com a duração de **cento e vinte dias**;

[...]

Art. 14, - [...]

§9º - **Lei complementar** estabelecerá **outros casos de inelegibilidade e os prazos de sua cessação**, a fim de proteger a probidade administrativa, a moralidade para exercício de mandato considerada vida pregressa do candidato, e a normalidade e legitimidade das eleições contra a influência do poder econômico ou o abuso do exercício de função, cargo ou emprego na administração direta ou indireta. *(Redação dada pela Emenda Constitucional de Revisão nº 4, de 1994)*

[...]

Art. 21 - Compete à União:

[...]

VI - autorizar e fiscalizar a produção e o comércio de material bélico;

[...]

Art. 24 - Compete à União, aos Estados e ao Distrito Federal legislar concorrentemente sobre:

[...]

XII - previdência social, proteção e defesa da saúde;

§1º - No âmbito da legislação concorrente, a competência da União limitar-se-á a estabelecer normas gerais.

§2º - A competência da União para legislar sobre normas gerais não exclui a competência suplementar dos Estados.

§3º - Inexistindo lei federal sobre normas gerais, os Estados exercerão a competência legislativa plena, para atender a suas peculiaridades.

§4º - A superveniência de lei federal sobre normas gerais suspende a eficácia da lei estadual, no que lhe for contrário.

[...]

Art. 37 - [...].

X - a **remuneração** dos servidores públicos e o **subsídio** de que trata o § 4º do art. 39 somente poderão ser **fixados ou alterados por lei específica**, observada a **iniciativa privativa** em cada caso, assegurada revisão geral anual, sempre na mesma data e sem distinção de índices; *(Redação dada pela Emenda Constitucional nº 19, de 1998)*

XI - a **remuneração** e o **subsídio** dos **ocupantes de cargos, funções e empregos públicos da administração direta**, autárquica e fundacional, dos membros de qualquer dos Poderes da União, **dos Estados**, do Distrito Federal e dos Municípios, dos detentores de mandato eletivo e dos demais agentes políticos e os **proventos, pensões ou outra espécie remuneratória**, percebidos cumulativamente ou não, **incluídas as vantagens pessoais ou de qualquer outra natureza, não poderão exceder o subsídio mensal, em espécie**, dos Ministros do Supremo Tribunal Federal, **aplicando-se como limite**, nos Municípios, o subsídio do Prefeito, e **nos Estados e no Distrito Federal, o subsídio mensal do Governador no âmbito do Poder Executivo**, o subsídio dos Deputados Estaduais e Distritais no âmbito do Poder Legislativo e o subsídio dos Desembargadores do Tribunal de Justiça, limitado a noventa inteiros e vinte e cinco centésimos por cento do subsídio mensal, em espécie, dos Ministros do Supremo Tribunal Federal, no âmbito do Poder Judiciário, aplicável este limite aos membros do Ministério Público, aos Procuradores e aos Defensores Públicos; *(Redação dada pela Emenda Constitucional nº 41, 19.12.2003)*

[...]

§12 - Para os fins do disposto no inciso XI do caput deste artigo, fica **facultado aos Estados** e ao Distrito Federal fixar, em seu âmbito, **mediante emenda às respectivas Constituições** e Lei Orgânica, como **limite único**, o **subsídio mensal dos Desembargadores do respectivo Tribunal de Justiça**, limitado a noventa inteiros e vinte e cinco centésimos por cento do subsídio mensal dos Ministros do Supremo Tribunal Federal, não se aplicando o disposto neste parágrafo aos subsídios dos Deputados Estaduais e Distritais e dos Vereadores. *(Incluído pela Emenda Constitucional nº 47, de 2005)*

[...]

Art. 39 - [...]

§3º - Aplica-se aos **servidores ocupantes de cargo público** o disposto no **art. 7º**, IV, VII, VIII, IX, **XII**, XIII, XV, XVI, XVII, XVIII, XIX, XX, XXII e XXX, **podendo a lei estabelecer requisitos diferenciados** de admissão quando a natureza do cargo o exigir. *(Incluído pela Emenda Constitucional nº 19, de 1998)*

§4º - O membro de Poder, o detentor de mandato eletivo, os Ministros de Estado e os Secretários Estaduais e Municipais serão remunerados exclusivamente por **subsídio** fixado em **parcela única**, vedado o acréscimo de qualquer gratificação, adicional, abono, prêmio, verba de representação ou outra espécie remuneratória, obedecido, em qualquer caso, o disposto no art. 37, X e XI. *(Incluído pela Emenda Constitucional nº 19, de 1998)*

[...]

Art. 40 - O regime próprio de previdência social dos servidores titulares de cargos efetivos terá caráter contributivo e solidário, mediante contribuição do respectivo ente federativo, de servidores ativos, de aposentados e de pensionistas, observados critérios que preservem o equilíbrio financeiro e atuarial.

§ 1º O servidor abrangido por regime próprio de previdência social será aposentado: (Redação dada pela Emenda Constitucional nº 103, de 2019)

I - por incapacidade permanente para o trabalho, no cargo em que estiver investido, quando insuscetção dada pela Emenda Constitucional nº 103, de 2019)o financeiro e atuarial e o disposto neste artigo. osent da continuidade das condições que ensejaram a concessão da aposentadoria, na forma de lei do respectivo ente federativo; (Redação dada pela Emenda Constitucional nº 103, de 2019)

II - compulsoriamente, com proventos proporcionais ao tempo de contribuição, aos 70 (setenta) anos de idade, ou aos 75 (setenta e cinco) anos de idade, na forma de lei complementar; (Redação dada pela Emenda Constitucional nº 88, de 2015)

III - no âmbito da União, aos 62 (sessenta e dois) anos de idade, se mulher, e aos 65 (sessenta e cinco) anos de idade, se homem, e, no âmbito dos Estados, do Distrito Federal e dos Municípios, na idade mínima estabelecida mediante emenda às respectivas Constituições e Leis Orgânicas, observados o tempo de contribuição e os demais requisitos estabelecidos em lei complementar do respectivo ente federativo. (Redação dada pela Emenda Constitucional nº 103, de 2019)

§II - no âmbito da União, aos 62 (sessenta e dois) anos de idade, se mulher, e aos 65 (sessenta e cinco) anos de idade, se homem, e, no âmbito destabelecido para o Regime Geral de Previdência Social, observado o disposto nos §§ 14 a 16. (Redação dada pela Emenda Constitucional nº 103, de 2019)

§ 3º As regras para cálculo de proventos de aposentadoria serão disciplinadas em lei do respectivo ente federativo. (Redação dada pela Emenda Constitucional nº 103, de 2019) *(Redação dada pela Emenda Constitucional nº 41, 19.12.2003)*

§4º – É vedada a adoção de requisitos e critérios diferenciados para a concessão de aposentadoria aos abrangidos pelo regime de que trata este artigo, ressalvados, nos termos definidos em **leis complementares**, os casos de servidores: *(Redação dada pela Emenda Constitucional nº 47, de 2005)*

I – portadores de deficiência; *(Incluído pela Emenda Constitucional nº 47, de 2005)*

II – que exerçam **atividades de risco**; *(Incluído pela Emenda Constitucional nº 47, de 2005)*

III – cujas atividades sejam exercidas sob condições especiais que prejudiquem a saúde ou a integridade física. *(Incluído pela Emenda Constitucional nº 47, de 2005)*

[...]

§10 – A lei não poderá estabelecer qualquer forma de contagem de tempo de contribuição fictício. *(Incluído pela Emenda Constitucional nº 20, de 15/12/98)*

[...]

§17 – Todos os valores de remuneração considerados para o cálculo do benefício previsto no §3° serão devidamente atualizados, na forma da lei. *(Incluído pela Emenda Constitucional nº 41, 19.12.2003)*

[...]

Art. 41 - São **estáveis após três anos de efetivo exercício** os servidores nomeados para cargo de provimento efetivo em virtude de concurso público. *(Redação dada pela Emenda Constitucional nº 19, de 1998)*

§1º - O servidor público estável só perderá o cargo: (Redação dada pela Emenda Constitucional nº 19, de 1998)

I - em virtude de sentença judicial transitada em julgado; (Incluído pela Emenda Constitucional nº 19, de 1998)

II - mediante processo administrativo em que lhe seja assegurada ampla defesa; (Incluído pela Emenda Constitucional nº 19, de 1998)

III - mediante procedimento de avaliação periódica de desempenho, na forma de lei complementar, assegurada ampla defesa. (Incluído pela Emenda Constitucional nº 19, de 1998)

[...]

Art. 61, CRFB. [...]

§1º - São de **iniciativa privativa** do Presidente da República as leis que:

II - disponham sobre:

c) servidores públicos da União e Territórios, seu regime jurídico, provimento de cargos, estabilidade e aposentadoria; *(Redação dada pela Emenda Constitucional nº 18, de 1998)*

[...]

Art. 144, CRFB. [...].

§9º - **A remuneração dos servidores policiais** integrantes dos órgãos relacionados neste artigo será fixada na forma do §4º do art. 39. *(Incluído pela Emenda Constitucional nº 19, de 1998)*

Constituição do Estado do Rio de Janeiro (CERJ)

Art. 77 - [...]

XVII - o servidor público estadual, civil ou militar, poderá gozar licença especial e férias na forma da lei ou de ambas dispor, *sob a forma de direito de contagem em dobro para efeito de aposentadoria ou tê-las transformadas em pecúnia indenizatória, segundo sua opção; (parte final declarada inconstitucional pelo STF na ADIn 227-9/600.)*

Decreto-Lei nº 3.688/41
(Lei de Contravenções Penais - LCP)

Art 46 - Usar, publicamente, de uniforme, ou distintivo de função pública que não exerce; usar, indevidamente, de sinal, distintivo ou denominação cujo emprêgo seja regulado por lei. *(Redação dada pelo Decreto Lei nº 6.916, de 2.10.1944)*

Pena – multa, de duzentos a dois mil cruzeiros, se o fato não constitui infração penal mais grave. *(Redação dada pelo Decreto-Lei nº 6.916, de 2.10.1944)*

Lei Complementar Federal nº 51/1985

Dispõe sobre a aposentadoria do servidor público policial, nos termos do § 4º do art. 40 da Constituição Federal. (Redação dada pela Lei Complementar n° 144, de 2014)

Art. 1º – O servidor público policial será aposentado: (Redação dada pela Lei Complementar n° 144, de 2014)

I – **compulsoriamente**, com proventos proporcionais ao tempo de contribuição, aos 65 (sessenta e cinco) anos de idade, qualquer que seja a natureza dos serviços prestados; *(Redação dada pela Lei Complementar nº 144, de 2014)*

II – **voluntariamente**, com proventos integrais, independentemente da idade: *(Redação dada pela Lei Complementar nº 144, de 2014)*

a) após 30 (trinta) anos de contribuição, desde que conte, pelo menos, 20 (vinte) anos de exercício em cargo de natureza estritamente policial, se homem; *(Incluído pela Lei Complementar nº 144, de 2014)*

b) após 25 (vinte e cinco) anos de contribuição, desde que conte, pelo menos, 15 (quinze) anos de exercício em cargo de natureza estritamente policial, se mulher. *(Incluído pela Lei Complementar nº 144, de 2014)*

Lei Complementar federal nº 152, de 03 de dezembro de 2015

Art. 1º – Esta Lei Complementar dispõe sobre a aposentadoria compulsória por idade, com proventos proporcionais, no âmbito da União, dos Estados, do Distrito Federal e dos Municípios, dos agentes públicos aos quais se aplica o inciso II do §1º do art. 40 da Constituição Federal

Art. 2º – Serão aposentados compulsoriamente, com proventos proporcionais ao tempo de contribuição, aos 75 (setenta e cinco) anos de idade:

I – os servidores titulares de cargos efetivos da União, dos Estados, do Distrito Federal e dos Municípios, incluídas suas autarquias e fundações

Lei nº 10.826/03
(Estatuto do Desarmamento)

Art. 6º – É proibido o porte de arma de fogo em todo o território nacional, salvo para os casos previstos em legislação própria e para:

II – os integrantes de órgãos referidos nos incisos do *caput* do art. 144 da Constituição Federal;

Decreto Complementar nº 64/90

Art. 1º – São inelegíveis:

II – para Presidente e Vice-Presidente da República:

[...]

I) os que, **servidores públicos**, **estatutários** ou não, dos órgãos ou entidades da Administração direta ou indireta da União, **dos Estados**, do Distrito Federal, dos Municípios e dos Territórios, inclusive das fundações mantidas pelo Poder Público, **não se afastarem até 3 (três) meses anteriores ao pleito, garantido o direito à percepção dos seus vencimentos integrais**;

[...]

III – para Governador e Vice-Governador de Estado e do Distrito Federal;

a) **os inelegíveis para os cargos de Presidente e Vice-Presidente da República especificados na alínea a do inciso II** deste artigo e, no tocante às demais alíneas, quando se tratar de repartição pública, associação ou empresas que operem no território do Estado ou do Distrito Federal, observados os mesmos prazos;

[...]

IV – para Prefeito e Vice-Prefeito:

a) no que lhes for aplicável, por identidade de situações, os inelegíveis para os cargos de Presidente e Vice-Presidente da República, Governador e Vice-Governador de Estado e do Distrito Federal, observado o **prazo de 4 (quatro) meses para a desincompatibilização**;

[...]

c) as **autoridades policiais**, civis ou militares, **com exercício no Município**, nos **4 (quatro) meses anteriores ao pleito**;

V – para o Senado Federal:

a) os inelegíveis para os cargos de Presidente e Vice-Presidente da República especificados na alínea a do inciso II deste artigo e, no tocante às demais alíneas, quando se tratar de repartição pública, associação ou empresa que opere no território do Estado, observados os mesmos prazos;

b) em cada Estado e no Distrito Federal, os inelegíveis para os cargos de Governador e Vice-Governador, nas mesmas condições estabelecidas, observados os mesmos prazos;

VI – para a Câmara dos Deputados, Assembléia Legislativa e Câmara Legislativa, no que lhes for aplicável, por identidade de situações, os inelegíveis para o Senado Federal, nas mesmas condições estabelecidas, observados os mesmos prazos;

VII – para a Câmara Municipal:

a) no que lhes for aplicável, por identidade de situações, os inelegíveis para o Senado Federal e para a Câmara dos Deputados, observado o **prazo de 6 (seis) meses para a desincompatibilização**;

Lei Estadual nº 1.522/89

Art. 2º – O regime de **adicional por tempo de serviço** para todo o funcionalismo civil do Estado do Rio de Janeiro, ativo ou inativo, será o de **triênio**, sendo o primeiro deles equivalente a 10% (dez por cento) e os demais a 5% (cinco por cento), limitados a um máximo de 9 (nove) triênios.

Parágrafo único – O valor da vantagem prevista no caput acompanhará as majorações remuneratórias na proporção da referida base de cálculo.

Decreto-Lei nº 218/75 (EPC)

Título IV
DOS DIREITOS E VANTAGENS

Capítulo I
DOS DIREITOS

Art. 27 – São **direitos pessoais** decorrentes do exercício da função policial:

I – **garantia do uso** do título **em toda a sua plenitude**, com as vantagens e **prerrogativas a ele inerentes**;

II – **estabilidade**, nos termos da legislação em vigor;

III – uso das **designações hierárquicas**;

IV – desempenho de cargos e funções correspondentes à condição hierárquica;

V – percepção de vencimento correspondente ao padrão fixado em lei e de vantagens pecuniárias;

VI – percepção de salário família, diárias e ajuda de custo;

VII – **carteira funcional**;

VIII – promoções regulares e por bravura, inclusive post mortem, ascensões regulares, inclusive post mortem;

IX – medalhas Mérito Policial e Mérito Especial e outras condecorações previstas em lei;

X – assistência médica, hospitalar, social e quando ferido, ou acidentado em serviço, ou em razão da função, submetido a processo em decorrência do estrito cumprimento do dever legal.

XI – aposentadoria nos termos da lei, com proventos integrais, independente de tempo de serviço, quando for reconhecida a invalidez permanente por motivo de acidente em serviço ou em conseqüência dele.

XII – trânsito quando desligado de uma sede para assumir exercício em outra, situada em município diferente;

XIII – auxílio funeral;

XIV – prisão domiciliar por tempo de serviço;

XV – férias e licenças previstas em lei;

XVI – gratificação adicional por tempo de serviço;

XVII – acesso e transferência regulamentares;

XVIII – garantias devidas ao resguardo da integridade física do policial em caso de cumprimento de pena em estabelecimento penal, conquanto sujeito ao sistema disciplinar penitenciário;

XIX – quando aposentado, porte de arma.

Art. 28 – Aos beneficiários do policial falecido, em conseqüência de agressão sofrida no desempenho de suas atribuições ou, ainda, em conseqüência de acidente ocorrido em serviço ou de moléstia nele adquirida, será concedida pensão equivalente ao vencimento mais as vantagens percebidas por ocasião do óbito.

§1º – A prova das circunstâncias do falecimento será feita de acordo com a legislação em vigor.

§2º – O valor da pensão será sempre revisto, nas mesmas bases em que se modificarem os valores dos vencimentos dos funcionários em atividade.

Capítulo II
DAS FÉRIAS

Art. 29 – O funcionário gozará, obrigatoriamente, 30 (trinta) dias de férias por ano, concedidas de acordo com escala organizada pelo chefe imediato.

Art. 30 – É proibida a acumulação de férias, salvo por imperiosa necessidade de serviço e pelo máximo de 02 (dois) períodos.

Art. 31 – O funcionário ao entrar em férias, participará ao chefe imediato seu endereço eventual.

Art. 32 – Mediante convocação do Secretário de Segurança Pública, o funcionário policial será obrigado a interromper suas férias em situação de emergente necessidade da segurança nacional ou para manutenção da ordem pública.

Parágrafo único – O funcionário terá direito a renovar o gozo do período assim interrompido, em época oportuna, sempre a critério da administração.

Título V
DAS DISPOSIÇÕES DIVERSAS

Capítulo I
DA APOSENTADORIA

Art. 33 – O servidor policial será aposentado:

I – compulsoriamente;

II – voluntariamente;

III – por invalidez.

§1º – O policial será aposentado com limites de idade e tempo de serviço que vierem a ser fixados em lei.

§2º – A aposentadoria por invalidez será sempre procedida de licença por período não inferior a 24 meses, salvo quando o laudo médico concluir, anteriormente àquele prazo, pela incapacidade definitiva para o serviço policial.

Art. 34 – O aposentado receberá provento integral:

I – no caso do incido II do artigo anterior;

II – quando a invalidez for em conseqüência de acidente no exercício de suas atribuições ou em virtude de doença profissional;

III – quando acometido de tuberculose ativa, alienação mental, neoplasia maligna, cegueira, lepra, paralisia irreversível e incapacitante, cardiopatia grave, estados adiantados de Paget (osteíte deformante), com base nas conclusões da medicina especializada.

§1º – Considera-se acidente o evento que causar mediata ou imediatamente, ao policial, dano decorrente do exercício das atribuições inerentes ao cargo ou função.

§2º – A autoridade policial competente fará registro circunstanciado do fato, no qual deverá consignar as provas colhidas, em caso de acidente de serviço.

§3º – As servidor ocupante de cargo policial em comissão, aplicar-se-á o disposto neste artigo, quando enquadrado nos termos do inciso II.

Art. 35 – A aposentadoria voluntária mantém o funcionário em exercício até a publicação do respectivo ato, salvo quando já afastado do cargo.

Art. 36 – O aumento de vencimento que for concedido ao servidor policial da ativa será dado na mesma proporção ao inativo.

Art. 37 – recompensa é o reconhecimento dos bons serviços prestados pelo servidor policial.

Art. 38 – São recompensas:

I – agraciamento com as Medalhas Mérito Policial e Mérito Especial, na forma instituída em lei;

II – elogios individuais e coletivos;

III – dispensa total do serviço até 10 (dez) dias;

IV – cancelamento de pena disciplinar.

Art. 39 – São competentes para conceder a dispensa total do serviço:

I – até 10 (dez) dias: O Secretário de Segurança Pública;

II – até 05 (cinco) dias: chefes de órgãos subordinados diretamente ao Secretário de Segurança Pública;

III – até 02 (dois) dias: os titulares de Delegacias.

Art. 40 – O cancelamento de pena disciplinar, além da hipótese prevista no § 4º do artigo 27, pode ser concedido, como recompensa, em razão de relevantes serviços prestados à segurança pública, por decisão do Secretário de Estado da Polícia Civil.

Art. 41 – A requisição do funcionário policial para ter exercício em outra unidade administrativa, respeitados os casos previstos em lei, somente será permitida quando houver compatibilidade e correlação entre as atribuições típicas do cargo com as dos serviços da unidade, sempre com expressa autorização do Governador, sujeitando-se o servidor a perda das vantagens decorrentes estritamente da função policial.

Art. 42 – Aquele que, comprovadamente, se revelar inapto para o exercício da função policial, sem causa que justifique sua demissão ou aposentadoria, será readaptado em outra função, mais compatível com a sua capacidade, sem que essa readaptação lhe traga qualquer prejuízo financeiro.

Art. 43 – Aplicam-se aos servidores policiais as disposições do Estatuto dos Funcionários Públicos Civis e demais normas de pessoal, naquilo que não colidir com este Decreto-Lei.

Art. 44 – O Poder Executivo, no prazo de 90 (noventa) dias, baixará o Regulamento deste diploma legal.

Art. 45 – Este Decreto-Lei entrará em vigor na data de sua publicação, revogadas as disposições em contrário.

Decreto nº 3.044/80 (REPC)

Título IV
DOS DIREITOS E VANTAGENS

Capítulo I
DAS DISPOSIÇÕES GERAIS

Art. 36 – São direitos pessoais decorrente do exercício da função policial:

I – Garantia de uso do título em toda sua plenitude, com as vantagens prerrogativas a ele inerente;

II – Estabilidade, nos termos da legislação em vigor;

III – Uso das designações hierárquicas;

IV – Desempenho dos cargos e funções correspondentes à condição hierárquica;

V – Percepção de vencimento correspondente ao padrão fixado em lei e das vantagens pecuniárias;

VI – Percepção de salário-família, diárias e ajuda de custo, na forma da legislação em vigor;

VII – Carteira funcional e insígnia na forma estabelecida em legislação própria;

VIII – Promoções regulares e por bravura, inclusive "post-mortem", ascensões regulares, inclusive *"post-mortem". (Alterado pelo Decreto nº 21.4.912, de 20.11.1981)*

IX – Medalhas "Mérito Policial" e "Mérito Especial" e outras condecorações, na forma prevista em lei, com anotações na folha de assentamentos funcionais; *(Alterado pelo Decreto nº 21.4.912, de 20.11.1981)*

X – Assistência médico-hospitalar, social e judiciária, quando ferido ou acidentado em serviço ou em razão da função, submetido a processo em decorrência do estrito cumprimento do dever legal;

XI – Aposentadoria nos termos da lei, com proventos integrais, independentemente de tempo de serviço, quando for reconhecida a invalidez permanente, por motivo de acidente em serviço, ou em razão da função, ou ainda, em caso de moléstia grave adquirida em serviço ou em conseqüência dele;

XII – Trânsito: o período correspondente a cinco dias de afastamento total do serviço, concedido ao policial civil, quando desligado de uma sede para assumir exercício em outra situada em município diferente e se destina a preparativos e à realização de viagem;

XIII – Concessão de auxílio-funeral;

XIV – Prisão domiciliar cumprida na residência do infrator;

XV – Prisão domiciliar cumprida na residência do infrator;

XVI – Férias e licenças previstas em lei;

XVII – Gratificação adicional por tempo de serviço, na forma prevista no art. 90 e seus parágrafos;

XVIII – Ascensão e transferência, na forma da legislação;

XIX - Garantias devidas ao resguardo da integridade física do policial em caso de cumprimento de pena em estabelecimento penal; conquanto sujeito ao sistema disciplinar penitenciário;

XX - Portar arma, com discrição, mesmo quando aposentado.

Parágrafo único - O policial, vinte e quatro hora após o último dia do período de trânsito, deverá apresentar-se à unidade policial para a qual foi designado.

Art. 37 - Aos beneficiários do policial falecido, em conseqüência da agressão sofrida no desempenho de suas atribuições, em serviço ou fora dele, em razão de acidente nele ocorrido ou, ainda, de moléstia nele adquirida, será concedida pensão equivalente ao vencimento, acrescida de todas as vantagens percebidas por ocasião do óbito.

§1º - A prova das circunstâncias do falecimento será feita de acordo com a legislação em vigor.

§2º - O valor da pensão será sempre revisto, nas mesmas bases em que se modificarem os valores dos vencimentos dos policiais em atividade.

Capítulo II
DOS DIREITOS

Seção I
DAS FÉRIAS

Art. 38 - O policial gozará, obrigatoriamente, trinta dias de férias por ano, concedidas de acordo com escala organizada pelo dirigente da unidade administrativa a que estiver subordinado e comunicada ao órgão central de pessoal da secretaria de Estado da Polícia Civil, para fins de publicação e controle.

Art. 39 - É proibido a acumulação de férias, salvo por imperiosa necessidade de serviço e pelo máximo de dois períodos.

Art. 40 - O policial, ao entrar em férias, participará ao chefe imediato seu endereço eventual.

Art. 41 - Mediante convocação do Secretário de Estado da Polícia Civil, o policial será obrigado a interromper sua férias, em situação de emergente necessidade de segurança nacional ou para manutenção de ordem pública.

Parágrafo único - O policial terá direito a retornar às férias interrompidas, em época oportuna, sempre a critério da administração.

Art. 42 - A escala de férias poderá ser alterada, de acordo com as necessidades do serviço, por iniciativa do superior ao qual estiver imediatamente subordinado, comunicada a alteração ao órgão competente, inclusive para efeito de acumulação de períodos.

Art. 43 - Somente depois do primeiro ano de efetivo exercício, adquirirá o policial direito a férias, as quais corresponderão ao ano em que se completar esse período.

Art. 44 - É vedado levar à conta de férias qualquer falta ao trabalho.

Art. 45 - Excepcionalmente, em razão da natureza do serviço, serão concedidas férias, com início em um exercício e término no seguinte, bem como parceladas em períodos de dez e quinze dias.

Art. 46 – Obrigatoriamente, quando ocorrer movimentação do servidor, deverá ser comunicada a seu novo chefe a sua situação sobre o período de férias.

Seção II
DAS LICENÇAS

Subseção I
DAS DISPOSIÇÕES EM GERAIS

Art. 47 – Conceder-se-á licença:

I – Para tratamento de saúde;

II – Por motivo de doença em pessoa da família;

III – Para repousa à gestante;

IV – Para serviço militar;

V – Para acompanhar o cônjuge;

VI – A título de prêmio;

VII – Para desempenho de mandato legislativo ou executivo.

Art. 48 – Salvo os casos previstos nos incisos IV, V, e VII do artigo anterior, o policial não poderá permanecer em licença por prazo superior a vinte quatro meses;

§1º – Excetua-se do prazo estabelecido neste artigo, a licença para tratamento de saúde, quando o policial for considerado recuperável a juízo da junta médica.

§2º – Nas licenças dependentes de inspeção médica, expirado o prazo deste artigo e ressalvada a hipótese referida no parágrafo anterior, o policial será submetido a nova inspeção, que concluirá pela sua volta ao serviço, pela sua readaptação, ou pela aposentadoria, se for julgado definitivamente inválido para o serviço público policial.

Art. 49 – As licenças previstas nos incisos I, II, e III do artigo 47 serão concedidas pelo órgão médico oficial ou por outros, aos quais aquele transferir ou delegar atribuições, e pelo prazo indicado nos respectivos vos laudos.

§1º – Estando o policial ou pessoa de sua família absolutamente impossibilitado de locomover-se e não havendo na localidade qualquer dos órgãos referidos neste artigo, poderá ser admitido laudo expedido por órgão médico de outra entidade pública e, na falta, atestado passado por médico particular com firma reconhecida.

§2º –Nas hipóteses referidas no parágrafo anterior, o laudo ou atestado deverá ser encaminhado ao órgão médico competente, no prazo máximo de três dias contados da primeira falta ao serviço médico; a licença respectiva somente será considerada concedida com a homologação do laudo ou atestado, a qual será sempre publicada.

§3º – Será facultado ao órgão competente, em caso de dúvida razoável, exigir nova inspeção por outro médico ou junta oficial.

§4º – No caso de o laudo ou atestado não ser homologado, o policial será obrigado a reassumir o exercício do cargo, dentro de três dias contados de publicação do despacho ou ciência nos autos, sendo considerados como de efetivo exercício os dias em que deixou de comparecer ao serviço por esse motivo.

§5º – Se, na hipótese do parágrafo anterior, a não homologação decorrer de falsa afirmativa por parte do médico atestante, os dias de ausência do funcionário serão tidos como falta ao serviço, sujeitos, um e outro, a processo administrativo disciplinar, que apurará e definirá responsabilidade; casa o médico atestante não esteja vinculado ao Estado, para fins disciplinares este comunicará o fato ao Ministério Público ou ao Conselho Regional de Medicina em que seja inscrito.

Art. 50 – A licença poderá ser prorrogada "ex-offício" ou a pedido.

§1º – O pedido de prorrogação deverá ser apresentado antes de findo o prazo de licença; se indeferido, contar-se-á como de licença o período compreendido entre a data do término e a da publicação do despacho.

§2º – A licença concedida dentro de sessenta dias, contados do término da anterior, será, a critério médico, considerada como sua prorrogação.

Art. 51 – Ressalvada a hipótese de faltas por motivo de doença comprovada, inclusive em pessoa da família, até o máximo de três, durante o mês, o tempo necessário à inspeção médica será considerado como de licença.

§1º – Considerando apto o policial ou pessoa de sua família, reassumirá ele o exercício, sob pena de serem computados como faltas os dias de ausência ao serviço.

§2º – Se da inspeção ficar constada simulação do policial, as ausências serão havidas como faltas ao serviço e o fato será comunicado ao órgão de pessoal, para as providências disciplinares cabíveis.

Art. 52 – Ao policial provido em comissão, ou designado para função gratificada, não se concederão, nesta qualidade, as licenças referidas nos incisos IV, V, VI e VII do artigo 47.

Art. 53 – No processamento das licenças dependentes de inspeção médica, será observado o devido sigilo sobre os respectivos laudos e atestados.

Art. 54 – A licença superior a noventa dias, para tratamento de saúde e por motivo de doença em pessoa da família, dependerá a inspeção por junta médica.

§1º – No curso das licenças a que se refere este artigo o policial abster-se-á de qualquer atividade remunerada, sob pena de interrupção de licença, com perda total do vencimento e demais vantagens, até que reassuma o exercício do cargo.

§2º – Os dias correspondentes à perda de vencimento, de que trata o parágrafo anterior, serão considerados como faltas ao serviço.

Art. 55 – O policial licenciado comunicará ao chefe imediato o local onde pode ser encontrado.

Subseção II
LICENÇA PARA TRATAMENTO DE SAÚDE

Art. 56 – A licença para tratamento de saúde será concedida, ou prorrogada, "ex-offício" ou a pedido do policial ou de seu representante, quando não possa ele fazê-lo.

§1º – Em qualquer dos casos é indispensável a inspeção médica que será realizada, sempre que necessária, no local onde se encontrar o policial.

§2º – Incumbe à chefia imediata promover a apresentação do policial à inspeção médica, sempre que este a solicitar.

Art. 57 – O policial não reassumirá o exercício do cargo, sem nova inspeção médica, quando a licença concedida assim o tiver exigido; realizada esta nova inspeção, o respectivo atestado ou laudo médico concluirá pela volta ao serviço, pela prorrogação da licença, pela readaptação do policial ou pela sua aposentadoria.

Art. 58 – Em caso de doença grave, contagiosa ou não, que imponha cuidados permanentes, poderá a junta médica, se considerar o doente irrecuperável, determinar, como resultado da inspeção, sua imediata aposentadoria.

Parágrafo único – A inspeção, para os efeitos deste artigo, será realizado obrigatoriamente por uma junta composta de pelo menos três médicos.

Art. 59 – O policial que se recusar à inspeção médica ficará impedido do exercício de seu cargo, até que se verifique a inspeção.

Parágrafo único – Os dias em que o policial, por força do disposto neste artigo, ficar impedido do exercício do cargo, serão tidos como faltas ao serviço.

Art. 60 – No curso da licença, poderá o policial requerer inspeção médica, caso se julgue em condições de reassumir o exercício ou de ser aposentado.

Art. 61 – Quando a licença para tratamento de saúde for concedido em decorrência de acidente em serviço ou de doença profissional, esta circunstância se fará expressamente consignada.

Art. 62 – Considera-se acidente em serviço, para os efeitos deste Regulamento, aquele que ocorra com policial civil da ativa, quando:

I – No exercício de suas atribuições policiais, durante o expediente normal, ou quando determinado por autoridade competente, em sua prorrogação ou antecipação;

II – No decurso de viagens em objeto de serviço, previsto em regulamentos, programas de cursos ou autorizadas por autoridade competente;

III No cumprimento de ordem emanada de autoridade competente;

IV – No decurso de viagens impostas por remoções;

V – No deslocamento entre a sua residência e o órgão em que estiver lotado ou local de trabalho, ou naquele em que sua missão deva ter início ou prosseguimento e vice-versa; bem como o dano resultante da agressão não provocada, sofrida pelo policial no desempenho do cargo ou em razão dele;

VI – Em ocorrência policial, na defesa e manutenção da ordem pública mesmo sem determinação explícita.;

VII – No exercício dos deveres previstos em leis, regulamentos ou instruções baixadas por autoridade competente.

§1º – Aplica-se o disposto neste artigo ao policial que, embora aguardando a aposentadoria, esteja, comprovadamente, transmitindo o exercício de suas funções ao seu substituto, bem como ao policial inativo, quando retorne à atividade.

§2º – Considera-se também acidente em serviço, para os fins estabelecidos na legislação vigente, os ocorridos nas situações do §1º, ainda quando não sejam eles a causa única e exclusiva da morte ou da perda ou redução da capacidade do policial, desde que, entre o acidente e a morte ou incapacidade para os serviço policial, haja relação de causa e efeito.

§3º - Considera-se acidente em serviço todo aquele que se verifique pelo exercício das atribuições do cargo, provocando, direta ou indiretamente lesão corporal, perturbações funcional ou doença que determine a morte; a perda total ou parcial permanente ou temporária, da capacidade física ou mental para o trabalho.

§4º - Não se aplica o disposto no presente Regulamento quando o acidente for resultado de transgressão disciplinar, imprudência ou desídia do policial acidentado ou de subordinado seu, com sua aquiescência.

§5º - A autoridade policial competente, nos casos previstos neste artigo, fará registro minucioso do fato, no qual deverá consignar todas as provas colhidas, encaminhando expediente relativo ao apurado do órgão de pessoal da Secretaria, para fim de instauração de sindicância, a ser concluída no prazo de oito dias, prorrogável por igual período, quando as circunstâncias o exigirem.

§6º - Ao policial ocupante de cargo em comissão ou função gratificada aplicar-se-á o disposto neste artigo.

Art. 63 – A licença para tratamento de saúde será concedida sempre com vencimentos e vantagens integrais.

Subseção III
LICENÇA POR MOTIVO DE DOENÇA EM PESSOA DA FAMÍLIA

Art. 64 – O policial poderá requerer licença por motivo de doença na pessoa de ascendente, descendente, colateral, consangüíneo ou afins, até o 2º grau civil, cônjuge do qual não esteja legalmente separado, ou pessoa que viva às suas expensas e conste do respectivo assentamento individual, desde que prove ser indispensável sua assistência pessoal e esta não possa ser prestada simultaneamente com o exercício do cargo.

Art. 65 – A licença referida no artigo anterior poderá ser prorrogada, a pedido do policial.

Art. 66 – A licença de que trata esta subseção não poderá exceder de vinte e quatro meses e será concedida com vencimentos e vantagens integrais nos primeiros doze meses e com dois terços nos outros doze meses subseqüentes.

Subseção IV
LICENÇA PARA REPOUSO GESTANTE

Art. 67 – À policial gestante será concedida licença pelo prazo de quatro meses.

Parágrafo único – Salvo prescrição médica em contrário, a licença será concedida a partir do oitavo mês de gestação.

Art. 68 – À policial gestante, quando em serviço incompatível com seu estado, serão cometidos encargos diversos daqueles que estiver exercendo, respeitadas as atribuições da série de classes e que pertencer.

Art. 69 – A licença de que trata esta subseção será concedida com vencimentos e vantagens integrais.

Subseção V
LICENÇA PARA SERVIÇO MILITAR

Art. 70 – Ao policial que for convocado para serviço militar ou outro encargo de segurança nacional, será concedida licença pelo prazo que durar a sua incorporação ou convocação.

§1º – A licença será concedida à vista de documento oficial que comprove a incorporação ou convocação.

§2º – Do vencimento descontar-se-á a importância que o policial percebe na qualidade de incorporado, salvo se optar pelas vantagens do serviço militar.

§3º – Ao policial desincorporado ou desconvocado conceder-se-á prazo, não excedente de trinta dias para que reassuma o exercício, sem perda de vencimento.

Art. 71 – Ao policial oficial da reserva das Forças Armadas será também concedida a licença referida no artigo anterior durante os estágios previstos pelos regulamentos militares.

Parágrafo único – Quando o estágio for remunerado, assegurar-se-lhe-á o direito de opção.

Subseção VI
LICENÇA PARA ACOMPANHAR O CÔNJUGE

Art. 72 – O policial casado terá direito à licença sem vencimento, quando seu cônjuge for exercer mandato eletivo ou, sendo militar ou servidor da administração direta, de autarquia, de empresa pública, de sociedade de economia mista ou de fundação instituída pelo Poder Público, for mandado servir, "ex-offício", em outro ponto do território estadual, nacional ou no exterior.

Parágrafo único – Existindo no novo local de residência órgão estadual, o policial nele será lotado, havendo claro, ou não havendo poderá ser-lhe concedida, em caso de interesse de administração, permissão de exercício, enquanto ali durar sua permanência.

Art. 73 – A licença dependerá de pedido devidamente instruído, que deverá ser renovada de dois em dois anos; finda a sua causa, o policial deverá reassumir o exercício, dentro de trinta dias, a partir dos quais a sua ausência será computada como falta ao trabalho.

Art. 74 – Independentemente do regresso do cônjuge, o policial poderá reassumir o exercício a qualquer tempo, não podendo, neste caso, renovar o pedido de licença senão depois de dois anos da data da reassunção, salvo se o cônjuge for transferido novamente.

Art. 75 – As normas desta subseção aplicam-se aos policiais que vivam maritalmente, desde que haja impedimento legal ao casamento e convivência por mais de cinco anos.

Subseção VII
LICENÇA A TÍTULO DE PRÊMIO

Art. 76 – Após cada qüinqüênio de efetivo exercício prestado ao Estado, ao policial que a requerer, conceder-se-á licença-prêmio de três meses com todos os direitos e vantagens de seu cargo efetivo.

§1º – Não será concedida licença-prêmio se houver policial, no qüinqüênio correspondente:

1 – sofrido pena de suspensão ou de multa;

2 – faltado ao serviço, salvo se abonada a falta;

3 – gozado as licenças para tratamento de saúde, por motivo de doença em pessoa da família e por motivo de afastamento do cônjuge, por prazo superior a noventa dias, em cada caso.

§2º – Suspender-se-á, até o limite de noventa dias, em cada uma das licenças referidas no item 3 do parágrafo anterior, a contagem do tempo de serviço para efeito de licença-prêmio.

§3º – O gozo da licença para repouso à gestante não prejudicará contagem do tempo de serviço para efeito da licença-prêmio.

§4º – Para apuração do qüinqüênio, computar-se-á, também, o tempo de serviço prestado anteriormente em outro cargo estadual, desde que entre um e outro não haja interrupção do exercício.

Art. 77 – O direito à licença-prêmio não tem prazo para ser exercitado.

Art. 78 – A competência para a concessão de licença-prêmio é do Diretor do Departamento de Administração da Secretaria de Estado da Polícia Civil.

Art. 79 – O policial investido em cargo de provimento em comissão ou função gratificada será licenciado com o vencimento e vantagens do cargo de que seja ocupante efetivo.

Art. 80 – Quando o policial ocupar em comissão ou função gratificada por mais de cinco anos, apurados na forma do art. 76, assegurar-se-lhe-á, no gozo da licença, importância igual à que venha percebendo pelo exercício no cargo em comissão ou da função gratificada.

Parágrafo único – Adquirido o direito à licença-prêmio, de acordo com o estabelecido neste artigo, a ulterior exoneração do cargo em comissão ou dispensa da função gratificada, não prejudicará a forma de remuneração nele adotada, quando do efetivo gozo da licença pelo policial.

Art. 81 – Em caso de acumulação de cargos, a licença-prêmio será concedida em relação a cada um deles, simultânea ou separadamente.

Parágrafo único – Se independente o cômputo do qüinqüênio em relação a cada um dos cargos acumulados.

Art. 82 – A licença-prêmio poderá ser gozada integralmente, ou em períodos de um a dois meses.

Parágrafo único – Se a licença for gozada em períodos parcelados, deve ser observado intervalo obrigatório de um ano entre o término de um período e o início de outro.

Art. 83 – O policial poderá, a qualquer tempo, reassumir o exercício do seu cargo, condicionado o gozo dos dias restantes da licença à regra contida no artigo anterior.

Parágrafo único – Se, na interrupção da licença, se verificar que o policial gozou período não conforme o disposto no artigo 82, o prazo restante da licença, referente ao mesmo quinquênio, qualquer que seja ele, ficará insuscetível de gozo, sendo computável em dobro apenas para efeito de aposentadoria.

Art. 84 – É vedado descontar de licença-prêmio, faltas ao serviço ou qualquer licença concedida ao policial.

Subseção VIII
LICENÇA PARA DESEMPENHO DE MANDATO LEGISLATIVO OU EXECUTIVO

Art. 85 – O policial será licenciado sem vencimentos ou vantagens de seu cargo efetivo, para desempenho de mandato eletivo, federal ou estadual.

Parágrafo único – A licença a que se refere este artigo será concedida a partir da diplomação do eleito, pela Justiça Federal e perdurará pelo prazo do mandato.

Art. 86 – O policial investido no mandato eletivo de prefeito ficará licenciado desde a diplomação pela Justiça Eleitoral até o término do mandato, sendo-lhe facultado optar pela percepção do vencimento e vantagens de seu cargo efetivo.

Art. 87 – Quando o policial for nomeado governador de território federal, interventor ou prefeito de Capital ou Município de área de Segurança Nacional ou estância hidromineral, ficará, desde a posse, licenciado sem vencimento e vantagens do seu cargo efetivo, ressalvado, para âmbito Municipal, o direito de opção pela remuneração do cargo efetivo.

Art. 88 – Investido o policial no mandato de vereador e havendo compatibilidade de horários, perceberá o vencimento e as vantagens de seu cargo, sem prejuízo dos subsídios a que faz jus; inexistindo compatibilidade, ficará afastado do exercício de seu cargo, sem percepção do vencimento e vantagens.

Capítulo III
DAS VANTAGENS

Seção I
DISPOSIÇÕES GERAIS

Art. 89 – Além do vencimento, poderá o policial perceber as seguintes vantagens pecuniárias:

I – adicional por tempo de serviço;.

II – gratificações;

III – ajuda de custo e transporte ao policial mandado servir em nova sede;

IV – diárias àquele que, em objeto de serviço, se deslocar eventualmente da sede.

Seção II
ADICIONAL POR TEMPO DE SERVIÇO

Art. 90 – O adicional por tempo de serviço é o percentual calculado sobre o vencimento-base de cargo efetivo, a que faz jus o policial, por quinquênio de efetivo exercício, decorrente de antigüidade no serviço público, apurado na forma do título IX.

§1º – A cada qüinqüênio de efetivo exercício, corresponderá um grau de progressão horizontal até o limite de sete graus.

§2º – O regime de qüinqüênio prevalecerá somente para o ingresso de novos servidores na carreira policial.

§3º – Ficam assegurados os direitos adquiridos pelos policiais ao recebimento de triênios ou de qüinqüênios, segundo o Estado de origem, quando ainda percebidos na data da entrada em vigor do novo regime de adicional de tempo de serviço.

§4º – A cada triênio de efetivo exercício corresponderá um grau de progressão horizontal até o limite de nove graus.

§5º – O percentual correspondente a cada qüinqüênio ou triênio será de 5% do vencimento-base do policial até o limite máximo de 35% ou 50%, respectivamente, de conformidade com o §§ 2º e 3º deste artigo.

§6º –A progressão horizontal é devida a partir do dia imediato àquele em que o policial completar o triênio ou qüinqüênio e será concedido independentemente de requerimento do interessado.

(Obs.: O regime hoje em vigor é o de triênios para todo o funcionalismo e a Lei nº 1600, de 15.01.90, estabeleceu o percentual de 60% como limite)

GRATIFICAÇÕES

Art. 91 – Conceder-se-á gratificação:

I – de função;

II – pelo exercício de cargo em comissão;

III – de representação de Gabinete;

IV – pelo participação em órgão de deliberação coletiva;

V – pelo exercício de:

a) encargo auxiliar ou membro de banca ou comissão examinadora de concurso;

b) encargo de auxiliar ou professor em curso oficialmente instituído.

Subseção I
GRATIFICAÇÃO DE FUNÇÃO

Art. 92 – A gratificação de função de chefia, assistência intermediária e secretariado é aquela definida no parágrafo único do artigo 9º deste Regulamento e correspondente ao exercício de função gratificada, instituída e remunerada na forma que se dispuser em lei.

Art. 93 – A gratificação será mantida nos casos de afastamentos previstos nos incisos I, II, VII, VIII, X, XI, XII, XIII, XIV, XV, XVII, exceto convocação para o serviço militar, e XIX, todos do artigo 259.

Parágrafo único – Na hipótese do afastamento do inciso VI do artigo 259, obedecer-se-á, quando for o caso, ao disposto no artigo 80.

Art. 94 – Além do exercício de função gratificada regularmente instituída, poderá ser atribuída, na forma de regulamentação específica, gratificação de função a funcionários que desempenhem atividades especiais ou excedentes às atribuições do seu cargo, vedado o seu recebimento cumulativo com as gratificações específicas das funções de confiança.

Subseção II
DA GRATIFICAÇÃO PELO EXERCÍCIO DE CARGO EM COMISSÃO

Art. 95 – A gratificação pelo exercício de cargo em comissão é aquela definida no art. 7º deste Regulamento e corresponde a 70% do valor fixado para o cargo em comissão, que será paga juntamente com o vencimento e vantagens do cargo efetivo, quando o policial não optar pelo vencimento deste.

§1º – Quando a opção não recair sobre o vencimento do cargo efetivo, perceberá o policial integralmente o valor correspondente ao símbolo do cargo em comissão.

§2º – À gratificação de que trata este artigo, aplica-se o disposto no parágrafo único do artigo 122.

Subseção III
DA GRATIFICAÇÃO DE REPRESENTAÇÃO DE GABINETE

Art. 96 – A gratificação de representação de gabinete é a que tem por fundamento a compensação de despesas de apresentação inerentes ao local do exercício ou à remuneração de encargos especiais.

Art. 97 – A gratificação será concedida aos policiais em exercícios no gabinete do Secretário de Estado da Polícia Civil que, a critério deste, assim devam ser remunerados.

§1º – O valor global da gratificação será aprovado pelo Governador, ouvida a Secretaria de Planejamento e Coordenação Geral quanto aos aspectos orçamentários e financeiros.

§2º – O valor individual da gratificação será fixado em tabela aprovada pelo Secretário de Estado da Polícia Civil, não podendo exceder a 50% do cargo efetivo do policial.

Art. 98 – A gratificação de representação de gabinete não será suspensa nos afastamentos seguintes:

I – férias;

II – casamento;

III – luto;

IV – júri e outros serviços obrigatórios por lei;

V – licença para tratamento de saúde e repouso à gestante;

VI – falta até o máximo de três dias durante o mês, por motivo de doença comprovada, inclusive quando em pessoa da família;

Subseção IV
GRATIFICAÇÃO DE PARTICIPAÇÃO EM ÓRGÃO DE DELIBERAÇÃO COLETIVA

Art. 99 – A gratificação pela participação em órgão de deliberação coletiva destina-se a remunerar a presença dos componentes dos órgãos colegiados regularmente instituídos.

§1º – A gratificação de que trata este artigo será fixada por Resolução, em base percentual, calculada sobre o valor do símbolo de cargo efetivo ou em comissão ou função gratificada, e paga por dia de presença às sessões do órgão colegiado.

§2º – Não serão remuneradas as sessões que excederem o número de 12 por mês.

Art. 100 – É vedada a participação do policial em mais de um órgão de deliberação coletiva, salvo quando na condição de membro nato.

Parágrafo único – Quando o policial for membro nato de mais de um órgão de deliberação coletiva, poderá optar pela gratificação de valor mais elevado.

Art. 101 – A gratificação pela participação em órgão de deliberação coletiva é acumulável com quaisquer outras vantagens pecuniárias atribuídas ao policial.

Parágrafo único – Durante os afastamentos legais do titular, apenas o suplente perceberá a gratificação pela participação em órgão de deliberação coletiva.

Subseção V
GRATIFICAÇÃO DE PARTICIPAÇÃO EM BANCA EXAMINADORA DE CONCURSO OU PROFESSOR EM CURSO OFICIALMENTE INSTITUÍDO

Art. 102 – Pelo exercício de encargo de auxiliar ou membro de banca ou comissão examinadora de concurso ou de atividade temporária de auxiliar ou professor de curso oficialmente instituído, ao policial será atribuída gratificação conforme o estabelecido nesta subseção.

Art. 103 – Entende-se como encargo de membro de Banca ou Comissão Examinadora de concurso a tarefa desempenhada, por designação de autoridade competente, no planejamento, organização e aplicação da provas, correção e apuração dos resultados, revisão e decisão dos recursos interpostos, até a classificação definitiva, nos concursos, provas de seleção ou de habilitação e ascensão pela Academia de Polícia, para provimento de cargos, preenchimentos de empregos ou admissão a cursos oficialmente instituídos.

Art. 104 – Professor de curso oficialmente instituído é o designado pela autoridade competente, para exercer atividade temporária de magistério nas áreas de treinamento e aperfeiçoamento de pessoa.

Art. 105 – Somente policiais civis (ativos e inativos) e, excepcionalmente, os membros do Ministério Público, Magistratura e Técnicos, de reconhecido saber, poderão ser designados para exercer atividades temporárias de auxiliar de ensino ou professor e membro de Banca ou Comissão Examinadora de concurso. *(Alterado pelo Decreto nº 4.912, de 20.11.1981)*

Art. 106 – A gratificação pelo exercício de atividade temporária de auxiliar ou professor de curso oficialmente instituído somente será atribuída ao policial, se o trabalho for realizado além das horas de expediente a que está sujeito.

Art. 107 – As gratificações de que trata esta subseção serão arbitradas, em cada caso, pelo Governador, proposta pelo Secretário de Estado da Polícia Civil.

Art. 108 – A concessão das gratificações de que trata esta subseção não prejudicará a percepção cumulativa de outras vantagens pecuniárias atribuídas ao policial.

Seção IV
DA AJUDA DE CUSTO E TRANSPORTE

Art. 109 – Será concedida ajuda de custo, a título de compensação das despesas de viagens, mudanças e instalação, ao policial que, em razão de remoção, tenha que deslocar efetivamente sua residência.

Parágrafo único – Considerar-se-á necessária a transferência de residência quando o policial for removido para unidade distante mais de 100km de sua atual residência.

Art. 110 – A ajuda de custo será arbitrada pelo Secretário de Estado da Polícia Civil e nunca inferior a uma e nem superior a três vezes a importância correspondente ao vencimento do policial, salvo quando se tratar de missão exterior.

§1º – No arbitramento da ajuda de custo serão levados em conta o vencimento do cargo do policial designado para nova sede ou missão no exterior, as despesas a serem por ele realizadas, bem como as condições de vida no local do novo exercício ou no desempenho de missão.

§2º – Compete ao Governador arbitrar a ajuda de custo a ser paga ao policial designado para missão no exterior.

Art. 111 – Sem prejuízo das diárias que lhe couberem o policial obrigado a permanecer fora da sede de sua unidade administrativa, em objeto de serviço, por mais de trinta dias, perceberá ajuda de custo correspondente a um mês do vencimento do seu cargo.

Parágrafo único – A ajuda de custo será calculada sobre o valor atribuído ao símbolo do cargo em comissão, quando o seu ocupante não for também de cargo efetivo.

Art. 112 – Não se concederá ajuda de custo:

I – ao policial que, em virtude de mandato legislativo ou executivo, deixar ou reassumir o exercício do cargo;

II – ao policial posto a serviço de qualquer outra entidade do direito público; quando a designação para a nova sede se der a pedido.

Art. 113 – O policial restituirá a ajuda de custo:

I – quando não se transportar para a nova sede ou local da missão, nos prazos determinados;

II – quando antes de decorridos três meses do deslocamento ou do término da incumbência, regressar, pedir exoneração ou abandonar o serviço;

§1º – A restituição e de exclusiva responsabilidade do policial e não poderá ser feita parceladamente.

§2º – O policial que houver percebido ajuda de custo não entrará em gozo de licença-prêmio antes de decorridos noventa dias de exercício na nova sede, ou e finda a missão.

§3º – Não haverá obrigação de restituir:

1 – quando o regresso do policial for determinado "ex-officio" ou decorrer de doença comprovada ou de motivo de força maior.

2 – quando o pedido de exoneração for apresentado após noventa dias de exercício na nova sede ou local da missão.

Art. 114 – Independentemente da ajuda de custo, concedida ao policial, a este será assegurado transporte para a nova sede, inclusive para seus dependentes.

§1º – O policial que utilizar condução própria no deslocamento para a nova sede fará jus, para indenização da despesa de transporte, à percepção da importância integral correspondente ao valor da tarifa rodoviária no mesmo percurso, acrescida de 50% do referido valor por dependente que o acompanhe até o máximo de três.

§2º – Na hipótese do parágrafo anterior, a administração fornecerá passagens para o transporte rodoviário dos dependentes que comprovadamente não viajem em companhia do policial.

Art. 115 – Nos deslocamentos a que se refere o art. 109 serão assegurados, ao policial removido para a nova sede, transporte do mobiliário e bagagens, inclusive de seus dependentes, assim considerados:

I – o cônjuge ou a companheira legalmente equiparada;

II – o filho de qualquer condição ou enteado, bem assim o menor que, mediante autorização judicial, viva soba a guarda e o sustento do policial;

III – os pais, sem economia própria, que vivam às expensas do policial;

IV – um empregado, doméstico, desde que comprovada esta condição.

§1º – Atingida a maioridade, os referidos no inciso II deste artigo perdem a condição de dependente, exceto a filha que se conservar solteira sem economia própria, o filho inválido e, até completar vinte e quatro anos quem for estudante, sem exercer qualquer atividade lucrativa.

§2º – Para efeito do disposto neste artigo, sem economia própria significa não perceber rendimento em importância igual ou superior ao valor do salário mínimo vigente na região em que resida.

Art. 116 – Em face da peculiaridade do serviço, poderá ser concedido o pagamento da indenização de despesa de transporte aos policiais que tenham assegurado o direito ao uso individual de viaturas oficiais e que utilizarem veículo próprio no desempenho de suas funções, conforme faixas de remuneração a serem definidas em Resolução do Secretário de Estado da Polícia Civil.

§1º – Na Resolução a que se refere este artigo serão reservadas faixas próprias de indenização de despesa de transporte a serem atribuídas aos policiais que, para o desempenho de seus cargos, tenham de se deslocar habitualmente pelo interior do Estado.

§2º – Os valores da indenização serão fixados de acordo com os índices apurados pela Superintendência de Transportes Oficiais da Secretaria de Estado de Administração e aprovados pelo Governador.

Art. 117 – A autorização para utilização de veículo de propriedade do policial a serviço do Estado será de competência do Secretário de Estado da Polícia Civil, por intermédio do Departamento de Administração.

Art. 118 – Concedida a autorização, o Estado não se responsabilizará por danos causados a terceiros ou ao veículo ainda que a ocorrência se verifique em serviço.

Parágrafo único – Todas as despesas decorrentes do uso do veículo correrão por conta do usuário.

Art. 119 – Quando convier, o Estado cancelará, em qualquer época, a retribuição da indenização de despesas de transporte, cuja concessão não gerará qualquer direito à continuidade da respectiva percepção.

Art. 120 – É vedado o uso de viatura oficial por quem já seja portador de autorização para utilização de veículo particular a serviço do Estado.

Parágrafo único – A infração do disposto neste artigo sujeita o policial às penalidades cabíveis, cancelando-se, ainda, a autorização concedida em seu favor.

Art. 121 – Ao receber a autorização para utilização de veículo próprio, em serviço, o usuário assinará termo de compromisso no Departamento de Administração da Secretaria de Estado da Polícia Civil submetendo-se aos preceitos regulamentares da matéria.

Seção V
DAS DIÁRIAS

Art. 122 – Ao policial que se deslocar, temporariamente, em objeto de serviço, da localidade onde estiver sediada sua unidade administrativa, conceder-se-á, além de transporte, diária a título de compensação das despesas de alimentação e pousada, ou, somente, de alimentação.

Parágrafo único – A vantagem de que trata este artigo poderá também ser concedida ao servidor contratado, no exercício de função gratificada, bem como estagiário.

Art. 123 – Será concedida diária:

I – de alimentação e pousada, nos deslocamentos superiores a 100 km de distância da sede, desde que o pernoite se realize por exigência do serviço:

II – de alimentação nos deslocamentos inferiores a 100 km e superiores a 50 km de distância da sede;

III – em qualquer outro caso:

a) de alimentação e pousada quando o afastamento da sede for inferior a dezoito e superior a oito horas;

b) de alimentação, quando o afastamento da sede for inferior a 18 (dezoito) e superior a 8 (oito) horas;

c) *(revogada pela Lei no 330, de 30 de junho de 1980)*

Art. 124 – O valor da diária resultará da incidência de percentual sobre o valor básico da UFERJ, atendida a tabela que for expedida por ato do Governador, observados, em sua elaboração, a natureza, o local, as condições de serviço e o vencimento do policial.

Art. 125 – Não se concederá diárias:

I – durante o período de trânsito;

II – quando o deslocamento se constitui em exigência permanente do exercício do cargo ou da função;

III – quando o município para o qual se deslocar o policial seja contíguo ao da sua sede, constituindo-se, em relação a este, em unidade urbana e apresentado facilidade de transporte, ressalvada a hipótese da alínea "c" do inciso II do artigo 123.

Art. 126 – Ao regressar a sede, o policial restituirá, dentro do prazo de quarenta e oito horas, as importâncias recebidas em excesso.

Parágrafo único – O descumprimento do disposto neste artigo ocasionará o desconto em folha da importâncias recebidas em excesso pelo policial, sem prejuízo das sanções disciplinares aplicáveis à espécie.

Art. 127 – A concessão indevida de diárias sujeitará a autoridade que as conceder à reposição da importância correspondente, aplicando-se-lhe, e ao policial que as receber, as cominações estatutárias pertinentes.

Título V
DAS CONCESSÕES

Capítulo I
DAS DISPOSIÇÕES GERAIS

Art. 128 – Sem prejuízo do vencimento, direitos e vantagens, o policial poderá faltar ao serviço até oito dias consecutivos, por motivo de:

I – casamento;

II – falecimento do cônjuge, pais, filhos ou irmãos;

Parágrafo único – Computar-se-ão, para efeitos deste artigo, os sábados, domingos e feriados compreendidos no período.

Art. 129 – Ao licenciado para tratamento de saúde em virtude de acidente em serviço ou doença profissional, que deva ser deslocado de sua sede para qualquer ponto do território nacional, por exigência do laudo médico, será concedido transporte à conta dos cofres estaduais, inclusive para acompanhante.

§1º – Será, ainda, concedido transporte à família do policial falecido no desempenho do serviço, fora da sede de seus trabalhos, inclusive quando no exterior.

§2º – Correrão, também, por conta do Estado, as despesas com a remoção e com o sepultamento do policial falecido no desempenho do serviço.

Art. 130 – Ao policial estudante matriculado em estabelecimento de ensino de qualquer grau, oficial ou reconhecido, será permitido faltar ao serviço, sem prejuízo de seu vencimento ou de quaisquer direitos e vantagens, nos dias de provas ou de exames, mediante apresentação de atestado fornecido pelo respectivo estabelecimento.

Art. 131 – Ao estudante que necessitar mudar de domicílio para passar a exercer o cargo ou função pública, será assegurada transferência do estabelecimento de ensino que estiver cursando, para outro de sua nova residência onde será matriculado em qualquer época, independentemente de vaga, se integrante do sistema estadual de ensino.

Art. 132 – Os atos que deslocarem "ex-offício" os policiais estudantes de uma para outra cidade ficarão suspensos se, na nova sede ou em localidade próxima, não existir estabelecimento congênere, oficial, reconhecido ou equiparado àquele em que o interessado esteja matriculado.

§1º – Efetivar-se-á o deslocamento se o policial concluir o curso, for reprovado, ou deixar de renovar sua matrícula.

§2º – Anualmente o interessado deverá fazer prova, perante o órgão setorial de pessoa a que esteja subordinado, de que está matriculado.

Art. 133 – O policial estudante matriculado em estabelecimento de ensino que não possua curso noturno, poderá, sempre que possível, ser aproveitado em serviços cujo horário não colida com o relativo ao período das aulas.

Parágrafo único – Sendo impossível o aproveitamento a que se refere o presente artigo, poderá o estudante, com assentimento do respectivo chefe, iniciar o serviço uma hora depois do expediente ou dele se retirar uma hora antes do seu término, conforme o caso, desde que a compense, prorrogando ou antecipando o expediente normal.

Art. 134 – O policial terá preferência, para sua moradia, na locação de imóvel pertencente ao Estado.

Art. 135 – As concessões estabelecidas neste título aplicam-se:

I – aos servidores contratados no exercício de função gratificada, as constantes dos artigos 128, 129 e 130.

II – aos estagiários as dos artigos 128 e 129.

Capítulo II
SALÁRIO-FAMÍLIA

Art. 136 – Salário-família é o auxílio pecuniário concedido pelo Estado ao policial na ativa ou inativo, como contribuição ao custeio das despesas de manutenção de sua família.

Parágrafo único – A cada dependente relacionado no art. seguinte corresponderá uma cota de salário-família.

Art. 137 – Conceder-se-á salário-família:

I – por filho menor de vinte e um anos, que não exerça atividade remunerada;

II – por filho inválido;

III – por filha solteira sem economia própria;

IV – por filha estudante que freqüente curso médio ou superior e que não exerça atividade lucrativa, até a idade de 24 anos;

V – pelo ascendente, sem rendimento próprio, que viva às expensas do policial;

VI – pela esposa que não exerça atividade remunerada;

VII – pelo esposo que não exerça atividade remunerada por motivo de invalidez permanente;

VIII – pela companheira, mulher solteira, viúva, desquitada ou divorciada que não exerça atividade remunerada, que com ele coabite há mais de cinco anos, ou que com ele tenha filho que comprovadamente tenha direito a alimentos.

§1º – Compreende-se neste artigo o filho de qualquer condição, enteado, o adotivo e o menor que comprovadamente viva sob a guarda e o sustento do policial.

§2º – O disposto no inciso VIII deste artigo somente se aplica ao policial desquitado ou divorciado quando este não tenha o encargo de alimentar a ex-esposa.

§3º – A cada dependente relacionado neste artigo corresponderá uma cota de salário-família.

Art. 138 – Quando o pai e mãe forem policiais na ativa ou inativos, ou um for policial e outro funcionário estadual e viverem em comum, o salário-família será concedido exclusivamente ao pai.

§1º – Se não viverem em comum, será concedido ao que tiver os dependentes sob sua guarda; se ambos os tiverem, de acordo com a distribuição dos dependentes.

§2º - Quando pai e mãe forem ambos funcionários ou servidores, um do Estado do Rio de Janeiro e outro de entidade diversa, o Estado pagará o salário-família ao seu funcionário ainda que o outro o perceba da entidade a que estiver vinculado.

Art. 139 - Ao pai e à mãe equiparam-se o padrasto e a madrasta e, na falta destes, os representantes legais dos incapazes ou os que, mediante autorização judicial, tenham sob sua guarda os dependentes a que se refere o artigo 137.

Art. 140 - A cota de salário-família por filho inválido corresponderá ao triplo da cota normalmente paga aos demais dependentes.

Parágrafo único - A invalidez que caracteriza a dependência é a comprovada incapacidade total e permanente para o trabalho; ou presumida, em caso de ancianidade ou senilidade.

Art. 141 - O salário-família será pago independentemente da freqüência do policial e não poderá sofrer qualquer desconto, nem ser objeto de transação ou consignação em folha de pagamento.

Parágrafo único - O salário-família não está, também, sujeito a qualquer imposto ou taxa, nem servirá de base para qualquer contribuição, ainda que de finalidade previdenciária e assistencial.

Art. 142 - O salário-família será pago mesmo nos casos em que o policial na ativa ou inativo deixar de receber o respectivo vencimento ou provento.

Art. 143 - Nos casos de acumulação legal de cargos, o salário-família será pago somente em relação a um deles.

Parágrafo único - No caso de acumulação de cargo público, emprego ou provento de servidor da Administração centralizada ou descentralizada estadual, exceto fundações, com idênticas situações de natureza federal, de outros Estados, ou municipal, o salário-família não deixará de ser pago pelo Estado do Rio de Janeiro ainda que a outra entidade a que se vincule o servidor também o pague.

Art. 144 - Em caso de falecimento do policial, na ativa ou inativo, o salário-família continuará a ser pago aos seus beneficiários.

Parágrafo único - Se o policial, na ativa ou inativo, falecido, não se houver habilitado ao salário-família, a Administração, mediante requerimento de seus beneficiários, providenciará o seu pagamento, desde que atendidos os requisitos necessários à concessão desse benefício.

Art. 145 - O cancelamento do salário-família, será feito de ofício nos casos de implemento de idade pelo dependente, salvo se o policial, na ativa ou inativo, no caso de filho estudante que não exerça atividade remunerada apresentar comprovação de freqüência em curso secundário ou superior, até trinta dias antes de completar vinte e um anos, anualmente, por ocasião da matrícula escolar, até que atinja vinte e quatro anos.

Parágrafo único - O cancelamento será feito, a requerimento do interessado, nos casos de exercício de atividade remunerada, falecimento, abandono de lar, casamento, separação judicial ou divórcio do dependente, respondendo o policial na ativa ou inativo, civil, penal e administrativamente pela omissão ou inexatidão de suas declarações.

Art. 146 - O salário-família, relativo a cada dependente, será devido a partir do mês em que tiver ocorrido o fato que lhe deu origem, embora verificado no último dia do mês.

Parágrafo único – Deixará de ser devido o salário-família, relativo a cada dependente, no mês seguinte em que se verificou o ato ou fato que haja determinado a sua supressão, embora ocorrido no primeiro dia do mês.

Art. 147 – Não será concedido salário-família por esposa desquitada ou divorciada, sem percepção de alimentos, nem quando o valor do benefício não estiver incluído na sentença judicial que condenou o policial à pensão alimentícia, transitada em julgado.

§1º – Na hipótese de a pessoa desquitada ou divorciada vir, qualquer tempo, a obter judicialmente, a percepção de salário-família, deixará ele de ser pago pela nova esposa ou companheira.

§2º – No caso de cancelamento na forma deste artigo e parágrafo anterior, se ocorrer o falecimento da esposa desquitada ou divorciada em o requerendo a parte interessada e desde que persistam os motivos de sua primeira concessão, será o benefício restabelecido.

Capítulo III
DO AUXÍLIO-DOENÇA

Art. 148 – Após cada período de doze meses consecutivos de licença para tratamento de saúde, o policial terá direito a um mês de vencimento, a título de auxílio-doença.

§1º – Quando ocorrer o falecimento do policial, o auxílio-doença a que tiver feito jus será pago de acordo com as normas que regulam o pagamento de vencimento não recebido.

§2º – O auxílio-doença não sofrerá descontos de qualquer espécie, ainda que para fins de assistência e previdência.

Art. 149 – O tratamento do policial acidentado em serviço, acometido de doença profissional ou internado compulsoriamente para tratamento psiquiátrico, correrá integralmente por conta dos cofres do Estado, e será realizado, sempre que possível, em estabelecimento estadual de assistência médica.

§1º – Ainda que o policial venha a ser aposentado em decorrência de acidente em serviço, de doença profissional ou de internação compulsória para tratamento psiquiátrico, as despesas previstas neste artigo continuarão a correr pelos cofres do estado.

§2º – Nas hipóteses deste artigo não será devido ao policial o pagamento do auxílio-doença.

Art. 150 – O Titular do órgão competente para concessão de licença médica ao policiais do Estado decidirá sobre os pedido de pagamento do auxílio-doença e do tratamento a que se refere o artigo anterior.

Art. 151 – Nos casos de acumulação legal de cargos, o auxílio-doença devido será pago somente em relação a um deles, e calculado sobre o de maior vencimento, se ambos forem estaduais.

Capítulo IV
DO AUXÍLIO-FUNERAL

Art. 152 – À família do policial ativo ou inativo falecido será concedido auxílio-funeral.

§1º – O auxílio será pago:

1 – no valor correspondente a dez UFERJ, quando o do vencimento e vantagens ou proventos do falecido for igual ou inferior a esse quantitativo;

2 – o valor correspondente a vinte UFERJ, nos demais casos.

§2º – A despesa com auxílio-funeral correrá à conta de dotação orçamentária própria.

Art. 153 – Aplica-se ao auxílio-funeral a norma estabelecida no art. 151.

§1º – Se as despesas do funeral não ocorreram às expensas da família do policial ativo ou inativo, o respectivo auxílio será pago a quem se tiver comprovadamente realizado.

§2º – O pagamento do auxílio-funeral obedecerá a processo sumaríssimo, concluído no prazo de quarenta e oito horas da apresentação da certidão de óbito e documentos que comprovem a satisfação da despesa pelo requerente incorrendo em pena de suspensão o responsável pelo retardamento.

Capítulo V
DO AUXÍLIO-MORADIA

Art. 154 – Será concedido auxílio-moradia ao policial que for designado "ex-offício" para ter exercício definitivo em nova sede e nesta não vier a residir em imóvel pertencente ao Poder Público.

Parágrafo único – Ao auxílio previsto neste artigo aplica-se o disposto no parágrafo único do art. 109. *(Incluído pelo Decreto nº 4.912, de 20.11.1981)*

Art. 155 – O auxílio-moradia corresponderá a 20% do vencimento base do policial.

Art. 156 – O pagamento do auxílio-moradia é devido a partir da data em que o policial passar a ter exercício na nova sede e cessará:

I – quando completar um ano na nova sede;

II – quando passar a residir em imóvel pertencente ao Poder Público.

Art. 157 – O auxílio-moradia, pago mensalmente, junto com o vencimento do policial, será suspenso nas hipóteses previstas nos incisos III, IV e XX do artigo 259.

Parágrafo único – Será ainda suspenso o pagamento do auxílio, quando o policial:

1 – exercer mandato legislativo ou executivo, federal ou estadual;

2 – exercer mandato municipal e neste importar no afastamento do policial do exercício de seu cargo;

3 – for convocado para prestação de serviço militar.

Art. 158 – O período de um ano a que se refere o inciso I do artigo 156 começa a ser contado a partir da data em que o policial iniciar o exercício em nova sede, recomeçando a contagem do prazo a cada nova designação.

Capítulo VI
DA PENSÃO ESPECIAL

Art. 159 – Aos beneficiários do policial falecido em conseqüência de acidente ocorrido em serviço ou doença nele adquirida, é assegurada uma pensão mensal equivalente ao vencimento mais as vantagens percebidas em caráter permanente, por ocasião do óbito.

Art. 160 – A prova das circunstâncias do falecimento será feita por junta médica oficial, que se valerá, se necessário, de laudo médico-legal, além da comprovação a que se refere o §5º do art. 62, quando for o caso.

Art. 161 – Revogado pela Lei nº 330, de 30.06.80.

Parágrafo único – Revogado pela Lei nº 330, de 30.06.80.

Art. 162 – O disposto neste capítulo aplica-se, também, aos beneficiários do inativo, quando o evento morte for conseqüência direta de acidente em serviço ou doença profissional.

Capítulo VII
DO PRÊMIO POR SUGESTÕES DE INTERESSE DA ADMINISTRAÇÃO

Art. 163 – A administração estimulará a apresentação, por parte de policiais, de sugestões e trabalhos que visem ao aumento da produtividade e à redução de custos operacionais do serviço público, de trabalhos técnico-científicos de natureza policial ou jurídico-penais, julgados do interesse da Secretaria de Estado da Polícia Civil. *(Alterado pelo Decreto nº 4.912, de 20.11.1981)*

Art. 164 – Serão estabelecidos três prêmios anuais, em importância a ser fixada pelo Governador, destinados ao trabalhos que melhor se ajustarem às finalidades de sua instituição nos termos de regulamentação própria a ser baixada pelo Secretário de Estado da Polícia Civil. *(Alterado pelo Decreto nº 4.912, de 20.11.1981)*

Art. 165 – Caberá a uma Comissão, composta de cinco membros, de reconhecida competência em técnica de administração policial, avaliar e julgar os trabalhos recebidos.

§1º – Anualmente será designada a Comissão por ato do Secretário de Estado da Policia Civil, que indicará seu Presidente.

§2º – O julgamento da Comissão será irrecorrível.

Art. 166 – Aos autores dos trabalhos premiados se reconhecerá a relevância do serviço e os respectivos prêmios serão entregues em ato solene no dia 29 de setembro. *(Alterado pelo Decreto nº 4.912, de 20.11.1981)*

Art. 167 – Não serão distribuídos os prêmios no ano em que os trabalhos apresentados forem julgados insatisfatórios pela Comissão. *(Alterado pelo Decreto nº 4.912, de 20.11.1981)*

Título VI
DA PROMOÇÃO

Capítulo I
DAS DISPOSIÇÕES GERAIS

Art. 168 – A promoção é a passagem de uma classe para classe imediatamente superior, da mesma categoria funcional no serviço policial civil, e será efetuada pelos critérios de antigüidade e merecimento e, ainda, por bravura e "*post mortem*".

Art. 169 – As séries de classes de detetive e detetive-inspetor, passam a ser consideradas uma única série de classes, a fim de que, na promoção por bravura, de detetive de 1ª classe para detetive-inspetor de 3ªclasse, não sejam exigidos, excepcionalmente, os requisitos de:

I - certificado de 2ºgrau escolar ou equivalente;

II - interstício de setecentos e trinta dias, na 1a classe;

III - habilitação em curso específico, ministrado pela Academia de Polícia, sempre procedido de prova de seleção.

§1º - O promovido, a que se refere este artigo, somente poderá beneficiar-se de outra promoção regular se preencher os requisitos da lei.

§2º - Quando for o caso, o promovido por bravura, ou por outra via legal, inclusive por força de decisão judicial, o nomeado, o transposto, o reclassificado, o transformado e o aproveitado deverão requerer ao Diretor da Academia de Polícia, independentemente de quaisquer exigências, matrícula no primeiro curso específico pertinente, que deverá ser realizado dentro do período de 02 (dois) anos. *(Incluído pelo Decreto nº 9.460, de 10.12.1986)*

Art. 170 - As promoções por antigüidade e por merecimento obedecerão obrigatória e alternativamente à proporção de uma vaga de antigüidade para uma vaga de merecimento e ao interstício; mínimo de setecentos e trinta dias.

Parágrafo único - A promoção para a última classe de cada categoria funcional será feita à razão de uma vaga por antigüidade e duas vagas por merecimento.

Art. 171 - Qualquer outra forma de provimento de vaga, mesmo aquela por via judicial, não interromperá a seqüência dos critérios de que trata o artigo anterior.

Parágrafo único - Para cumprimento de decisão judicial o Poder Executivo criará, em quadro suplementar, cargo que se extinguirá dom a sua vacância, ressalvada reintegração.

Art. 172 - As promoções serão realizadas obrigatoriamente, no dia 29 de setembro de cada ano, desde que verificada a existência de vagas e na forma das linhas de progressão estabelecidas na legislação vigente. *(Alterado pelo Decreto nº 9.460, de 10.12.1986)*

Art. 173 - Não poderá haver promoção para a classe em que existir cargo excedente, ressalvado o disposto no parágrafo único do artigo 171 e no artigo 220. *(Alterado pelo Decreto nº 9.460, de 10.12.1986)*

Art. 174 - Para efeito de promoção, o tempo de serviço será contado em anos, meses e dias. *(Alterado pelo Decreto nº 9.460, de 10.12.1986)*

Art. 175 - A antigüidade na classe e o interstício deverão ser apurados, improrrogavelmente, até o dia 10 de julho de cada ano. *(Alterado pelo Decreto nº 9.460, de 10.12.1986)*

§1º - A lista de antigüidade dos policiais civis, em cada classe será publicada no Diário Oficial do Estado, o qual conterá, em anos, meses e dias, o tempo de serviço na classe, na categoria funcional, no serviço policial, no serviço público estadual e no serviço público em geral e o computado para efeito de aposentadoria e disponibilidade. *(Alterado pelo Decreto nº 9.460, de 10.12.1986)*

§2º - A lista de antigüidade poderá ser contestada até 10 (dez) dias de sua publicação. Após a apreciação dos recursos oferecidos pelos interessados será republicada de forma definitiva. *(Alterado pelo Decreto nº 11.664, de 02.08.1988)*

Art. 176 - Verificada a vaga originária em uma classe, serão consideradas abertas todas as decorrentes de seu preenchimento, dentro de sua respectiva série de classes.

Parágrafo único - A vaga originária ocorrerá na data:

1 - do falecimento do ocupante do cargo;

2 – da publicação do Decreto de aposentadoria, exoneração ou demissão;

3 – da vigência do decreto de promoção, ascensão e do ato de agregação;

4 – da posse, no caso de nomeação ou transferência para outro cargo;

5 – da publicação do ato que criar o cargo;

Art. 177 – Será considerado promovido, para todos os efeitos, o policial civil que vier a falecer ou for aposentado, sem que tenha sido decretada, no prazo legal, a promoção que lhe cabia por antigüidade.

Art. 178 – Em benefício do policial, a quem direito cabia a promoção, será declarado sem efeito o ato que houver decretado indevidamente.

§1º – O policial promovido indevidamente não ficará obrigado a devolver o que a mais houver recebido.

§2º – O policial a quem cabia a promoção será indenizado de uma só vez, da diferença de padrão de vencimento e vantagens a que tiver direito.

Art. 179 – O policial civil que estiver prestando serviço fora do organismo da Secretaria de Estado da Polícia Civil, bem como em exercício de mandato eletivo federal, estadual ou municipal, somente poderá ser promovido por antigüidade, exceto quando no desempenho de cargo em comissão ou função gratificada, em órgãos considerados de interesse policial e nos casos previstos em lei.

Capítulo II
DO QUADRO DE PROMOÇÃO

Art. 180 – O policial para ser promovido por antigüidade ou merecimento deverá integrar o Quadro de Promoção (QPA ou QPM), respectivamente.

Art. 181 – Verificada a vaga originária, a indicação para integrar o Quadro de Promoção (QPM ou QPA) deverá recair nos policiais civis mais antigos, compreendidos nos primeiros dois terços do número de cargos da classe concorrente a que pertencerem, fixado em lei e na conformidade de apuração estabelecida neste Regulamento. *(Alterado pelo Decreto nº 9.460, de 10.12.1986)*

Parágrafo único – Para os efeitos deste artigo, os quantitativos de cargos fixados em lei, serão sempre acrescidos dos excedentes resultantes de promoção por ato de bravura, se houver. *(Alterado pelo Decreto nº 9.460, de 10.12.1986)*

Art. 182 – O policial indicado para integrar o Quadro de Promoção (QP) não sendo promovido por merecimento ou antigüidade, retornará à sua posição na lista de antigüidade.

Art. 183 – O Quadro de Promoção (QPA ou QPM) será publicado no órgão de divulgação oficial do Estado, para efeito de contestação, no prazo de 10 (dez) dias, publicando-se, entretanto, apenas, no Boletim Informativo (BI), o resultado dos eventuais recursos interpostos, para mera ciência dos interessados. *(Alterado pelo Decreto nº 9.460, de 10.12.1986)*

Art. 184 – As vagas ou quaisquer alterações da folha funcional do policial, que ocorrerem após o último dia do semestre anterior à data da promoção, serão computadas para progressão horizontal seguinte.

Parágrafo único – Excetuam-se da regra deste artigo as vagas decorrentes dos atos da agregação.

Art. 185 – Não poderá integrar o Quadro de Promoção (QPM), o policial civil que:

I – Não obtiver o grau de merecimento igual, pelo menos, à metade do máximo atribuído ao primeiro classificado;

II – Houver sido punido com suspensão acima de 15 (quinze) dias na classe concorrente, por transgressão disciplinar apurada através de procedimento administrativo regular; *(Alterado pelo Decreto nº 9.460, de 10.12.1986)*

III – Estiver sendo submetido a qualquer procedimento disciplinar decorrente de falta de natureza média ou grave, ou policial ou judicial penal por infração dolosa, exceto se houver indícios veementes de ação em estrito cumprimento do dever legal comprovados pelo interessado perante à SECOP. *(Alterado pelo Decreto nº 9.460, de 10.12.1986)*

IV – Houver sido condenado por crime doloso, inclusive, em sentença não transitada em julgado, ou estiver no gozo de sursis, enquanto não for decretada a extinção da punibilidade, salvo desclassificação para excesso culposo. *(Alterado pelo Decreto nº 9.460, de 10.12.1986)*

Parágrafo único – Ressalvado os incisos III e IV, o disposto neste artigo não se aplica ao policial civil, em condições de ser promovido por antigüidade (QPA), reservando-se, porém, a respectiva vaga até a decisão final do inquérito administrativo ou o trânsito em julgado de ação penal. *(Alterado pelo Decreto nº 9.460, de 10.12.1986)*

Capítulo III
DA PROMOÇÃO POR ANTIGÜIDADE

Art. 186 – À promoção por antigüidade recairá no policial civil que tiver maior tempo de efetivo exercício na classe, apurado até o último dia de cada semestre.

Art. 187 – A antigüidade será determinada pelo tempo líquido de exercício do policial civil na classe a que pertencer.

Parágrafo único – Será apenas computado como antigüidade no serviço público o tempo líquido de exercício interino, continuado ou não, em cargo de mesma denominação e para o qual tenha o policial civil sido nomeado em razão de concurso.

Art. 188 – Quando houver fusão de classes do mesmo padrão de vencimentos, os policiais contarão, na nova classe, a antigüidade que tiverem na sua classe anterior, à data de fusão dos cargos, observados os quadros e as carreiras a que pertencerem.

Parágrafo único – O disposto neste artigo é aplicável aos casos de transposição, reclassificação, transformação, aproveitamento ou qualquer outra alteração na denominação de cargos de uma série de classes ou de uma classe singular, verificada após 15 de março de 1975.

Art. 189 – Quando houver fusão de classes de padrões de vencimentos diversos, a antigüidade dos policiais na nova classe que resultar da fusão será contada do seguinte modo:

I – Se a fusão de cargos se verificar numa mesma série de classes, dever-se-á manter a posição que cada um ocupava na escala hierárquica funcional, antes de fusão dos cargos;

II – Se a fusão de cargos se verificar entre séries de classes de denominações diversas, ou entre classes singulares, ou, ainda, entre estas e aquelas, prevalecerá o critério do padrão de vencimento mais elevados para o estabelecimento da hierarquia na nova classe, respeitado o tempo na classe originária.

Art. 190 – A antigüidade na classe será contada:

I – nos casos de nomeação, readmissão, reintegração, reversão ou aproveitamento, a partir da data em que o policial entrar em exercício do cargo;

II – nos casos de transferência, ascensão, promoção e readaptação a partir da vigência do ato respectivo ou da sua publicação.

Art. 191 – Quando ocorrer empate na classificação por antigüidade terá preferência, sucessivamente, o policial civil:

I – de maior tempo de serviço policial;

II – de maior tempo de serviço público estadual;

III – de maior tempo de serviço público;

IV – de maior prole;

V – mais idoso.

§1º – Quando se tratar de classe inicial, o primeiro desempate será feito pela classificação extraída da média aritmética das notas finais da 1ª fase do concurso público externo e do respectivos curso de formação profissional, e das notas finais da prova de seleção e do curso específico, quando se tratar de concurso interno. *(Alterado pelo Decreto nº 9.460, de 10.12.1986)*

§2º – Como tempo de serviço público estadual, será computado o exercício interrompido ou não, em qualquer cargo ou função nos órgãos estaduais da administração direta ou indireta e fundações instituídas pelo Poder Público.

§3º – Será computado como tempo de serviço público o que tenha sido prestado à União, Estados, Distrito Federal, Territórios e Municípios, em cargo ou função civil ou militar, ininterruptamente ou não, em órgão de administração direta ou indireta e fundações instituídas pelo Poder Público, apurado à vista de certidões expedidas pelos registros de freqüência, folha de pagamento ou dos elementos regularmente averbados no assentamento individual do então servidor.

Art. 192 – Na apuração do tempo líquido do efetivo exercício para determinação da antigüidade na classe, bem como de desempate previsto no artigo anterior, serão incluídos os períodos de afastamento decorrentes de:

I – férias;

II – casamento;

III – luto;

IV – exercício de outro cargo de governo, ou de direção, de provimento de comissão, ou em substituição, nos órgãos estaduais da administração direta ou indireta e fundações instituídas pelo Poder Público:

V – convocação para o serviço militar;

VI – júri e outros serviços obrigatórios por lei;

VII – no exercício de função ou cargo de governo ou administração em qualquer parte do território nacional, por nomeação do Presidente da República ou serviço prestado à Presidência da República em virtude de requisição oficial;

VIII – desempenho de função federal, estadual ou municipal;

IX – licença prêmio;

X – licença para tratamento de saúde;

XI – missão ou estudo de interesse e natureza policial, no estrangeiro ou qualquer parte do Território Nacional, quando o afastamento tiver sido autorizado pelo Governador do Estado e pelo Secretário de Estado de Polícia Civil, respectivamente, e não perdurar por tempo superior a um ano;

XII – exercício em comissão de cargos de direção e assessoramento superiores nos órgãos do Estado, Distrito Federal, Território e Municípios

XIII – exercício de função de direção em sociedade de economia mista, empresas públicas, ou em fundações instituídas pelo Poder Público.

XIV – faltas até o máximo de três dias durante o mês por motivo de doença comprovada na forma regulamentar;

XV – expressa determinação legal, em outros casos.

Capítulo IV
DA PROMOÇÃO POR MERECIMENTO

Art. 193 – A promoção por merecimento dar-se-á por escolha entre os policiais civis que integrarem o Quadro de Promoção por Merecimento (QPM) obedecendo a feitura deste à ordem rigorosa de classificação por pontos obtidos.

Parágrafo único – O número de integrantes do Q.P.M. corresponderá ao dobro dos cargos vagos a serem preenchidos, devendo, porém, ser publicado no B.S. em ocasião julgada oportuna pela SECOP, a relação dos concorrentes, que embora não hajam figurado no aludido Quadro, alcançarem um total razoável de pontos. *(Alterado pelo Decreto nº 9.460, de 10.12.1986)*

Art. 194 – O merecimento do policial civil será apurado em pontos positivos e negativos, levando-se em conta os fatores seguintes:

I – eficiência revelada no desempenho do cargo ou função policial e administração policial no seu nível hierárquico;

II – procedimento em sua vida pública, particular e o conceito que goza na organização policial;

III – contribuição à organização e à melhoria dos serviços policiais;

IV – aprimoramento de sua cultura geral específica, através de cursos especializados;

V – ingresso no serviço policial ou na série de classes a que concorre por promoção, mediante concurso público ou ascensão, ambos de provas escritas de conhecimentos;

VI – período de curso de formação profissional ou equivalente em estabelecimento de ensino policial, quando do ingresso no serviço policial ou na série de classes, a que concorre por promoção;

VII – exercício em:

a) cargo efetivo;

b) direção, chefia, assessoramento, assistência e secretariado;

c) magistério policial.

Art. 195 – A eficiência no desempenho da função policial civil será mensurada, através do Boletim de Merecimento (BM), considerando-se a qualidade do trabalho, a auto-suficiência, a iniciativa, o tirocínio, a colaboração, a ética profissional, o conhecimento do trabalho e o aperfeiçoamento profissional. *(Alterado pelo Decreto nº 4.912, de 10.12.1981)*

Art. 196 – A qualidade do trabalho será considerada tendo em vista o grau de exatidão, precisão e apresentação.

Art. 197 – Auto-suficiência é a capacidade demonstrada pelo policial para desempenhar as tarefas de que foi incumbido, sem necessidade de assistência ou supervisão permanente de outrem.

Art. 198 – Iniciativa é a capacidade de pensar e agir com senso comum, na falta de normas e de processos de trabalho previamente determinados, assim como o de apresentar sugestões ou idéias tendentes ao aperfeiçoamento do serviço.

Art. 199 – Tirocínio é a capacidade demonstrada pelo policial para avaliar e discernir a importância das decisões que deve tomar.

Art. 200 – Colaboração é qualidade demonstrada pelo policial de cooperar com a chefia e com os colegas, na realização dos trabalhos afetos ao órgão em que tem exercício.

Art. 201 – Ética profissional é a capacidade de discrição demonstrada pelo policial no exercício de sua atividade, ou em razão dela, modo de agir com cortesia e polidez no trato com os colegas e as partes, na sua apresentação pessoal e na rigorosa observância dos preceitos contidos no Código de Ética.

Art. 202 – Conhecimento do trabalho é a capacidade demonstrada pelo policial para realizar as atribuições inerentes ao cargo, com pleno conhecimento dos métodos e técnicas de trabalho utilizados.

Art. 203 – Aperfeiçoamento funcional é a comprovação, pelo policial, de capacidade para melhor desempenho das atividades normais do cargo e para realização de atribuições superiores, relacionadas com aquelas atividades.

Art. 204 – A Secretaria Executiva da Comissão de Promoção atribuirá ao policial, na apuração dos pontos de que trata o artigo 195, um conceito, devidamente justificado, que variará de um a cinco pontos, por fator de avaliação, consoante informações prestadas pelo superior imediato do policial.

Parágrafo único – Considera-se superior imediato aquele ao qual está diretamente subordinado o policial, desde o mais baixo nível da escala hierárquica administrativa.

Art. 205 – O procedimento do policial na vida pública será apurado através de informação do seu superior imediato, tendo em vista a assiduidade, a pontualidade e a disciplina consignadas no verso do BM, e, ainda, os assentamentos funcionais.

Parágrafo único – Para prestar as informações referidas neste artigo e no anterior, será vedada a eventual subordinação interpares, cabendo essa tarefa ao chefe hierárquico do policial. *(Incluído pelo Decreto nº 9.460, de 10.12.1986)*

Art. 206 – A falta de assiduidade será determinada pela ausência injustificada do policial ao serviço, computando-se um ponto negativo para cada falta.

Art. 207 – A impontualidade horária será determinada pelo número de entradas tardias e saídas antecipadas.

§1º – As entradas tardias ou saídas antecipadas serão adicionadas umas às outras, computando-se um ponto negativo para cada grupo de três, sendo desprezadas as que não atingirem aquele número dentro do semestre.

§2º – Os Boletins de Merecimento (BM) serão obrigatoriamente, por quem de direito, encaminhados à SECOP, entre os dias 11 e 30 dos meses de janeiro e de julho de cada ano com os esclarecimentos em apenso, sob pena de responsabilização administrativa, das reais atividades desempenhadas pelo policial no últimos seis meses, inclusive, se for o caso, no órgão de onde veio removido, para fins preconizados neste capítulo. *(Incluído pelo Decreto nº 9.460, de 10.12.1986)*

Art. 208 – A indisciplina será apurada tendo em vista as penalidades de advertência, repreensão, suspensão, afastamento do serviço, do cargo ou de função e prisão disciplinar, impostas ao policial.

Parágrafo único – Serão considerados os seguintes pontos negativos para grupo de três penalidades:

I – três advertências – um ponto negativo;

II – duas advertências e uma repreensão – um ponto negativo;

III – uma advertência e duas repreensões – dois pontos negativos;

IV – três repreensões – dois pontos negativos;

V – suspensão, afastamento ou prisão domiciliar – por dia de penalidade – um ponto negativo.

Art. 209 – O procedimento do policial em sua vida particular será apurado em investigação reservada, atribuindo-se, ao final, se for o caso, conceito devidamente justificado que variará de zero a cinco pontos negativos.

Parágrafo único – O candidato não integrará o QF respectivo, se lhe for atribuído o conceito negativo -5 (menos cinco).

Art. 210 – O conceito de que goza o policial na organização deverá ser apurado na classe concorrente, atribuindo-se a cada fator, abaixo relacionado, valorarão que variará de zero a dois pontos: *(Alterado pelo Decreto nº 9.460, de 10.12.1986)*

I – encargos e missões despenhadas, entre outros, os que visem ao aumento de produtividade e à redução de custos operacionais dos serviços públicos;

II – elogios decorrentes do exercício da função policial e emanados de autoridade judiciária ou administrativa competente; *(Alterado pelo Decreto nº 9.460, de 10.12.1986)*

III – medalhas e condecorações;

IV – serviços relevantes prestados a outros órgãos; *(Alterado pelo Decreto nº 9.460, de 10.12.1986)*

V – atos de bravura;

VI – zelo dos policiais, componentes de Equipe de Plantão, na vigilância de presos custodiados nos xadrezes das unidades policiais, em cada período de 6 (seis) meses, sem ocorrência de fuga. *(Alterado pelo Decreto nº 9.460, de 10.12.1986)*

§1º – Nos casos de crimes de homicídio, roubo, extorsão mediante seqüestro e tráfico de entorpecentes, será atribuído 0,5 (meio) ponto ao agente policial que, em efetiva atividade operacional, efetuar prisão em flagrante, realizada com absoluta observância dos princípios constitucionais e legais que a autorizam. Nos demais casos criminais, o agente policial receberá 0,25 (um quarto) de ponto. Se o policial sofrer lesão corporal de natureza grave, ser-lhe-á concedido 05 (cinco) pontos. *(Incluído pelo Decreto nº 13.226, de 10.12.1989)*

§2º – Ao agente policial, sem cujo empenho ou capacidade de iniciativa não teria sido possível o cumprimento de mandado de prisão, será concedido 0,25 (um quarto) de ponto. Se, porém, o executor sofrer lesão corporal de natureza grave, ser-lhe-á aplicado o disposto no parágrafo anterior. *(Alterado pelo Decreto nº 35.967, de 29.07.2004)*

§3º – Na apreciação de Sindicância Sumária por ato de bravura, a Comissão de Promoção, se entendê-lo não tipificado, poderá conceder ao policial 05 (cinco) pontos de merecimento.

§4º – Os pontos preconizados nos parágrafos deste artigo, serão aplicáveis aos eventos ocorridos a partir de 1º de janeiro de 1989, sendo aproveitáveis na promoção seguinte, se implicar em qualquer eventual retardamento de processo protecional em curso.

§5º – Caberá à Secretaria Executiva de Comissão de Promoção a confirmação do enquadramento previsto nos parágrafos anteriores. *(Incluído pelo Decreto nº 13.226, de 10.12.1989)*

Art. 211 – Os incisos III, IV, V e VI do artigo 194 serão mensurados através dos assentamentos funcionais de curriculum vitae, atribuindo-se ao policial civil conceito na classe concorrente, em cada inciso, que variará na forma abaixo: *(Alterado pelo Decreto nº 9.460, de 10.12.1986)*

I – contribuição à organização e à melhoria dos serviços policiais, com mensuração máxima de um ponto por ano; *(Alterado pelo Decreto nº 9.460, de 10.12.1986)*

a) cultura geral: 03 (três) pontos por curso superior completo, até o limite de 09 (nove) pontos, desde que não exigível para o ingresso na série de classe; *(Alterado pelo Decreto nº 35.967, de 29.07.2004)*

b) edição de livros, manuais, coletâneas de natureza policial: 0,5 (meio) ponto por obra editada, até o máximo de 03 (três) pontos;

c) edição de apostilas de natureza policial: 0,25 (um quarto) de ponto por apostila, até o máximo de 01 (um) ponto;

d) Comissões Administrativas, instituídas por ato de dirigente de unidade, a nível departamental, excluídas as Comissões de Sindicância e as designações para apuração sumária e investigação de caráter disciplinar ou policial:

– como presidente ou membro: 0,5 (meio) ponto por participação, até o limite de 03 (três) pontos;

– como secretário: 0,25 (um quarto) de ponto por participação, até o limite de 02 (dois) pontos.

e) membro de órgão de deliberação coletiva de natureza policial civil: 01 (um) ponto por designação, até o limite de 03 (três) pontos.

II – aprimoramento de sua cultura geral e específica, através de cursos na instituição policial ou fora dela:

a) cultura geral:

- 02 (dois) pontos por curso superior completo, sem limite, desde que não exigível para o ingresso na série de classe;

- 01 (um) ponto por curso, com duração mínima de 40 (quarenta) horas, até o limite de 05 (cinco) pontos.

b) cultura específica:

- 01 (um) ponto por curso, até o limite de 05 (cinco) pontos.

III – ingresso no serviço policial ou na série de classes a que concorre por promoção, mediante concurso público ou ascensão, ambos de provas escritas de conhecimento em que foi exigida:

a) escolaridade de nível superior: cinco pontos;

b) escolaridade de nível técnico ou 2° grau: três pontos;

c) escolaridade de nível de 1°grau: dois pontos;

d) escolaridade de nível de 1° grau até a 4ª série: um ponto.

IV – período de duração do curso de formação profissional ou equivalente em estabelecimento de ensino policial, quando ingresso no serviço policial ou na série de classes a que concorre por promoção: um ponto por trimestre ou por tempo igual ou superior a quarenta e cinco dias, até o limite de cinco pontos.

§1° – Os cursos de cultura geral, não integrantes dos requisitos essenciais para o ingresso na série de classes, serão computados em toda trajetória da vida funcional do titular, desde que sua duração tenha sido igual ou superior a 240 horas. *(Alterado pelo Decreto n° 9.460, de 10.12.1986)*

§2° – Os incisos III e IV deste artigo, só serão considerados na série inicial de classes. *(Alterado pelo Decreto n° 9.460, de 10.12.1986)*

Art. 212 – O exercício em cargo efetivo, em direção, chefia, assessoramento, assistência, secretariado ou magistério policial será mensurado da seguinte forma:

I – Pelo exercício em cargo efetivo, na classe concorrente, por ano de atividade contínua: *(Alterado pelo Decreto n° 9.460, de 10.12.1986)*

a) 04 (quatro) pontos – em Delegacias Policiais; *(Alterado pelo Decreto n° 35.967, de 29.07.2004)*

b) 03 (três) pontos – em outros órgãos da Polícia Civil; *(Alterado pelo Decreto n° 35.967, de 29.07.2004)*

c) 2,5 (dois e meio) – em órgãos ou funções de interesse da segurança pública, considerados, em cada caso, pelo Secretário de Estado de Segurança Pública. *(Alterado pelo Decreto n° 35.967, de 29.07.2004)*

II – Pelo exercício em Direção, Chefia, Assessoramento, Assistência ou secretariado, no cargo ou função desempenhada durante 01 (um) ano: *(Alterado pelo Decreto n° 9.460, de 10.12.1986)*

a) de direção superior até o nível de divisão ou delegacia: 04 (quatro) pontos até o limite de 12 (doze) pontos;

b) de assessoramento ou assistência superior: 03 (três) pontos até o limite de 09 (nove) pontos;

c) de chefia de serviço ou assistência intermediária: 02 (dois) pontos até o limite de 06 (seis) pontos;

d) de chefia de seção, de setor ou secretariado: 1,5 (um e meio) ponto até o limite de 4,5 (quatro e meio) pontos;

e) de substituição imediata ou eventual do titular de delegacia; 2,5 (dois e meio) ponto até o limite de 4,5 (quatro e meio) pontos;

f) de substituição imediata ou eventual de chefe de serviço: 1,5 (um e meio) ponto até o limite de 4,5 (quatro e meio) pontos; *(Incluído pelo Decreto nº 9.460, de 10.12.1986)*

g) de substituição imediata ou eventual de chefe de seção e de setor; 01 (um) ponto até o limite de 03 (três) pontos. *(Incluído pelo Decreto nº 9.460, de 10.12.1986)*

III – Pelo exercício do magistério policial, com mensurado máxima de 01 (um) ponto por ano:

a) em bancas de concurso de provas seletivas: 0,5 (meio) ponto por banca ou prova seletiva, até o limite de 03 (três) pontos;

b) como professor: 0,5 (meio) ponto por grupo de três turmas, até o limite de 03 (três) pontos.

§1º – Para efeito do inciso II, equipara-se ao exercício de Chefia o fato de o agente policial responder, oficialmente, pelo expediente. *(Alterado pelo Decreto nº 35.967, de 29.07.2004)*

§2º – Para efeito dos incisos I e II, quando cargo ou função é exercido em Delegacia Policial, considera-se como de um ano, o período de tempo Igual ou superior a cento e oitenta dias. *(Alterado pelo Decreto nº 35.967, de 29.07.2004)*

§3º – Exercendo o policial, no período de um ano, continuadamente, mais de um cargo ou função enumerados no inciso II deste artigo, considera-se para efeito de contagem de pontos o cargo ou função mais elevado, desde que o exerça por período mínimo de cento e oitenta dias. *(Alterado pelo Decreto nº 35.967, de 29.07.2004)*

§4º – O disposto neste artigo aplica-se aos cargos ou funções gratificadas exercidas nos antigos Estados da Guanabara e do Rio de Janeiro. *(Alterado pelo Decreto nº 35.967, de 29.07.2004)*

Art. 213 – Em caso de haver movimentação do policial civil, que importe em outra subordinação, o superior imediato ao qual estava anteriormente subordinado poderá ser chamado a prestar esclarecimentos para formação do conceito.

Art. 214 – O grau de merecimento do policial civil será representado pela soma algébrica dos pontos positivos e dos pontos negativos.

Art. 215 – Apurado o merecimento, o conceito final dos candidatos à promoção deverá ser divulgado na imprensa oficial.

Parágrafo único – Em igualdade de condições de merecimento, proceder-se-á ao desempate por tempo de serviço na classe e persistindo a igualdade, observa-se-á o disposto no art. 191.

Art. 216 – Para a escolha dos proventos integrantes do Q.P.M., a Comissão de Promoção, além dos pontos obtidos através dos critérios objetivos, levará em consideração os mais antigos na classe concorrente e os que já estiverem relacionados em QPM anteriores. *(Incluído pelo Decreto nº 9.460, de 10.12.1986)*

Capítulo V
DA PROMOÇÃO POR BRAVURA

Art. 217 – A promoção por bravura é aquela conferida ao policial civil pela conduta que resultar da prática de ato ou atos não-comuns de coragem e audácia e que, ultrapassando os limites normais do cumprimento do dever, representem feitos úteis às atividades policiais na manutenção de segurança e ordem públicas, pelos resultados alcançados ou pelo exemplo altamente positivo deles emanados, concretizando-se, independentemente do preenchimento de quaisquer outras condições.

Parágrafo único – A bravura, caracterizada nos termos deste artigo, determinará a promoção do policial, mesmo que do ato praticado tenha resultado sua morte ou invalidez.

Art. 218 – A autoridade policial civil, para os fins do artigo anterior, fará registro minucioso do fato, apurando-o por meio de sindicância sumária, ultimada no prazo de dez dias, onde consignará todas as provas colhidas e oferecerá relatório conclusivo e imediata remessa à Comissão de Promoção, por intermédio de sua Secretaria Executiva.

Capítulo VI
DA PROMOÇÃO "POST-MORTEM"
(Título alterado pelo Decreto nº 4.912, de 20.11.1981)

Art. 219 – A promoção "post-mortem" é efetivada quando o policial civil, independentemente de sua situação na lista de antigüidade, vier a falecer em uma das seguintes situações:

I – em ação de manutenção da ordem pública;

II – em conseqüência de ferimento recebido na manutenção da ordem pública, doença, moléstia, ou enfermidade contraídas nesta situação, ou que nelas tenha sua causa eficiente;

III – por acidente de serviço; *(Incluído pelo Decreto nº 4.912, de 20.11.1981)*

IV – por ato de bravura.

Art. 220 – A promoção por bravura, inclusive "post-mortem", far-se-á automática e independentemente de vaga, considerando-se excedentes os cargos desta forma providos, enquanto não ocorrer promoção regular dos beneficiários. *(Alterado pelo Decreto nº 9.460, de 10.12.1986)*

Art. 221 – O policial será, também, promovido se, ao falecer, integrava o quadro de promoção, independentemente de sua posição no mesmo, consideradas as vagas existentes na data do falecimento.

Art. 222 – Para efeito de aplicação do artigo anterior, será considerado, quando for o caso, o último quadro de promoção em que o policial falecido tenha sido incluído.

Título VII
DA ASCENSÃO

Art. 223 – Ascensão é a passagem da última classe de uma categoria funcional para a classe inicial de outra categoria funcional, na linha hierárquica definida na carreira policial, de conformidade com o que se dispuser em ordenamento próprio.

§1º – A ascensão far-se-á mediante prova de seleção e habilitação em curso específico, ministrado na Academia de Polícia, atendido o requisito de habilitação profissional comprovado através da apresentação de diploma respectivo, devidamente registrado, e observado o interstício na última classe à época da inscrição na prova de seleção.

§2º – Somente será matriculado no Curso Específico o policial civil que obtiver o grau mínimo de 50 (cinqüenta) pontos na Prova de Seleção. *(Alterado pelo Decreto nº 9.459, de 10.12.1986)*

§3º – Entende-se por série de classes auxiliar aquela da qual for facultada ascensão à outra, de atividade correlata, tarefas mais complexas, maior grau de responsabilidade e vencimento superior, entendendo-se esta como série de classes principal.

§4º – Metade das vagas da classe inicial das séries de classes principais, nas linhas de ascensão, serão reservadas para essa forma de provimento, observadas as exceções estabelecidas em lei.

§5º – Não poderá ser inscrito em prova de seleção, matriculado em curso específico da ACADEPOL, nem ser ascendido, o policial implicado nas situações descritas pelos incisos II, III e IV do artigo 185. *(Alterado pelo Decreto nº 9.460, de 10.12.1986)*

Art. 224 – Será de setecentos e trinta dias de efetivo exercício na classe o interstício para o policial concorrer à ascensão.

Art. 225 – O policial provido por ascensão passará a integrar a nova classe, independentemente de posse.

Parágrafo único – O policial provido por ascensão terá reiniciada a contagem de seu tempo de serviço na nova classe, para efeito de promoção.

Art. 226 – Só poderá concorrer à ascensão o policial que possuir o diploma registrado ou certificado de habilitação em curso exigido pela legislação vigente, para o exercício das atividades inerentes ao cargo para o qual terá ascensão.

Art. 227 – As ascensões no Quarto Permanente da Polícia Civil do Estado do Rio de Janeiro, serão realizadas uma vez por ano, no dia 29 de setembro, observada a existência de cargos vagos e na forma das linhas de progressão dispostas no anexo IV da Lei nº 699, de 14 de dezembro de 1983. *(Alterado pelo Decreto nº 9.460, de 10.12.1986)*

§1º – As vagas que não forem preenchidas pelo instituto da ascensão poderão ser aproveitadas para concurso público. *(Alterado pelo Decreto nº 9.460, de 10.12.1986)*

§2º – A ascensão que não se verificar na data referida no *caput* deste artigo terá seus efeitos retroagidos. *(Alterado pelo Decreto nº 9.460, de 10.12.1986)*

Art. 228 – O provimento por ascensão, quando o número de vagas for inferior ao número de candidatos que satisfaçam às condições estabelecidas, obedecerá à ordem de classificação na lista respectiva, organizada de acordo com o grau de habilitação obtido pelo policial, nas provas do curso específico ministrado pela Academia de Polícia.

§1º – *(Revogado pelo Decreto nº 9.460, de 10.12.1986)*

§2º – *(Revogado pelo Decreto nº 9.460, de 10.12.1986)*

Art. 229 – Somente poderá ser provido por ascensão o policial que obtiver, pelo menos, grau final cinqüenta em cada disciplina, nos cursos específicos, que terão a seguinte apuração: *(Alterado pelo Decreto nº 9.459, de 10.12.1986)*

I - nível superior - quatrocentos horas/aula;

II - nível técnico - trezentas e vinte horas/aula;

III - nível 2º grau - sem exigência de curso técnico - duzentos e quarenta horas/aula;

IV - nível 1º grau - cento e sessenta horas/aula.

Art. 230 - Não poderá haver provimento por ascensão na classe em que houver cargo excedente.

Art. 231 - Em benefício do policial a quem de direito cabia a ascensão, será declarado sem efeito o ato que houver decretado o provimento de forma indevida.

§1º - O policial provido indevidamente não ficará obrigado a restituir o que a mais houver recebido.

§2º - O policial a quem cabia o provimento por ascensão será indenizado de uma só vez, da diferença de vencimentos e vantagens a que tiver direito.

Art. 232 - A formalização dos atos relativos à ascensão será processada pela Secretaria Executiva da Comissão de Promoções, ressalvada a competência da Academia de Polícia.

Art. 233 - Aplicam-se à ascensão, no que couber, os dispositivos referentes à promoção, por merecimento e por antigüidade, inclusive *"post-mortem"*. *(Alterado pelo Decreto nº 4.912, de 20.11.1981)*

Art. 234 - O órgão setorial de pessoal da Secretaria de Estado de Polícia civil, com os elementos que dispuser e os fornecidos pelos dirigentes chefes das unidades administrativas, manterá conhecimento mensalmente à Secretaria Executiva da Comissão de Promoções.

Art. 235 - Os policiais que satisfaçam as condições previstas no presente Regulamento serão inscritos "ex-officio" na Academia de Polícia, para efeito de prova de seleção e curso específico, publicando-se a lista nominal do "Diário Oficial" do Estado e "Boletim de Serviço", por três dias consecutivos, para ciência dos interessados.

Art. 236 - Dessa publicação contar-se-á o prazo de quinze dias para interposição de recursos, que serão decididos em igual prazo, findos os quais serão os policiais submetidos a provas de seleção na Academia de Polícia.

Art. 237 - A ascensão será feita através de Decreto coletivo, elaborado pela Secretaria Executiva da Comissão de Promoções, a ser submetido pelo Secretário de Estado da Polícia Civil ao Governador do Estado.

Título VIII
DA TRANSFERÊNCIA E DA REMOÇÃO

Art. 238 - Transferência é o ato de simples investidura do policial em cargo de denominação diversa de outra classe, de igual nível de vencimento, na carreira policial. *(Alterado pelo Decreto nº 5.952, de 25.08.1982)*

Art. 239 - A transferência se fará à vista de comprovação de habilitação dos interessados para o exercício do novo cargo, realizada na Academia de Polícia.

Art. 240 - Quando se tratar de cargo de classe inicial de série de classes, a transferência não poderá ser feita para cargo vago, destinado a provimento por concurso, já aberto, ou ascensão programada.

Art. 241 – A transferência será feita a pedido, atendidos o interesse e a conveniência do serviço policial.

Art. 242 – No caso de transferência para cargo correspondente à atividade profissional, em que se exija habilitação específica, esta será condicionada à comprovação de que o interessado satisfaz àquela exigência.

Art. 243 – Remoção é o ato mediante o qual o policial passa a ter exercício em outro órgão, preenchendo claro de lotação, sem que se modifique sua situação funcional.

Art. 244 – Dar-se-á remoção:

I – a pedido;

II – "ex-offício".

§1º – A remoção tanto a pedido como "ex-offício" dependerá, em princípio, de claro na lotação. *(Alterado pelo Decreto nº 3.059, de 13.02.1980)*

§2º – O policial removido, quando de férias, não se interromperá.

§3º – Não poderá haver remoção de policial que se encontre em licença de qualquer espécie ou freqüentando curso na Academia de Polícia.

§4º – Revogado pelo Decreto nº 14.832, de 23.05.90.

Art. 245 – No processamento da remoção "ex-offício" serão observados, em princípio, a iniciativa do dirigente ou do chefe da unidade administrativa e a existência de claro na lotação do órgão para onde se pretender a remoção. *(Alterado pelo Decreto nº 3.059, de 13.02.1980)*

Art. 246 – remoção por permuta será processada a pedido, por escrito, de ambas as chefias interessadas.

Art. 247 – Quando a remoção for a pedido, serão observados o interesse do serviço e a anuência do servidor indicado para permuta.

Parágrafo único – Somente decorridos doze meses da lotação do policial, poderá ocorrer sua remoção a pedido.

Art. 248 – No processamento das remoções serão atendidos a qualificação profissional do policial e a necessidade do serviço investigatório da unidade onde verá ter exercício.

Art. 249 – O policial terá exercício no órgão para o qual for designado.

Art. 250 – Até o dia 20 de janeiro de cada ano, atendidas as diretrizes da Secretaria e as necessidades de Segurança Pública, serão fixados, por ato resolutivo, os quantitativos de pessoal que constituirão a lotação de policiais civis em todos os Órgãos da Secretaria de Estado da Polícia Civil, até o nível de Divisão ou Delegacia. *(Alterado pelo Decreto nº 21.668, de 28.09.1995)*

§1º – Entende-se por lotação o número de policiais civis de cada categoria funcional ou cargo isolado, inclusive os ocupantes de cargo ou função de confiança que, segundo as necessidades, devam ter exercício em cada Órgão. *(Alterado pelo Decreto nº 21.668, de 28.09.1995)*

§2º – O policial civil nomeado integrará lotação na qual houver claro. *(Alterado pelo Decreto nº 21.668, de 28.09.1995)*

§3º – As autoridades policiais e seus agentes, providos nas classes iniciais das respectivas categorias profissionais serão preferencialmente lotados nas unidades de Polícia

Administrativa e Judiciária, durante os dois primeiros anos de efetivo exercício. *(Alterado pelo Decreto nº 21.668, de 28.09.1995)*

§4º - *Revogado.*

Art. 251 - O policial será afastado do exercício de seu cargo:

I - enquanto durar o mandato legislativo ou executivo, federal ou estadual;

II - enquanto durar o mandato de Prefeito ou Vice-Prefeito, se não existir compatibilidade de horário entre o seu exercício e o da função pública;

III - enquanto durar o mandato de vereador, se não existir compatibilidade de horário entre o seu exercício e o da função pública;

IV - durante o lapso de tempo que mediar entre o registro da candidatura eleitoral e o dia seguinte ao da eleição.

Título IX
DO TEMPO DE SERVIÇO

Capítulo I
DISPOSIÇÕES GERAIS

Art. 252 - O início, a interrupção e o reinício do exercício serão registrados no assentamento individual do policial.

§1º - Ao entrar em exercício, o policial apresentará ao órgão competente os elementos necessários à abertura de seu assentamento individual.

§2º - O início do exercício e as alterações que nele ocorrerem serão comunicados ao órgão setorial de pessoa, pelo titular da unidade policial ou administrativa em que estiver servindo o policial.

Art. 253 - O policial entrará em exercício no prazo de trinta dias contados da data:

I - da publicação do ato de nomeação em cargo efetivo;

II - da publicação do ato de reintegração ou de transferência;

III - da publicação do ato de provimento em cargo em comissão ou função gratificada.

Art. 254 - A transferência, a promoção, a ascensão e a nomeação em novo cargo da carreira policial não interromperão o exercício para efeito de contagem de tempo de serviço.

Art. 255 - O policial removido para outra unidade, dentro de um mesmo Município, terá prazo de dois dias, contados da data da publicação do referido ato, para reiniciar suas atividades. Quando removido para outro Município, será de cinco dias na forma do inciso XII do artigo 36.

§1º - Quando em férias, licenciado ou afastado legalmente de seu cargo, esse prazo será contado a partir do término do impedimento.

§2º - O prazo a que se refere este artigo será considerado como período de trânsito, computável como de efetivo exercício para todos os efeitos.

§3º - O prazo referido no "caput" deste artigo poderá ser prorrogado, no máximo, por igual período, por solicitação do interessado, a juízo da autoridade competente para dar-lhe exercício.

Capítulo II
DA APURAÇÃO

Art. 256 – A apuração do tempo de serviço será feita em dias, não considerado, para qualquer efeito, o exercício de função gratuita.

Parágrafo único – O número de dias será convertido em anos, considerado o ano como de trezentos e sessenta e cinco dias.

Art. 257 – Os dias de efetivo exercício serão computados à vista de documentação própria que comprove a freqüência.

Art. 258 – Admitir-se-á como documentação própria comprobatória do tempo de serviço público:

I – certidão de tempo de serviço, extraída de folha de pagamento;

II – certidão de freqüência, extraída do cartão de ponto;

III – justificação judicial.

§1º – Os elementos provantes indicados nos incisos acima são exigíveis na ordem direta de sua enumeração, somente sendo admitido o posterior, quando acompanhado de certidão negativa fornecida pelo órgão competente para a expedição do elemento a que se refere o anterior.

§2º – Sobre tempo de serviço comprovado mediante justificação judicial, será prévia e obrigatoriamente ouvida a Procuradoria Geral do Estado.

Art. 259 – Será considerado como de efetivo exercício o afastamento por motivo de:

I – férias;

II – casamento e luto, até oito dias;

III – exercício de outro cargo ou função de governo ou de direção, de provimento em comissão ou em substituição, no serviço público do Estado do Rio de janeiro, inclusive respectivas autarquias, empresas públicas e sociedades de economia mista e fundações instituídas pelo Poder Público, ou serviço prestados à Presidência da República, em virtude de requisição oficial;

IV – exercício de outro cargo ou função de governo ou de direção, de provimento em comissão ou em substituição, no serviço público da União, de outros Estados e dos Municípios, inclusive respectivas autarquias, empresas públicas e sociedades de economia mista e fundações instituídas pelo Poder Público, quando o afastamento houver sido autorizado pelo Governo, sem prejuízo do vencimento do policial;

V – estágio experimental;

VI – licença-prêmio;

VII – licença para repouso à gestante;

VIII – licença para tratamento de saúde;

IX – licença por motivo de doença em pessoa da família, desde que não exceda o prazo de doze meses;

X – acidente em serviço ou doença profissional;

XI – doença de notificação compulsória;

XII missão oficial;

XIII – estudo no exterior ou em qualquer parte do território nacional, desde que de interesse para a administração e não ultrapasse o prazo de doze meses;

XIV – prestação de prova ou de exame em regular ou em concurso público;

XV – recolhimento à prisão, se absolvido a final;

XVI – suspensão preventiva, se absolvido a final;

XVII – convocação para serviço militar ou encargo de segurança nacional, júri e outros serviços obrigatórios por lei;

XVIII – trânsito para ter exercício em nova sede;

XIX – faltas por motivo de doença, comprovada, inclusive em pessoa da família, até o máximo de três, durante o mês, e outros casos de força maior;

XX – candidatura a cargo eletivo, conforme o disposto no inciso IV do art. 251;

XXI – mandato legislativo ou executivo, federal ou estadual;

XXII – mandato de prefeito ou vice-prefeito;

XXIII – mandato de vereador quando não existir incompatibilidade de horário entre o seu exercício e de sua função pública.

Art. 260 – Para efeito de aposentadoria ou disponibilidade será computado:

I – tempo de serviço público federal, estadual e municipal;

II – o período de serviço ativo nas Forças Armadas, computado pelo dobro o tempo de operações em guerra, inclusive quando prestado nas forças auxiliares e na Marinha Mercante;

III – o tempo de serviço prestado com extranumerário ou sob qualquer outra forma de admissão, desde que remunerado pelos cofres públicos;

IV – o tempo de serviço prestado em autarquia, empresa pública ou sociedade de economia mista;

V – o período de trabalho prestado a instituição de caráter privado que tiver sido transformada em estabelecimento de serviço público;

VI – o tempo em que o policial esteve em disponibilidade ou aposentado;

VII – em dobro, o tempo de licença-prêmio não gozada;

VIII – em dobro, os períodos de férias não gozadas, a partir do exercício de 1977, limitadas a sessenta dias, ressalvado o direito à contagem de períodos anteriores para os amparados por legislação vigente até a edição do Decreto-Lei nº 363, de 4 de outubro de 1977;

IX – o período em que o policial freqüentou curso de formação profissional em estabelecimento oficial de ensino, integrante de estrutura da Secretaria de Estado da Polícia Civil, na condição de aluno, em regime diverso do disciplinado no presente Regulamento, como forma inicial para provimento no cargo.

Art. 261 – Ao policial será assegurado a contagem qualquer que tenha sido o regime da relação empregatícia, como de serviço público estadual, do tempo prestado anteriormente à administração direta ou indireta do Estado a Fundações instituídas pelo Poder Público.

Parágrafo único. O disposto neste artigo não se aplica para efeitos de concessão de licença-prêmio.

Art. 262 – É vedada a cumulação de tempo de serviço prestado, concorrentemente ou simultaneamente, em dois ou mais cargos, funções ou empregos em qualquer das hipóteses previstas no artigo 260.

Título X
DA APOSENTADORIA

Art. 263 – O policial será aposentado:

I – compulsoriamente;

II – voluntariamente

III – por invalidez;

§1º – O policial será aposentado com limites de idade e tempo de serviço fixados em lei.

§2º – A aposentadoria por invalidez será sempre precedida de licença por um período contínuo, não inferior a vinte e quatro meses, salvo quando o laudo médico concluir, anteriormente aquele prazo, pela incapacidade definitiva do policial para o serviço.

Art. 264 – O aposentado receberá provendo integral:

I – no caso do inciso II do artigo anterior;

II – quando a invalidez for conseqüência de acidente no exercício de suas atribuições ou em virtude de doença profissional;

III – quando acometido de tuberculose ativa, alienação mental, neoplasia maligna, cegueira, lepra, paralisia irreversível e incapacitante, cardiopatia grave, estados adiantados de Paget (osteíte deformante), com base nas conclusões de medicina especializada;

IV – na inatividade, se acometido de qualquer das doenças especificadas no inciso anterior e decorrente de acidente no exercício de suas atribuições quando na atividade.

Art. 265 – A aposentadoria voluntária mantém o policial em exercício até a publicação do respectivo ato, salvo quando já afastado do cargo.

Art. 266 – O policial que foi ou venha a ser aposentado por incapacidade definitiva e considerado inválido, impossibilitado total ou permanentemente para qualquer trabalho, não podendo provar os meios de sua subsistência, fará jus a auxílio-invalidez no valor de 25% calculado sobre o vencimento do cargo efetivo e demais vantagens, incorporadas ou não, desde que satisfaça uma das condições abaixo especificadas, devidamente declarada por junta médica;

I – necessitar de internação em instituição hospitalar apropriada, pública ou particular, de tratamento especializado;

II – necessitar de assistência médica ou de cuidados permanentes de enfermagem.

§1º – Quando por deficiência hospitalar ou prescrição médica comprovada por junta médica, o policial nas condições acima, receber tratamento médico na própria residência, também fará jus ao auxílio-invalidez.

§2º – Para a continuidade do direito ao recebimento do auxílio-invalidez, o policial ficará sujeito a apresentar anualmente declaração de que não exerce nenhuma atividade remunerada, pública ou privada, e a critério da administração submeter-se, periodicamente, à inspeção de saúde de controle, sendo que no caso de policial mentalmente enfermo aquela declaração deverá ser firmada por dois policiais em atividade.

§3º – O auxílio-invalidez será suspenso, automaticamente, se for verificado que o policial beneficiado exerce ou tenha exercido, após recebimento do auxílio, qualquer atividade remunerada, sem prejuízo de outras sanções cabíveis, bem como se, em inspeção de saúde, for constatado não se encontrar nas condições previstas neste artigo.

Título XI
DAS RECOMPENSAS

Art. 267 – Recompensa é o reconhecimento dos bons serviços prestados pelo policial.

Art. 268 – São recompensas:

I – agraciamento com medalhas de "Mérito Policial", na forma instituída em lei;

II – elogios individuais e coletivos;

III – dispensa total do serviço até dez dias;

IV – cancelamento de pena disciplinar.

Art. 269 – São competentes para conceder dispensa total de serviço:

I – até dez dias: O Secretário de Estado da Polícia Civil;

II – até cinco dias: os dirigentes de órgãos subordinados diretamente ao Secretário de Estado da Polícia Civil;

III – até dois dias: os demais dirigentes de órgãos, até o nível de divisão, inclusive titulares de delegacias.

Art. 270 – Na apreciação do pedido de cancelamento da pena disciplinar, prevista no artigo 35, poderão ser levados em conta os relevantes serviços prestados à segurança pública pelo policial, por decisão do Secretário de Estado da Polícia civil.

Art. 271 – Aquele que comprovadamente, apurado através de inquérito administrativo ou perícia médica, se revelar inapto para o exercício da função readaptado em outra função mais compatível com a sua capacidade, sem que essa readaptação lhe traga qualquer prejuízo financeiro.

4.14. Exercício de Fixação do texto legal

1. Aplica-se aos servidores ocupantes de _________ o disposto no art. 7º, IV, VII, VIII, IX, XII, XIII, XV, XVI, XVII, XVIII, XIX, XX, XXII e XXX, podendo a lei estabelecer requisitos diferenciados de admissão quando a natureza do cargo o exigir. *(Incluído pela Emenda Constitucional nº 19, de 1998)*

2. São direitos dos trabalhadores urbanos e rurais, estendidos aos servidores públicos: o gozo de ______ anuais remuneradas com, pelo menos, ___________ do que o salário normal e licença à gestante, sem prejuízo do emprego e do salário, com a duração de___________;

3. O membro de Poder, o detentor de mandato eletivo, os Ministros de Estado e os Secretários Estaduais e Municipais serão remunerados exclusivamente por _______ fixado em___________, vedado o acréscimo de qualquer gratificação, adicional, abono, prêmio,

verba de representação ou outra espécie remuneratória, obedecido, em qualquer caso, o disposto no art. 37, X e XI. *(Incluído pela Emenda Constitucional nº 19, de 1998)*

4. A remuneração dos __________ integrantes dos órgãos relacionados nesse artigo será fixada na forma do §4º do art. 39. (Incluído pela Emenda Constitucional nº 19, de 1998)

5. É vedada a adoção de requisitos e critérios diferenciados para a concessão de aposentadoria aos abrangidos pelo regime de que trata esse artigo, ressalvados, nos termos definidos em___________, os casos de servidores: I – portadores de deficiência; II – que exerçam____________; III – cujas atividades sejam exercidas sob condições especiais que prejudiquem a saúde ou a integridade física. (Incluído pela Emenda Constitucional nº 47, de 2005)

6. A lei não poderá estabelecer qualquer forma de contagem de_____________fictício.

7. O funcionário policial será aposentado com ____________ voluntariamente, após ______ anos de contribuição, desde que conte, pelo menos, 20 (vinte) anos de exercício em cargo de natureza estritamente policial, se homem; após _________ anos de contribuição, desde que conte, pelo menos, 15 (quinze) anos de exercício em cargo de natureza estritamente policial, se mulher.

8. São direitos _________ decorrentes do exercício da função policial:

9. I – garantia do uso do título em toda a sua_________, com as ___________ e ___________a ele inerentes;

10. II –___________, nos termos da legislação em vigor;

11. III – uso das designações___________;

12. IV – desempenho de ___________ correspondentes à condição hierárquica;

13. XII –________ quando desligado de uma sede para assumir exercício em outra, situada em município diferente;

14. XIX – quando aposentado,_____________.

15. O funcionário gozará, obrigatoriamente, ________ de férias por ano, concedidas de acordo com ___________ pelo ___________.

16. É proibida a acumulação de férias, salvo por imperiosa necessidade de serviço e pelo máximo de_____________.

17. O funcionário ao entrar em férias, participará ao chefe imediato seu___________.

18. O servidor policial será aposentado:_____________ ; ____________ ; por___________.

Gabarito:

1. cargo público

2. férias / um terço a mais / cento e vinte dias

3. subsídio / parcela única

4. servidores policiais

5. leis complementares / atividades de risco

6. tempo de contribuição
7. proveitos integrais / 30 (trinta) / 25 (vinte)
8. pessoais
9. plenitude / prerrogativas / prerrogativas
10. estabilidade
11. hierárquicas
12. cargos e funções
13. trânsito
14. porte de arma
15. 30 (trinta) dias / escala organizada / chefe imediato
16. 02 (dois) períodos
17. endereço eventual
18. compulsoriamente / voluntariamente / invalidez

REFERÊNCIAS

BARBOSA, Ruchester Marreiros. *Delegado natural é princípio basilar da devida investigação criminal.* CONJUR, 2015. Disponível em: <https://www.conjur.com.br/2015-out-06/academia-policia-delegado-natural-principio-basilar-investigacao-criminal>. Acesso em 16/02/2021.

BARRETO, Alex Muniz. *Direito Administrativo Positivo,* RJ: Forense, 2010.

BRENE, Cleyson. *Ativismo policial:* o papel garantista do delegado de polícia. 1a ed. Salvador: Editora Juspodivm, 2019.

CARVALHO FILHO, José dos Santos. *Manual de Direito Administrativo.* 27ª ed. São Paulo: Atlas, 2014.

CRETELA JUNIOR, José. *Dicionário de Direito Administrativo.* Rio de Janeiro: Forense, 1980.

CUNHA, Alexandre dos Santos. *A normatividade da pessoa humana*: o estudo jurídico da personalidade e o Código Civil de 2002. Rio de Janeiro: Forense, 2005.

DEZEM, Guilherme Madeira. *Curso de Processo Penal.* São Paulo: Revista dos Tribunais, 2019.

DIAS, Rebeca Fernandes. *Criminologia no Brasil:* cultura jurídica criminal na Primeira República. 1a ed. Rio de Janeiro: Lumen Juris, 2017.

FERRAJOLI, Luigi. *Direito e razão*: teoria do garantismo penal. São Paulo: Editora Revista dos Tribunais, 2002.

FERREIRA, Wilson Luiz Palermo. *Percepção dos aspectos analíticos do delito na atuação concreta do Delegado de Polícia.* 2a ed. Salvador: Editora Juspodivm, 2021.

GASPARINI, Diógenes. *Direito Administrativo.* São Paulo: Saraiva, 1992.

KANT, Immanuel. *Fundamentação da Metafísica dos Costumes e Outros Escritos.* Trad. Leopoldo Holzbach. São Paulo: Martin Claret, 2004.

KOERNER JR., Rolf. *Obediência hierárquica.* Del Rey, 2000.

LOPES JÚNIOR, Aury. *Direito Processual Penal e sua Conformidade Constitucional.* Vol. I. 2º ed. Rio de Janeiro: Lumen Juris, 2008.

LOPES JÚNIOR, Aury. *Fundamentos do processo penal:* introdução crítica. 3ª ed. São Paulo: Saraiva, 2017.

LOPES JÚNIOR, Aury; JACOBSEN GLOECKNER, Ricardo. *Investigação preliminar no processo penal.* 6ª Ed. rev. atual. e ampl. São Paulo: Saraiva, 2014.

MACHADO, Leonardo Marcondes. *Introdução Crítica à Investigação Preliminar.* 01 ed. Belo Horizonte: Editora D'Plácido, 2018.

MACHADO, Leonardo Marcondes. *Manual de Inquérito Policial.* 01 ed. Belo Horizonte: Editora CEI, 2020.

MEDAUAR, Odete. *Direito Administrativo Moderno.* 21. ed. Belo Horizonte: Fórum, 2018.

MEIRELLES, Hely Lopes. *Curso de Direito Administrativo.* São Paulo: Malheiros, 1993.

MELLO, Celso Antônio Bandeira de. *Curso de Direito Administrativo.* São Paulo: Malheiros, 1993.

MESSEDER, Hamurabi. *Estatuto da Polícia Civil do Estado do Rio de Janeiro esquematizado.* Rio de Janeiro: Ed. Ferreira, 2011.

MODESTO, Paulo. As normas de reprodução, imitação e remissão como parâmetro de controle de constitucionalidade nos Estados-membros da Federação e o papel das Leis Orgânicas Municipais. In: Revista do Ministério Público do Rio de Janeiro nº 61, jul./set. 2016. p. 151 - 162. Disponível em: <http://www.mprj.mp.br/documents/20184/1271410/Paulo_Modesto.pdf>. Acesso em 16/02/2021)

MONTESQUIEU, Charles-Louis de. *O espírito das Leis.* 4ª ed. Rio de Janeiro: Martins Fontes, 2005.

MOREIRA NETO, Diogo de Figueiredo. *Curso de Direito Administrativo:* parte introdutória, parte geral e parte especial. 16ª ed. rev. e atual. – Rio de Janeiro: Forense, 2014.

OLIVEIRA, Rafael Carvalho Rezende. *Curso de direito administrativo.* 6ª ed. rev., atual. e ampl. Rio de Janeiro: Forense; São Paulo: MÉTODO, 2018.

OLIVEIRA, Rafael. *Organização administrativa.* 4ª ed. rev. e atual. Rio de Janeiro: Forense; São Paulo: MÉTODO, 2018.

PEÑA DE MORAES, Guilherme. *Curso de Direito Constitucional.* 4ª ed. Rio de Janeiro: Atlas, 2012.

PIETRO, Maria Sylvia di. *Direito Administrativo.* São Paulo: Atlas, 1993.

PROJETO DE LEI ANTICRIME. ANTEPROJETO DE LEI Nº [...] DE 2019. <http://www.justica.gov.br/news/collective-nitf-content-1549284631.06/projeto-de-leianticrime.pdf>. Acesso em 28/03/2019, às 17:05.

SANTOS, Juarez Cirino dos. *Direito penal:* parte geral. 8ª ed. rev., atual., e ampl. Florianópolis: Tirant lo Blanch, 2018. p. 447 *et. seq.*

SARLET; Ingo Wolfgang; MARINONI, Luiz Guiherme; MITIDIERO, Daniel. *Curso de direito constitucional.* 6ª ed. rev. e atual. São Paulo: Saraiva, 2017.

SANTOS, Juarez Cirino dos. *A criminologia da repressão*: crítica à criminologia positivista. 2ª ed. Sâo Paulo: Tirant lo Blanch, 2019.

SANTOS, Juarez Cirino dos. *Direito penal – parte geral.* 4ª ed. Florianópolis: Conceito Editorial, 2010.

SARMENTO, Daniel. *A ponderação de interesses na Constituição Federal.* 1ª ed. – segunda tiragem. Rio de Janeiro: Lumen Juris, 2002.

SOUZA, Cristiane Vitório de; SANTOS, Ana Luzia. Poder constituinte derivado decorrente dos municípios? In: *Interfaces Científicas* – Direito – Aracaju. Vol. 01, n. 01. out/2012. p. 71 – 80.

TAVARES, Juarez. *Fundamentos de teoria do delito.* 1ª ed. Florianópolis: Tirant lo Blanch, 2018.

TAVARES, Juarez; CASARA, Rubens. *Prova e verdadade.* 1ª ed. São Paulo: Tirant lo Blanch, 2020.

VASCONCELOS, Carlos Eduardo de Oliveira. *Por que polícia não pode ter autonomia.* Estadão, 2015. Disponível em: <https://opiniao.estadao.com.br/noticias/geral,por-que-policia-nao-pode-ter-autonomia,1737520>. Acesso em 16/02/2021.

XAVIER, Luiz Marcelo da Fontoura. *Constitucionalização da investigação policial.* 1ª ed. Rio de Janeiro: Editora Freitas Bastos, 2020.

ZAFFARONI, Eugenio Raúl. et al. *Direito penal brasileiro: teoria geral do direito penal.* Vol. 1, 4ª ed. Rio de Janeiro: Revan, 2003.

EDITORA
*Jus*PODIVM
www.editorajuspodivm.com.br